中德图像交叉研究

范捷平　刘永强　　主编
Fan Jieping　Liu Yongqiang　Hg.

ZHEJIANG UNIVERSITY PRESS
浙江大学出版社

本书系国家社会科学基金项目（编号：17CWW014）成果之一。

作者简介

范捷平,二级教授,博士生导师。出版学术著作、教材、译著共30余种,发表国际国内学术论文70余篇。2012年,获德国柏林工业大学杰出贡献奖银质奖章。其哲学译著《过时的人》(第一、第二卷)获浙江省第16届哲学社会科学优秀成果奖二等奖,学术代表作《罗伯特·瓦尔泽与主体话语批评》获浙江省第17届哲学社会科学优秀成果一等奖。

刘永强,浙江大学副教授,硕士生导师,浙江省翻译协会理事,柏林自由大学、海德堡大学与慕尼黑大学等多所世界一流大学访问学者。先后获德国阿登纳奖学金、马尔巴赫奖学金、CSC奖学金。主持国家社会科学基金项目1项,完成省部级项目2项、其他项目10项。发表德文学术专著1部、编著1部、译著5部、论文30余篇。

序号	编号	馆藏	朝代	作者	作品名	材质	尺寸(cm)	形制
1	D015000	波士顿艺术博物馆	唐	阎立本（传）	历代帝王图	绢本设色	51.3×531	卷

B01 战国－唐 第一卷 传世画

序号	编号	馆藏	朝代	作者	作品名	材质	尺寸(cm)	形制
2	D015001	大都会博物馆	唐	韩轩	照夜白图	纸本水墨	30.8×33.5	卷

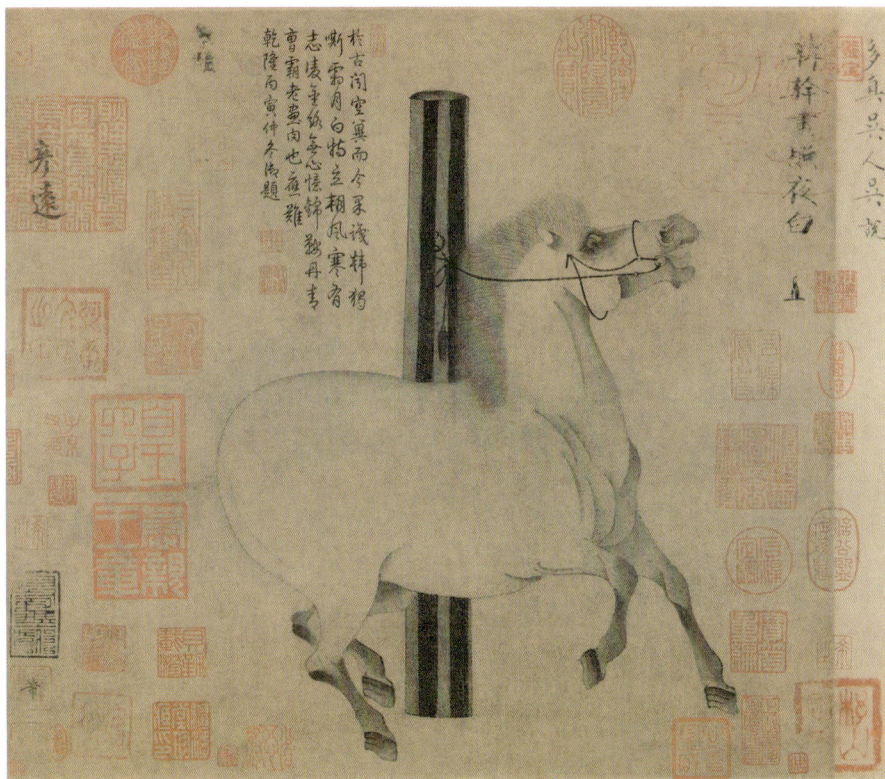

B01 战国-唐 第一卷 传世画

序号	编号	馆藏	朝代	作者	作品名	材质	尺寸(cm)	形制
3	D017750	大都会博物馆	唐	佚名	报恩经变相图	绢本着色	177.6×121.0	卷

B01 战国－唐 第四卷

序号	编号	馆藏	朝代	作者	作品名	材质	尺寸(cm)	形制
4	D015933	波士顿艺术博物馆	宋	赵佶	五色鹦鹉图	绢本设色	53.3×125.1	卷

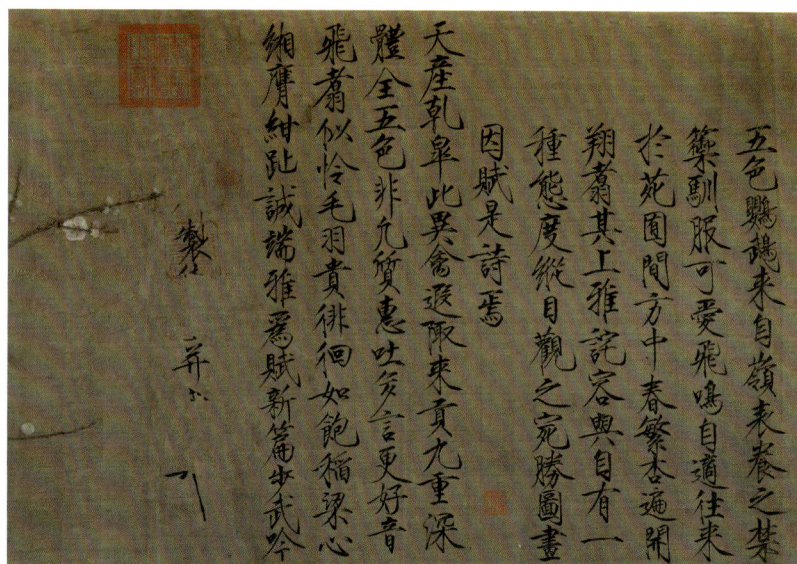

五色鹦鹉来自岭表养之禁
籞驯服可爱飞鸣自适往来
于苑囿间方中春繁杏遍开
翔翥其上雅诧容与自有一
种态度缥纵目观之宛胜图画
因赋是诗焉
天产乾皋此异禽迥陆来贡尤重深
体全五色非凡质惠吐多言更好音
飞翥似怜毛羽贵徘徊如饱稻粱心
缃膺绀趾诚端雅为赋新篇步武吟
製
并書

序号	编号	馆藏	朝代	作者	作品名	材质	尺寸(cm)	形制
5	D016726	克利夫兰艺术博物馆	宋	李嵩	货郎图	绢本设色	24.2×25.7	卷

宋画　第六卷

序号	编号	馆藏	朝代	作者	作品名	材质	尺寸(cm)	形制
6	D016069	大都会博物馆	元	钱选	梨花图	纸本设色	31.3×96.2	卷

序号	编号	馆藏	朝代	作者	作品名	材质	尺寸 (cm)	形制
7	D016769	克利夫兰艺术博物馆	元	王冕	月下梅花图	绢本水墨	164.5×94.5	卷

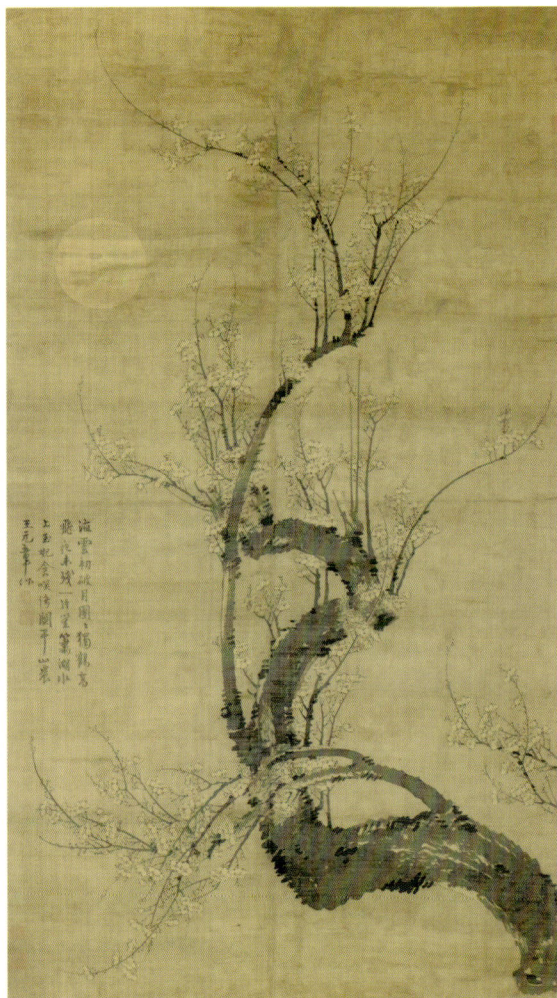

元画　第五卷

序号	编号	馆藏	朝代	作者	作品名	材质	尺寸(cm)	形制
8	D001296	波士顿艺术博物馆	明	吕纪	九鹭图／柳下九鹭图	绢本设色	148.8×82.9	轴

明 GT03　宫廷（林昌）

序号	编号	馆藏	朝代	作者	作品名	材质	尺寸 (cm)	形制
9	D001434	大都会博物馆	明	钱榖	兰亭修禊图	纸本水墨	24.1×435.6	卷

明 WM01　吴门综合　周臣　等

序号	编号	馆藏	朝代	作者	作品名	材质	尺寸(cm)	形制
10	D001542	大都会博物馆	清	八大山人	二鹰图	纸本水墨	185.4×90	轴

清BD　八大山人

序号	编号	馆藏	朝代	作者	作品名	材质	尺寸(cm)	形制
11	D001481	大都会博物馆	清	石涛	游张公洞图	纸本设色	45.9×286.4	卷

清 ST　石涛

前　言

　　本书为浙江大学"图像交叉研究国际研讨会"的成果。本次研讨会于 2019 年 11 月 1 日至 3 日在浙江大学紫金港校区召开，50 余位来自不同国家（德国、奥地利、瑞士、中国、日本和韩国）、不同学科领域的学者汇聚一堂，共同讨论了国际学术热点——"图像"研究。近 30 年来，"图像"话题在国际学术界掀起了经久不衰的研究热潮，并成为跨学科交叉研究的焦点之一。

　　图像早已不只是审美煽情的工具。众所周知，图像还有助于知识传授、人际交流与信息传播。因为，今天我们每一个人都生活在视觉时代，即图像时代：指示牌、照片、视频、电视画面，电脑和智能手机里的数字图像，商业广告、医学、建筑以及所有印刷媒介中的图像……图像遍布人类的日常生活，同时参与了现实的建构。如果这个世界没有图像，人类几乎就是"睁眼瞎"。上述事实引发了学术界对于图像问题的跨学科交叉研究和探索，相关理论建构也为千禧年前后数十年间的图像国际学术研究奠定了基调。

　　1994 年，威廉·J. 托马斯·米歇尔在美国提出了"图像转向"（pictorial turn）[1] 的完整理论；几乎在同一时间，戈特弗里德·波姆在德国也提出

---

[1] 1992 年 3 月，艺术史家威廉·J. 托马斯·米歇尔在《艺术论坛》杂志上发表《图像转向》一文，宣告"图像转向"时代的到来。这一表述颇具挑衅性地指向理查德·罗蒂 1967 年发表的文集《语言学转向》。1994 年，米歇尔在《图像理论》一书中系统阐述了"图像转向"思想。参见 William J. Thomas Mitchell, Picture Theory, University of Chicago Press 1994.

了相似的概念（ikonische Wende）和理论。[1] 他们所提出的"图像转向"理论均被视为对理查德·罗蒂 1967 年提出的"语言学转向"的反击，"图像转向"批判性地反思了西方传统哲学，即质疑一种从以逻各斯为中心的形而上学，到后结构主义，再到马克思主义的思辨哲学。如果我们对国际学术界近 30 年里相继发始的各种"转向"做一个回顾，如"文化转向""身体转向""空间转向""日常生活转向""情感转向""认知转向""社会学转向""生态学转向""人类学转向"与"图像转向"等，那么一条与以德国唯心主义哲学为代表的西方思辨相对抗的路径也就清晰可见了。从某种意义上看，"图像转向"和其他各种"转向"均可以被视为一种范式转换的尝试，即从形而上学走向实践理性的思维范式转换。图像批评在一定程度上甚至可以被视为意识形态批评或形而上学批判。之所以这么说，那是因为"图像转向"的矛头直指具有图像恐惧症特征的逻各斯中心主义，这一转向的初衷是企图通过图像来达到消解语言中心的目标，重新回到以身体为基础的感知方式上来。正如戈特弗里德·波姆所阐明的那样："西方的逻各斯概念至今都没有关照到图像性……这势必需要重新建构这一基础范畴。而且，这一建构必须包括，而不是排斥图像的逻各斯范畴。"[2] 故此我们认为，"图像转向"是一次重新思考究竟是什么构成了逻各斯、认知、认知媒介等传统概念的理论尝试，并在更为广阔的视阈下追问图像之于这些认识论概念的意义。

"图像转向"的另一大挑战在于科学思维的交叉学科特性。在世界上几乎所有学术机构中，人人都在侈谈跨学科交叉研究，但却饱受惯性学科思维的桎梏，往往未能越雷池半步。现在，图像科学为我们提供了打破学术日常中传统学科思维的良机。我们认为，只有当科研领域百花齐放，研究方法多元开放之时，才是图像科学实现其跨学科交叉研究之日，只有研究视角的多样化，才能促成和保证图像研究的问题和实践导向。在所谓"转向修辞"（Wenderhetorik）的语境下，上述各种发展路径或许可以统称为一种"实践转向"。

针对"图像泛滥"和图像"幻象性"的意识形态批判实则内蕴了一种辩证思想。任何形式的图像体验都是我们日常生活的体验。现实与图像相互碰撞：世界以影像的方式被搬进家中、置于书桌之上，展现在我们面前。同样，我们也能行至四方，而无须身体在场。描摹的影像世界呈现了其自身，同时也创造了我们。使用视觉和数字图像交流媒介，已成为我们及下一代的日常生活内容。几乎不再有人还会在"图像"这一

---

[1] 参见 Gottfried Boehm (Hg.), Was ist ein Bild? München 1994.

[2] Dominique Laleg, „Bildkritik" – Zur Konvergenz von Anschauung und Reflexion. Ein Interview mit Gottfried Boehm, in: ALL-OVER, Nr. 1, Juli 2011. 链接: http://allover-magazin.com/?p=360.

幽灵面前感到恐惧，因为我们早已沉浸在图像之河里沐浴陶醉。不过，在图像所唤起的激情和自我陶醉面前，分析思维与想象之间的界线正在变得模糊不清。泛灵论的图像之法幻化为一个个信仰事件，其间重要的不再是有理有据的论证，而是图像膜拜。为了避免在"图像宗教"面前麻木不仁，我们必须具备反思能力。我们所需要的图像科学，是一种能够从不同维度批评研究图像、关涉诸多学科和领域的经验科学。图像研究或图像批评一旦失去在国际上的、跨文化的和交叉学科背景下的深入对话，则终将一事无成。图像研究不仅与人文和社会科学相关，它也涉及其他广阔的科学领域。因此，在思考图像本质以及图像在科学技术发展过程中日渐强化的功能时，我们不仅需要所谓"有抽象思维传统的西方人"，也需要"有形象思维习惯的东方人"，[1] 因为世界是图像的，"图像的形式终究是一种影响度深远，涉及面广泛的人类学形式"[2]。

　　鉴于此，本书收录的论文呈现了一幅广阔的学科图景。首先是文学图像研究，其中大部分学术论文研究了与"图像"相关的作家与文学作品，涉及可视图像和内在图像，以及图像与图像性之间的关系。卢盛舟的论文关注了卡斯帕·大卫·弗里德里希的风景画《海边孤僧》颇具争议性的接受过程。论文围绕布伦塔诺、冯·阿尔尼姆、克莱斯特的画评，并通过阐释克莱斯特"被割去的眼皮"之喻的所指与意义，探讨了绘画作品的政治维度。米夏埃尔·施温根施洛格尔的论文结合洪堡晚期的十四行诗，聚焦"图像"（Bild）与"教育"（Bildung）之间的词源学及概念联系，讨论了基于"图像"一词的精神内容显现及其中介性问题，以期将洪堡教育理念与图像性联系起来。刘永强的论文以霍夫曼施塔尔的早期散文《图像》和《途中幸福》为对象，阐述了作家的媒介反思及幻象诗学。论文通过图与字、看与读的交替感官刺激，呈现出一种独特的视觉体验。范捷平在波姆"图像差异"的语境下梳理了"图像"（Bild）和"想象"（Einbildung），"意象"（Image）和"幻想"（Imagination）之间的关联，其论文通过对罗伯特·瓦尔泽作品中有关图像书写和图像描写的相关章节分析，提出了以模仿想象为原则的图像诗学概念。久山雄甫分析了文学图像的幻想与感性特征，他以歌德有关树懒的文稿为基础，讨论了诗歌形态学中的"图像与书写"的关系。安泰垠则聚焦乌利希·拉舍排演的席勒剧目《强盗》，重点剖析了合唱队作为舞台图像的形式与功能。杨劲的论文关注肖像画在文学叙事和艺术作品中的作用。通

---

[1] 此处反讽式地借用了所谓中西方思维差异的偏见表达，以针砭逻各斯中心论的文化霸权主义本质。

[2] Dominique Laleg, „Bildkritik" – Zur Konvergenz von Anschauung und Reflexion. Ein Interview mit Gottfried Boehm, in: ALL-OVER, Nr. 1, Juli 2011. 链接: http://allover-magazin.com/?p=360.

过媒介差异分析、肖像画与书写的竞争关系研究，作者认为无论在材质上，还是在主角的记忆过程中，媒介功用均遭到了淡化。

本书的第二类论题关涉哲学、政治学、历史学和艺术史中的图像话语批评。倪梁康和克里斯托弗•古特兰德的论文在胡塞尔现象学框架下反思了意识中的图像本质以及图像建构，并讨论了图像客体、图像事物和图像材料之间的关系。古特兰德还讨论了图像空间与图像时间的关系，并将其与感知空间和感知时间进行了对比，探讨了它们在跨学科视域下特殊的认知表现。孙纯的论文分析了卢梭的建国叙述，试图以此阐释卢梭的共和主义思想。其论文观察到，卢梭的叙述中蕴含着一种政治图像与民主时代同时出现的呼应关系，以及将人民置于政治舞台中心的现象。克里丝蒂娜•布莱特勒在论文中聚焦空间及自然图像，力求展示其在历史进程中的样貌与动态特征。该文从历史哲学角度出发，分析并阐释了克拉考尔和本雅明笔下的天气图像。比约恩•斯皮克曼在其艺术史论文中论述了 1900 年前后"节奏"概念的重要性，并重点考察了"节奏"在德国艺术史中以学科存在的具体形态。论文试图通过对图像节奏的跨学科讨论，为当代图像理论注入新的活力。

传播学与媒介学构建起了本书的第三类论题。在麦克卢汉"媒介即讯息"的语境下，本书所收录的论文探讨了图像和图像性、文字和符号既为信息流通渠道又是信息自身的双重特征。图像一方面是独立的媒介，另一方面又是其他媒介的内容。因此，大部分论文均从媒介的交互性入手进行研究。克里斯蒂娜•巴尔茨以麦克卢汉的思想和广告理论为导向，探究了广告图像与社会知识之间的关系以及经由媒介在图像中的聚合过程。罗纳德•罗特尔的论文从"符号—图像"的符号学理论出发，面对数字通讯及娱乐媒介语境中大量采用图标和表情符号图像化的最新趋势，追问文本与图像之间的关系。克里斯托弗•恩格曼同样关注脸书、微信等数字社交媒体中的图像问题，他的论文展现了机器学习（常被称为人工智能）如何依据图像与算法间的阈值，巧妙转写对象的工作过程。李埃瑞的论文反思了媒介考古学的方法论设问，为我们勾勒了媒介技术发展的全景图，展现了 19 世纪开始的所谓"立体摄影"，到当下以 3D 影院形式呈现的视觉文化，人类的视觉体验不断产生变化的过程。娜塔莉•夏马特关注了富于图像性语言的翻译问题，她在文中将乔治•斯坦纳、保罗•利科、弗朗索瓦•朱利安和瓦尔特•本雅明的作品作为案例进行了分析。

图像自始至终都是具有象征性和感性的符号表现形式，在特定的文化学、民族学和社会政治学语境中描绘及展现人类的感知、行为和思想。图像将关乎现实的想象具象化，并参与现实的构建。在这一层面上，本书收录的部分论文凝合出另一个主题，即在跨文化背景下关涉他者形象与自我形象间的关系问题。唐艋聚焦《明镜》周刊中的难民形象与德国人的自我形象。她的论文基于《明镜》在 1978 年至 2015 年发表的 2368 篇报道，通过语料库语言学研究，展示了德国人根据自我形象建构起难民他者形象的过程。凯特琳·胡黛从跨文化文学研究的视角出发，以旅行亚洲的记者和作家罗斯的报告文学为对象，研究作者在文中呈现的中国形象。罗斯在其二十世纪三四十年代完成的旅行报告中，有意识地运用文字与图像相结合的方法引导读者，文字与图像的编排不再仅为呈现现实和为文化传播服务，而是借此打造了具有诱导性的政治话语传播环境。

本书收录的论文还涉及医学图像问题。事实证明，该研究维度极具价值。如借助技术设备观测大脑活动，并将数据可视化，生成人们可阅读理解的图像，这一趋势代表了国际学术界迄今为止最为抽象的"图像转向"形式。其中至关重要的是，医学图像研究不再将器械视为呈像的"黑匣子"，而是以此阐释大脑图像生成方式，以避免人类的认知误区。如今，许多大脑图像研究方法已为医学诊断所采用，也越来越多地用于脑科学研究。卡罗琳娜·韦尔施的论文探究了大脑图像的功效问题。她的论文证明，大脑图像既与公共媒介中脑科学图像的流通相关，也关乎其在感知理论及美学层面的替代再现范式，并有利于更好地把握图像效力。韦尔施的论文一方面指出大脑与身体的分化何以体现躯体的消解，另一方面阐明了图像效力如何被构想为内生的、身体可感的情感力量。

时值本书付梓之际，我们首先要衷心感谢浙江大学原党委书记、浙江大学发展委员会主席、"中国历代绘画大系"项目负责人张曦先生。多年来，张曦先生始终鼎力支持浙江大学的跨学科图像交叉研究工作，他领导的"中国历代绘画大系"编撰和研究工作为浙江大学跨学科图像交叉研究开启了新的科研和工作范式。我们特别感谢他亲临本次研讨会介绍"中国历代绘画大系"项目。此外，我们还要感谢浙江大学国际合作处在本次国际研讨会的筹办和本书出版过程中给予我们的大力支持。

编者特别感谢本书各位作者提供的研究论文，感谢全体与会人员深入的、极具启发性与建设性的学术讨论，这些讨论必将推动未来的跨学科图像交叉研究。借此机会，我们谨向浙江大学德国学研究所的同仁和同学致以衷心的感谢，他们为本次研讨会的成功举办做出了积极无私的贡献。

此外，我们还要感谢我们的同事、浙江大学德国学术交流中心（DAAD）的专家米夏埃尔·罗德先生，他在编辑、校对母语非德语学者的论文时不吝辛劳，慷慨相助；感谢海德堡大学安德烈娅·阿尔布莱希特教授校阅本书德文前言；感谢练斐博士将德文前言译成中文。另外，浙江大学出版社的包灵灵女士、诸葛勤先生和相关人员在本书的组稿、编辑、审校和印刷过程中费心良多，谨此一并致谢。

范捷平　刘永强

2020 年 12 月
于浙江大学
中国　杭州

Vorwort

Der vorliegende Band ist aus einem internationalen Symposium zur interdisziplinären Bildforschung hervorgegangen, das vom 1. bis 3. November 2019 an der Zhejiang Universität stattfand und an dem etwa fünfzig Wissenschaftler und Wissenschaftlerinnen aus verschiedenen Ländern (Deutschland, Österreich, der Schweiz, China, Japan und Korea) und verschiedenen Fachbereichen teilnahmen. Gemeinsam haben sie ein Thema diskutiert, das in den letzten drei Jahrzehnten im Zuge eines kaum mehr zu überblickenden Forschungsbooms ins Zentrum des interdisziplinären Interesses gerückt ist, nämlich das Phänomen des Bildes.

Bilder gelten längst nicht mehr nur als Objekte der Gemütsregung, sie dienen bekanntlich vielmehr auch der Wissensübermittlung und Informationsverbreitung, denn jeder von uns lebt heute in einem visuell geprägten Zeitalter – einem Zeitalter der Bilder: Piktogramme, Photographien, Videos, Fernsehbilder, digitale Bilder in Computern und Smartphones, Bilder in der Werbung, in der Medizin, in allen Printmedien. Bilder füllen unseren Alltag aus und wirken mit an der Konstitution unserer Realität. Ohne Bilder wären wir mit offenen Augen fast „blind". Diese Tatsache hat in den Wissenschaften fachübergreifende Diskussionen ausgelöst, die für die Jahrzehnte um 2000 im internationalen akademischen Feld tonangebend waren.

Der von William J. Thomas Mitchell 1994 in den USA ausgerufene

„pictorial turn"[1] und die fast gleichzeitig von Gottfried Boehm im deutschsprachigen Raum lancierte „ikonische Wende"[2] werden verstanden als ein Gegenzug gegen den „linguistic turn" Richard Rortys von 1967, indem die traditionelle Bewusstseinsphilosophie – von der logozentrischen Metaphysik über dem Poststrukturalismus bis hin zum Neo-Marxismus des Westens – kritisch reflektiert wird. Verschafft man sich einen retrospektiven Überblick über die aufeinanderfolgenden „turns" in den Wissenschaftsszenen in den letzten drei Jahrzehnten, wie etwa den „cultural turn", „body turn", „spatial turn", „turn of everyday life", „emotional turn", „cognitive turn", „sociological turn", „ecological turn", „anthropological turn" usw., einschließlich den „pictorial turn", so lässt sich darin eine deutliche Stoßrichtung gegen die Philosophie des Geistes in der westlichen Tradition des deutschen Idealismus erkennen. Insofern lassen sich die Begriffe „pictorial turn", „iconic turn" oder „ikonische Wende" zusammen mit anderen „turns" der letzten Jahrzehnte als ein erneuter Versuch der Umkehr verstehen, nämlich von der Metaphysik zur praktischen Vernunft. Die Bildkritik könnte in einem gewissen Sinne gar als Ideologiekritik oder Kritik der Metaphysik gekennzeichnet werden, weil das Ziel des „iconic turn" oder der „ikonischen Wende" eigentlich darin besteht, den ikonophoben Logozentrismus und damit die Sprache durch das Bild zu zähmen und in eine Richtung der körperbasierten Wahrnehmung des Menschen umzulenken. So wie Gottfried Boehm deutlich artikuliert, „dass die abendländischen Logoskonzepte bislang ohne irgendeine Rücksicht auf Bildlichkeit ausgekommen sind, [...] dahin zu führen scheinen, dass man diese Grundkategorie neu konzipieren muss. Also es muss eine Kategorie von Logos sein, die das Ikonische ein- und nicht ausschließt."[3] Insofern versteht sich der „iconic turn" unseres Erachtens als ein Versuch, das, was eigentlich die herkömmlichen Konzepte von Logos, Erkenntnis und

---

[1] Im März 1992 rief der Kunsthistoriker William J. Thomas Mitchell im Magazin *Artforum* in einem gleichnamigen Artikel den *pictorial turn* aus. Die Formulierung bezieht sich polemisch auf Richard Rortys Sammelband *The Linguistic Turn* von 1967. 1994 hat sich W. J. Mitchell in seiner Monographie Picture Theory mit dem „pictorial turn" ausführlich auseinandergesetzt. Vgl. William J. Thomas Mitchell, Picture Theory, University of Chicago Press 1994.

[2] Vgl. Gottfried Boehm (Hg.), Was ist ein Bild? München 1994.

[3] Dominique Laleg, „Bildkritik" – Zur Konvergenz von Anschauung und Reflexion. Ein Interview mit Gottfried Boehm, in: ALL-OVER, Nr. 1, Juli 2011. URL: http://allover-magazin.com/?p=360.

Medialität der Erkenntnis ausmacht, neu zu bedenken und aus einer erweiterten Perspektive nach der Rolle des Ikonischen für diese epistemischen Konzepte zu fragen.

Eine andere Herausforderung des „iconic turn" liegt in der Trans- oder Interdisziplinarität des wissenschaftlichen Denkens und insbesondere in der transdisziplinären Praxis beinah aller internationalen akademischen Institutionen, an denen viele davon zu träumen scheinen, aber die metaphysischen Denktraditionen dies verhindern. Bildwissenschaft liefert nun eine ausgezeichnete Möglichkeit, das genuin disziplinäre Denken im wissenschaftlichen Alltag aufzubrechen. Aber eine Bildwissenschaft kann ihre Funktion als transdisziplinäres Forschungsfeld erst erfüllen, wenn sie im Plural gefordert wird und Methodenvielfalt zulässt. Die Vielfalt von Positionen fördert den bildpraktischen und bildpragmatischen Bezug der wissenschaftlichen Forschungen. Diese Entwicklung ließe sich im Sinne der sogenannten Wenderhetorik – und *cum grano salis* – eine „Praxis-Wende" nennen.

Die Kritik an der „Bilderflut" und an deren „Phantomhaftigkeit" birgt eine Dialektik in sich. Bilderfahrungen aller Arten sind Erfahrungen unseres alltäglichen Lebens. Das Wirkliche und das Bildliche kollidieren miteinander. Die Welt wird uns phantomhaft ins Haus und auf den Schreibtisch geliefert, indem wir auch überall dort sein können, wo wir nicht physisch anwesend zu sein brauchen. Die abgebildete Phantomwelt bildet sich und bildet uns zugleich. Der Umgang mit den visuellen und digitalen Kommunikationsmedien ist uns und der nachrückenden Generation praktische Routine geworden. Es schreckt zwar fast keinen der Spuk einer „Bilderflut" mehr, da wir längst im Fluss der Bilder schwimmen, aber mittels evokativer Strategien der Selbstverzauberung vor Bildern werden die Trennungslinien zwischen analytischem Denken und synthetischem Vorstellungsvermögen aufgeweicht. Animistische Bildbeschwörungen transformieren sich selbst in Glaubensveranstaltungen, in denen nicht mehr das schlüssige Argument, sondern die richtige Weihe zählt. Um einer solchen „Bildreligion" nicht ohnmächtig ausgesetzt zu sein und zumindest darüber zu reflektieren, brauchen wir eine Bildwissenschaft, bei der die Frage nach dem Bild in verschiedene Richtungen führt und auch zahlreiche andere Disziplinen, Erfahrungsfelder und Empirien einbezieht. Man kann Bildforschung oder Bildkritik nicht betreiben, ohne einen intensiven Dialog mit unterschiedlichen Disziplinen in einem internationalen und interkulturellen Zusammenhang zu beginnen. Aus diesem Grund geht es auch nicht nur um

Disziplinen der Geisteswissenschaften, es spielen auch andere Wissenschaften
eine Rolle. Außerdem sollten auch nicht nur die „abstrakt denkenden
Westler", sondern auch die „bildhaft denkenden Asiaten"[1] über das Wesen
des Bildes und über seine rigoros steigenden Funktionen im Prozess der
technologischen Entwicklung nachdenken. Denn „das Format des Bildes ist
letztlich ein anthropologisches Format, das sehr weit führt und sehr weit
ausgreift".[2]

In diesem Sinne sind Beiträge in den vorliegenden Band eingegangen,
die ein breites Spektrum der wissenschaftlichen Fachdisziplinen präsentieren.
Voran geht die Bildforschung der Literaturwissenschaft, wo die meisten
Beiträge sich mit Autoren und Werken auseinandersetzen, die sich mit
sichtbaren Bildern und inneren Bildern, mit Beziehungen zwischen Bild
und Bildlichkeit beschäftigen. Lu Shengzhous Beitrag befasst sich mit der
kontroversen Rezeption des Landschaftsgemäldes *Mönch am Meer* von
Caspar David Friedrich. In Bezug auf Bildbesprechungen von Clemens
Brentano, Achim von Arnim und Heinrich von Kleist erörtert Lus Arbeit
eine politische Dimension des Bildes, indem er sich mit der Deutung und
Bedeutung von Kleists Metapher der „weggeschnittenen Augenlider"
auseinandersetzt. In Verbindung mit Humboldts später Sonettendichtung
widmet sich Michael Schwingenschlögls Aufsatz den etymologischen und
konzeptionellen Zusammenhängen von Bild und Bildung. Mit dem Wort
Bild wird in seiner Arbeit die Manifestation eines geistigen Gehalts und
zugleich dessen Mittelbarkeit diskutiert, um dann Humboldts Bildungsbegriff
mit Bildlichkeit zusammenzubringen. Liu Yongqiangs Beitrag hat Hugo von
Hofmannsthals frühe Prosatexte *Bilder* und *Glück am Weg* zum Gegenstand,
um die mediale Reflexion zu erhellen und eine Poetik des Visionären
darzustellen. Im Fokus der Betrachtung steht dort ein Seherlebnis, das
zugleich durch wechselseitige Affizierungen von Bild und Schrift, Sehen
und Lesen gekennzeichnet ist. Fan Jieping spricht mit seinem Beitrag im
Rahmen der Boehm'schen ikonischen Differenz über eine Bildpoetologie
von Robert Walser, u.a. über dessen geschriebenen Bilder, wobei er Bild und
Einbildung, Image und Imagination im Sinne von *mimetike phantastike*
erörtert. Auch Yuho Hisayamas Aufsatz setzt sich mit Phantasie und
Sinnlichkeit des literarischen Bildes auseinander. Er diskutiert auf Basis von

---

[1] Gemeint ist hier ein gängiges Klischee über unterschiedliche Denkweisen der Europäre
und Chinesen.

[2] Ebenda.

Goethes *Faultier*-Aufsatz das Bild-Schrift-Verhältnis in der poetischen Morphologie. Der Beitrag von An Taeeun beschäftigt sich mit Ulrich Rasches Inszenierung von Schillers *Die Räuber*. Dort stehen die Formen und Funktionen des kollektiven Chors als Bühnenbild im Zentrum. Yang Jins Arbeit befasst sich mit der Funktion der Portraitbilder in erzählerischen und künstlerischen Werken. Durch eine Auseinandersetzung mit medialer Differenz und Konkurrenz des Portraitbildes zur Schrift wird die Wirkungsweise von Intermedialität sowohl in der Textur als auch im Erinnerungsprozess der Protagonisten transparent gemacht.

Der zweite Aspekt, der sich herausgebildet hat, betrifft den Bilddiskurs in der Philosophie, Politikwissenschaft, Geschichtswissenschaft und Kunstgeschichte. Die Beiträge von Ni Liangkang und Christopher Gutland reflektieren über das Wesen des Bildes und der Bildkonstitution im Bewusstsein in Edmund Husserls Phänomenologie, wobei Beziehungen zwischen Bildobjekt, Bild-Ding und Bild-Sujet diskutiert werden. Bei Gutland werden Bildraum und Bildzeit sowie ihr Kontrast zum Wahrnehmungsraum und zur Wahrnehmungszeit als spezifisch kognitive Leistungen aus einer transdisziplinären Sicht besprochen. Sun Chun versucht, sich durch eine Auseinandersetzung mit Rousseaus Staatsgründungsnarrativ seinem Republikanismus anzunähern. Dort sieht Sun eine politische Bildlichkeit, die dem Aufkommen des demokratischen Zeitalters entspricht und das Volk ins Zentrum der politischen Bühne stellt. Christine Blättler widmet sich in ihrem Beitrag räumlichen und naturalen Bildern, die Gestalt und Dynamik des historischen Prozesses zu veranschaulichen suchen. Ihre Arbeit analysiert und erörtert Wetterbilder bei Siegfried Kracauer und Walter Benjamin in geschichtsphilosophischer Hinsicht. In seinem kunstwissenschaftlichen Beitrag beschäftigt sich Björn Spiekermann mit dem Stellenwert des Begriffs „Rhythmus" um 1900 insbesondere in der Kunstgeschichte als akademischer Disziplin in Deutschland. Er versucht, durch eine transdisziplinäre Diskussion über den Bildrhythmus der zeitgenössischen Bildtheorie einen neuen Impuls zu geben.

Als dritter Aspekt stellen sich Kommunikations- und Medienwissenschaften dar. Die in den vorliegenden Band aufgenommenen Beiträge diskutieren Bild und Bildlichkeit, Schrift und Zeichen im Sinne von Marshall McLuhans „the medium is the message" sowohl als Kanal wie auch als Botschaft. Hierbei sind Bilder zum einen als eigenständige Medien zu begreifen, zum anderen als Inhalte anderer Medien und daher in ihrer intermedialen Vernetztheit zu denken. Der Beitrag von Christina Bartz orientiert sich an McLuhan und dessen Werbungstheorie, diskutiert über den Zusammenhang von Werbebild und gesellschaftlichem Wissen sowie über dessen Kondensation in den Bildern über Medien. Ronald Röttels Aufsatz geht von einer semiotischen Theorie der Zeichen-Bilder aus und befragt das Verhältnis von Literatur und Bild hinsichtlich der neusten Tendenz hin zur Verbildlichung von Schrift durch Icons und Emojis im Kontext digitaler Kommunikations- und Unterhaltungsmedien. Auch Christoph Engemann befasst sich mit Bildern in digitalen Medien wie Facebook oder Wechat. Seine Arbeit zeigt, wie das häufig als Künstliche Intelligenz bezeichnete maschinelle Lernen auf eine subtile Wiedereinschreibung von Körpern an der Schwelle zwischen Bild und Berechnung rekurriert. Lee Joon-Suhs Beitrag reflektiert methodologische Fragestellungen der Medienarchäologie, wobei ein medientechnisches Panorama von der sogenannten Stereoskopomanie im 19. Jahrhundert bis auf die heutige visuelle Kultur in Form des 3D-Kinos als Wandlung des Seh-Erlebnisses des Menschen dargestellt wird. Der Beitrag von Natalie Chamat beschäftigt sich mit der Übersetzung bilderreicher Sprache von George Steiner, Paul Ricœur, François Jullien und Walter Benjamin.

Bilder gehören immer schon zum sinnhaften und symbolischen Repertoire der Darstellung und Repräsentation menschlichen Handelns, Denkens und Wahrnehmens in einem bestimmten kulturethnischen und soziopolitischen Kontext. Sie verkörpern Vorstellungen über Wirklichkeit, und über sie wird Wirklichkeit konstituiert. In diesem Sinne hat sich durch einige Beiträge ein weiterer Aspekt herauskristallisiert, der das Verhältnis von Fremdbild und Selbstbild vor dem Hintergrund interkultureller Konstellationen betrifft. Tang Mengs Beitrag befasst sich mit dem Bild des Flüchtlings und dem Selbstbild der Deutschen in der Wochenzeitung „Der Spiegel". Ihre diskurslinguistische Arbeit zeigt anhand eines Korpus von 2368 Berichten (1978 – 2015), wie das Fremdbild der Flüchtlinge durch das Selbstbild der Deutschen konstituiert wird. Aus Sicht der interkulturellen Literaturwissenschaft präsentiert Katrin Hudey in ihrem Beitrag China-Bilder anhand des politischen Asienreisenden Colin Ross, der in seinen Reiseberichten aus den 1930er und 1940er Jahren Text und Bild zur strategischen Leserlenkung einsetzt. Die Text-Bild-Arrangements beabsichtigen nicht mehr, Realität zu präsentieren und der Kulturvermittlung zuzuarbeiten, sondern Ross erzeugt damit einen suggestiven politischen Deutungszusammenhang.

Als besonders lohnend erweist sich die Perspektive dieses Bandes, die sich mit medizinischen Bildern befasst. Die Zwischenschaltung technischer

Geräte zur Messung der Hirnaktivität und Visualisierung dieser Daten, um für den Menschen kognitiv erfassbare Bilder zu erzeugen, stellt die bisher abstraktesten Ausformungen des *pictorial turn* in den Wissenschaften dar. Es ist von eminenter Wichtigkeit, Apparaturen nicht als „black boxes", die scheinbar abbilden, zu verwenden, sondern die Arten der Bilderzeugung gut zu kennen, um Erkenntnisfehler zu vermeiden. Heute werden diese Verfahrensweisen in der medizinischen Diagnostik, aber auch zunehmend in der Hirnforschung genutzt. Der Beitrag von Caroline Welsh erkundet die Wirkmacht von Bildern des Gehirns. Es geht zum einen um die Zirkulation wissenschaftlicher Bilder vom Gehirn in öffentlichen Medien, zum anderen um verkörperungstheoretische Alternativen zum Paradigma der Repräsentation in Wahrnehmungstheorie und Ästhetik, die dazu geeignet sind, die Wirkmacht von Bildern besser zu erfassen. Welshs Beitrag zeigt, wie in der Loslösung des Gehirns vom Körper auf der einen Seite ein Verlust von Leiblichkeit konstatiert und wie auf der anderen Seite die Wirkmacht von Bildern als eine ihnen innewohnende, über den Leib erfahrbare affektive Kraft konzipiert wird.

Zum Anlass der Drucklegung des vorliegenden Bandes danken wir herzlich Herrn Prof. Zhang Xi, dem Vorsitzenden der Entwicklungskommission der Zhejiang Universität und Leiter des Staatsprojekts „Die Große Kollektion der Chinesischen Malerei aller Dynastien", der einer transdisziplinären Bildforschung an der Zhejiang Universität immer tatkräftig beiseitesteht und sein Projekt auf dem Symposium präsentierte. Wir bedanken uns ebenfalls beim Office of Global Engagement der Zhejiang Universität für die entgegenkommende Unterstützung bei der Vorbereitung und Durchführung des Symposiums sowie bei der Publikation des vorliegenden Bandes.

Der Dank der Herausgeber gilt ebenfalls Autorinnen und Autoren für ihre anregenden Beiträge sowie den weiteren Teilnehmerinnen und Teilnehmern des Symposiums für ihre intensiven und aufschlussreichen Diskussionen, die weitere transdisziplinäre Bildforschungen in Zukunft inspirieren. Wir möchten an dieser Stelle den zahlreichen studentischen Hilfskräften des Instituts für Deutschlandstudien der Zhejiang Universität herzlich danken, die zur erfolgreichen Durchführung des Symposiums tatkräftig beitrugen.

Dankbar verbunden sind wir auch unserem Kollegen, dem DAAD-Lektor an der Zhejiang Universität, Herrn Michael Röder, der bei der

Redaktion und Korrektur der Beiträge von Nicht-Muttersprachlern großzügig half, und Frau Prof. Dr. Andrea Albrecht an der Heidelberg Universität, die das Vorwort mehrfach gelesen und Verbesserungsvorschläge gegeben hat. Unser Dank gilt ebenfalls Frau Dr. Lian Fei, die das Vorwort ins Chinesische übersetzt hat. Herzlich danken wollen wir auch Frau Bao Lingling, Herrn Zhuge Qin und ihren Kollegen, die uns bei der redaktionellen Arbeit, Einrichtung des Manuskripts und Fertigstellung der Druckvorlage unterstützt haben.

Fan Jieping und Liu Yongqiang
im Dezember 2020
Zhejiang Universität
Hangzhou, China

Inhalt

Plenumsreden

1. Begrüßungsrede

Zhang Xi

(Zhejiang Universität, Hangzhou)

Liebe Vize-Präsidentin Frau Prof. He Lianzhen,
liebe Kolleginnen und Kollegen,
meine Damen und Herren,

vor einigen Monaten haben mir die Organisatoren der Tagung von dem heutigen internationalen Symposium zur interdisziplinären Bildforschung erzählt, da habe ich ihnen zugesagt, dabei zu sein, wenn mir dies die Umstände erlaubten. Heute bin ich ganz froh, hier zu sein. Die Erforschung der Bildproblematik ist meines Erachtens nicht nur ein Thema der neusten Forschung, sondern betrifft auch den Paradigmenwechsel, der sich in unserem Denken und unserer Wahrnehmung vollzieht. Bilder konstituieren unsere kulturelle Identität mit und füllen unser Alltagsleben aus. Die Zhejiang Universität sollte ihre Arbeit in diesem Bereich intensivieren. Bei dieser Gelegenheit möchte ich Ihnen unsere Arbeit an einem nationalen Kulturprojekt, das uns in den letzten vierzehn Jahren beschäftigt, nämlich die Edition und Publikation von der „Großen Kollektion der Chinesischen Malerei aller Dynastien", vorstellen.

Seit 2005 haben wir 12.250 Gemälde, die in der Welt verstreut sind und aufzufinden waren, mit modernster Technik fotografiert und zusammengestellt. In der Kollektion finden Sie die Bilder in höchster Genauigkeit repräsentiert. So sind die Bilder von zeitlicher und räumlicher Einschränkung befreit und für jeden Interessierten zugänglich.

Dass ein so großes Projekt überhaupt ermöglicht wurde und erfolgreich durchgeführt werden konnte, verdanken wir zum einen der Politik unseres

Vaterlandes, dass um einer wichtigen Angelegenheit willen alle Kräfte gebündelt werden können. Zum anderen profitieren wir von der Universitätspolitik, nämlich dass unsere Universität seit Jahren versucht, die Barrikaden zwischen den einzelnen Fächern zu beseitigen und die grenzüberschreitende interdisziplinäre Forschung voranzutreiben. Die Editionsarbeit an der Vollsammlung von Kunstwerken aus dem alten China beruht genau auf solcher Grundlage. Daher könnten sich die von uns editierten Bände als die beste Repräsentation der historischen Gemälde erweisen. Für die Erforschung der chinesischen Kultur- und Kunstgeschichte sind sie wie eine unentbehrliche Enzyklopädie. Wir haben – dank der modernen Technik – den Konflikt zwischen Sammeln und Nutzen gelöst. Die kostbaren Gemälde, die vor hunderten von Jahren entstanden und die wir normalerweise nicht zu sehen bekommen, können sich in dieser Form vor uns zeigen, z. B. die berühmten Gemälde „Ein Panorama von Flüssen und Bergen" (《千里江山图》) und „Leben entlang des Bian-Flusses am Qingming-Fest" (《清明上河图》).

Zugleich muss ich mich bei Freunden und Kollegen von zahlreichen Museen und Kulturinstituten bedanken. Unter den 12.000 Kunstwerken sind mehr als 3.000 im Ausland. Die Zhejiang Universität als hauptverantwortliche Institution für dieses Projekt hat buchstäblich bei null angefangen. Wir hatten damals nicht ein einziges Gemälde, das vor der Qing-Dynastie entstanden war. Ausgerechnet wir sollten die inländischen und ausländischen Museen bitten, ihre Türen zu öffnen und uns ihre kostbarsten Kunstwerke zu zeigen. Wie schwer das war, ist leicht zu denken. Hinter jeder Reproduktion, die wir in die Bände aufgenommen haben, steckt viel Mühe. Was wir hatten, war nur die Bereitschaft, tausende Schwierigkeiten zu erleben, tausende Worte zu reden, tausende Berge zu überwinden und tausende Strategien auszudenken. Letztendlich haben wir das Verständnis und Vertrauen von verschiedenen Museen gewonnen, zum Beispiel des Kunstmuseums in Boston in den USA, das viele chinesische Kunstwerke beherbergt. Wir sind dorthin geflogen, um sie in digitale Bilder umzuwandeln, da die Fotos, die uns das Museum anbot, uns nicht befriedigten. Nach der Arbeit wollten wir uns bei dem Museumsdirektor bedanken. Er sagte aber „Danke" zu uns. Wir glaubten, uns verhört zu haben. Da hat uns der Museumsdirektor erklärt: „Nein, Sie haben sich nicht verhört. Die Kollektion von Gemälden der Song-Dynastie ist etwas, was Wissenschaftler aller Länder herbeisehnen. Was Sie jetzt tun, ist eine sinnvolle Arbeit." Wir haben auch mit dem Ostasiatischen Museum in Berlin ziemlich lange kooperiert und mit deutschen Kolleginnen und Kollegen zusammengearbeitet. Unsere Leute sind fast „Dörfler" in Berlin-Dalemdorf geworden.

Nach vierzehnjähriger Arbeit haben wir jetzt die Kollektion von Gemälden aus der Song- und aus der Yuan-Dynastie komplett ediert und publiziert. Einige Bände der Kollektion der Prä-Qin- und Han- sowie Tang-Dynastie, Bände der Ming- und Qing-Dynastie sind auch fertig und in Beijing dem Publikum vorgestellt worden. Einer unvollständigen Statistik zufolge haben 145 überseeische Museen unsere Bände zu sich genommen.

Als Leiter und Organisator dieses Projekts fühle ich mit Leib und Seele, wie großartig die chinesische Zivilisation ist. Die über lange Zeit ununterbrochene Tradition der Bildkultur birgt nicht nur unsere Wünsche und Träume, sie beherbergt auch das nationale und internationale Gedächtnis. Die Kultur der Bilder gehört zu unserem gemeinsamen Schatz. Daher stimme ich der Themenwahl und der Vorgehensweise der Tagung vollkommen zu: Wir müssen aus einer interdisziplinären und transkulturellen Perspektive Bilder erforschen, über ihre Genese, Verbreitung und kognitive Funktion diskutieren und unsere Kenntnisse in Bildwahrnehmung und Bildvorstellung vertiefen. Ich denke hier an die Wandmalerei in Dunhuang, an das Hyperprojekt „One Belt one Road", an unseren kulturellen Austausch.

Ich wünsche ganz herzlich, dass die Zhejiang Universität im Bereich der interdisziplinären Bildforschung mit internationalen Kolleginnen und Kollegen eng zusammenarbeiten und etwas Solides dazu beitragen kann. Damit wünsche ich der Tagung viel Erfolg!

(Übersetzt von Liu Yongqiang)

2. Was ist ein Bild?

– Aus phänomenologischer Perspektive

Ni Liangkang

(Zhejiang Universität, Hangzhou)

Liebe Kolleginnen und Kollegen,
liebe Teilnehmende,

ich wurde gebeten, hier zum Thema etwas Einleitendes zu sagen, ähnlich einem akademischen Vorwort, und zwar in fünf Minuten. Es ist also kein Vortrag, sondern eine kurze Rede. Trotzdem gebe ich meiner Rede einen Titel, der lautet, „Was ist ein Bild?" und sogar noch einen Nebentitel: „Aus phänomenologischer Perspektive".

Mit Phänomenologie meine ich vor allem Edmund Hussels Analyse des Bewusstseins, sie ist transzendentale Philosophie bzw. Bewusstseinsphilosophie, die die Grundstrukturen des Seins nicht durch eine Ontologie, eine Theorie des Seienden zu erfassen, sondern vor allem durch Beschreiben des Statischen und Erklären des Genetischen im Bewusstsein zu untersuchen versucht.

Konkret gesagt, fragt die Bewusstseinsphilosophie nicht danach, was ein Bild ist, sondern vielmehr danach, wie das Bewusstsein ein Bild konstituiert, ebenso auch, wie ein Gegenstand, eine Person, ein Zeichen, ein Urteil usw. im Bewusstsein konstituiert wird. Von einem Bild kann man aus phänomenologischer Perspektive etwa sagen:

1. Ein Bild ist nicht die Sache selbst. Das Bild von einer Dame ist nicht die Dame selbst. Ein Bild ist sozusagen nur Vertreter der Sache. Sache und Bild gehören zu verschiedenen Gattungen des Bewusstseins. Der

Unterschied zwischen Bild und Sache ist auf den ersten Blick recht klar: Sache ist Gegenstand der Wahrnehmung bzw. Wahrnehmungsvorstellung; Bild ist Gegenstand der Bildvorstellung bzw. des Bildbewusstseins. Bei näherer Betrachtung erscheint Bild aber viel komplizierter (siehe These 3).

2. Ein Bild ist kein Zeichen. Der Unterschied zwischen Bild und Zeichen besteht vor allem darin, dass zwischen Bild und Abgebildetem zumindest eine Ähnlichkeit, ja sogar eine gewisse Gleichheit besteht, und dass hingegen zwischen Zeichen und Bezeichnetem eine solche nicht besteht. Aber die Grenze zwischen Bild und Zeichen steht dennoch nicht fest oder ist oft verwischt: So sind u. a. chinesische und alt-ägyptische Schriftzeichen sowohl Bild als auch Zeichen. Und beim Symbolismus und Abstraktionismus in der Malerei ist ebenfalls schwer zwischen Bild und Zeichen zu unterscheiden.

3. Das Bildbewusstsein hat eine Struktur, die wesentlich ist: In jedem Bildbewusstsein ist ein dreifacher Blick und daher auch eine dreifache Blickgegenständlichkeit enthalten: 1) das physische Bild (Papier, Leinwand, Bildschirm usw.), 2) das geistige Bild (die abgebildete Seerose usw.) und 3) das Bildsujet (Seerose als Thema, das im Bild nicht erscheint). Sie können auch als „Bild-Ding", „Bildobjekt" und „Bildthema oder-motiv" bezeichnet werden: Diese drei Objekte stellen das „Bild-Wesentliche" (XXIII, 489) im Bildbewusstsein dar: Fehlt eins von den dreien, so kann von einem Bild bzw. vom Bildbewusstsein nicht die Rede sein.

4. Auf diese dreifache Gegenständlichkeit richtet sich der dreifache Bildblick: die drei Arten von Auffassungen im Bildbewusstsein. 1) Die Wahrnehmungsauffassung des physischen Bilds: Wenn wir sagen, „Das ist ein Ölgemälde", dann ist diese Wahrnehmungsauffassung bereits vollzogen. Und wenn wir nur bei dieser Wahrnehmung bleiben, d. h., wenn wir lediglich auf das physische Bild achten, ohne das geistige Bild zu berücksichtigen, dann haben wir nur eine einfache Wahrnehmung und keine Bildvorstellung. 2) Die Auffassung des geistigen Bilds: Hier haben wir zwar eine perzeptive Auffassung, aber einen nicht-perzeptiven Gegenstand in Form eines Bildes. Wir perzipieren z. B. die Seeröschen nicht als in Wirklichkeit seiende bzw. nicht-seiende winzige Seerosen, sondern als Bilder von wirklich seienden Seerosen. 3) Die Auffassung des Bildsujets: Sie ist keine perzeptive, sondern eine reproduktive Auffassung. Aber es ist zu beachten, dass die Auffassung des Bildsujets keine normale reproduktive Phantasie ist. Erst wenn sich unsere Aufmerksamkeit nicht mehr auf das Bildobjekt richtet, sondern auf das Bildsujet, das erscheint, dann geht es

um eine normale Vergegenwärtigung, und dann hat es nicht mehr mit Bildbewusstsein zu tun.

Die Verhältnisse zwischen diesen drei Auffassungen sind noch genauer zu klären, ebenfalls die verschiedenen Setzungen in den Auffassungen usw. Das sind die Aufgaben der Bewusstseinsphilosophie.

Ich nenne hier zum Schluss noch die Beiträge von zwei weiteren Phänomenologen, die auf der Basis der Husserl'schen Phänomenologie des Bildbewusstseins ihre eigenen Ontologien der Kunstwerke aufbauen: Roman Ingardens *Ontologie des bildlichen Kunstwerks* und Martin Heideggers Theorie über den *Ursprung des Kunstwerks*.

Ich denke, die fünf Minuten sind vorbei, und danke Ihnen herzlich für Ihre Aufmerksamkeit!

Plenumsvorträge

3. Wetterbilder für Geschichte

Christine Blättler

(Christian-Albrechts-Universität zu Kiel, Kiel)

Zum Verhältnis von Begriff und Metapher in der Philosophie

Ein Begriff von Geschichte, der als Kollektivsingular Vergangenheit, Gegenwart und Zukunft zu einem zeitlichen Vorgang verschränkt, ist abstrakt und unanschaulich. Es erstaunt denn nicht, dass auf räumliche und naturale Bilder zurückgegriffen wird, die metaphorisch Gestalt und Dynamik des historischen Prozesses zu veranschaulichen suchen. Die philosophische und wissenschaftliche Literatur kennt neben Begriffen genauso sprachliche Bilder, die die Frage nach dem Verhältnis von diskursivem und figurativem Wissen, besonders von Begriff und Metapher aufwerfen. Philosophie beschränkt sich weder auf Definitionen noch verfügt sie über bereits etablierte Begriffe. Vielmehr hat sie es „immer wieder mit dem Unbegriffenen und Vorbegriffenen aufzunehmen" und „stößt dabei auch auf die Artikulationsmittel des Unbegreifens und Vorbegreifens, übernimmt sie und bildet sie, abgelöst von ihrem Ursprung, weiter"[1]. Mit dem „Vorfeld des Begriffs" rückt Hans Blumenberg das „weite Feld mythischer Transformationen" und „den Umkreis metaphysischer Konjekturen" in den Blick, „die sich in einer vielgestaltigen Metaphorik niedergeschlagen haben" (139).

---

[1] Hans Blumenberg, Licht als Metapher der Wahrheit. Im Vorfeld der philosophischen Begriffsbildung (1957), in: Hans Blumenberg, Ästhetische und metaphorologische Schriften. Hg. von Anselm Haverkamp, Frankfurt am Main, Suhrkamp 2011, S. 139-171, S. 139.

Dieses Vorfeld hält er gegenüber „fixierte[n] Traditionsformen" nicht nur für plastischer, genauso für sensibler bezüglich eines Impliziten, ja „Unausdrückliche[n]": „Hier hat sich oft Ausdruck verschafft, was in der starren Architektonik der Systeme kein Medium fand." Mit dem plastischeren ‚Aggregatszustand' greift Blumenberg auf die Chemie zurück, die Wissenschaft nicht nur der Transformationen, auch diejenige Wissenschaft, die Grenzen zwischen Belebtem und Unbelebtem, Mikro- und Makroskopischem überschreitet und die Nietzsche damals bezüglich weiterer dual verfestigter Kategorien fruchtbar zu machen suchte.[1] Aus allen diesen Überlegungen ergeben sich methodischen Fragen: Ermöglicht eine Metapher eine neue Weltdeutung,[2] oder macht sie eine bereits bestehende Weltdeutung lediglich anschaulicher, ja verstärkt sie diese sogar? Kommt der Metapher eine aufschließende oder orientierende Funktion zu?[3] Lässt sich dasjenige, was sich metaphorisch ausdrückt, begrifflich einholen oder nicht,[4] handelt es sich um eine eigenständige „Leistungsart"[5], Zusammenhänge zu erfassen, ja lassen sich Metaphern als „Leitfossilien einer archaischen Schicht des Prozesses der theoretischen Neugierde" (87) verstehen? Und was heißt das für die Frage nach der Geschichte?

Blumenberg zählt die Geschichte zu jenen seltsamen Gegenständen, die einen ‚Totalhorizont'[6] markieren und sich damit begrifflicher Erkenntnis

---

[1] Vgl. Friedrich Nietzsche, Menschliches, Allzumenschliches (1878/1886), in: Friedrich Nietzsche, Sämtliche Werke, Kritische Studienausgabe in 15 Bänden. Hg. von Giorgio Colli und Mazzino Montinari, Bd. 2, München, dtv 2009, S. 23-24; Bernadette Bensaude-Vincent/Isabelle Stengers, Histoire de la chimie. Paris, La découverte 1992, S. 9; Christine Blättler, „Chemie der Begriffe" und „historischer Sinn". Überlegungen zur philosophischen Begriffsbildung, in: Berichte zur Wissenschaftsgeschichte 38 (2015), S. 152-168. Eine literaturwissenschaftliche Zusammenstellung findet sich in Wolfgang Hottner, Aggregatszuständigkeiten. Implikationen einer Metapher Hans Blumenbergs, in: Politik der Metapher. Hg. von Andreas Hölzl u.a., Würzburg, Königshausen & Neumann 2015, S. 211-227.

[2] Vgl. Paul Ricoeur, La métaphore vive. Paris, Editions du Seuil 1975.

[3] Vgl. Ralf Konersmann, Vorwort, Figuratives Wissen, in: Wörterbuch der philosophischen Metaphern. Hg. von Ralf Konersmann, Darmstadt, WBG 2011 (3. erweiterte Auflage), S. 7-20.

[4] Vgl. Hans Blumenberg, Paradigmen zu einer Metaphorologie. Frankfurt am Main, Suhrkamp 1960.

[5] Hans Blumenberg, Ausblick auf eine Theorie der Unbegrifflichkeit, in: Hans Blumenberg, Schiffbruch mit Zuschauer (1979). Frankfurt am Main, Suhrkamp 1997, S. 85-106, S. 87.

[6] Hans Blumenberg, Ausblick auf eine Theorie der Unbegrifflichkeit, a.a.O., S.90.

verweigern, dafür umso mehr zu metaphorischer Adressierung einladen. Reinhart Koselleck sieht Metaphern sogar „immer"[1] vor dem geschichtlichen Begriff auftreten. Während Petra Gehring zu Recht vor einem „Visualismus"[2] warnt und den philosophischen Blick auf die „textuelle Funktion" (23) richtet, braucht der gängige Fokus auf Anschaulichkeit und Bildcharakter keinesfalls mit einer metapherntheoretischen Verengung auf das Visuelle oder sogar visuell Evidente zusammenzufallen. Das Verhältnis von Metapher und Begriff ist intrikat und keineswegs unidirektional. Immer ist danach zu fragen, inwiefern die Metapher eine „Widerstimmigkeit"[3], ja einen Bruch markiert, wie sich Spannungen zwischen Metapher und Kontext, Abgabe- und Empfangsbereich artikulieren, welche Funktionen dem Kontextbruch zukommen und welche Effekte dieser zeitigt. Ebenso ist zu prüfen, inwiefern ein Begriff seine Hintergrundbedeutungen abstreift oder behält, sie bewusst wie unbewusst aktiviert oder transformiert. Aber auch der umgekehrte Weg verlangt Aufmerksamkeit, wenn alte Bilder aufgeboten und neue gesucht werden, um einen vermeintlich definierten Begriff von Geschichte anders aufzuladen oder in Frage zu stellen. Diesen Fragen lässt sich am auffälligen Bildfeld des Wetters nachgehen.[4]

Wolken

Geschichte sei „etwas wie Wolken, die sich nach Belieben ballen und zerstreuen"[5], ein "Sammelsurium kaleidoskopischer Veränderungen".

---

[1] Reinhart Koselleck, „Fortschritt" und „Niedergang"– Nachtrag zur Geschichte zweier Begriffe, in: Reinhart Koselleck, Begriffsgeschichten. Frankfurt am Main, Suhrkamp 2006, S. 159-181, S. 162.

[2] Petra Gehring, Metapherntheoretischer Visualismus. Ist die Metapher „Bild"?, in: Metapherngeschichten. Perspektiven einer Theorie der Unbegrifflichkeit. Hg. von Matthias Kroß und Rüdiger Zill, Berlin, Parerga 2011, S. 15-31.

[3] Blumenberg, Ausblick auf eine Theorie der Unbegrifflichkeit, a.a.O., S. 78.

[4] Die Untersuchung hier nimmt ihren Ausgang vom konkreten Auftreten von Wetterbildern in philosophischen Texten und orientiert sich nicht an Alexander Demandts Metaphernsammlung, die unter der Kategorie ‚Wetter' Sturm, Gewitter und Unwetter als „destruktive Vorgänge" subsumiert; Alexander Demandt, Metaphern für Geschichte. Sprachbilder und Gleichnisse im historisch-politischen Denken. München, Beck 1978, S. 135-137, S. 135.

[5] Siegfried Kracauer, Geschichte – Vor den letzten Dingen (History. The Last Things Before The Last 1969), in: Siegfried Kracauer, Schriften. Bd. 4, Frankfurt am Main, Suhrkamp 1971, S. 151. Kracauers Bemerkung findet sich in seinem Nachdenken über Marcel Prousts „einzigartige[n] Versuch […], das Verworrene der Zeit zu erfassen" (ebenda).

Gegen die Vorstellung einer Ereignisgeschichte mit kontinuierlicher Chronologie, wie sie das Bild vom Fluss der Zeit veranschaulicht, tastet sich Siegfried Kracauer nicht nur über die Analogie mit Fotografie und Film, ebenso über einen Griff in die Meteorologie vor. Gegen den linearen Entwicklungsgedanken sucht er „eine diskontinuierliche, nicht kausale Abfolge von Situationen, oder Welten oder Zeiträumen" (ebenda) hervorzuheben und immer die unversöhnliche Spannung zwischen Mikro- und Makrogeschichte zu bedenken.[1] Kracauer nähert sich Geschichte als etwas Verworrenem, das weder mit dem rationalistischen Ideal von klar und deutlich noch über die Kausalbeziehung der Netwonschen Mechanik zu greifen ist, sich aber über Wolkenbildung imaginieren lässt.

Wolken, diese „unsteten, unberechenbaren Agenten des Wetters"[2], sind zum einen in einem Zwischenraum zwischen Erde und Kosmos angesiedelt,[3] zum anderen verkörpern sie schon chemisch geradezu exemplarisch Konfuses und Unscharfes, Nichtfestes und Wandelbares. Seit der Renaissance sehen sich Maler und Künstlerinnen mit dem Problem ihrer Darstellbarkeit konfrontiert,[4] wenn sie einen Himmel malen wollen, der nicht numinos bestimmt ist, sondern auf Naturbeobachtungen beruht. Es ist wohl kein Zufall, dass sich um 1800 eine „Mode des Wolkenmalens"[5] feststellen lässt. Diese keineswegs auf die Malerei beschränkte „Nubomania"[6] ist historisch in mehrfacher Hinsicht interessant. Zunächst ist ein Himmel ohne Wolken schwerlich malbar. Dann zeugen in dieser ‚Sattelzeit' (Koselleck) gerade die gemalten Himmel davon, dass sie nicht einer programmatischen

---

[1] Vgl. Siegfried Kracauer, Geschichte, a.a.O., S. 153, S. 103-104, S.119-125.

[2] Hartmut Böhme, „Was birgt die Wolke?" Zur Kultur- und Kunstgeschichte von Wolken und Wetter, in: Wolkenbilder. Die Erfindung des Himmels. Hg. von Stephan Kunz, Johannes Stückelberger und Beat Wismer, München, Hirmer 2005 (Ausstellungskatalog Aargauer Kunsthaus), S. 11-21, S. 11.

[3] Vgl. als klassische Referenz Aristoteles, Meteorologika.

[4] Vgl. Hubert Damisch, Théorie du nuage. Paris, Seuil 1972; Wolkenbilder. Die Entdeckung des Himmels. Hg. von Bärbel Hedinger, Inés Richter-Musso und Ortrud Westheider, München, Hirmer 2004 (Ausstellungskatalog Bucerius Kunst Forum Hamburg und Nationalgalerie Berlin).

[5] Inés Richter-Musso, Die Wolke als Lehrmeisterin der Malerei in Rom um 1800. Das Vermächtnis Valenciennes', in: Wolkenbilder 2004, a.a.O., S. 48-55, S. 55.

[6] Werner Hofmann, Wolkenthrone und Wolkendienste, in: Wolkenbilder 2004, a.a.O., S. 10-17, S. 15.

Gegenüberstellung von Licht vs. Dunkelheit folgen. Stattdessen lässt sich besonders an den Wolken das Himmelsgeschehen als dynamischer Transformationsprozess beobachten. Das Naturstudium in der Himmelsbeobachtung musste den Zusammenhang von Form und Zeit viel rasanter, überraschender und dramatischer, zudem im kosmischen Maßstab erfahrbar gemacht haben als etwa die Ontogenese eines Organismus, wie sie die entstehende Biologie der Zeit erforschte. Wolkenmetamorphosen mochten zwar immer noch zu physiognomischen Deutungen anregen, die der ‚Episteme der Ähnlichkeit‘[1] gehorchen, wissenschaftliche und ästhetische Herangehensweisen schärften jedoch den Sinn für morphologische Prozesse, ja für eine eigentümliche Dialektik von Gestaltung und Entstaltung.

So erregten Wolken Goethes morphologischen Spürsinn, belegt bereits in Wolkenzeichnungen von seiner zweiten Reise in die Schweiz 1779, zu einer Zeit, als Wolken noch nicht fixierbar und klassifizierbar waren. Erst die Abhandlung *On the Modification of Clouds* von 1803 des Apothekers und Chemikers Luke Howard hat die Wolken als sortierbare Gegenstände ‚erfunden‘. Die von diesem aufgestellte und bis heute grundlegende Nomenklatur und Klassifikation hatte Goethe nicht nur zu Gedichten von dessen Wolkentypen oder „Wolkengestaltungen“, zu tiefer Schichtwolke (Stratus), Haufenwolke (Cumulus), Federwolke (Cirrus) und Regenwolke (Nimbus) angeregt, sie ließ ihn auch „Wolkendiarien“ in Serie führen. Howards Werk schien ihm zu versprechen, „dem Formlosen Form, dem Gestaltlosen Gestalt“[2] zu geben, sein Autor „[b]estimmt das Unbestimmte, schränkt es ein / Benennt es treffend!“[3] Darüber hinaus vermochte Howards Typologie offenbar auch Goethes intellektuelle Unruhe bezüglich dieses sich dauernd entziehenden Gegenstandes einzuhegen und zugleich sein spekulatives Verlangen nach einem harmonischen Verhältnis von Vielgestaltigkeit und Einheitlichkeit zu befriedigen. Diese Typologie offerierte Goethe die Möglichkeit, die Spannung zwischen dem stetig wandelbaren Wolkenschauspiel einerseits und wenigen Grundtypen

---

[1] Vgl. Michel Foucault, Les mots et les choses. Paris, Gallimard 1966, Kap. 2.

[2] Werner Busch, Die Wolken, protestantisch und abstrakt. Theoretische und praktische Empfehlungen zum Himmelmalen, in: Wolkenbilder 2004, a.a.O., S. 24-31, S. 25.

[3] Johann Wolfgang von Goethe, Howards Ehrengedächtnis (1822), in: Goethe, Werke (Hamburger Ausgabe). Bd. 1, München, Beck 1981, S. 350-351, S. 350.

andererseits im Konzept der Metamorphose aufzuheben.[1]

Derartige Spekulationen finden sich bei Kracauer nicht. Das Material der Geschichte, dieser Bereich historischer Realität, den er aufgrund seiner Eigenheit, sich vorläufigen, letzten Wahrheiten zu widersetzen „Vorraum-Bereich"[2] nennt, verlange ein diesem Material adäquates Denken, nämlich ein um „Abschattungen und Näherungswerte" (198) besorgtes Denken. Dieses Denken bewege sich zwischen Bild und Begriff[3] wie zwischen den Polen des Besonderen und Allgemeinen in einem Zwischenraum der „Ambiguität" (200) und des Widerstreits; entsprechend sei auf die „Verkehrsprobleme" (189) zwischen Mikro- und Makrogeschichte zu reflektieren. Um dieses „Vorraum-Denken" von Geschichte gegenüber einem fest umrissenen Geschichtsbegriff offen zu halten, greift Kracauer mit dem Wolkenbild auf ein Blumenbergsches Vorfeld des Begriffs zurück.[4] Zugleich aktiviert er damit die doppelte Bedeutung des französischen Wortes *temps* für Wetter und Zeit, die zwar nicht ihm in den USA, jedoch Walter Benjamin in Paris aufgefallen ist.[5] Dieser Gleichnamigkeit hat Robert Musil noch vor seinem Genfer Exil ganz zu Beginn seines *Mannes ohne Eigenschaften* über meteorologische Beschreibungen literarisch prominent Ausdruck verliehen. Das atmosphärische Himmelsgeschehen gibt immer von neuem Anschauungsunterricht für die „Wolkenwandelbarkeit der Dinge"[6], die epistemologisch herausfordert, und lässt den Zusammenhang zwischen Wetter und Zeit auch als Frage nach dem Zeitgeist einer Epoche stellen.

In einem Bruchstück zu einer geplanten methodologischen Passage

---

[1] Zu Goethes Wolkendichtung s. Claus Michael Schlesinger, Aufklärung und Bewölkung. Poetik der Meteore. Göttingen, Konstanz University Press 2018, S. 255-285; Elisabeth Strowick, Gespenster des Realismus. Zur literarischen Wahrnehmung von Wirklichkeit. Paderborn, Fink 2019, S. 21-58.

[2] Siegfried Kracauer, Geschichte, a.a.O., S. 179.

[3] Vgl. Siegfried Kracauer, Geschichte, a.a.O., S. 198 (mit Referenz auf Huizinga).

[4] Diesen Bezug expliziert Kracauer erstaunlicherweise nicht, auch wenn er Blumenberg immer wieder als geschätzten Dialogpartner heranzieht und u.a. auch auf dessen Paradigmen einer Metaphorologie verweist; vgl. Siegfried Kracauer, Geschichte, a.a.O., S. 94, S. 216.

[5] Walter Benjamin, Das Passagen-Werk, in: Walter Benjamin, Gesammelte Schriften (GS). Hg. von Rolf Tiedemann und Hermann Schweppenhäuser, Frankfurt am Main, Suhrkamp 1972ff., Bd. V, S. 162 (D 2a, 3).

[6] Walter Benjamin, GS, Bd. V, S. 1024.

seines Baudelairebuchs setzt Benjamin bei der „höchst gemischten"[1] Beschaffenheit seines Gegenstandes an, des „Paris des Second Empire bei Baudelaire", die methodisch zu vergegenwärtigen und keinesfalls durch voreilige Scheidungen als wahr und falsch zu entscheiden sei. Diesen gewissermaßen wolkigen Gegenstand sucht er weder auf physiognomische Ähnlichkeiten ab noch wendet er sich, da nicht klar und deutlich fassbar, von ihm ab. Sein methodischer Anspruch immanenter Kritik ist auch dahingehend interessant, dass er tatsächlich auf die Wolken zu sprechen kommt. So fordert er von einem historisch-materialistischen Ansatz, sich nicht an das Schauspiel von Quellen und Überlieferungsströmen zu verlieren: „Er sucht nicht das Bild der Wolken in diesem Strom. Aber noch weniger kehrt er sich von ihm ab, um ‚an der Quelle' zu trinken, der ‚Sache selbst', hinterm Rücken der Menschen, nachzugehen." (1161) Stattdessen fragt er: „Wessen Mühlen treibt dieser Strom? Wer verwertet sein Gefälle? Wer dämmte ihn ein?" Dieser Ansatz „verändert das Bild der Landschaft, indem er die Kräfte beim Namen nennt, die in ihr am Werke gewesen sind." (1161) Auch bei der hier in Rede stehenden „Wolkengestalt" stellt sich die Aufgabe, „gewiß nicht ‚aufzuklären' aber durchzudialektisieren – gewissermaßen die Parabel regnen zu lassen"[2].

Was dies für den Gegenstand von Baudelaires Paris heißt, merkt Benjamin in seinem methodologischen Fragment selbst an: so verbiegt er Baudelaire nicht ins Narrativ eines menschheitlichen Befreiungskampfes, sondern geht ihm dort nach, „wo er ohne Zweifel zu Hause ist: im gegnerischen Lager. Baudelaire war" sozusagen „ein Geheimagent – ein Agent der geheimen Unzufriedenheit seiner Klasse mit ihrer eigenen Herrschaft."[3] Baudelaire liebte Wolken, was auch Benjamin aufgefallen ist.[4] Anstatt Baudelaires Wolkenmotive auf Vergänglichkeitsmetaphysik hin festzulegen, ist es vielversprechender, die oft zitierte Formel: „die Moderne, das ist das Transitorische, das Flüchtige, das Kontingente"[5]

---

[1] Walter Benjamin, GS, Bd. I, S. 1160.

[2] Walter Benjamin, GS, Bd. II, S. 1176.

[3] Walter Benjamin, GS, Bd. I, S. 1161.

[4] Vgl. ganz explizit Charles Baudelaire, Le spleen de Paris (1869), in: Charles Baudelaire, Œuvres complètes. Hg. von Claude Pichois, Paris, Gallimard 1961 (Bibliothèque de la Pléiade), S. 227-319, S. 231 (L'Étranger); Benjamin, GS, Bd. V, S. 418.

[5] Charles Baudelaire, Le peintre de la vie moderne (1863, 1869), in: Baudelaire, Œuvres complètes, a.a.O., S. 1152-1192, S. 1163.

zunächst ganz konkret auf das atmosphärische Geschehen zu beziehen; sein „Maler des modernen Lebens", sofern man sich nicht auf Constantin Guys beschränkt, war bestimmt Wolkenmaler, und könnten nicht auch in diesem Fall Kunstwerke die philosophische Reflexion angestoßen haben?

Kracauer nun sucht mit dem Bild des launischen Wetters Geschichte als etwas zu denken, das nicht determiniert ist, weder durch eine Vorsehung noch ein Naturgesetz, um damit in der Geschichte einen Spielraum für Spontaneität, ja Freiheit auszumachen.[1] Mit dem Wetter zieht er allerdings implizit das Modell des nichtlinearen, komplexen, ‚chaotischen' Systems par excellence heran, dessen Wirkungen zwar unvorhersehbar sind, da sie nicht mehr auf eine deutliche Kausalbeziehung zurückführbar, aber deshalb nicht weniger determiniert und überdies unumkehrbar sind. Im Unterschied zu einer mathematisch berechneten genauen astronomischen Voraussage ist die Wettervorhersage besonders durch unvorhersehbare Winde und die verwickelten, in der Computersimulation schwer modellierbaren Wolkenbildungsprozesse nur bedingt erfolgreich.[2] Ob dieser Sachverhalt des Nichtwissens, der etwas als zufällig, jedenfalls nicht rationaler Verfügbarkeit unterliegendes bestimmt, als Indiz für Freiheitsgrade dienen kann, ist zweifelhaft, auch wenn dieses Nichtwissen immer wieder positiv gewertet wird.

So hat Michel Serres geradezu eine Eloge auf die Wolke verfasst, die er als antiklassisches, so vitalistisch wie chaostheoretisch informiertes Paradigma für die „Grundstruktur des Universums"[3] wählt, gekennzeichnet von weder hierarchischen noch determinierten, sondern gemischten Vielheiten, die ihm eine Rückkehr zu den Sachen selbst versprechen. Serres nimmt, mit anti-rationalistischem Furor, eine Umwertung der Unordnung vor. Während er Ordnung lediglich als Ausnahme beobachtet, erklärt er die real existierende Unordnung als Regel, die jedoch nicht rational erschließbar sei: „Das Reale ist nicht rational"[4]. Seine Wolken besingt er für das letzte Viertel des 20. Jahrhundert wie ein antiker Poet, seine hauptsächliche

---

[1] Vgl. Kracauer, Geschichte, a.a.O., S. 50, S. 174 (Referenz auf Blumenberg), S. 201.

[2] Siehe z.B. Karin Leonhard, Wolken modellieren, in: Wolken. Archiv für Mediengeschichte 2005, S. 95-105; Trading Zones of Climate Change. Hg. von Christoph Engemann und Isabell Schrickel, in: Berichte zur Wissenschaftsgeschichte, vol. 40, Issue 2, 2017, S. 111-185.

[3] Kurt Röttgers, Die Wolken des Michel Serres, in: Wolken. Hg. von Kurt Röttgers und Monika Schmitz-Emans, Essen, Die Blaue Eule 2015, S. 29-45, S. 36.

[4] Michel Serres, Hermès IV. La distribution. Paris, Minuit 1977, S. 10.

Referenz ist denn auch Lukrez und dessen atomistisches Naturlehrgedicht. Die Wolke bestimmt Serres als „die große Zahl" (37). Mit dieser Engführung nimmt er eine atomistische Referenz auf, und zugleich in gewisser Weise die heutigen Datenwolken vorweg.[1] Ebenso dient William Turner, als Landschafts- und Meermaler auch ein großartiger Himmelmaler, Serres als Gewährsmann, er nennt ihn das „erste wahrhafte Genie der Thermodynamik"[2]. Während Serres darauf zielt, dass Turner „die entzündete Materie in die Kultur" eingeführt habe, also auf das Feuer und dessen Bewegung abhebt, trifft seine Beschreibung genauso das Zeitalter der Dampfmaschine und nicht zuletzt die von dieser produzierten Wolken. An Turners Gemälden wird überdies deutlich, wie die Malarbeit an den Wolken nicht nur davon zeugt, diesen Nichtgegenstand Wolke darzustellen zu versuchen, vielmehr anschaulich macht, wie das Malen von Wolken zu ungegenständlicher Malerei tendiert.[3] Noch vor den neuen thermodynamischen Studien beschäftigt die Darstellung der wandelbaren Wirklichkeit Malerei und Philosophie, insbesondere die Konstellation von Turner und Hegel lässt aufhorchen. Während der eine aus dem empirischen Naturstudium heraus Landschaft malerisch verflüssigt, sucht der andere angesichts der in neuer Dynamik erfahrenen Realität das Denken zu verflüssigen und auf diese Art dem Einbruch der Zeit in die Philosophie gerecht zu werden.

Wie verhält sich nun das „Weltwetter" zur „Weltzeit"[4]? Ist es etwa reiner Zufall, wenn aus Wolken ein Sturm entsteht, oder entsteht der Sturm aus einer bestimmten Notwendigkeit heraus, die die Menschen nur nicht erkennen, wie Oswald Spenglers Morphologie der Weltgeschichte behauptet? Während Kracauer Spengler vorwarf, „zu Unrecht das Reich der Notwendigkeit"[5] zu vergrößern, indem er Geschichte naturalisiere, ist auch Kracauers meteorologischer Vergleich daraufhin zu befragen. Seine Wolkenmetapher markiert jedoch erstens ein von der Wirklichkeit unterschiedenes Bild, mit dessen Hilfe sich über jene nachdenken lässt, und zweitens unterscheidet Kracauer dezidiert die menschliche Geschichte nicht

---

[1] Siehe etwa John Durham Peters, The Marvelous Clouds. Toward a Philosophy of Elemental Media, Chicago University Press 2015; Peters' Studie läuft darauf hinaus, Natur und Technik einander anzugleichen.

[2] Michel Serres, Hermès III. La traduction. Paris, Minuit 1974, S. 236.

[3] Vgl. Ortrud Westheider, Wolken und Abstraktion. Ein Motiv verändert die Malerei. Von Blechen zu Mondrian, in: Wolkenbilder 2004, a.a.O., S. 216-225.

[4] Vgl. Michel Serres, Atlas. Paris, Julliard 1994, S. 87-116 (Temps du Monde).

[5] Siegfried Kracauer, Geschichte, a.a.O., S. 47.

nur von Naturgeschichte,[1] genauso von einer numinosen Schicksalshaftigkeit. Dieser Punkt ist besonders bemerkenswert angesichts des verbreiteten Fokus auf dramatisches Wolkengeschehen als Signum für destruktive Vorgänge, Untergangsszenarien und Apokalypsen.[2] Gleichwohl indiziert das Wolkenbild eine Unverfügbarkeit, der der Historiker laut Kracauer mit „aktive[r] Passivität"[3] begegnen sollte. Diese unverfügbare Realität als nicht rational zu bezeichnen, wie Serres es tut, wäre insofern beizupflichten, als sie menschlichem Verstand weder gehorcht noch einsichtig ist. Wird jedoch die Realität des historischen Prozesses auf ihre eigene Rationalität hin als Logik der Sache befragt, sieht es anders aus. Dann lässt sich der dynamische und transformative Charakter der Wolken nicht selbstverständlich für ein neues positiv gewertetes Paradigma einsetzen, der Negativfolie des statischen, starren und rational- zurichtenden entgegengestellt. Mit dem nicht fassbaren Gegenstand der Wolken ist zu rechnen, ohne diese epistemologisch oder metaphorisch zu verklären.

Wind und Sturm

Wie das Beispiel von Kracauers Wolkenbild zeigt, muss der Einsatz einer Naturmetapher für den historischen Prozess weder bei reiner Visualität stehen bleiben noch mit einer Naturalisierung von Geschichte einhergehen. Wie verhält es sich mit den Wendungen von Wind und Sturm der Geschichte? Wird hier nicht gleichsam Geschichte als Naturgewalt stilisiert, der die Menschen ausgeliefert sind, oder anders herum, mit der es sich verbünden lässt? Auch für diese Metaphern gilt, dass es einen Kontextbruch gibt, dass ihr Bildbestand in einem neuen Kontext evoziert wird, sie etwas aus ihrem angestammten Bereich mittragen, das je nach Zusammenhang und Funktion unterschiedlich aktiviert werden kann, in jedem Fall jedoch seine Wirkungen hervorruft. So beziehen sich Politiker auf einen Wind der Geschichte, den sie nicht erzeugen, aber nutzen wollen, um erfolgreich zu sein; dasjenige, was sich historisch durchsetzt, verhilft auch dem Politiker zum Sieg, er hat den Wind im Rücken. Dagegen fordert Benjamin von seinem Historiker, sich

---

[1] Vgl. Siegfried Kracauer, Geschichte, a.a.O., S. 43, S. 49.

[2] Vgl. Hartmut Böhme, „Was birgt die Wolke?", a.a.O., S. 12; Heinz Dieter Kittsteiner, Die Entstehung des modernen Gewissens, Frankfurt am Main, Suhrkamp 1991, S.31-100 (Das Gewissen im Gewitter); Alexander Demandt, Metaphern für Geschichte, a.a.O., S. 135-137.

[3] Siegfried Kracauer, Geschichte, a.a.O., S. 86.

dem „Wind der Weltgeschichte"[1] auszusetzen, um daran die kritische Begriffsarbeit zu schärfen: sein Historiker lässt sich nicht vom Wind treiben, liegt nicht im Wind, sondern hält die Kunst für entscheidend, die Segel „setzen zu können"[2]. Beide Fälle imaginieren über die Windmetapher Geschichte als etwas, das zwar Effekte zeitigt, aber so wenig fassbar wie nicht machbar ist; wie und wozu sie das jedoch tun, unterscheidet sich ums Ganze. In politischen Reden mag der Wind der Geschichte als wirksames Bild eingesetzt werden, um eine historische Dynamik als natürliche und notwendige, und derart als ‚alternativlose' zu rechtfertigen; die Metapher fällt damit in den Bereich politischer Imagologie. Benjamins Bildeinsatz hingegen problematisiert und versucht, über die Figuration die begriffliche Arbeit zu bewegen. Seine Metaphern von Wind und Sturm der Geschichte naturalisieren deshalb nicht eine menschliche Ohnmacht in der Geschichte, bleiben nicht einfach „bei dem Natur-Bild stehen"[3]. Vielmehr drücken sie die Erfahrung eines „Wir werden gelebt" angesichts einer lediglich naturwüchsigen „Selbstbewegung der Geschichte" (ebenda) aus, auch wenn sie dies nicht direkt explizieren. Die Frage nach dem ‚Motor' der Geschichte lässt sich hier weder mithilfe der Newtonschen Mechanik[4] noch der Vorstellung einer vitalistischen „Selbsttätigkeit"[5] wie in Goethes Wolkenpoetik beantworten.

Die mit Wettermetaphern verbundene Auffassung von Geschichte als etwas nicht bewusst Machbarem, als „unbewusster Produktion" macht Heinz Dieter Kittsteiner bereits in der klassischen Geschichtsphilosophie aus.[6] Eine derartige Auffassung findet sich wieder in Vorstellungen eines

---

[1] Walter Benjamin, GS, Bd. V, S. 591, vgl. a. S. 592.

[2] Walter Benjamin, GS, Bd. V, S. 591. „Für den Dialektiker kommt es darauf an, den Wind der Weltgeschichte in den Segeln zu haben. Denken heißt bei ihm: Segel setzen. *Wie* sie gesetzt werden das ist wichtig. Worte sind seine Segel. Wie sie gesetzt werden, das macht sie zum Begriff." (S. 591) „Dialektiker sein heißt den Wind der Geschichte in den Segeln haben. Die Segel sind die Begriffe. Es genügt aber nicht, über die Segel zu verfügen. Die Kunst, sie setzen zu können, ist das Entscheidende." (S. 592)

[3] Wie Heinz Dieter Kittsteiner meinte; Heinz Dieter Kittsteiner, Adornos Blick auf die Geschichte (1982 – 1984), in: Walter Benjamin. Politisches Denken. Hg. von Christine Blättler und Christian Voller, Baden-Baden, Nomos 2016, S. 243-258, S. 253.

[4] Vgl. Michel Serres, Hermès V, a.a.O., besonders die Kapitel „nuage" und „orage".

[5] Joseph Vogl, Wolkenbotschaft, in: Archiv für Mediengeschichte 2005, S. 69-79, S. 76.

[6] Heinz Dieter Kittsteiner, Erwachen aus dem Traumschlaf. Walter Benjamins Historismus, in: Heinz Dieter Kittsteiner, Listen der Vernunft. Motive geschichtsphilosophischen Denkens. Frankfurt am Main, Fischer 1998, S. 150-181, S. 165.

historischen Unbewussten ebenso wie in nicht bewussten, vorbegrifflichen Vorstellungen von Geschichte. Hier interessiert besonders, inwiefern im Vorfeld des Begriffs von Geschichte eine Metapher als Sprachbild „*angstfähig*"[1], aber sozusagen genauso ‚wunschfähig' ist, und zwar in beide Richtungen, sowohl hinsichtlich ihrer Ausdrucksqualität wie ihrer Wirkmächtigkeit: Ängste und Wünsche können sich in Bildern ausdrücken sowie darüber verstärkt werden.[2] Statt das Arsenal politischer Imagologie mit Ikonoklasmus zu kontern, lassen sich dessen Bilder kulturanalytisch untersuchen und kritisch befragen. So wird am Wind der Geschichte eine besondere Ambivalenz deutlich: Zum einen ist er als Wunsch einer wirksamen Vorsehung lesbar und drückt eine Fortschrittshoffnung aus, zum anderen ist er genauso lesbar als Angst in einer Geschichte, die die Einzelnen einem schicksalsartigen Prozess unterwirft, der mit Niedergang oder Untergang verbunden ist. Diese Ambivalenz lässt sich an Benjamins berühmtem „Engel der Geschichte" thematisieren.

Die 9. These zum Begriff der Geschichte skizziert über Paul Klees Zeichnung des Angelus Novus ein Rätselbild, das Benjamin trotz einer „Deutungshilfe"[3] nicht auflöst, es vielmehr hermeneutischen Versuchen und eigenem Weiterdenken aufträgt. In diesem Rätselbild imaginiert Benjamin einen Sturm, der den der Vergangenheit und ihrem wachsenden Trümmerhaufen zugewandten Engel rückwärts in die Zukunft treibt. Hier interessieren die zwei Perspektiven, die aufgemacht werden, zum einen der menschliche Blick auf eine zukünftige fortschreitende „Kette von Begebenheiten"[4], zum anderen der Engelsblick auf eine „einzige Katastrophe" gemessen am paradiesischen Anfang der

[1] Ulrich Raulff, Das letzte Jahrhundert der Pferde. Historische Hippologie nach Koselleck, in: Reinhart Koselleck und die Politische Ikonologie. Hg. von Hubert Locher und Adriana Markantonatos, Berlin und München, DKV 2013, S. 96-109, S. 103. Siehe a. Ernst Müller und Falko Schmieder, Begriffsgeschichte und historische Semantik. Ein kritisches Kompendium. Berlin, Suhrkamp 2016, S. 328-337.

[2] An dieser Stelle ist auf die aus der Vorgeschichte des Kinos stammende und als romantische Leitmetapher bekannte Phantasmagorie hinzuweisen, die Benjamin als Begriff fassen und theoretisch ausführen wollte; ein Vorhaben, das er jedoch nicht realisierte; s. Christine Blättler, Benjamins Phantasmagorie. Wahrnehmung am Leitfaden der Technik, Berlin, Dejavu 2021.

[3] Ralf Konersmann, Erstarrte Unruhe. Walter Benjamins Begriff der Geschichte, Frankfurt am Main, Fischer 1991, S. 121.

[4] Walter Benjamin, GS, Bd. I, S. 97.

Menschheit. Beide Perspektiven signalisieren mit dem Sturm eine historische Dynamik, die sie übersteigt: Der Engel kommt nicht gegen sie an und kann lediglich zunehmende Katastrophen konstatieren, während die Menschen sich im Rückenwind wähnen und von Fortschritt sprechen. Diese These gehört zu den wirkmächtigsten Bildern Benjamins. Die vorherrschende Lesart nimmt sie als Beleg für dessen Fortschrittskritik und zieht daraus die Konsequenz, nicht nur von jeglicher Arbeit an einem Fortschrittsbegriff abzusehen, vielmehr sich ein Nachdenken über den historischen Prozess geradezu zu verbieten und sich stattdessen auf einzelne Dinge zu konzentrieren. Damit sucht sie gleichsam diejenige Rettungsarbeit zu realisieren, an der der Engel im Bild scheitert. Ein derartiges Vorgehen verkennt jedoch zum einen die im Rätselbild dargestellte Problematik, zum anderen zieht Benjamin diese Konsequenz gerade nicht.

Den von ihm gesuchten Historiker verpflichtet Benjamin darauf, der über die Einzelnen gleichsam hinwegziehenden Weltgeschichte eine Aufmerksamkeit für das je Partikulare entgegenzusetzen. Seine theoretische Aufmerksamkeit für Einzelnes, für kleine, vernachlässigte, verachtete Dinge zeugt nun keineswegs von einer losgelösten Mikrologie, sondern, wie bei Kracauer, von einer Auseinandersetzung mit der Beziehung zwischen Einzelnem und Allgemeinem. Die alte philosophische Frage nach deren Verhältnis beschäftigte auch Benjamin zeitlebens. Dabei folgt er weder einer deduktiven noch induktiven Logik, sondern reibt sich an der Spannung zwischen Einzelnem und Allgemeinem. Was Benjamin in seinem „Begriff der Geschichte" thematisiert, ist nicht eine existentiale Historizität von Menschen und Dingen im Rahmen einer ontologisch-anthropologischen Fragestellung,[1] sondern Geschichte als Prozess, wie sie der „Wind der Weltgeschichte" visualisiert. Weder Einzelnes noch Totalität, weder Bruch noch Kontinuität treten isoliert auf, sondern werden jeweils auf ihren Gegenpart bezogen. Einzelnes lässt sich nicht dadurch retten, dass der über es hinweggreifende größere Zusammenhang theoretisch ausgeblendet wird, und so wird bei Benjamin immer wieder der Versuch ersichtlich, Einzelnes nicht nur zu beachten, vielmehr in Bezug zu einem Übergreifenden zur Geltung zu bringen. Sein Nachdenken über

---

[1] Vgl. a. Walter Benjamin, GS, Bd. V, S. 577.

Geschichte zeigt, dass es eine „allzu schlichte Konstruktion der Geschichte"[1] wäre, wenn man das Recht einfach dem Partikularen, das Unrecht der Totalen zuschreiben würde. Hierfür legt die als Benjamin-Forscherin bekannt gewordene Susan Buck-Morss in ihrer Studie *Hegel und Haiti* ein schönes Beispiel vor. Diese zeugt gerade darin vom methodischen Einsatz Benjamins, dass sie eine selbstverständlich gewordene Großerzählung mit mikrologischer Aufmerksamkeit unterbricht, um eine neue Universalgeschichte als Projekt einer politischen Philosophie zu entwerfen.[2]

Unter dem Titel „Zum Begriff der Geschichte" steuert Benjamin nicht direkt und explizit auf diesen geschichtsphilosophisch besetzten Begriff zu, sondern exploriert in aneinandergereihten Reflexionen vornehmlich Vorfelder dieses Begriffs. Ursprünglich hatte er den Plan, seine Berner Dissertation zu „Kant und die Geschichte" zu schreiben, den er dann allerdings zugunsten des *Begriffs der Kunstkritik in der deutschen Romantik* aufgab. Damit legte er Geschichte als Thema keinesfalls ab, es sollte ihn als Problemfeld auch weiterhin beschäftigen, wie er damals an Scholem schreibt: „Jedenfalls gibt es gewisse Probleme wie eben die uns zentralen der Geschichtsphilosophie für die wir bei Kant im entscheidenden Sinne wohl erst dann etwas lernen können wenn wir sie für uns neu gestellt haben."[3] Den Problemkern dieser Geschichtsphilosophie identifiziert Benjamin, wie andere Vertreter dieser Generation der Kritischen Theorie darin, dass die Geschichtsphilosophie rückblickend den Lauf der Geschichte als sinnvoll rechtfertigt, indem sie ihm prospektiv das Ziel einer besseren Gesellschaft unterlegt. Kant formulierte diese Vorsehungsfigur als „Naturabsicht", die ihn von den Lebewesen allgemein über ‚den Menschen' als traditionell ‚höchstem' Lebewesen zur Kultur „als dem letzten Zwecke der Natur"[4] hin zur bürgerlichen Gesellschaft und einem „weltbürgerliche[n] Ganze[n]" (B 393) schreiten lässt. Während Kant sich darauf in der *Kritik der Urteilskraft*, die leitmotivisch von einem vorsichtigen „als ob" durchzogen ist, tastend

---

[1] Theodor W. Adorno, Zur Lehre von der Geschichte und von der Freiheit (1964/65). Hg. von Rolf Tiedemann, in: Theodoer W. Adorno, Nachgelassene Schriften. Abt. IV, Vorlesungen, Bd. 13, Frankfurt am Main, Suhrkamp 2001, S. 141.

[2] Vgl. Susan Buck-Morss, Hegel, Haiti, and Universal History, University of Pittsburgh Press 2009; Susan Buck-Morss, The Dialectics of Seeing. Walter Benjamin and the Arcades Project, Cambridge, Mass., MIT Press 1989.

[3] Walter Benjamin, Brief an Scholem, 7.12.1917, in: Benjamin, Briefe. Hg. von Gershom Scholem und Theodor W. Adorno, Frankfurt am Main, Suhrkamp 1978, Bd. I, S. 158.

[4] Immanuel Kant, Kritik der Urteilskraft (1790), § 83.

hinbewegt, findet diese Vorsehungsfigur in der Idee zu einer allgemeinen Geschichte in weltbürgerlicher Absicht einen programmatischen Ausdruck: „Man kann die Geschichte der Menschengattung im Großen als die Vollziehung eines verborgenen Plans der Natur ansehen, um eine innerlich – und, zu diesem Zwecke, auch äußerlich – vollkommene Staatsverfassung zustande zu bringen, als den einzigen Zustand, in welchem sie alle ihre Anlagen in der Menschheit entwickeln kann."[1]

Auch Kants kulturtheoretisches Modell unterstellt Geschichte einen „rechtfertigenden Sinn"[2], den Benjamin und andere nicht mehr vertreten wollten. Es ist dieser Punkt, der den maßgeblichen Ansatz seiner Kritik der Geschichtsphilosophie markiert, die sich um eine doppelte Fragestellung strukturiert: Wie wäre einerseits eine rettende Kritik des Fortschrittsbegriffs möglich, und wie wäre andererseits eine Geschichtsschreibung möglich, die nicht mit der Siegergeschichte identisch ist? Relevant wird hier Benjamins Reflexion auf das Verhältnis von Historiker und Gegenstand sowie Gegenwart und historischer Zeit. Dafür erprobt er verschiedene Verfahren; eines davon zeigt sich darin, wie er automatisierte Abläufe unterbricht, diesen statische Motive entgegen setzt und ein Moment der Erlösung geltend macht. In kritischer Absicht koppelt er jeweils seinen methodischen Einsatz an die Aufgabe des von ihm geforderten Historikers, „Geschichte gegen den Strich zu bürsten"[3].Gemessen an expliziter Begriffsarbeit zeigt Benjamins umwegiges Vorgehen nicht nur die Suche nach einem anderen, nicht rechtfertigenden Begriff von Geschichte, genauso stellt er gewissermaßen seinen Weg zu dem von ihm gesuchten Geschichtsbegriff dar. Auch hier entfaltet Benjamins „Pathos der *Mittelbarkeit*"[4] methodische Relevanz und verlangt danach, Fragestellungen seines Denkens zu berücksichtigen, die das Problem mit der Geschichte thematisieren, ohne dass es direkt angesprochen und ausgeführt würde. Nimmt man sein Pathos der Mittelbarkeit als philosophisches Verfahren ernst, liegt der Akzent auch bei Benjamins Bildeinsätzen nicht auf

---

[1] Immanuel Kant, Idee zu einer allgemeinen Geschichte in weltbürgerlicher Absicht (1784), in: Immanuel Kant, Gesammelte Schriften. Hg. von der Deutschen Akademie der Wissenschaften zu Berlin, Berlin 1900ff., Bd. VIII, S. 15-31, S. 20.

[2] Max Horkheimer, Anfänge der bürgerlichen Geschichtsphilosophie (1930), in: Max Horkheimer, Gesammelte Schriften, Bd. 2, Frankfurt am Main, Fischer 1987, S. 179-268, S. 249.

[3] Walter Benjamin, GS, Bd. I, S. 696 (These VII).

[4] Christine Blättler und Christian Voller, Einleitung, in: Walter Benjamin. Politisches Denken. Hg. von Christine Blättler und Christian Voller, Baden-Baden, Nomos 2016, S. 9-31, S. 10.

einer sprachtheoretischen ‚unmittelbaren Mitteilbarkeit'[1], sondern auf der Mittelbarkeit seines Verfahrens selbst. Damit lassen sich die von ihm eingesetzten Bilder als Medien verstehen, über die er seine Geschichtsphilosophie entfaltet, und über die sich diese ihrerseits erschließen lässt.

Mit dieser Herangehensweise erweist sich die in den Thesen thematisierte Fortschrittskritik als verwickelter, als sie zunächst scheinen mag. Die 9. These bildet gewissermassen einen Auftakt, da über ein starkes Bild eine Problemstellung exponiert wird, die in den folgenden Thesen 10-13 von mehreren Seiten her weitere Konturierung erfährt. Es findet sich hier eine kleinere, der Frage des Fortschritts gewidmete Serie in der größeren Serie der Thesen insgesamt. Die Form wird hier insofern bedeutsam, als weder deduktiv noch induktiv vorgegangen wird und die einzelnen Elemente auch nicht über eine fortschreitende Argumentation kausal verbunden sind, sondern über Kontiguität eine Dynamik entfalten. In diesem Sinne erlaubt die Aneinanderreihung der Thesen, eine Bewegung des Gedankenganges auszudrücken; diese Bewegung würde suspendiert, bliebe man beim Engel der Geschichte stehen, nähme man ihn für ein statisches Bild mit unmittelbar einleuchtender Bedeutung. Das Bild geht aufs Ganze, und indem es die Dimension der Weltgeschichte exponiert, schlägt es tatsächlich „einen ungeheuren Bogen über die Geschichte"[2]. Dabei thematisiert es die Vorstellung von Fortschrittsgeschichte und konfrontiert diese mit dem „Trümmerhaufen"[3] der Realgeschichte. Während die Hoffnung eine zum Besseren fortschreitende Zukunft vorstellt, findet im Engel die Angst in der Geschichte ihren bildmächtigen Ausdruck. These 9 problematisiert die Fortschrittsvorstellung, empfiehlt allerdings keineswegs, zu einer Verfallsgeschichte überzulaufen; dies wäre, nur mit umgekehrtem Vorzeichen, eine gleichermaßen legitimierende Großerzählung.[4] Und wäre es nicht tatsächlich eine Anmaßung, „auf diese totale Katastrophe, die nicht ausdenkbar ist, zu rekurrieren, um dadurch, durch einen solchen Rekurs dort, wo der Gedanke nicht weiter kann, mit einer, sei es auch negativen, Weltformel alles zu lösen"[5]? Wie eine

---

[1] Vgl. Walter Benjamin, GS, Bd.II, S. 140-157; Detlev Schöttker, Benjamins Medienästhetik, in: Walter Benjamin, Medienästhetische Schriften. Hg. von Detlev Schöttker, Frankfurt am Main, Suhrkamp 2002, S. 411-433.
[2] Theodor W. Adorno, Zur Lehre von der Geschichte, a.a.O., S. 135.
[3] Walter Benjamin, GS, Bd. I, S. 689.
[4] Vgl. Walter Benjamin, GS, Bd. V, S. 599.
[5] Theodor W. Adorno, Zur Lehre von der Geschichte, a.a.O., S. 138.

Fortschrittsgeschichte rechtfertigt auch eine Verfallsgeschichte theoretisch das, was geschehen ist. Wie denn wäre Geschichte zu denken, die nicht mit der Siegergeschichte zusammenfällt, und wie ließe sich Fortschrittskritik formulieren, ohne lediglich das Vorzeichen zu wechseln und eine negative Rechtfertigungserzählung zu vertreten?

Wie sich Benjamin weder verbietet, sich einem Begriff von Geschichte als historischem Prozess zuzuwenden, sowenig tut er dies mit dem Begriff des Fortschritts. Es handelt sich nicht um eine Kritik, die ihre Einwände einfach negativ gegen jeglichen Gedanken an Fortschritt formuliert, Fortschritt zum Feindbild stilisiert und als 'Unwort' möglichst meidet. Stattdessen wird hier ein bestimmtes Verständnis von Fortschritt kritisiert, das Benjamin näher umschreibt mit sturem Fortschrittsglauben, mit einem technokratischen, positivistischen, naturausbeutenden, arbeitsverherrlichenden, selbsttätigen und insgesamt dogmatischen Fortschrittsverständnis menschheitlicher Perfektibilität.[1] Diese Auffassungen, die von „unkritischer Hypostasierung" statt einer „kritischen Fragestellung"[2] zeugten, findet er zu seiner Zeit vor allem bei der Sozialdemokratie vertreten, die er lediglich „die Fortschritte der Naturbeherrschung, nicht die Rückschritte der Gesellschaft wahr haben"[3] sieht. Seinen eigenen Begriff von Fortschritt versucht er zum einen dadurch zu gewinnen, dass er sich mit dem Fortschrittsdenken seiner Zeit auseinandersetzt, dessen Selbstverständlichkeit und Automatismus er Figuren der Unterbrechung entgegen stellt. Zum anderen pocht er darauf, technische und soziale Entwicklung zusammen zu bedenken, sich ihrer Divergenz zu stellen und dem befreienden Potential von Technik eine Fortschrittsqualität zu erhalten. Damit erinnert er, wie auch mit dem messianischen Motiv daran, was Fortschritt einmal verhieß, und was es wieder heißen könnte, nämlich dass es besser und endlich gut werde, es keine Angst mehr gebe. Damit tätigt er wesentlich über Bildeinsatz eine rettende Kritik des Fortschrittsbegriffs, die auch hier darauf beruht, dass sich dieses Denken von einer zeitlosen Wahrheit abwendet und den Weg immanenter Kritik nimmt.

---

[1] Vgl. Walter Benjamin, GS, Bd. I, S. 698-701 (Thesen X, XI, XIII).
[2] Walter Benjamin, GS, Bd. V, S. 599.
[3] Walter Benjamin, GS, Bd. I, S. 698-699 (These XI).

4. Bild schreiben und Bild beschreiben:
Bildpoetologie von Robert Walser

Fan Jieping

(Zhejiang Universität, Hangzhou)

I. Einleitung

Su Shi (苏轼 1037 – 1101), auch Su Dongpo genannt, war Dichter der Song-Dynastie und Bürgermeister der Stadt Hangzhou zu seiner Zeit. Er hat einst eine Landschaftsmalerei von Wang Wei (王维 701 – 761), Dichter und Maler der Tang-Dynastie (681 – 907), gesehen und sogleich kommentiert: „Wenn ich Wang Weis Gedicht bewundere, finde ich das Bildliche darin, wenn ich seine Malerei bewundere, finde ich das Lyrische darin." (苏轼云：味摩诘之诗，诗中有画；观摩诘之画，画中有诗。) Das Bild, also eine chinesische Landschaftsmalerei, die Su Dongpo betrachtete, heißt *Das Regen- und Nebelbild in Lantian* (《蓝田烟雨图》). Er sollte dabei ein Gedicht von Wang Wei, nämlich *Im Gebirge*, auf das Bild kalligraphiert haben. Leider ist dieses Werk nicht überliefert.

Bemerkenswert ist hierbei, ob Su Dongpos Kommentar einen Gemeinplatz hat wie *ut pictura poesis* (also: ein Gedicht ist wie ein Gemälde) von Horaz[1], was seit der Barockzeit in Europa als Kanon zu verstehen ist. Die Antwort ist doch recht klar, denn das Gedicht ist ontologisch gesehen eben kein Gemälde. Ein in der Dichtung dargestelltes Bild ist faktisch wegen seiner

---

[1] Horaz 贺拉斯 (65-8 v. Chr.), römischer Dichter der Augusteischen Zeit.

Unsichtbarkeit kein reales Bild. Das scheint Horaz bewusst zu sein, denn er hat dies mit dem Wörtchen „wie" zum Ausdruck gebracht. Und Su Dongpo formulierte diese Implikation ebenfalls mit dem Ausdruck „das Bildliche" und „das Lyrische". Allerdings sind hierbei zwei wichtige Aspekte zu beachten. Erstens, bei Horaz wie bei Su Dongpo, wurde eine gewisse Beziehung zwischen Bild und Schrift, Malerei und Dichtung erkannt und anerkannt. Zweitens haben die beiden Dichter die Frage der Differenz zwischen Bild und Bildlichkeit, zwischen Bild und Einbildung aufgeworfen.

Lassen Sie mich noch einmal zu Su Dongpo zurückkommen. Er hat Wang Weis Gedicht auf dessen Landschaftsmalerei eingepinselt, indem er schrieb: Weiße Steine aus dem blauen Bächlein, Rote Blätter auf dem Jadeberg. Es hat zwar keine Regenschauer auf dem Bergwege, aber die grüne Luft benässte das Kleid des Passanten. (蓝溪白石出，玉山红叶稀。山路元无雨，空翠湿人衣。)

Dabei ist zu erkennen, dass Wang Wei in diesem kleinen Gedicht fünf Farben zur Schau gestellt hat, nämlich blau, weiß, rot, jadegrün und grün, um eine nebelhafte frühwinterliche Atmosphäre auf einem Berg hervorzuheben: Das Wasser im „blauen Bächlein" sinkt, infolgedessen ragen die „weißen" und trockenen Steine hervor. Vereinzelte „rote Blätter" veranschaulichen die spätherbstliche Bergaussicht. Es gibt hier zwar kein bestimmtes Wort zur Beschreibung der Nebelhaftigkeit, die bei chinesischer Landschaftsmalerei häufig vorkommt, aber sie wird durch „ohne Regenschauer" und „benässtes Kleid" zum Ausdruck gebracht.

Wang Wei versucht sowohl in der Malerei als auch in der Lyrik, die äußere Form der Dinge zu durchbrechen und die wahre Wirklichkeit, das Wesen der Dinge in seiner Kunst wahrnehmbar zu machen. Aus dieser spirituellen Sicht der Dinge resultiert auch Wang Weis dichterische Eigenart, Subjekt und Objekt, Gefühl und Landschaft ineinanderfließen zu lassen und in ihrer Verwobenheit darzustellen.

So weit so gut. Wir bleiben aber bei der Frage: Gibt es ein literarisches Bild überhaupt? Kann man das, was ein Dichter mit Schrift darstellt, als Bild bezeichnen? Wenn ja, welche Besonderheiten hat ein literarisches Bild? Sind die Farben und Gegenstände, die Wang Wei in Worten vor uns gestellt hat, erkennbar, wahrnehmbar oder sind sie *nur* eine Assoziation, wie wir alle wissen? Diesen Fragen könnte man sich eventuell mit theoretischen Ansätzen der sogenannten Bildwende (*iconic turn*), also *pictorial turn* von W. J. Thomas Mitchell aus Chicago und der *ikonischen Wendung* von

Gottfried Boehm aus Basel annähern.

Grundsätzlich gehen die beiden Ansätze zur Bildwende von dem Begriff „Bild" aus, das – etwas vereinfacht formuliert – das menschliche Denken prägt. „Exemplarisch kann dafür Platons im Kontext seiner Ideenlehre entwickelte Vorstellung geltend gemacht werden, dass jedes als singulär erfahrbares Einzelne das **Abbild** (griech. eikon) eines **Urbildes** (griech. paradeigma) sei, das auf ein allgemeines **Aussehen** (griech. eidos) verweist"[1] Das Urbild und Abbild stehen nach Platon in einem gewissen Verhältnis. Insbesondere teilt Platon den Bereich des **Sichtbaren** (griech. horaton) in die **natürlichen Bilder**, wie sie bei Spiegelungen und Schatten anzutreffen sind, und die Bilder als **Mimesis**, d. h. als Nachahmung auf, wobei er in Bezug auf die Nachahmung, also die Kunst (mimetische techne) nochmals zwischen einer *mimetike phantastike* (griech. für Einbildnerei) als dem **Erscheinenlassen** von etwas Nichtexistentem und einer *mimetike eikastike* (griech. für Urbildnerei) als der **Darstellung** von etwas Existentem trennt.

Beim obigen Beispiel von Wang Weis Gedicht finde ich eben diese platonische Trennung von Einbildung und Darstellung etwas schwierig zu erklären, wie eigentlich das Bildliche in der Lyrik und das Lyrische im Bild funktioniert. Denn das Gedicht von Wang Wei müsste sowohl als *mimetike phantastike*, also Einbildung vom Nichtexistentem, als auch *mimetike eikastike*, also die Darstellung von etwas Existentem, zu verstehen sein.

Die Gemeinsamkeit von Mitchell und Boehm besteht darin, dass sie in dem sogenannten *Linguistic Turn* das Defizit gesehen haben, nämlich einen Versuch, das Bild und Aussehen der Dinge bzw. der Welt durch die abstrahierte und möglichst exakte Sprache und Schrift zu deuten. Die abstrakte Zeichenphilie wird von W. J. Thomas Mitchell als Logoszentrismus betrachtet. Für ihn verschwinden die begreifbaren Dinge in ihren unbegreiflichen Begrifflichkeiten. Statt „das Bild durch Sprache zu zähmen"[2] versucht er umgekehrt, die Sprache durch das Bild zu zähmen. Das heißt, Bilder aus Perspektiven politischer, diskursiver und alltäglicher Kultur zu interpretieren. Oder man kann mit anderen Worten sagen, dass die Bildwende nicht nur eine Wende vom Logos zum Bild bedeutet, vielmehr ist sie meines Erachtens eine Wende der Denkweise. Sie bedeutet eine Wende

---

[1] Stephan Günzel, Dieter Mersch, Bild. Ein interdisziplinäres Handbuch, Stuttgart, J. B. Metzler 2014, S. 4.

[2] Ebenda S. 11.

vom Abstrakten zum Konkreten, von der Metaphysik zur Dinglichkeit und nicht zuletzt von der Idee zum Alltäglichen.

II. Ikonische Differenz

Gottfried Boehm hat seine *ikonische Wendung* auf das 19. Jahrhundert zurückgeführt. Er sieht schon in Cézannes Gemälde eine Aufhebung des zentralperspektivisch konstruierten Raums. Für ihn ist es nichts anderes als die Aufhebung des kartesianischen Subjektbegriffs. Dies wird im Folgenden mit Robert Walsers Bild-Schreiben und Bild-Beschreiben veranschaulicht. Ich interessiere mich hierbei für seine Überlegung zur *ikonischen Differenz*.

Boehms Kategorie der ikonischen Differenz geht auf Martin Heideggers Begriff der ontologischen Differenz zurück. Dort unterscheidet Heidegger das Seiende vom Sein. Das Sein sei die Voraussetzung alles Seienden. Somit kann das Sein nicht ohne das Seiende verstanden werden. Das Seiende kann somit aber auch nicht ohne das Sein sein. Wird nach dem Sein von etwas gefragt, dann offenbart sich immer nur das Seiende als unvollständige Manifestation dieses Seins. Aus diesem Grund impliziert die ontologische Differenz zwischen Seiendem und Sein gleichzeitig ihre Identität, obwohl beide hermeneutisch auseinanderfallen.

Boehm charakterisiert die Ontologie des Bildes als Einheit aus Materialität und Immaterialität: „Die Grundlage des Ikonischen entpuppt sich als Zwitterexistenz zwischen einem wirklichen Ding und einem reinen Vorstellungsbild. **Das Immaterielle wird durch die materielle Manifestation sichtbar.**"[1] Dieses Sichtbare meint unter anderem etwas Abwesendes; „die *ikonische Urszene* bezeugt die Immaterialisierung eines Materiellen."[2] Das Immaterielle im Materiellen zu sehen, oder mit anderen Worten, das Immaterielle, aus Farbe, Linien und Flächen Bilder zu generieren, verlangt Boehm zufolge ein **wertendes Sehen**: „Für die Sinnentstehung ist allerdings entscheidend, im Bild jenen Akt des Sehens wieder zu beleben, der darin angelegt ist. Erst das gesehene Bild ist in Wahrheit ganz Bild geworden."[3]

Boehm hat in seiner *ikonischen Differenz* die Einheit zwischen

---

[1] Stephan Günzel, Dieter Mersch, Bild. Ein interdisziplinäres Handbuch, a.a.O., S. 281.

[2] Ebenda S. 281.

[3] Gottfried Boehm, Wie Bilder Sinn erzeugen. Die Macht des Zeigens, Berlin, Berlin University Press 2007, S. 49.

Materialität und Immaterialität gut gesehen, und hat als Kunsthistoriker aber nur (oder nur gern) betont, das *Immaterielle durch die materielle Manifestation* sichtbar zu machen. Als Literaturwissenschaftler würde ich gern in der Dialektik der *ikonischen Differenz* versuchen, die andere Seite aufzugreifen. Das heißt, ob es auch möglich wäre, das Materielle durch das Immaterielle zu manifestieren. Die Grundüberlegung dieses Versuches basiert auf der Erkenntnis, dass *Bilder als Mimesis* eine konstruierte oder dargestellte Wirklichkeit sind, die aus einer bestimmten Idee hervorgeht. Das real existierende Bild ist in erster Linie ein Medium (wie z. B. Leinwand, Papier, Bildschirm, Farben und Linien), wodurch diese bestimmte Idee als konstruierte Wirklichkeit sichtbar gemacht wird. Die konstruierte Wirklichkeit müsste gegebenenfalls auch durch ein besonderes Medium wiedergegeben werden können, nämlich durch die Schrift.

Die Schrift oder das Zeichen muss nicht unbedingt der Gegensatz des Bildes sein, auch wenn W. J. Thomas Mitchell und Gottfried Boehm sich mit ihrer Bildwende gegen die sprachliche Wende (*linguistic turn*) wendeten. Dass Schrift und Malerei bzw. das Schreiben und Malen einen gemeinsamen Ursprung haben 书画同源, ist in China eine unbestrittene Erkenntnis. Bereits in der Tang-Dynastie hat der Kunsttheoretiker Zhang Yanyuan (张彦远 815 – 907) in seinem Aufsatz *Zum Ursprung der Malerei* darauf hingewiesen, dass die beiden chinesischen Schriftzeichen für „Schreiben" (书/書) und „Malen" (画/畫) semantisch nicht voneinander zu trennen und morphologisch auch kaum voneinander zu unterscheiden seien, weil der vieräugige Schriftschöpfer Cang Jie (仓颉) in der chinesischen Mythologie zuerst das Schriftzeichen für „Schreiben" im Sinne von Nachahmung der Naturerscheinungen erfunden hat. Dann soll er gemerkt haben, dass das Zeichen für „Schrift" den Gestalten der realen Wirklichkeit nicht vollständig nahekomme. Er habe – so nach Zhang Yanyuan – das Zeichen für „Malen" nach einem sehr ähnlichen Konzept geschaffen. Zhang Yanyuan zufolge habe Cang Jie die Absicht, mit „Schrift" die immaterielle Idee zum Ausdruck zu bringen, und mit „Malerei" die materielle Gestalt zu vermitteln. Die Grundgedanken der *ikonischen Differenz* sind in diesem Sinne im Zeichen für „Schrift" und „Malerei" enthalten.

Die Spur der *ikonischen Differenz* lässt sich ebenfalls im deutschen Wort „Image" verfolgen. Die moderne Bedeutung des Wortes „Image" im Duden Universalwörterbuch lautet: „Vorstellung und Bild, das ein Einzelner oder eine Gruppe von einer anderen Einzelperson, Gruppe oder Sache hat". Das heißt, schon in dem Wort „Image" sind das Materielle und Immaterielle gleichzeitig enthalten. Ich darf an dieser Stelle eine kleine Anmerkung machen, dass auch aus diesem Aspekt das Thema „Chinabild, Deutschlandbild" in unsere Konferenz aufgenommen wurde. Das Wort „Image" stammt etymologisch betrachtet aus dem Lateinischen „imago", und bedeutet „Bild", „Bildnis" und „Abbild".[1] Es ist entfernt verwandt mit dem Wort „imitieren". Es hat ebenfalls einen engen Zusammenhang mit Wörtern wie „imaginär" und „Imagination". Die Schriften bzw. Worte besitzen die Fähigkeit, für das innere Auge eine Welt entstehen zu lassen.

Wenn Schriften verstanden werden, geschieht etwas, das als „Imagination" aufgefasst werden kann. Die Imagination ist die Verbildlichung von Worten oder die Produktion einer virtuellen Welt, die (unter anderem) durch sprachliche Beschreibungen ausgelöst wird. Die Imagination kann als eine Form der Anschaulichkeit von Schriften und Texten bezeichnet werden. Von daher ist plausibel anzunehmen, dass **Bild und Einbildung miteinander zu tun haben**. Um deutlicher zu formulieren, dass **Bilder mit Schriftkunst und Dichtung zu tun haben**. Damit fange ich langsam mit dem schweizerischen Schriftsteller Robert Walser an.

III. Bild schreiben und beschreiben

Die ikonische Wende oder *pictorial turn* müsste auch zu Konsequenzen für literarisches Schreiben und für die Literaturwissenschaft führen. So prophezeite vor einiger Zeit Wang Ning, ein chinesischer Literaturwissenschaftler an der Qinghua-Universität, dass literarisches Schreiben im Zuge der Bildwende ebenfalls eine Wende erleben werde, nämlich eine Wende von der „Schriftstellerei" zur Präsentation der literarischen Bilder, eine Wende von der Erzählung der Geschichten zur Darstellung der Bilder, damit ein neues Modell der Literaturkritik ins Leben gerufen werde.[2] Dieser literaturwissenschaftlichen Annahme ist zuzustimmen, wenn wir Text als „ein Gefüge aus Schrift" verstehen.[3] In diesem Sinne können sich im Unterschied zu gesprochener Sprache geschriebene und gedruckte Texte

---

[1] Friedrich Kluge, Etymologisches Wörterbuch der deutschen Sprache. Bearbeitet von Elmar Seebold, Berlin, New York, De Gruyter 1995, S. 395.

[2] Wang Ning, The Swerve of Literary Forms. The Time of Iconography Is Coming, in: Shanhua 2004, Nr. 4, S. 100-104.

[3] So der Titel eines Aufsatzes von Jean Gérard Lapacherie, Der Text als ein Gefüge aus Schrift, in: Volker Bohn (Hg.), Bildlichkeit. Frankfurt am Main, Suhrkamp 1990, S. 69-87.

durch ihre Gewebestruktur ebenfalls als Bilder auszeichnen. Schriftlichkeit
hat einen gewissen Zusammenhang mit Bildlichkeit. Denn um verstanden zu
werden, muss ein Text erst einmal gelesen, d. h. als Sichtbares wahrgenommen
werden. Aber dieses Phänomen scheint mir weniger als Konsequenz der
Bildwende als vielmehr einer der Mitauslöser der Bildwende.

Robert Walser, der inzwischen als Klassiker der literarischen Moderne
von der Position des Außenseiters ins Zentrum gerückt wird, beschäftigte
sich bereits zur Anfangsperiode seines literarischen Schaffens mit der
Bild-Schrift-Relation, bzw. mit der Bild-Text-Relation. Sein Maler-Bruder
Karl war es, der ihm die Augen öffnete, allen seinen veröffentlichten
Werken die Umschläge designte und illustrierte, ihn Anfang des 20.
Jahrhunderts in die Berliner Künstler-Szene einführte. Dort traf Robert
Walser mit der großen Zeitströmung in der Kunst der Jahrhundertwende
zusammen: Wo immer es Akademien gab, gründeten sich damals Sezessionen,
und Robert Walser erlebte diese Bewegung aus nächster Nähe mit. Sein
Bruder Karl trat 1902 der Sezession als Mitglied bei und war regelmäßig auf
ihren Ausstellungen vertreten; Robert seinerseits wurde 1907 zeitweise
Sekretär dieser Sezession und genoss für ein paar Jahre den Status eines
besonderen Protegés von Paul Cassirer, ein deutscher Verleger,
Kunsthändler und Galerist jüdischer Herkunft in Berlin, der maßgeblich an
der Förderung der Arbeit von Künstlern der Berliner Secession sowie von
französischen Impressionisten und Postimpressionisten, insbesondere von
Vincent van Gogh und Paul Cézanne, beteiligt war. So erlebte er unmittelbar,
wie die Malerei der Moderne sich Bahn brach, wovon Walsers
Bildpoetologie ausschlaggebend beeinflusst wurde. Zu diesem Thema
komme ich später zurück.

Was ich Ihnen heute zuerst präsentieren möchte, bezieht sich u. a. auf
die Bild-Schrift-Relation in Robert Walsers insgesamt 1300 überlieferten
Mikrogrammen *Aus dem Bleistiftgebiet* aus seiner Berner Zeit 1924 – 1933.
Zum ästhetischen Wert seiner Schriftbilder hat er zwar nichts Konkretes
geäußert, es ist jedoch ein typisches Beispiel für unsere Untersuchung unter
dem Aspekt der *ikonischen Differenz*. In den vorgestellten Faksimiles sind
die Materialität und Spiritualität im Höchstmaß zusammengeflossen. Walser
schrieb gewöhnlich mit einem weichen Bleistift einen kurzen Text, sehr oft
einen Brief oder ein Prosastück, auf vorhandenen Briefumschlägen,
Kalendern, Zigarettenschachteln und Postkarten in einer Weise, damit ein
visueller Effekt hervorgerufen wird (siehe Abb. 1).

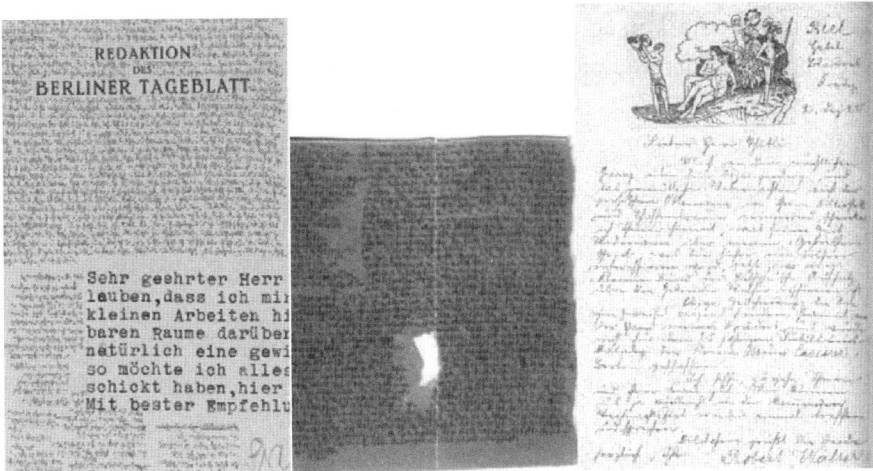

Abb. 1   Mikrogramm von Robert Walser

Die Raumaufteilung des Geschriebenen auf dem Papier lässt sich auf seine dürftige Lebenssituation einerseits, auf seine künstlerische Ambition andererseits zurückführen. Man kann dies als eine „Gelegenheits- und Verlegenheitsästhetik"[1] bezeichnen. Die Nutzung von Formen und den gedruckten Bildern auf dem Papier plus die verschliffenen Buchstabenformen in der Verkleinerung erzeugen bei Lesern eine ästhetische Wirkung wie ein materielles Bild. Zusammen mit dem immateriellen Inhalt des Geschriebenen könnte es wie ein Gemälde ein ästhetisches Faszinationsmoment bei der Wahrnehmung der Fakismiles hervorrufen.

Die Vorstellung des Schreibens bei Robert Walser verweist auf handwerkliche Aspekte. Die Befunde der Schriftbilder reichen von seinem frühen Arbeitsfeld als Commis bis zu den kalligraphischen Entwurfstexten in Mikrographie. Sie sind sowohl sichtbare Bilder als auch die Literatur, die eine Beziehung zwischen den Schwesterkünsten Schreiben und Malen (Zeichnen) präsentiert, worin Walser nicht nur die Beziehung zu seinem Maler-Bruder reflektiert, sondern zugleich ein poetologisches Bewusstsein, das ich im Folgenden diskutieren möchte.

(1) Sichtbarkeit und Unsichtbarkeit des Bildes

Gottfried Boehm hat darauf hingewiesen, dass jedes Bild Metapher sei.

---

[1] Eine Anlehnung an Werner Morlangs Bezeichnung der „Gelegenheits- und Verlegenheitslyrik" von Robert Walsers Dichtung, in: Robert Walser Handbuch. Stuttgart, Metzler 2015, S. 264.

Das Bild sei eine Verschiebung. Es schiebe sich vor eine Sache, auf die es
zeigt, und baue damit eine Spannung auf zwischen dem, worauf es zeigt und
all dem, was dabei ungezeigt bleibt. Sprache sei wesentlich metaphorisch,
Wortbedeutungen schillern in den Farben individueller Alltagserfahrung und
kultureller Zugehörigkeiten.[1] Aber Bilder als Metaphern sind im Gegensatz
zu Sprache sichtbar. Sie funktionieren zuerst über unsere Augen. Die Frage
ist: Gehören die unsichtbaren Vorstellungen und die Phantasie auch zur
„Familie des Bildes"?

W. J. Thomas Mitchell gibt uns die Antwort. Er vertritt einen Bildbegriff,
unter den auch Unsichtbares fällt. Unter die „Familie des Bildes" fallen neben
allen sichtbaren Bildern auch „perzeptuelle Bilder", also wahrnehmbare
„geistige Bilder" wie Träume, Phantasien und Erinnerungen. Er nennt unter
der Kategorie der „sprachlichen Bilder" vor allem Metaphern und
Beschreibungen, die ich hier gerne als Einbildung bezeichne.[2] Die
Sichtbarkeit bezieht sich – wie wir wissen – auf die „Anschaulichkeit". Die
Bildlichkeit einer literarischen Einbildung würde unter Umständen bedeuten,
dass sich ein unsichtbares Bild auf etwas Sichtbares bezieht. Damit wird es
anschaulich. Der Bezug auf die Sichtbarkeit ist einem literarischen Bild
immer nur dann möglich, wenn es beschrieben wird, weil sie sich auf etwas
außerhalb der Buchstaben bezieht und nicht mit abstrakten Begriffen hantiert.

Ich komme auf das Thema „Bild-Schreiben" bei Robert Walser zurück.
Walsers Affinität zur bildenden Kunst verrät sich in mannigfaltiger Weise.
In seinen autopoetischen Reflexionen wird das Schreiben oft mit dem Malen
oder Zeichnen in Verbindung gebracht. Das Verhältnis zwischen Literatur
und bildender Kunst wird in Walsers Texten nicht nur durch Reflexionen,
sondern auch mittels der Konfrontation von Maler- und Dichterfiguren
verhandelt. Sie kommen bereits in dem 1902 im *Sonntagsblatt des Bundes*
erstveröffentlichten Prosastück *Ein Maler* zur Anwendung. Dort handelt es
sich vor allem um die schriftliche Aufzeichnung, wie der Maler ein Porträt
einer Gräfin malt:

> Ich habe sie [d .i. die Gräfin] in halb sitzender, halb liegender
> Stellung gemalt, in den Kleidern, in denen ich sie am liebsten sehe.
> [...] Grau, das am Frauenleib so grossartig steht, und ein gelbliches
> Braun [...]. Sie hat kalt und unbeweglich vor sich geschaut. [...] Die

---

[1] Stephan Günzel, Dieter Mersch, Bild. Ein interdisziplinäres Handbuch, a.a.O., S. 11.

[2] W. J. Thomas Mitchell, Was ist ein Bild?, in: Volker Bohn (Hg.), Bildlichkeit, a.a.O.,
S. 20.

Hände sind leicht gegangen, sie sind vielleicht das Beste am Bilde. [...] Unter ihren reizenden kleinen Füssen hat ein graublauer Teppich gelegen. Ein dicker, weicher, einfarbiger Teppich. Er liegt sehr gut im Bild. Die Augen im Bild sind nicht vollendet, und sie sollen auch nicht vollendet werden. [...] Der Strauss Blumen im Bilde hat ihr Tränen entlockt. Es ist ein ganz gewöhnlicher Strauss, so gewöhnlich als möglich auch im Bilde gemalt. [1]

Die Vorstellung von einer besonders schönen Farbe kann ich wie eine köstlich zubereitete Speise oder wie eine zauberisch duftende Blume kosten. Süßes eigentümliches Genießen! Ich unterlasse es, so viel ich kann, es würde mich ruinieren. Sind denn nicht alle Sinne durch wunderbare Kanäle untereinander verbunden? Beim Malen selbst habe ich einzig und allein die Fertigstellung des Bildes im Auge und Sinn. Namentlich auch die Überwachung des Handgelenkes, das oft schlafen möchte. Ein Hand ist nicht leicht zu meistern. In einer Hand steckt oft viel störrischer Eigenwille, der gebrochen werden muß.[2]

Hierbei sehen wir nicht nur, dass Robert Walser versucht, ein Bild – statt mit Pinsel zu malen – mit Bleistift zu schreiben, sondern auch ein bekanntes Phänomen des Schreibprozesses für die literarische Moderne. Hugo von Hofmannsthals *Ein Brief* (*Chandos-Brief* 1902) um die Jahrhundertwende offenbarte eine Schreib- und Sprachkrise, die auf eine Umstellung von „Bedeutung" und „Tiefe" der abstrakten Worte auf eine „Oberfläche" oder „Signifikantenlosigkeit" beziehbar ist. Bei Robert Walser lassen sich Äußerungen zu einer solchen Sprach- und Schreibkrise zwar nicht feststellen, aber er hat mit dem Prosastück *Ein Maler* faktisch praktiziert, wie man versuchen kann, ein anderes Schreiben „neu zu lernen".[3]

Neues zu lernen heißt auch das Bild zu beschreiben. Mit dem, was oben Walser mit Bleistift porträtiert hat, ist wahrscheinlich das Porträt *Madame Cézanne in rotem Kleid* von Paul Cézanne gemeint (siehe Abb. 2). Wie oben erwähnt, hat Walser sich durch Paul Cassirer intensiv mit Paul Cézanne und

---

[1] Robert Walser. Ein Maler, in: Sämtliche Werke, Bd. I. Frankfurt am Main 1986, S. 80-81.

[2] Ebenda S. 75.

[3] Lucas Marco Gisi, Robert Walser Handbuch. Stuttgart, Metzler, 2015, S. 264.

Van Gogh auseinandergesetzt. Davon zeugt u. a. ein im Jahr 1929 in der *Prager Presse* publiziertes Prosastück *Cézannegedanken*, in dem er ein Porträt folgendermaßen beschreibt:

> Man wollte die Sonderbarkeit im Auge behalten, dass er seine Frau so ansah, als wäre sie eine Frucht auf dem Tischtuch gewesen. Für ihn waren die Umrisse, die Konturen seiner Frau genau dasselbe höchst Einfache, mithin wieder Komplizierte, wie sie ihm bei den Blumen, Gläsern, Tellern, Messern, Gabeln, Tischtüchern, Früchten und Kaffeetassen und -kannen gewesen sein werden. Ein Stück Butter war für ihn ebenso bedeutungsvoll wie das zarte Sichabheben, das er am Gewand seiner Frau wahrnahm. Ich bin mir hier unvollständiger Ausdrucksart bewußt, möchte aber der Meinung sein, man verstehe mich trotzdem oder vielleicht, um solcher Unausgearbeitetheit willen, worin Lichteffekte schimmern, sogar noch besser, tiefer, obwohl ich selbstverständlich prinzipiell Flüchtigkeiten beanstande.[1]

Abb. 2   Paul Cézanne (1888/1890): *Madame Cézanne in rotem Kleid*

Die Malerei ist für Robert Walser im Vorteil gegenüber der Dichtung, der weder Farben noch Töne, sondern nur Worte und Verstandesbegriffe zur Verfügung stehen. Walser erkennt dies in diesem Prosastück *Ein Maler*: „Er

---

[1] Robert Walser, Cézanngedanken, in: Sämtliche Werke, Bd. 18. Frankfurt am Main 1986, S. 255.

weiß, dass die Melodie der Sprache nur verhalten klingt und ihre Bilder imaginierte sind. Das Nacheinander der Zeichen, das Puzzle ihrer Bedeutungen – wie soll es konkurrieren gegen die schlagartige Präsenz von Bildern.“[1] Seine Skepsis an der Kompetenz der literarischen Mittel, die reale Wirklichkeit wiederzugeben, drückt er aus, indem er die Gräfin zu Wort kommen lässt: „Was in den langen und dicken Büchern steht, ist selten mehr, als eine Wiederholung dessen, was wir uns Tag für Tag, Stunde für Stunde selber erzählen, Bilder dagegen sind Überraschungen, des Nachdenkens und sich Ergötzens wert. [...] Farben und Linien erzählen auf süßere Weise. Keine Worte, nur Düfte und Töne werden da laut.“[2] Oder, wie es an anderer Stelle im selben Text heißt: „Der Pinsel wird auch die feinste Wortübung immer zuschanden machen.“[3]

(2) Phantasie als Bild

In der Dichtung funktioniert Bild als Einbildung, Vorstellung und Träume, die W. J. Thomas Mitchell als „geistiges Bild“ oder Stephen Kosslyn als „mentales Bild“ bezeichnet. Wenn Robert Walser ein solches Bild schreibt, so hat er oft nicht subjektiven Einfluss auszuüben versucht, d. h. er hat nicht geurteilt, sondern die Anregungen, welche die Bilder ihm boten, aufgegriffen und im literarischen Medium dargestellt. Für ihn sind Dichtung und Malerei in einer elementaren Hinsicht einig: **dass bildnerisches und dichterisches Schaffen ein Phantasieren sei.** Ähnlich wie bei seinem Bruder Karl, der schon früh das Arbeiten nach der Natur aufgab und sich in sein Atelier zurückzog, um seine „Träume hinter geschlossenen Fensterläden auf die Leinwand zu bringen“.[4] Anders als Karl hat Robert Walser vielleicht seine Bilder und Einbildungen in die Romane hinein geschrieben.

Über dieses Thema müssen die Gebrüder Walser früh und intensiv diskutiert haben, denn im Prosastück *Ein Maler* ist bereits davon die Rede: „meine Augen sind es alsdann, die phantasieren. [...] Ich sehe die Natur selten mehr an, wenigstens fast nie mit Maleraugen. Ich habe mich satt, fast krank daran gesehen. Weil ich sie liebe, meide ich womöglich ihren

---

[1] Robert Walser, Vor Bildern. Geschichten und Gedichte, hg. v. Bernhard Echte, Frankfurt am Main, Insel 2006, S. 105.

[2] Robert Walser, Ein Maler, in: Sämtliche Werke, Bd. I. Frankfurt am Main, Suhrkamp 1986, S. 85f.

[3] Ebenda S. 67.

[4] Robert Walser, Vor Bildern. Geschichten und Gedichte, a.a.O., S. 106.

gefährlichen Anblick. Es würde direkt lähmend auf meine Produktionslust wirken. Was ich tun kann, und tun muß, ist, in meinem Gedächtnis eine zweite Natur, womöglich ähnlich der ersten, einzigen auferstehen zu lassen: meine Natur für meine Bilder. Darin also besteht mein Phantasieren.“[1] Oder anders gesagt, alles künstlerische Schaffen basiert auf einem Anverwandeln – Formen, Bilden, Nachbilden – all dies sind aktive, produktive Vorgänge der Phantasie, nicht bloß passives Sehen und Rezeption.

IV. Das Bild beschreiben

Walsers Bildpoetologie basiert auf einem „geistigen Bild“, also auf der Einbildung einerseits, auf der Beschreibung andererseits. Was wir als mentale Bilder wahrzunehmen glauben, ist in Wirklichkeit eine bloße Beschreibung: „Es ist jedoch nicht nur die Vorstellung, die einer Beschreibung auf diese Weise gleicht. Alle mentalen Bilder, einschließlich des Sehens und Halluzinierens, sind beschreibend.“ („It is not just imagining, however, that is like description in this way; all ‚mental imagery‘, including seeing and hallucinating, is descriptional.“)[2] Das Bild-Beschreiben ist insofern ein Prozess, in dem Bilder als Vorstellung repräsentiert werden, während Bild-Schreiben ein Prozess des Wandels von realer Wirklichkeit zur kognitiven Einbildung ist. Beide Prozesse finden poetologisch im Kopf des Schriftstellers statt. Hier nämlich im Kopf von Robert Walser. Dazu möchte ich zwei Beispiele anführen.

Im Leben von Robert Walser ist ein Bild sehr wichtig. Es handelt sich um ein Aquarell-Bild, das von seinem Bruder Karl 1894 gemalt wurde und Walser jahrzehntelang überall in seiner Bleibe hängen ließ. Schon 1909 hat Walser ein Prosastück mit dem Titel *Wenzel* in der Zeitschrift *Die Schaubühne* veröffentlicht. Dort hat er mit der starken Ambition, Schauspieler zu werden, das Bild folgendermaßen beschrieben (siehe Abb. 3):

---

[1] Robert Walser, Vor Bildern. Geschichten und Gedichte, a.a.O., S. 72.
[2] Interdisziplinäre Beiträge zur Bildwissenschaft. Bd. 15. Wiesbaden, DUV 1998, S. 209.

Abb. 3   Karl Walser (1894): *Robert Walser als Karl Moor*

Der junge **Frohmutige** bekleidet sich mit einer Samtweste,
die sein Vater zu Hochzeiten getragen hat. Über die Schulter wirft
er einen alten Onkelsmantel, der in einer Stadt am Missisippi
erhandelt worden ist, und um die Hüften wird eine Glarnerschärpe
gewungen. Der Kopf bekommt eine zweckentsprechende Bedeckung,
(...) Die Hand hat sich eine gräuliche Pistole zu verschaffen gewußt,
und den Beinen haften Wildhüterstiefel an. Also ausstaffiert wird
„Karl" eingeübt.[1]

Im Juli und August 1925, 16 Jahre später als das Prosastück *Wenzel*,
verfasste Walser den Räuber-Roman in der Berner Gerechtigkeitsgasse Nr.
29, wo er sich aber gar nicht so gerecht behandelt fühlte. Er hatte keinen
Erfolg mit seinen Büchern, wurde fast von Lesern und Verlegern vergessen.
So hat Walser dasselbe Bild noch einmal beschrieben:

Er trug ein Dolch im Gürtel. Die Hose war breit und Mattblau.
Eine Schärpe hing ihm am schmalen Leib. Hut und Haar
vergegenwärtigen das Prinzip der Unerschrockenheit. Das Hemd

---

[1] Robert Walser, Wenzel, in: Sämtliche Werke, Bd. II. Frankfurt am Main, Suhrkamp
1986, S. 84.

schmückte ein Spitzenbesatz. Der Mantel war allerdings etwas fadenscheinig, immerhin mit Pelz verbrämt. Die Farben dieses Ausstattungsstückes war ein nicht allzu grünes Grün. (...) Die Pistole, die er in der Hand hielt, lacht über ihren Besitzer.[1]

Im Vergleich zur positiven und hoffnungsvollen Beschreibung des Bildes in *Wenzel* ist in dieser Bildbeschreibung eine pessimistische Stimmung wahrzunehmen. „Schmaler Leib", abgenutzter „fadenscheiniger Mantel", „immerhin mit Pelz verbrämt" und nicht zuletzt „die über ihren Besitzer lachende Pistole", all dies hat Walsers existenzbedrohende Situation bzw. den Verfall seiner Subjektivität in der Berner Zeit anschaulich gezeigt.

V. Fazit

Mit dem letzten Beispiel werde ich meinen Beitrag auf dieser Konferenz abschließen: Walser hat 1912 Van Goghs Porträt *der Arlesienne* in einer Ausstellung der Berliner Secession gesehen, Kurz danach hat er das Prosastück *Das Van Gogh-Bild* verfasst (siehe Abb. 4). Dort hat er noch einmal gezeigt, wie er das Bild beschreibt:

> Vor einigen Jahren sah ich in einer Gemäldeausstellung ein in gewissem Sinne hinreißendes und kostbares Bild, die Arlesierin, von Van Gogh, das Porträt einer durchaus nicht hübschen, weil schon ältlichen Frau aus dem Volke, die still auf einem Stuhle sitzt und ernsthaft vor sich herschaut. Sie trägt einen Rock, wie man ihn alle Tage sieht, und hat Hände, wie man sie allenorts antrifft und unbeachtet läßt, weil sie keineswegs schön zu sein scheinen. Auch kann an einem bescheidenen Band im Haar nicht sonderlich viel liegen. Das Antlitz der Frau ist hart. Die Gesichtszüge reden von mannigfaltigen einschneidenden Erfahrungen.[2]

Wer ist diese Frau, die „durchaus nicht hübsch" ist? – die „aus dem Volk" ist? – die „Gesichtszüge mit einschneidenden Erfahrungen" hat? Ist es nicht ein Porträt von Robert Walser selbst?

---

[1] Robert Walser, Wenzel, in: Sämtliche Werke, Bd. 2. Frankfurt am Main, S. 20.

[2] Robert Walser, Das Van Gogh-Bild, in: Sämtliche Werke, Bd. 16. Frankfurt am Main, S. 84.

Abb. 4   Van Gogh (1888): *L'Arlésienne*

Hierin ist deutlich zu sehen, dass Walser das materielle Van Gogh-Bild nicht nur mit Schriften präsentiert und den immateriellen Gehalt des Bildes repräsentiert, sondern auch das Bild literarisch und poetologisch ästhetisiert. Das heißt, Walser hat immer wieder versucht, die Bilder in seinen Texten so zu gestalten, dass er mit ihnen etwas anderes meint. Sowohl das Bildschreiben von der Gräfin in dem Prosastück *Der Maler*, als auch das Bildbeschreiben von *Madame Cézanne in rotem Kleid* und von Van Goghs Porträt *der Arlesienne* haben eine gemeinsame poetologische Besonderheit. Sie sind alle Metaphern, die dem **mimetischen Charakter** unterstellt und letztendlich auf die Person Robert Walser selbst bezogen sind, also ein **wertendes Sehen im boehmschen Sinn.** Sowohl das materielle Bild als auch das immaterielle Bild werden gleichfalls als Medium gesehen, das eine gewisse reale Wirklichkeit präsentiert und repräsentiert. Erst unter dieser *ikonischen Differenz* lässt sich Robert Walsers Bildpoetologie verstehen.

5. Bilder des Gehirns und die Wirkmacht der Bilder: Reflexion in Kunst und Wissenschaft

Caroline Welsh

(Freie Universität Berlin, Berlin)

> Nun halte ich immer mein eigenes in meinen Händen und muss immer darnach forschen, was mit mir möglich sei. Wenn die Geburtszange hier ein bisschen tiefer in die Schläfen gedrückt hätte ...? Wenn man mich immer über eine bestimmte Stelle des Kopfes gestrichen hätte ...? Was ist es denn mit den Gehirnen?[1]

Rönne, der junge Arzt aus Gottfried Benns Novelle *Gehirne* (1914), ist krank geworden über dem Umgang mit Gehirnen. Auf ihn lastet die Erfahrung von „ungefähr zweitausend Leichen", die „ohne Besinnen durch seine Hände gegangen",[2] deren Gehirne er seziert hatte. Nun meint er, sein eigenes in den Händen zu halten und reflektiert über den Zusammenhang zwischen Persönlichkeit und Gehirn: „[...] was mit mir möglich sei. Wenn die Geburtszange hier ein bisschen tiefer in die Schläfen gedrückt hätte?".[3]

Das anhand des Protagonisten in den *Rönne-Novellen* inszenierte Problem betrifft die Frage nach den Auswirkungen der Hirnforschung auf das Menschenbild und, damit verbunden, auf die Selbstwahrnehmung und

---

[1] Gottfried Benn, Sämtliche Werke. Stuttgarter Ausgabe. Bd. III, Prosa 1. Hg. von Gerhard Schuster in Verbindung mit Ilse Benn. Stuttgart, Klett-Cotta 2. Aufl. 2009, S. 29-34, Zitat S. 34.

[2] Ebenda S. 29.

[3] Ebenda S. 34.

-empfindung. Wie Rönne feststellen muss, führt das Wissen der Hirnforschung um die chemische Zusammensetzung des Gehirns und die Verbindung zwischen neurologischen und psychologischen Prozessen nicht zu einer Bereicherung auf der subjektiven Ebene der menschlichen Selbstwahrnehmung und hilft wenig bei der Verarbeitung traumatischer Erfahrungen. Das Deutungsangebot der Hirnphysiologie, der medizinische Blick auf das Gehirn führt bei Rönne nicht zu einer Stabilisierung, sondern zu einer zunehmenden Destabilisierung des Ichs, die sich zugleich sprachlich im Verlust eines Subjekts der Aussage manifestiert:

> Oft fing er etwas höhnisch an: er kenne diese fremden Gebilde, seine Hände hätten sie gehalten. Aber gleich darauf verfiel er wieder: sie lebten in Gesetzen, die nicht von uns seien und ihr Schicksal sei uns so fremd wie das eines Flusses, auf dem wir fahren. Und dann ganz erloschen, den Blick schon in einer Nacht: um zwölf chemische Einheiten handele es sich, die zusammengetreten wären nicht auf sein Geheiß, und die sich trennen würden, ohne ihn zu fragen. Wohin solle man sich dann sagen? Es wehe nur so über sie hin.[1]

Das Ich ist zu einem „es" geworden, zu einem Hauch, der nicht mehr Seele heißt. Ein ausschließlich naturwissenschaftlicher Blick auf den Menschen lässt keinen Raum für die Selbstwahrnehmung der eigenen Person, die subjektive Erfahrung der Welt und des Ich. Die *Rönne-Novellen* reflektieren nicht nur die anthropologischen Defizite eines ausschließlich an der Hirnforschung orientierten Menschenbilds. Sie zeigen auch auf, welche Konsequenzen ein solcher Blick für die Sprache hätte. Wenn das Subjekt ein „Epiphänomen" der Gehirnprozesse ist, wir also kein Gehirn haben, sondern unser Gehirn sind, entfällt die 1. Pers. Singular.[2]

Heute, ein gutes Jahrhundert später, haben wir uns an die Außenperspektive auf das Gehirn gewöhnt. In den Medien, im öffentlichen Raum, auch in den Krankenhäusern sind wir dem Gehirn auf unzähligen bunten Bildern

---

[1] Gottfried Benn, Sämtliche Werke. Stuttgarter Ausgabe. Bd. III, Prosa 1. A.a.O., S. 29-34, Zitat S. 33.

[2] Caroline Welsh, Die „Dunkelheit hinter dem Stirnportal". Begegnungen von Literatur und Hirnforschung zwischen 1800 und 2000, in: Wladimir Velminski (Hg.), Hirngespinste. Denkprozesse zwischen Störung, Genialität und Fiktionalität in Künsten und Wissenschaften, Paderborn, Fink 2013, 63-79, zu Benn S. 72-79.

begegnet. Diese Bilder werden mit existentiellen Fragen wie diejenige nach
der Entstehung und dem Ort des Bewusstseins, nach der menschlichen
Willensfreiheit und der Lokalisierung geistiger Fähigkeiten in Verbindung
gebracht. Sie gehen einher mit dem Versprechen, dass die Hirnforschung mit
Hilfe bildgebender Verfahren Aufschluss wird geben können über das Wesen
des Menschen. Längst sind wir überzeugt worden, dass alles was wir tun,
denken und empfinden irgendwie etwas mit unseren Gehirnen zu tun hat.
Das Gehirn und insbesondere seine Bilder sind, so formuliert es Kelly Joyce
2008, zu einer Ikone unserer Zeit geworden.[1]

Doch es gibt – und darum wird es im Folgenden gehen – sowohl innerhalb
der Kognitions- und Neurowissenschaften als auch in den Geisteswissenschaften
Gegenstimmen, die davor warnen, sich vom Erfolg der bildgebenden
Verfahren bei der Erforschung des Gehirns dazu verleiten zu lassen, alles
was außerhalb dieser Sphäre liegt als irrelevant abzutun.

„Bilder des Gehirns" meint im Folgenden zweierlei: einerseits
(im *Genetivus objectivus*) die mit Hilfe bildgebender Verfahren
hergestellten wissenschaftlichen (Hirn-)Bilder, auf denen das Gehirn als
Objekt zu sehen ist. Andererseits (im *Genetivus subjectivus*) die Bilder,
die uns das Gehirn etablierten neurobiologischen Theorien zufolge als
neuronale „Repräsentationen" der Außenwelt oder als halluzinatorisch-
phantasmatische Bilder des Traumes oder des Rausches präsentiert. Der
erste Teil meines Beitrags fragt nach der Wirkmacht der wissenschaftlichen
Hirnbilder, nach der Veränderung unserer Selbstwahrnehmung durch ihre
breite Zirkulation und der Auseinandersetzung mit einer solchen cerebralen
Anthropologie in den Künsten. Der zweite Teil hinterfragt mit der
Wiederentdeckung des Leibes in Anthropologie und Bild(akt)theorie das
Konzept einer neuronalen Repräsentation der Außenwelt im Gehirn. Hier
werden zwei u.a. auf Merleau-Ponty, Abby Warburg, Ernst Cassirer und
António Damásio aufbauende verkörperungstheoretische Ansätze zueinander
in Beziehung gesetzt, welche die emotionale Wirkmacht von Werken der
bildenden Kunst als eine unmittelbar leiblich erfahrbare affektive Kraft
vorstellen.

---

[1] Kelly Joyce, Magnetic appeal. MRI and the Myth of Transparency. Ithaca, NY, Cornell
University Press 2008, S. 1-23.

Zirkulation und Wirkmacht der Hirnbilder im öffentlichen Raum

Vom wissenschaftlichen Bild zum Portrait der Person

Visualisierungstechniken wie Computertomographie (CT) oder Magnetresonanz-tomographie (MRT) gehören heute ins Alltagsrepertoire der medizinischen Praxis, wo sie zum elementaren Bestandteil der Forschung, Diagnostik und Therapie geworden sind.[1]

Krankenhäuser, wie hier die Berliner Charité, werben damit, mithilfe modernster bildgebender Verfahren das Wissen um Funktionsweise und Pathologie des Gehirns zu erweitern und Krankheiten frühzeitig erkennen und therapieren zu können. Doch auch außerhalb medizinischer Diskurse werden wir auf vielfältige Weise mit den bunten Hirnbildern konfrontiert. Sie dienen in populärwissenschaftlichen Beiträgen unterschiedlicher Medien ebenso wie in der Werbung nicht nur als Blickfang, sondern auch als Garant wissenschaftlicher Autorität und sie versprechen ein neues Wissen über Möglichkeiten der Selbstoptimierung (u.a. Gehirndoping) und der Fremdmanipulation (Neuromarketing).

Gerade das nicht-invasive Verfahren scheint zu implizieren, dass die Bilder uns einen unmittelbaren und authentischen Blick in das lebendige Gehirn – auch in das Eigene – ermöglichen. In Berichten psychisch Kranker über ihre Selbstwahrnehmung wird allerdings auch deutlich, dass sich mit dieser Technologie eine neue Form der Medikalisierung des Selbst herausbildet. Der Medizinanthropologe Simon Cohn berichtet in seinem Aufsatz „Erschütternde Bilder" von einer Patientin mit bipolarer Störung, welche auf die fMRT Bilder ihres Gehirns folgendermaßen reagiert:

Dieses Bild, das ist das genaus te Portrait, das Du jemals haben kannst. Ein Bild davon, wer Du wirklich bist. Innen drin. Ich sage den Leuten: das ist mein Selbstportrait.[2]

---

[1] https://www.charite.de/forschung/service_fuer_forschende/forschungsinfrastruktur/bildgebung/[zuletzt eingesehen am 31.03.2020].

[2] Simon Cohn, Disrupting Images. Neuroscientific representations in the lives of psychiatric patients, in: Suparna Choudhury, John Slaby (Hg.), Critical Neuroscience: A Handbook of the Social and Cultural Contexts of Neuroscience. Chichester, Wiley-Blackwell 2011. Zit. nach Felix Hasler, Neuromythologie. Eine Streitschrift gegen die Deutungsmacht der Hirnforschung. Bielefeld, transcript [2012] 5. unveränderte Auflage 2015, S. 68.

Ein Portrait steht in der Tradition der Repräsentation, der Mimesis des portraitierten Gegenstandes, wobei Persönlichkeit und Aussehen zugleich in Erscheinung treten sollen. Das Gehirnbild als Portrait verstanden, verspricht die Enthüllung verborgener Seiten der Persönlichkeit. Es scheint unsichtbare Prozesse unmittelbar zur Anschauung zu bringen. Bei der Patientin mit bipolarer Störung zeigen sich auf dem fMRT von der Norm abweichende Prozesse. Indem sie die Bilder ihres Gehirns als Portrait begreift, identifiziert sie sich über das Bild zugleich mit ihrer Krankheit.

Auch wenn die meisten von uns wissen, dass es sich um im Labor hervorgebrachte Darstellungen von Daten in Bildform handelt, dass die Bilder errechnet sind und die Farben sich einer Farbscala verdanken, die der Kennzeichnung unterschiedlicher Aktivitätsgrade in verschiedenen Gehirnarealen dient – kurz, dass bildgebende Verfahren aus Daten eine abstrakte Repräsentation der Gehirnaktivität erstellen: Es bleibt die Illusion, dort auf den Bildern etwas von den Grundlagen unseres Bewusstseins, von der Materialität unserer Person zu sehen. Das Gehirnbild gibt vor, ein Abbild dessen zu sein, was hinter der Schädeldecke im Verborgenen liegt. Es erinnert an ein Röntgenbild oder an eine Photographie. Aber es ist alles andere als eine Photographie und hat auch wenig mit einem Röntgenbild gemein.[1]

Die Konstruktion des wissenschaftlichen Bildes

Neuroimaging macht nicht einfach das Unsichtbare hinter der Schädeldecke sichtbar. Ja die bildgebenden Verfahren, wie Positronen-Emissions-Tomographie und funktionale Magnet-Resonanz-Tomographie messen noch nicht einmal die neuronale Aktivität oder Aktivitätsveränderungen als solche. Sie messen nur indirekte Parameter. Im Falle des fMRT sind das zerebrale Blutflussänderungen. Man schließt von einem erhöhten Sauerstoffgehalt des Hämoglobins in einem umgrenzten Hirnbereich auf eine erhöhte neuronale Aktivität. Das ist der Blood Oxygene Level Dependent Effekt (BOLD).

Was wir sehen sind also (1) „anschaulich aufbereitete graphische Darstellungen der statistischen Verteilung vom zeitabhängigen Blutfluss und

---

[1] Hierzu ausführlich, Joseph Dumit, Objective Brains, Prejudical Images, in: Science in Context 12 (1999), S. 173-201 sowie Michael Hagner, Das Hirnbild als Marke, in: Bildwelten des Wissens 6 (2008) 1, S. 43-51, bes. S. 48. Den Hinweis auf Dumit verdanke ich Volker Roelcke.

Sauerstoffbedarf im Gehirn."[1] Daraus wird auf die neuronale Aktivität geschlossen. Hinzu kommt, dass auf diesen Bildern nicht die gesamte (auf der Basis des BOLD ermittelte) neuronale Hirnaktivität zu einem bestimmten Zeitpunkt zu sehen ist, sondern nur diejenige Aktivität, für die man sich bei der Untersuchung interessierte. Das liegt am Umgang mit den gemessenen Daten bei der Konstruktion des Bildes: Zunächst wird die Grundaktivität des Gehirns der Testperson im Scanner gemessen, bevor ihr eine spezifische Aufgabe gestellt wird. Diese Grundaktivität wird dann später von der Hirnaktivität abgezogen, die bei der Durchführung der Aufgabe gemessen wurde, sodass nur die für die jeweilige Aufgabe spezifische Aktivität übrigbleibt. „Die abgebildeten Aktivitätswerte sind also das Ergebnis einer Subtraktion."[2] Was wir sehen ist (2) die durch Subtraktionsrechnungen erstellte Differenz in der Aktivität vor und während der gestellten Aufgabe. Besonders überzeugend wirken solche Bilder im *kontrastiven Vergleich*.

So kann man beispielsweise im kontrastiven Vergleich unterschiedliche Aktivitätsmuster in verschiedenen Hirnarealen von Versuchspersonen sehen, die einmal eine Melodie aus Mozarts „Eine kleine Nachtmusik" auf die Silbe „la" singen und sodann die Monate des Jahres laut aufsagen (overt singing, overt speach).[3] Sie unterscheiden sich von denjenigen Aktivitätsmustern derselben Personen, die sich nur vorstellen obiges zu tun (covert singing/speach). Die unterschiedlichen Aktivierungsmuster einzelner Gehirnareale (Cerebellum, Insel) während des Singens und Sprechens sowie die ausschließliche Aktivierung der „Insel" bei der Lautproduktion (overt) sind dank der in Grautönen gehaltenen anatomischen Gehirnkarte deutlich erkennbar. Natürlich sind das nicht die einzigen Bereiche des Gehirns, die zu diesem Zeitpunkt gerade aktiv sind. Petra Gehring und Joseph Dumit zufolge ist diese „vergleichende Ortung" (Gehring) dennoch das im engeren Sinne aussagekräftigste Erkenntnispotential der Bilder.[4]

Schließlich entspricht (3) auch die Farbgebung nicht der Realität des Gehirns:

---

[1] Hasler, Neuromythologie, a.a.O., S. 43.

[2] Hannah Fritsch, ... dem Gehirn beim Denken zusehen? Sicht- und Sagbarkeiten in der funktionellen Magnetresonanztomographie. Bielefeld, transcript 2014, S. 197.

[3] Vgl. hierzu und zum Folgenden A. Riecker, H. Ackermann, D. Wildgruber, G. Dogil, W. Grodd, Opposite hemispheric lateralization effects during speaking and singing at motor cortex, insula and cerebellum, in: NeuroReport 11 (2000) 9, S. 1997 – 2000.

[4] Petra Gehring, Es blinkt, es denkt, Die bildgebenden Verfahren der Neurowissenschaft, in: Philosophische Rundschau 51 (2004) 4, S. 173-295, Zitat S. 293.

Aktivationsbilder in der fMRI werden farbig dargestellt, weil diese mehr Informationen beinhalten. Das Bild besteht aus zwei Schichten: ein anatomisches Schwarzweiß-Bild und darüber eine farbige Aktivationskarte. Die aktivierten Areale werden je nach Grad der Aktivation üblicherweise mit einer Heißfarbenskala von Rot bis Gelb eingefärbt.[1]

Die Einfärbung auf der Folie eines in Grautönen gehaltenen Röntgenbildes dürfte zusammen mit dem nicht-invasiven Verfahren der Bildgewinnung die Überzeugungskraft der Hirnbilder erhöhen. Die Farben wirken vor dem anatomischen Schwarzweiß-Bild des Gehirns so lebendig, wie das, was sie darstellen: Leben und Aktivität. Beides trägt dazu bei, dass die Daten transparent werden und das Bild im Vergleich zu einer Graphik oder Gehirnkarte das Gehirn unmittelbar abzubilden scheint.

Zerebrale Anthropologie: Die Internalisierung der Bilder

In seinem Aufsatz „Is It Me or My Brain? Depression and Neuroscientific Facts" fragt der Medizinanthropologe Joseph Dumit:

> How have we [...] come to see brain images as compelling facts about who we are? How have our notions of self, health and human nature been shaped by our encounters with facts like these? What are the cultural and visual logics by which these images persuade viewers to equate person with brain, brain with scan and scan with diagnosis?[2]

Er erklärt die Wirkmacht der Bilder u.a. dadurch, dass sie im kontrastiven Vergleich unterschiedlicher Hirnbilder verschiedene, leicht erkennbare Typen von Gehirnen sichtbar zu machen beanspruchen: das depressive Gehirn zeigt andere Aktivitätsbilder als das manische, das kranke andere als das gesunde. Das sei einerseits nicht wirklich verwunderlich – überraschend wäre, wenn das nicht der Fall wäre. Die (nach der Bearbeitung)

---

[1] Gerhard Crelier, Thomas Järmann, Abbildung von Wahrnehmung und Denken, Die funktionelle Magnetresonanz-Bildgebund in der Hirnforschung, in: Bettina Heintz, Jörg Huber (Hg.), Mit dem Auge denken. Strategien der Sichtbarmachung in wissenschaftlichen und virtuellen Welten, Zürich, Edition Voldemeer 2001, S. 95-108, Zitat S. 107.

[2] Joseph Dumit, Is It Me or My Brain? Depression and Neuroscientific Facts, in: Journal of Medical Humanities 24 (2003) 1/2, S. 35-47, Zitat S. 35-36.

signifikanten Unterschiede im Vergleich zweier (oder vieler) Hirnbilder lassen die Differenzen jedoch als wissenschaftlich belegte Tatsachen erscheinen. Diese stark komplexitätsreduzierende Rhetorik der Bilder, unterstützt durch die wissenschaftliche Autorität, die sie als medizinische Expertenbilder haben, schreibt die Differenzen unterschiedlicher Bevölkerungsgruppen als real vorhandene Gehirnzustände fest. Im Falle psychischer Erkrankungen können die Bilder dann auch für die Betroffenen selbst zu einem Argument werden: ich bin Depressiv, *weil* ich ein depressives Gehirn habe, *nicht*: weil ich eine existentielle Lebenskrise habe. Die für den Laien enigmatischen, wenn überhaupt, dann nur von Experten zu entschlüsselnden Bilder verstärken den Eindruck wissenschaftlicher Deutungsmacht. Sie lassen, so Dumits Hauptthese, zugleich genügend Raum für die individuelle Konstruktion eines „objektiven", „neurologischen" Selbst.[1] Über die Bilder des Gehirns nehmen wir uns selbst zunehmend als wissenschaftliches Objekt von außen, nicht als Subjekt der Selbstwahrnehmung wahr.[2]

Aktuelle Therapiemöglichkeiten mit Neurofeedback bestätigen diese Tendenz im therapeutischen Umgang mit den Daten des Gehirns. Rainer Goebel, einer der Pioniere auf dem Gebiet der funktionalen Bildgebung, forscht über Neurofeedbacktraining bei Menschen mit Depressionen.[3] Das Echtzeit fMRT erlaubt es, die Daten unmittelbar zu analysieren und dem Patienten zeitnah ein entsprechendes Signal zu geben, wenn es ihm gelungen ist „über seinen Geist" seinen Gehirnzustand zu ändern. Die Aufgabe bestand darin, sich auf positive Emotionen zu konzentrieren. Änderte sich daraufhin der Gehirnzustand, wurde der Patient durch ein positives Signal belohnt. Ziel des Neurofeedbacks ist, dass der Patient irgendwann auch ohne Neurofeedback seine emotionalen Hirnareale besser kontrollieren, sie gewissermaßen ein- und ausschalten kann. Wenn das funktioniert – und es gelang scheinbar tatsächlich vielen der Probanden auf diese Weise, ihre

---

[1] Joseph Dumit, Is It Me or My Brain? Depression and Neuroscientific Facts, in: Journal of Medical Humanities 24 (2003) 1/2, S. 35-47, Zitat S. 38-40.

[2] Ebenda S. 41-46.

[3] D. M. A. Mehler, M. O. Sokunbi, I. Habes, K. Barawi, L. Subramanian, M. Range, J. Evans, K. Hood, M. Lührs, P. Keedwell, R. Goebel, D. E. J. Linden, Targeting the affective brain: a randomized controlled trial of real-time fMRI neurofeedback in patients with depression, in: Neuropsychopharmacology 43 (2018) 13, S. 2578-2585. Mündlicher Vortrag: „Hochaufgelöste Einblicke ins menschliche Gehirn – Von der Grundlagenforschung zu therapeutischen Anwendungen der funktionellen Bildgebung" am „Center for Cognitive Neuroscience Berlin" (CCNB), 02.10.2019.

Depression besser in den Griff zu bekommen – ist das für Menschen mit schwer therapierbaren Depressionen sehr erfreulich.

Mir geht es hier aber um die Form des Umgangs mit sich selbst und seinem Gehirn. Die Interaktion zwischen Patient und Hirnbild während des Neurofeedback fördert den objektiven Blick auf sich selbst von außen, der Rönne so irritierte und uns heute fast zur zweiten Natur geworden zu sein scheint. Neurofeedback-Training ersetzt das subjektive Erleben. Bei der Selbstbeobachtung ist der Blick normalerweise nach innen gerichtet: Ich konzentriere mich auf positive Gefühle und merke, dass sich etwas in mir verändert: ein Körpergefühl, die Stimmung, der Gesichtsausdruck – von innen gespürt. An die Stelle dieser subjektiven Selbstwahrnehmung tritt mit dem Neurofeedback die Internalisierung der Außenperspektive. Ein Signal informiert mich über meinen Gehirnzustand. Das führt zu einem Erfolgserlebnis, wenn es mir signalisiert, dass ich bestimmte Areale meines Gehirns erfolgreich aktiviert habe.

Diese Internalisierung der Außenperspektive auf das Gehirn durch bildgebende Verfahren verändert die Art und Weise, wie wir uns und andere wahrnehmen. Das ist nicht nur für die Selbstwahrnehmung des Einzelnen, sondern auch für die Gesellschaft insgesamt relevant. Denn die Bilder haben nicht nur den Anspruch, eine Wirklichkeit abzubilden, sie sind auch ihrerseits ein Teil der „Wirklichkeit […], in der sie produziert und betrachtet werden und in der sie eine bestimmte Funktion erfüllen."[1] Sie wirken auch auf diese Wirklichkeit zurück, indem sie das „Denken und die Vorstellungen derer, die sie betrachten" formen. „Eine Gesellschaft, in der bestimmte Bilder zirkulieren, ist eine andere Gesellschaft als eine, in der andere Bilder zirkulieren."[2]
Auf einer allgemeineren Ebene gehören die Bilder des Gehirns zu einer heute allgegenwärtigen medialen Selbstwahrnehmung. Sie reicht von geposteten Selfies über das Pulsmessen beim Joggen bis zur Quantified-Self Bewegung, in der alle möglichen Körperdaten gemessen, ausgetauscht und besprochen werden. In allen Fällen tritt an die Stelle phänomenologischer Selbstwahrnehmung die Wahrnehmung des Selbst aus einer scheinbar wissenschaftlich fundierten Außenperspektive.

[1] Samuel Strehle, Kollektivierung der Träume. Eine Kulturtheorie der Bilder. Weilerswist, Velbrück 2019, S. 37.
[2] Ebenda.

„Singende Gehirne"

Die Nähe der Literatur zur Hirnforschung ergibt sich aus ihrem gemeinsamen Interesse an der „Dunkelheit hinter dem Stirnportal"[1]. Beide unterscheiden sich allerdings grundlegend in ihren Fragestellungen und Erkundungsformen. Die Hirnforschung betrachtet das Gehirn als Objekt naturwissenschaftlicher Erforschung von außen; die Literatur hingegen hat sich seit dem späten 18. Jahrhundert zur Spezialistin für die Erkundung und Darstellung subjektiver innerer Erlebniszustände mit den Mitteln der Sprache entwickelt.

Durs Grünbein schreibt in seinem Nachwort zu Aris Fioretos' *Mein schwarzer Schädel* über das gemeinsame Interesse am Gehirn: „Dichtung, soviel steht für uns fest, ist der Versuch, mittelst Schriftsprache Licht in das Dunkel zu bringen."[2] Der Alleinanspruch der Hirnforschung wird hier deutlich relativiert, die Dichtung als alternative Hirnforschung, als angemessener Ausdruck des Bewusstseins profiliert. Dabei werden Erkenntnisse der Hirnforschung, wie etwa die Bedeutung „rhythmisierter Hirntätigkeit" zur Erfassung komplexer Zusammenhänge durchaus aufgenommen. Sie dienen aber der Profilierung einer sprachlichen Erkundung des Gehirns durch die Dichtung:

> Was wir Prosa nennen, ist in Wirklichkeit rhythmisierte Hirntätigkeit, das Rein-und-Raus-Spiel des Bewusstseins, das im Versteck der Sprache umherjagt wie in seinem Bau Kafkas Tier. Momentweise nur fällt ins Dunkel des Schädels ein Streifen Licht.[3]

Grünbein hat in verschiedenen Gedichten die Bedeutung des Gehirns ebenso wie der Hirnforschung und ihrer Bilder vom Gehirn für unser Menschenbild und unsere Selbstwahrnehmung erkundet. Insbesondere in den Gedichtbänden *Schädelbasislektionen* und *Nach den Satiren* finden sich anatomische Zeichnungen, Röntgenbilder, vom Gehirn produzierte halluzinogene Bilder und Anspielungen auf neurobiologische Theorien. Im folgenden Gedicht wird die Leibvergessenheit der Hirnforschung ins Bild gesetzt:

---

[1] Aris Fioretos, Mein schwarzer Schädel. Berlin, DAAD Berliner Künstlerprogramm, 2003, S. 21.

[2] Durs Grünbein, Unter uns Hunden, in: Aris Fioretos, Mein schwarzer Schädel, Berlin, Matthes & Seitz 2003, Nachwort, S. 57-61, Zitat S. 61.

[3] Ebenda S. 60.

> Singende Hirne, mein Freund, verkapselt wie Mohn.
> Hoch montiert auf Stativen: Das sind wir –
> (Oh helles Walnußmark)
> Innen so fruchtfleischweich
> Außen so knochenstark:
> Antenne, Höhlung, Traumration.[1]

Die Dichter werden hier gänzlich entleibt, als „Singende Gehirne" „hoch montiert auf Stativen" vorgestellt. Lediglich das Gehirn wird über seine metaphorischen Beschreibungen als Bild veranschaulicht und weiteren Assoziationsfeldern zugeordnet: Einmal der Walnuss, wenn auch mit weichem Fruchtfleisch, das die Verletzlichkeit des in harter Schale Verschlossenen andeutet. Den Gehirnen stehen zweitens zwar keine Sinnesorgane zur Wahrnehmung der Welt, dafür aber Antennen zur Verfügung, welche die Kommunikation zwischen den verkapselten, in ihren Traumwelten lebenden Gehirnen ermöglichen. Drittens wird das singende Dichtergehirn mit dem Mohn und über die „Traumrationen" mit dem daraus hergestellten Opium assoziiert, das halluzinogene Rauschzustände herbeiführen kann. Wenn dieses Gehirn Bilder produziert, dürften diese also eher Traumbilder sein. Eine Wirklichkeit jenseits der Dichtergehirne scheint es nicht zu geben.

Intertextuell verweist der Mohn auf ein vorausgehendes Gedicht desselben Bandes, in dem es um die halluzinogene Produktion von Bildern durch das Gehirn geht. Auch hier präsentiert das Gedicht ein durch das Wissen der Hirnforschung geprägtes Bild vom Menschen:

> Ohne Drogen läuft nichts
> Hier im Irrgang der Zeichen
> Wo Du umkommst gesichts-
> Los in blinden Vergleichen.
> Träumend… Rate für Rate
> Von den Bildern beäugt.
> Wer ist Herr der Opiate
> Die das Hirn selbst erzeugt?

Für das lyrische Ich erscheint das Gehirn hier als ein recht gefährlicher

---

[1] Grünbein, Schädelbasislektion. Frankfurt am Main, Suhrkamp 1991, S. 136. Ganz ähnliche Vorstellungen eines Gehirns ohne Körper finden sich bei Dan Pagis, Erdichteter Mensch. Frankfurt am Main, Suhrkamp 1993.

Ort, „Wo du umkommst gesichts-/Los in blinden Vergleichen".[1] Der
Zeilenwechsel mitten im Wort deutet die Auflösung des Subjekts in einem
Gehirn an, dessen Fremdheit sprachlich nicht zu fassen ist – die Vergleiche
sind blind, sie ermöglichen keine Erkenntnis. Dieses Gedicht endet mit der
Frage nach dem Produktionsort endogener Opioide und ihrer Regulation.
Die Wirkung des Opiums war bereits in der Antike bekannt. Doch erst in den
1970er Jahren entdeckte man die endogenen Opioide und erst 1985 gelang
es mit Hilfe bildgebender Verfahren der Positronen-Emissions-Tomographie
(PET) im lebenden menschlichen Gehirn die durch die endogenen Opioide
bewirkte Neuronenaktivität in spezifischen Arealen des Gehirns
nachzuweisen.[2] Es stellte sich heraus, dass das Dienzephalon und dort
hauptsächlich der Hypothalamus der Produktionsort endogener Opioide ist.
Die Verszeilen „Träumend ... Rate für Rate/ Von den Bildern beäugt" könnten
sich auf die halluzinogene Wirkung der in diesen subkortikalen Hirnrealen
hergestellten Opioide beziehen.

Beiden Gedichten gemeinsam ist ihre kritische Reflexion eines
Menschenbilds, das den Menschen ausschließlich über das Gehirn, genauer
als eingeschlossen in seinem Gehirn, konzipiert. Die Beziehung des
lyrischen Ichs zum Gehirn als dem von der Hirnforschung postulierten Ort
lyrischer Produktion und Introspektion ist dabei jeweils eine andere. Im
früheren Gedicht befindet sich das lyrische Ich im Inneren des Gehirns. Es
berichtet von den bedrohlich wirkenden halluzinogenen Bildern, denen es
dort passiv ausgeliefert ist. In „Singende Gehirne" blickt das lyrische Ich
reflektierend von außen auf den Dichter als „homo cerebralis".[3] Angesichts
der Leib- und Weltvergessenheit dieses Menschenbilds wirkt die
„Traumrationen" mit ihrem Versprechen auf halluzinogene Rauschzustände
im Schädelinneren hier fast tröstlich.

---

[1] Grünbein, Schädelbasislektionen, S. 14, ebenso die folgenden Zitate des Gedichts. Zu
  diesem und weiteren Texten von Grünbein und Fioretos ausführlich: Caroline Welsh,
  Das Gehirn in Wissenschaft und Gegenwartsliteratur. Alternativen zum neurobiologischen
  Konstruktivismus, in: Aura Heydenreich und Klaus Mecke (Hg.), Quarks and Letters.
  Naturwissenschaften in der Literatur und Kultur der Gegenwart, Berlin, De Gruyter
  2015, S. 243-273.
[2] Vgl. Terry Joney, Eugenii Rabiner, The development, past achievements and future
  directions of brain PET, in: Journal of Cerebral Blood Flow & Metabolism 32 (Juli
  2012), S. 1426-1454.
[3] Vgl. Michael Hagner, Homo Cerebralis. Der Wandel vom Seelenorgan zum Gehirn.
  Darmstadt, WBG 1997.

Die Wiederentdeckung des Leibes in Anthropologie und Bildtheorie

Verkörperte Anthropologie

Auf die Leibvergessenheit der kognitiven Neurowissenschaften reagieren nicht nur die Künste, sondern auch die Wissenschaften. In den disziplinenübergreifenden Theorien zu Verkörperung und Enaktivismus im Anschluss an *The Embodied Mind. Cognitive science and human experience* (1991) von Francisco J. Varela, Evan Thompson, Eleanor Rosch geht es um die Neuverortung des Subjekts innerhalb eines lebendigen Organismus. An die Stelle des Blicks von außen auf das Gehirn tritt eine Verbindung phänomenologischer und lebenswissenschaftlicher Perspektiven mit dem Ziel, die subjektive Innenperspektive eines in seiner Leiblichkeit und über diese auch in seine Umwelt eingebetteten Subjektes zu erkunden und mit neurologischem und biologischem Wissen zusammenzudenken.

By using the term *embodied* we mean to highlight two points: first that cognition depends upon the kinds of experience that come from having a body with various sensorimotor capacities, and second, that these individual sensorimotor capacities are themselves embedded in a more encompassing biological, psychological and cultural context.[1]

Der gleichfalls auf Varela et al. zurückgehende Begriff des „Enaktivismus" betont innerhalb der Verkörperungstheorie die aktive, autopoietische und dynamische Interaktion zwischen Gesamtorganismus und Umwelt. Das Gehirn wird dabei als ein besonders wichtiges, aber nicht als das einzige mit der Umwelt interagierende Organ angesehen. Verkörperte Wahrnehmung wird nicht mehr als neuronale Repräsentation der Welt auf der Basis einer kortikalen Verarbeitung von Sinnesdaten vorgestellt, sondern als Ergebnis einer umfassenderen sensomotorischen Interaktion des autonomen Organismus mit der Umwelt.

Einer der prominentesten Vertreter dieses Ansatzes in Deutschland ist

---

[1] Francisco J. Varela, Evan Thompson, Eleanor Rosch, The Embodied Mind. Cognitive science and human experience. Cambridge Mass., MIT Press 1991; vgl. u.a. auch Shaun Gallagher, How the Body shapes the Mind. Oxford, University Press 2005; Gregor Etzelmüller, Thomas Fuchs, Christian Tewe (Hg.), Verkörperung – Eine neue interdisziplinäre Anthropologie. Berlin, De Gruyter 2017, S. 172-173.

der Psychiater und Philosoph Thomas Fuchs. Fuchs führt die Leibvergessenheit der kognitiven Neurowissenschaften auf deren unhinterfragte Übernahme cartesianischer Denkmuster zurück.[1] Das Ergebnis sei eine Materialisierung des cartesianischen Subjekts, wobei das Gehirn die Stelle des immateriellen Geistes einnehme: In beiden Fällen werde, so Fuchs, ein autonomes System – die immaterielle Seele der cartesianischen *res cogitans* oder aber das Gehirn – dem Körper, bzw. dem Restkörper radikal gegenübergestellt. Subjektivität, Bewusstsein und Emotionen würden nun nicht mehr in der Seele sondern im Innenraum des Gehirns verortet, blieben aber weiterhin vom restlichen Organismus getrennt. Das hätte zur Folge, dass Körper und Umwelt lediglich als *Repräsentationen* (Descartes) bzw. *neuronale Repräsentation*, innerhalb der übergeordneten Systeme Seele/Gehirn erschienen. Auf der Basis dieser Repräsentationen würden die Daten aus dem Körper und (über die Sinne) aus der Umwelt im Gehirn verarbeitet.[2] Das Gehirn übernehme dabei alle Aufgaben, die zuvor dem cartesianischen Subjekt zugeschrieben wurden: Es denke, berechne, entscheide, fühle, handele, wenngleich nicht mehr unter den Bedingungen der Freiheit, sondern der den Naturgesetzen unterstehenden Neuronenverknüpfungen. Subjektives Erleben würde aus dieser Perspektive zu einem Epiphänomen neuronaler Hirnprozesse.

In seiner sowohl lebenswissenschaftlich als auch phänomenologisch ausgerichteten Konzeption des Gehirns als ein zwischen Organismus und Umwelt vermittelndes „Beziehungsorgan" betont Fuchs demgegenüber die Bedeutung einer erlebten leiblichen, also verkörperten Subjektivität.[3] Der lebendige Organismus wird hier verstanden als *zugleich* biologischer Körper und subjektiver Leib. Grundlage des Bewusstseins ist ein „elementares Lebensgefühl, ein Kernbewusstsein"[4], das sich der fortlaufenden Interaktion zwischen dem Organismus und dem Gehirn bei der Regulierung elementarer Lebensprozesse verdankt.

Die intentionale, auf das Erkennen und Benennen der Gegenstände hin ausgerichtete (gnostische) Wahrnehmung wird nun nicht mehr linear nach

---

[1] Vgl. zum Folgenden Thomas Fuchs, Das Gehirn – Ein Beziehungsorgan. Eine phänomenologisch-ökologische Konzeption. Stuttgart, Kohlhammer 4. aktualisierte und erweiterte Aufl. 2013, S. 25-50 und S. 65-68.

[2] Zur Kritik an der neurologischen Repräsentation vgl. Fuchs ebenda S. 58-65.

[3] Vgl. ebenda S. 95-110.

[4] Vgl. ebenda S. 137-138, Zitat S. 138. Fuchs bezieht sich hier auf Antonio Damasios Theorie eines „Protoselbst" in: Antonio Damasio, Ich fühle also bin ich. Die Entschlüsselung des Bewusstseins. List, München, 187.

dem Modell von Ursache und Wirkung – Reiz, neuronale Verarbeitung, Repräsentation (im Gehirn), Reaktion (Handlung) – gedacht, sondern mit Weizäckers Gestaltkreislehre als permanente Rückkopplung zwischen Umwelt und Organismus, Wahrnehmung und Bewegung.[1] Davon unterschieden wird die pathische (emotionale) Seite der Wahrnehmung. Sie erscheint aus der Perspektive der Verkörperungstheorie als eine in hohem Maße über den Leib vermittelte Wahrnehmung. So werden die Emotionen des Anderen bei der nonverbalen zwischenmenschlichen Kommunikation am eigenen Leib erfahrbar, indem Gesichtsausdrücke, Gesten und Körperhaltungen des Gegenübers mimetisch nachgebildet und damit auch die dazugehörigen Gefühle hervorgerufen werden.

Auch eigene Stimmungen und Gefühle sowie die Wahrnehmung von Landschaftsstimmungen und Atmosphären gelten als grundsätzlich leibvermittelt.[2] Sie sind das Ergebnis einer durch affektive Qualitäten der Umwelt ausgelösten leiblichen Resonanz insbesondere des Brustraums, der Muskulatur und der Atmung. Fuchs unterscheidet hier zwischen Qualitäten mit Aufforderungscharakter, die zu einer bestimmten Tätigkeit anregen (ein sonniger Weg zum Spazierengehen), „Ausdruckscharakteren", die ihre affektive Bedeutung über die mimetische Nachahmung der menschlichen Physiognomie (Mimik, Gestik, Körperhaltung) oder über die Ähnlichkeit (beispielsweise einer Landschaft, eines Baums) mit derselben erhalten, und „Gestaltverläufen". „Gestaltverläufe sind visuell, akustisch oder taktil erfassbare Konturen oder Bewegungsabläufe, die als leibliche Bewegungssuggestionen wirken und entsprechende Affekte induzieren."[3]

Solche leiblichen Resonanzen können auch durch die Künste ausgelöst werden. So können präreflexive leibliche Dynamiken, beispielsweise das „Gerichtet-Sein nach oben",[4] dazu führen, dass ähnliche Gestaltverläufe verschiedener Sinnesmodalitäten, wie etwa die ondulierend aufsteigende

[1] Zur Wahrnehmungstheorie vgl. ebenda S. 148-175. Zur Kritik am Repräsentationskonzept der Wahrnehmung und dem von Fuchs als Alternative präsentierten Resonanztheorie der Wahrnehmung vgl. ebenda S. 175-184.
[2] Thomas Fuchs, Zur Phänomenologie der Stimmungen, in: Friederike Reents, Burkhard Meyer-Sickendiek (Hg.), Stimmung und Methode. Tübingen, Mohr Siebeck 2013, S. 17-33, Zitat S. 20.
[3] Ebenda S. 19.
[4] Ludwig Binswanger, Das Raumproblem in der Psychopathologie (1933), zit. nach Thomas Fuchs, Leib, Raum, Person. Entwurf einer phänomenologischen Anthropologie, Stuttgart, Klett-Cotta 2000, S. 203.

Melodie oder eine ansteigende Schnörkellinie, ähnliche Bewegungssuggestionen und damit verbundene leibliche Mitempfindungen und Affekte auslösen.[1] Entscheidend ist, dass in diesem affektiven Raum Atmosphären, Stimmungen und Gefühle erst über die Leibresonanz subjektiv erfahrbar werden – und dass solche Bewegungssuggestionen auch bei der Wahrnehmung von Kunst und Musik eine zentrale Rolle spielen.

Kunst und Körperschema

Auch die neuere Kunstwissenschaft und Bildtheorie hebt die Bedeutung des Leibes für die subjektive Selbstwahrnehmung und die pathische Seite der Wahrnehmung hervor.[2] Für den Philosophen John Michael Krois ist die Fähigkeit, Bewegungsformen (also auch Gestaltverläufe) und Körperhaltungen am eigenen Leib zu spüren, „der Beginn der Bildkompetenz".[3] Diese Fähigkeit ermögliche es, symbolische Bewegungsformen der Kunst über die eigene Leiberfahrung in ihrem expressiven Charakter zu erleben.

Ebenso wie Fuchs richtet sich Krois gegen die cartesianische Bewusstseinsphilosophie und Repräsentationstheorie. Beide interessieren sich zudem für die Veränderungen des Leibes bei der Bildbetrachtung.

> Bilderfahrung kann weder in Begriffen des Bewusstseins noch des Nervensystems ganz erfasst werden, weil beide Zugangsweisen das entscheidende übersehen: die körperliche Beschaffenheit der Bildobjekte und der Betrachter.[4]

Die traditionelle Bildtheorie, die Bilder als visuelle Repräsentationen begreift, müsse, so Krois, durch einen verkörperungstheoretischen Ansatz

---

[1] Fuchs, Phänomenologie der Stimmungen, a.a.O., S. 20.

[2] John M. Krois, Bildkörper und Körperschema, in: André Blum, John Krois, Hans-Jörg Rheinberger, Verkörperungen, Berlin, Akademie Verlag 2012, S. 91-117; Krois, Universalität der Pathosformel. Der Leib als Symbolmedium, in: Hans Belting, Dietmar Kamper, Martin Schulz (Hg.), Quel Corps? Eine Frage der Repräsentation, München 2002, S. 295-307. Zur Bedeutung von Krois für die Bildtheorie vgl. Horst Bredekamp, Horizonte von Bildakt und Bildverkörperung, in: Alex Arteaga, Horst Bredekamp, Marion Lauschke (Hg.), Bodies in Action and Symbolic Forms: Zwei Seiten der Verkörperungstheorie, Berlin, Akademie Verlag 2015, S. IX-XVI; Marion Lauschke, Pablo Schneider (Hg.), 23 Manifeste zu Bildakt und Verkörperung, Berlin, De Gruyter 2018.

[3] Krois, Bildkörper und Körperschema, a.a.O., S. 109.

[4] Ebenda S. 95.

abgelöst werden, der „nicht nur vom Sehen aus[geht], sondern vom Körperschema."[1] In Anlehnung an den Neurologen Henry Head (1911) und den Verkörperungstheoretiker Shaun Gallagher (1995) versteht Krois das neurologische Körperschema als Ergebnis eines kontinuierlichen Abgleichs der Eigenwahrnehmung des Körpers (Propriozeption) hinsichtlich Körperhaltung und Körperbewegung in Raum und Zeit. „Das Körperschema bildet unbewusst ein Modell der Körperhaltung heraus, das kein Sehbild ist, sondern ein Tastbild."[2] Nicht zu verwechseln ist es mit dem bewussten Körperbild, das der visuellen Wahrnehmung des Körpers als Objekt etwa in einem Spiegel entspricht. Das Körperschema hingegen führt zu einer subjektiven Selbstempfindung: zu einer von innen heraus wahrgenommenen „gefühlten Gestik des eigenen Leibes".[3]

Krois führt die leibvermittelte emotionale Wirkung von Bildern auf Nachbildungen wichtiger Formelemente des Bildes im Körper des Betrachters zurück. Seine Beispiele aus der bildenden Kunst heben die Bedeutung von durchaus auch abstrakten Bewegungsformen in Kunstwerken hervor und interpretieren sie als über den Leib wahrnehmbare „Momentaufnahmen des Körperschemas"[4].

> Der Künstler schafft Formen, die auch auf einen Formenschatz zurückgreifen, können, die das Publikum mit ihm teilt, denn es gibt ein Reservoir möglicher Bewegungsformen, die beide, vermittelt durch ihren eigenen Leib, kennen.[5]

Im Zentrum der Bildwahrnehmung steht daher laut Krois die „Fähigkeit, das eigene Körperschema als bewegtes Tastbild zu fühlen".[6] Entscheidend ist, dass die ästhetische Beurteilung und emotionale Erfassung dieser Formen nicht über die kognitive Verarbeitung einer visuellen Repräsentation, sondern über die Veränderungen des eigenen Körperschemas erfolgt. Das Bild bewegt buchstäblich zunächst den Leib, bevor diese Wirkung dann als Emotion mehr oder weniger stark bewusst wird. In Fortführung der These Heinrich Wölflins (1896) von der Bedeutung des Leibes für die ästhetische

---

[1] Krois, Bildkörper und Körperschema, a.a.O., S. 95.
[2] Ebenda S. 102.
[3] Ebenda S. 108f.
[4] Ebenda S. 103.
[5] Ebenda S. 101.
[6] Ebenda S. 108.

Beurteilung expressiver Qualitäten der Architektur gelangt Krois so zu einer verkörperungstheoretischen Interpretation der ästhetischen Einfühlung.

> Der Mechanismus der Einfühlung ist nicht einfach nur die psychologische Fähigkeit, sich in Gedanken an die Stelle des anderen zu versetzen, sondern die Fähigkeit, ohne Nachdenken, mit Kräfteverhältnissen körperlich umgehen zu können. [...] Unsere Reaktion auf Skulpturen und erst recht auf Tanz, aber auch auf abstrakte Kunst wird durch metaphorische Gewichtsverteilungen geleitet. Noch die abstraktesten Kunstwerke erscheinen als ‚balanciert', nach oben strebend, ruhig usw.[1]

Horst Bredekamp hat seine *Theorie des Bildakts* John M. Krois gewidmet, mit dem zusammen er das Berliner Forscherkolleg „Bildakt und Verkörperung" leitete. Mit Verweis u.a. auf Krois bezeichnet er die Philosophie der Verkörperung als „das weite Feld, in dem der ‚Bildakt' seinen gedanklichen Ort findet."[2] Sie spielt insbesondere dort eine Rolle, wo Bredekamp die den Bildern selbst immanente Kraft, ihre sinnliche Wirkmacht oder *enárgeia* erkundet. Diese Frage nach der autonomen Wirkkraft der Bilder steht im Zentrum seiner Theorie des Bildakts, der definiert wird als „eine Wirkung auf das Empfinden, Denken und Handeln [...], die aus der Kraft des Bildes und der Wechselwirkung mit dem betrachtenden, berührenden und auch hörenden Gegenüber entsteht".[3] Als Beispiele für den über die *potentia* der Form (nicht über die Nachahmung der Wirklichkeit) wirkenden „intrinsischen Bildakt" werden Abby Warburgs Pathosformeln angeführt. Sie beziehen ihre autopoietische Energie „aus den fragilen und nur mühsam fixierten Zuständen gesteigerter Erregung"[4], deren Formsprache die Ausdrucksdynamik von „Körperschemata, Gesten und Taten"[5] akzentuiere.

An die Stelle der Repräsentation der Außenwelt im Gehirn tritt, in der Bildakttheorie ebenso wie in der von Thomas Fuchs ausgearbeiteten

---

[1] Krois, Bildkörper und Körperschema, a.a.O., S. 102-103.

[2] Horst Bredekamp, Theorie des Bildakts. Frankfurter Adorno-Vorlesungen 2007, Berlin, Wagenbach 2010, S. 325. Die Bedeutung der enaktiven Verkörperungstheorie für Bredekamps „Bildakt" wird auch im Namen der von ihm und Krois gegründeten Kolleg-Forschergruppe *Bildakt und Verkörperung* deutlich.

[3] Ebenda S. 52.

[4] Ebenda S. 298.

[5] Ebenda S. 295.

verkörperten Anthropologie, die Resonanz als Modell einer ständigen Wechselbeziehung zwischen Umwelt und verkörpertem Subjekt: „Zwischen den Bildern und den Menschen treten Wahrnehmungsresonanzen auf, die zum erkenntnistheoretischen Rahmen des Enaktivismus gehören."[1]

Resümee

Ziel des Beitrags war es, die Wirkmacht von Bildern auf verschiedenen Ebenen zu erkunden. Zunächst ging es um die Veränderungen der Selbstwahrnehmung und des Menschenbilds durch die Zirkulation wissenschaftlicher Bilder vom Gehirn. Hier wurde u.a. mit Bezug auf die Medizinanthropologen Simon Cohn und Joseph Dumit gezeigt, dass der Einsatz bildgebender Verfahren zur Darstellung der Hirnaktivität bei der Therapie psychisch kranker zur Herausbildung eines „objektiven", „neurologischen" Selbst, ja in einigen Fällen zur Gleichsetzung von Hirnbild und Selbstbild führen kann. Diese Wirkmacht der Hirnbilder findet sich in abgeschwächter Form auch in der breiteren Gesellschaft. Die Verbreitung der Expertenbilder in populärwissenschaftlichen Artikeln, öffentlichen Medien und in der Werbung verändert die Art und Weise, wie wir uns selbst und andere wahrnehmen. Sie fördert die Internalisierung des wissenschaftlichen Blicks, der bei der Selbstwahrnehmung zumindest Teilweise an die Stelle der subjektiven Innenperspektive tritt. Literarische Texte, von Gottfried Benn, Aris Fioretos und Durs Grünbein reagieren auf diese zerebrale Anthropologie, indem sie die Leibvergessenheit des an der Hirnforschung orientierten Menschenbildes ins Bild setzen und kritisch reflektieren.

Phänomenologisch orientierte Verkörperungstheorien bieten mit ihrer Konzentration auf den lebendigen, mit der Umwelt in ständiger Wechselbeziehung stehenden Gesamtorganismus ein alternatives Menschen- und Selbstbild. Aus dieser Perspektive erweist sich die Vorstellung, das Gehirn sei das Zentralorgan der Welt- und Selbstwahrnehmung, als ein Erbe des cartesianischen Dualismus. Die „Bilder der Gehirns", im *Genitivus objectivus* als Expertenbilder der Hirnforschung und im *Genitivus subjectivus* als interne (neuronale) Repräsentationen der Außenwelt gehören beide dieser cartesianischen Denktradition an.

Aus verkörperungstheoretischer Sicht wird deutlich, dass die subjektive

---

[1] Horst Bredekamp, Theorie des Bildakts. Frankfurter Adorno-Vorlesungen 2007, Berlin, Wagenbach 2010, S. 325.

Leiberfahrung bei der emotionalen Erfassung der Umwelt ebenso wie auch bei der Bildwahrnehmung eine zentrale Rolle spielt. Symbolische Bewegungsformen der Kunst, Atmosphären, Stimmungen, Gefühle und Affekte werden über die eigene Leiberfahrung in ihrem expressiven Charakter erfahrbar: sei es durch die mimetische Nachbildung von Gesten und Mimik des Gegenübers, durch leibliche Bewegungssuggestionen, ausgelöst durch Gestaltverläufe oder durch künstlerische Formen, in denen seelische Erregung als gesteigerte Ausdrucksform präsent ist. Die Wirkmacht der Bilder, die Bredekamp als eine erst in Resonanz mit dem Betrachter verlebendigte Kraft des Bildes begreift, hängt hier ganz entschieden von diesen präreflexiven Veränderungen des Gesamtorganismus ab.

6. Die Gesellschaft im Werbebild:

Werbung und das Wissen um

Gesellschaft und Telekommunikation

Christina Bartz

(Universität Paderborn, Paderborn)

Werbung wird gemeinhin im Hinblick auf ihre ökonomische Verwertbarkeit beobachtet, d.h. Fragen der Effizienz in Bezug auf ihre Leistung der Absatzsteigerung eines Produkts stehen häufig im Mittelpunkt. In den Gesellschafts- und Kulturwissenschaften wird aber zusätzlich eine andere Perspektive verfolgt, indem nach ihrer sozio-kulturellen Funktionsweise jenseits ökonomischer Zusammenhänge gefragt wird. Prominent – vor allem in den 1990er Jahren – sind hier Überlegungen, die Werbung als Spiegel der Gesellschaft zu begreifen. Zu dieser Zeit gab es u.a. in Deutschland viele Stimmen, die – weitgehend gleichlautend – formulierten, die Werbung sei ein Spiegel der Gesellschaft und sie könne »etwas wichtiges über die Gesellschaft mitteilen [...].«[1] Gespiegelt werde eine Art Zeitgeist, den die Werbung ausbeute und zugleich mit formiere, wie Siegfried J. Schmidt und Brigitte Spieß in ihrem Forschungsüberblick zum Thema zusammenfassen. Sie kritisieren jedoch die Spiegelmetapher, weil sie zu stark auf eine »passive Abbildung gesellschaftlicher Zustände«[2] abhebe.

---

[1] Vgl. für eine Zusammenstellung entsprechender Äußerungen Siegried J. Schmidt/ Brigitte Spieß, Die Kommerzialisierung der Kommunikation. Fernsehwerbung und sozialer Wandel 1956 – 1989. Frankfurt am Main, Suhrkamp 1997, S. 46.

[2] Vgl. ebenda S. 47.

Dabei scheint nicht nur die Metapher vom Spiegel verfehlt, es herrscht auch Uneinigkeit darüber, was genau gespiegelt wird. Während z.B. Werner Lippert[1] gesellschaftliche Wirklichkeit in Werbung verarbeitet sieht, stehen für Hermann Cölfen[2] eher die gesellschaftsweit geteilten Werte im Mittelpunkt. Eine andere Überlegung, die im Folgenden genauer erörtert wird, lautet, dass Werbung weniger ein Spiegel der Gesellschaft sei, sondern sich darin eher eine allgemeine Vorstellung von Wirklichkeit zeige. In der Werbung manifestiert sich ein Alltagswissen über die Gesellschaft, ein Wissensvorrat, der weitgehend gesellschaftsweit von allen geteilt wird. Diese Überlegung soll im Folgenden anhand verschiedener Stationen entwickelt werden; es werden unterschiedliche Ansätze dazu aufgegriffen und zusammengefügt, auch wenn sie zum Teil aus sehr disparaten Perspektiven formuliert sind. Im Zuge der Synthese dieser verschiedenen Ansätze soll aufgezeigt werden, inwiefern behauptet werden kann, dass sich in Werbebildern ein Alltagswissen manifestiert, das damit überhaupt der Beobachtung zugeführt werden kann. D.h. es geht nicht nur darum, den Zusammenhang von Werbung und gesellschaftlichen Wirklichkeitsvorstellungen zu stiften, sondern darüber auch zu plausibilisieren, dass Werbung, genauer das Werbebild, ein geeignetes Beobachtungsobjekt ist, wenn es um die Frage nach den Wirklichkeitsvorstellungen, die in einer Gesellschaft vorherrschend sind, geht.

Die Frage soll abschließend auf Telekommunikation und Medien eng geführt werden, d.h., Werbung zu Telekommunikationsmedien und -angeboten stehen im Mittelpunkt. Sie ist von besonderem Interesse, weil Medien als Instanzen der Kommunikation genau zentral für die Gesellschaft und ihr Funktionieren sind, denn sie sind maßgeblich an der Organisation des gesellschaftlichen Zusammenlebens, der Stiftung wie Stabilisierung menschlicher Verbindung und des alltäglichen Miteinanders, beteiligt. In diesem Zusammenhang stehende Werbebilder geben demnach Auskunft über herrschende Vorstellungen zum Miteinander in einer Gesellschaft. Anhand

---

[1] Vgl. Werner Lippert, Vom grauen Flanell zum geheimen Verführer, in: ders./Joachim Kellner/Ulrich Kurth (Hg.), 1945 bis 1995. 50 Jahre Werbung in Deutschland. Ingelheim, Kunstpalast Düsseldorf Deutsches Werbemuseum 1995, S. 9f.

[2] Vgl. Hermann Cölfen, *Semper idem* oder *Jeden Tag wie neu?* Zum Wandel des Weltbildes in deutschen Werbeanzeigen zwischen 1960 und 1990, in: Herbert Willems (Hg.), Die Gesellschaft der Werbung. Kontexte und Texte. Produktionen und Rezeptionen. Entwicklungen und Perspektiven. Wiesbaden: Westdeutscher Verlag 2002, S. 657-673.

der entsprechenden Werbung kann aber auch gezeigt werden, dass sich der Zusammenhang aus Werbebild und Wirklichkeitsvorstellung in Abhängigkeit des Produkts herstellt. Verallgemeinerungen zu diesem Zusammenhang sind also nur begrenzt möglich.

Marshall McLuhan und die Selbstevidenz der Bilder

Überlegungen zur gesellschaftlichen Bedeutsamkeit von Werbung formuliert bereits Marshall McLuhan, angefangen mit seinem Buch *Die mechanische Braut* von 1951. Darin zeichnet er das Bild einer *Volkskultur des industriellen Menschen*, die u.a. durch zwei Eigenschaften gekennzeichnet sei:

Erstens handele es sich um eine Volkskultur, bestehend aus einer Vielzahl massenmedialer Artefakte, deren Urheber jedoch nicht das Volk sei. Sie entstehe nicht aus einem bottom-up-Prozess, sondern werde in den Filmstudios und Werbeagenturen gezielt im Hinblick auf Wirksamkeit geplant und distribuiert. Ziel von Werbung, aber auch von Filmen, Fernsehsendungen etc. sei deren Wirksamkeit im Sinne von Einflussnahme. Ihre Wirksamkeit entfalteten die massenmedialen Artefakte, indem sie zu einem ›kollektivierten Traum‹ synthetisiert würden, also in ihrer Gesamtheit wirksam seien.[1] Hier deutet sich also schon McLuhans berühmte These vom Medium, das die Botschaft sei, an. Nicht der einzelne Inhalt interessiert, sondern eine auf Einflussnahme ausgerichtete massenmediale Verbreitung, die zum Ausgangspunkt einer gesellschaftsweiten Illusion wird. So schlüssig McLuhans Argumentation auch sein mag, wird im Folgenden eine alternative Sichtweise auf den Zusammenhang von Werbung und dem, was er *Volkskultur* nennt, entwickelt. Diese geht nicht von einem einfach durch die Werbeindustrie gesteuerten Prozess aus, sondern fragt nach anderen Einflussgrößen.

Es handelt sich zweitens um eine visuelle Kultur. D.h. zunächst einmal, dass die von McLuhan betrachtete Kultur sich eher im Bild als in der Schrift manifestiert. Das Bild wird zum zentralen Beobachtungsobjekt, wenn es um die Untersuchung der Kultur geht. Darauf aufbauend formuliert McLuhan, dass zur wissenschaftlichen Durchdringung dieses bildlichen Beobachtungsgegenstandes die Kunstanalyse ein geeignetes

---

[1] Vgl. Marshall McLuhan, Die mechanische Braut. Volkskultur des industriellen Menschen. Amsterdam, Verlag der Kunst 1996 (1951), S. 7f.

Mittel sei. [1] Auf der Basis dieser Befunde analysiert McLuhan u.a. Werbebilder, die er als Repräsentation der Mythen dieser industriellen Gesellschaft betrachtet. Eher unsystematisch werden Assoziationsfelder zu verschiedenen Werbebildern entwickelt. Unter dem Slogan ›Ist der Whisky richtig, werden Männer wichtig?‹ betrachtet er z.B. Whisky-Werbung, die nicht nur die Möglichkeit des Distinktionsgewinns mittels Trinken vermitteln will, sondern den Zusammenhang von Schichtenzugehörigkeit und Konsumentenkategorien verhandelt. [2] Ca. 20 Jahre später legt McLuhan mit *Culture is our business* nach: »The world of the ad is the world of the 20th century folk art.« – heißt es dort. [3] Darin setzt er auf die Selbstevidenz der Bilder. Anstatt wie in *The Mechanical Bride* einzelne Werbebilder zu analysieren, werden diese in *Culture Is Our Business* zu einer Collage in Buchform zusammengeführt – mit dem Ziel, dass sich für den Leser ein erkennbares Verweissystem ergibt, von dem ausgegangen werden kann, dass es allgemein verständlich und verfügbar ist. Jeder Betrachter der Bilder könne deren Sinngehalt umgehend erschließen.

Am prägnantesten findet sich jedoch die These von der Repräsentationsleistung der Werbung in McLuhan Zentralwerk *Understanding Media*. Hier heißt es zur Werbung, dass die »Historiker und Archäologen […] eines Tages entdecken [werden], daß die Werbung die einfallsreichsten und tiefsten täglichen Betrachtungen darstellt, die eine Kultur je über ihr ganzes Tun und Lassen angestellt hat.«[4] McLuhan formuliert weiter »daß jede annehmbare Reklame eine eindrucksstarke Dramaturgisierung der Erfahrung der Gemeinschaft darstellt […].«[5] Genauere Ausführungen zum Zusammenhang von Werbung und Gesellschaft fehlen hier aber weitgehend; es handelt sich eher um eine These, die argumentativ zu untermauern wäre. Dies soll im Weiteren geschehen, ohne dass auf ein kulturkritisches Modell zurückgegriffen wird, das von einem kulturindustriellen Komplex ausgeht, der dem Konsumenten bestimmte Vorstellungen vorgibt. Dies ist das Erklärungsmodell McLuhans in *The Mechanical Bride*, dem das Moment der

---

[1] Vgl. Marshall McLuhan, Die mechanische Braut. Volkskultur des industriellen Menschen. Amsterdam, Verlag der Kunst 1996 (1951), S. 8f.

[2] Vgl. ebenda S. 81-83.

[3] Marshall McLuhan, Culture Is Our Business. New York, Ballantine Books 1972 (ohne Seitenangabe).

[4] Marshall McLuhan, Die magischen Kanäle. Understanding Media. Düsseldorf/Wien, Econ 1968 (1964), S. 355.

[5] Ebenda S. 348.

Wirksamkeit als Argumentationsgrundlage für seine These von der industriell geplanten Volkskultur dient. Weil Werbung auf Wirksamkeit und Einflussnahme zielt, entstünden aus ihr die Mythen und kollektiven Träume, die der Gesellschaft – metaphorisch gesprochen – in den Kopf gesetzt werden.

Ins Gehirn der Masse kriechen betiteln dementsprechend Rainer Gries und seine Kollegen ihre Publikation zur Erforschung von Mentalitätsgeschichte mittels Werbung. Darin kritisieren sie jedoch, dass diese Argumentation – Werbung spiegelt das Denken der Gesellschaft, weil sie es beeinflusst – daran schwächelt, dass sie der Werbung zu sehr glaubt und Werbetreibende als Herren der gelungenen Kommunikation ansieht.[1] Sie glaubt der Werbung, dass sie wirksam ist, auch wenn Wirksamkeit hier nicht mehr in einen direkten Kaufimpuls oder eine Meinungsänderung übersetzt wird, sondern sich in ihrer Gesamtheit zu einer Art Mythos verdichtet. Wirksamkeit, also die Fähigkeit, ein Verhalten oder eine Meinung zu stimulieren, ist der Anspruch der Werbung. Demgegenüber soll im vorliegenden Zusammenhang das Moment der Wirksamkeit argumentativ anders eingebunden werden. In Frage steht vielmehr, »wie Werbung organisiert ist, in Anbetracht ihres Anspruchs, wirksam sein zu können.«[2] Wie schreibt sich dieser Anspruch in sie ein und was bedeutet er für McLuhans Idee, Werbung stelle eine ›Dramatisierung der Erfahrung der Gesellschaft‹ dar?

Siegfried J. Schmidt und die Selektionsprinzipien der Werbung

Eine erste Antwort auf diese Frage bieten Siegfried J. Schmidt und Brigitte Spieß aus systemtheoretischer Perspektive:

> Werbung beobachtet die gesellschaftliche Umwelt unter einer werbesystemspezifischen Selektionsperspektive, die dann im Medienangebot nach den Zielsetzungen und Wertvorstellungen der Aktanten im Werbesystem verkörpert wird. Um ihr Ziel zu erreichen, nämlich [...] das immer knapper werdende Gut folgenreicher Aufmerksamkeit für Waren, Leistungen, Personen und Botschaften zu

---

[1] Vgl. Rainder Gries/Volker Ilgen/Dirk Schindelbeck, ‚Ins Gehirn der Masse kriechen‘. Werbung und Mentalitätsgeschichte, Darmstadt, WBG 1995.

[2] Christina Bartz/Monique Miggelbrink, Werbung, in: Zeitschrift für Medienwissenschaft H. 9 (2013), S. 10-19, hier: S. 13.

erzeugen, muß die Werbung einen von den Betroffenen als positiv und wünschenswert empfundenen bzw. bewerteten Zusammenhang zwischen Waren, Leistungen, Personen und Botschaften einerseits und den Erwartungen, Bedürfnissen, Lebensgefühlen und Mentalitäten der Zielgruppe(n) andererseits herstellen.[1]

Anders als McLuhan, der davon ausgeht, dass Werbung die Vorstellungen der Menschen modelliert, argumentieren Schmidt und Spieß, dass Werbung sich an den Lebensgefühlen und Erwartungen der Konsumenten orientiere. Diese Orientierung markiert ein zentrales Selektionsprinzip, nach dem Werbung organisiert ist. Schmidt formuliert in einem anderen Zusammenhang, dass Werbung die Wahrscheinlichkeit kommunikativer Anschlussfähigkeit durch den Rückgriff auf Bekanntes erhöhe, d.h. die Zustimmungsbereitschaft des potentiellen Konsumenten wird durch die Synchronisation der Werbung mit soziokulturellen Tendenzen gesteigert.[2] Mit Blick auf das Selektionsprinzip der Orientierung an den Erwartungen des Konsumenten kann Werbung als Indikator für solche soziokulturellen Tendenzen identifiziert werden. Es ist dann die werbliche Funktion der Erfolgssteigerung des Verkaufs von Produkten, die sie als Beobachtungsobjekt für gesellschaftliche und kulturelle Entwicklungen und gesellschaftsweit zirkulierendes Alltagswissen geeignet macht.

Doch Werbung referiert nicht nur auf Bekanntes, um kommunikative Anschlussfähigkeit zu garantieren. Zugleich will Werbung auch den innovativen Charakter des beworbenen Produkts ausstellen. Werbung stehe – so Schmidt – vor der Herausforderung, Varietät und Redundanz miteinander zu versöhnen. Dabei ist Innovation als ein Effekt von spezifischen Rhetoriken und Inszenierungsstrategien zu verstehen, denn neu heißt in der Werbung meist neu im Vergleich zu einem Älteren. Die Innovation wird wahrnehmbar, indem das Bekannte als Kontrastfolie geschaffen wird.[3]

Ein weiteres Selektionsprinzip ist die Prägnanz: Werbung arbeitet mit höchster Verdichtung. Theoretisch begründet ist dies in einer

---

[1] Brigitte Spieß/Siegfried J. Schmidt, Die Kommerzialisierung der Kommunikation. Fernsehwerbung und sozialer Wandel 1956 – 1989. Frankfurt am Main, Suhrkamp 1997, S. 47.

[2] Vgl. Siegfried J. Schmidt, Kalte Faszination. Medien – Kultur – Wissenschaft in der Mediengesellschaft. Weilerswist, Velbrück 2000, S. 235f.

[3] Vgl. ebenda S. 237f.

Aufmerksamkeitsökonomie, die Aufmerksamkeit als knappen Tauschwert installiert, der nur kurzzeitig zu erlangen ist. Gezeigt wird auf dieser Grundlage, was schnell zu erfassen ist, also z. B. ein leicht verständliches Bild. Um dieser Vorgabe gerecht zu werden, schließt Werbung an das an, was schnell und ohne Aufwand zu verstehen ist. ›Sie ruft daher Alltagswissen in kondensierter Form auf, was nur möglich ist, weil das damit verbundene Wissen beim Publikum vorhanden ist.‹[1] Werbung will schnell verstanden werden und greift daher solche Elemente auf, von denen auszugehen ist, dass sie allgemein bekannt sind.

Roland Barthes und die Werbebotschaft

Die bisherigen Ausführungen bezogen sich auf Werbung allgemein; deren Bildlichkeit hat dabei – ausgenommen von McLuhans These von der Dominanz des Bildes in der Volkskultur – eine untergeordnete Rolle gespielt. Die Werbung in Bildform ist nun für Roland Barthes in seinem Aufsatz *Rhetorik des Bildes* von Interesse. Darin geht er anhand einer Werbung der für ihre italienischen Lebensmittel berühmten Firma *Panzani* der Frage nach der Sprachlichkeit von Bildern nach. Die exemplarische Analyse einer Pasta-Werbung des Lebensmittelherstellers dient ihm als Zugang zu dieser Frage, denn als Werbebild gewährt es eine Erleichterung, weil es

> intentional ist: Die Signifikate der Werbebotschaft werden a priori von gewissen Attributen des Produkts gebildet, und diese Attribute gilt es so klar wie möglich zu vermitteln; enthält das Bild Zeichen, so hat man die Gewißheit, daß in der Werbung diese Zeichen eindeutig und im Hinblick auf eine optimale Lektüre gesetzt sind: Das Werbebild ist unverhohlen [...].[2]

Intentionalität produziert also eine Eindeutigkeit, die auf Verstehen ausgerichtet ist und so die Lektüre erleichtert. Das erinnert an Schmidts Verdichtungsthese, auch, wenn jeweils aus einer vollkommen anderen Perspektive argumentiert wird. Und ähnlich wie bei Schmidts Überlegungen

[1] Vgl. Monique Miggelbrink/Christina Bartz, Werbung, in: Zeitschrift für Medienwissenschaft H. 9 (2013), S. 10-19, hier: S. 14.
[2] Roland Barthes, Rhetorik des Bildes (1964), in: ders., Der entgegenkommende und der stumpfe Sinn. Kritische Essays III. Frankfurt am Main, Suhrkamp 1990, S. 28-46, hier: S. 29.

impliziert die These von der Eindeutigkeit, dass sich die Werbung – wie eingangs formuliert – als ausgezeichnetes Beobachtungsobjekt für allgemein geltende Wirklichkeitsvorstellungen auszeichnet. Wenn die Werbung durch Eindeutigkeit gekennzeichnet ist, dann lassen sich auch solche Vorstellungen eindeutiger identifizieren.

Die Eindeutigkeit des Werbebildes wird jedoch begleitet von Assoziationsreichtum; schon das scheinbar einfache Produkt Pasta mobilisiert ein weitreichendes kulturelles Wissen, das sich aus Bildern und Texten jenseits der konkreten Werbung speist und das Barthes in seiner Lektüre offenlegt. Er zeigt auf, wie mittels der Anordnung der Produkte und dem Hinweis auf deren Frische ein kulturelles Wissen um die Tätigkeit des Einkaufens auf dem Markt angesprochen wird. Gezeigt wird auf dem analysierten Werbebild ein halbgeöffnetes Netz, das die Produkte wie beim Heimkehren vom Markt und beim Auspacken der Einkaufstaschen herausrollen lasse. Barthes schreibt dazu:

> Um dieses erste Zeichen zu lesen, genügt ein Wissen, das sozusagen in den Bräuchen einer sehr weitreichenden Zivilisation verankert ist, in der ›auf den Markt gehen‹ im Gegensatz zur Schnellversorgung (Konserven Tiefkühlkost) einer ›mechanischeren‹ Gesellschaft steht. Ein zweites Zeichen ist beinah ebenso evident; sein Signifikant ist das Zusammentreffen von Tomate, Paprikaschote und Dreifarbigkeit (gelb, grün, rot) des Plakats; sein Signifikat ist Italien oder eher die Italianität; dieses Zeichen steht in einer Redundanzbeziehung zum konnotierten Zeichen der sprachlichen Botschaft (der italiänischen Assonanz des Namens Panzani); das Wissen, das durch dieses Zeichen mobilisiert wird, ist bereits eigentümlicher: Es ist ein zutiefst ›französisches‹ Wissen (die Italiener können die Konnotation des Eigennamens kaum wahrnehmen, vermutlich auch nicht die Italianität der Tomaten und der Paprikaschoten), das auf der Kenntnis gewisser touristischer Stereotypen beruht.[1]

So führt Barthes vor, dass zur Darstellung der Leistungen des beworbenen Produkts eine vielfältige Verweisstruktur ins Bild gesetzt wird,

---

[1] Roland Barthes, Rhetorik des Bildes (1964), in: ders., Der entgegenkommende und der stumpfe Sinn. Kritische Essays III. Frankfurt am Main, Suhrkamp 1990, S. 28-46, hier: S. 30.

die ein diffuses, aber weitreichendes Wissens des Konsumenten nutzt:
Erfahrungen um Italienreisen, die alltägliche Tätigkeit des auf den Markt
Gehens, frisches Essen als Gegensatz zu Fertigprodukten, Fertigprodukte als
Symptom der Gesellschaft. Rückgebunden an eine bildliche bzw. denotierte
Botschaft eröffnet sich eine symbolische oder kulturelle Ebene – von
Barthes dritte Botschaft genannt. Und es »ist die Doppelstruktur aus
Klarheit, die aus den Attributen des Produkts resultiert, und vielfältigen
kulturellen Konnotationssignifikaten, welche Werbung für die Analyse von
kulturellem Wissen so geeignet macht.«[1]

  Es bleibt dabei allerdings zu fragen, ob jedes beworbene Produkt eine
solche Eindeutigkeit und Klarheit mit sich bringt, wie Barthes sie in der
Pasta-Werbung erkennt und für seine Auseinandersetzung mit der Frage
nach der Sprachlichkeit von Bildern produktiv macht. Letztlich steht
Barthes der Idee von der Eindeutigkeit selbst kritisch gegenüber, wenn er
darauf aufmerksam macht, dass massenmediale Bilder, wozu auch das
Werbebild gehört, immer mit einer sprachlichen Botschaft verbunden sind.
Dies ist auch der Grund, warum er McLuhan mit seiner These von der
visuellen Kultur widerspricht. Gemäß Barthes sind in allen Bildern auch
sprachliche Botschaften enthalten, was darauf schließen lasse, dass wir nach
wie vor in einer Schriftkultur lebten.[2] Mindestens der Produkt-, Marken-
und Produzentenname ist im Werbebild zu sehen. Laut Barthes haben solche
Schriftelemente im Werbebild eine Verankerungsfunktion, insofern sie die
möglichen Lektüren einschränken. In einem ersten Schritt tun sie dies,
indem sie das Bild überhaupt als Werbebild ausweisen. In einem zweiten
Schritt helfen sie bei der Entzifferung der buchstäblichen Botschaft, denn
die Sprache beantwortet die Frage: Was ist das? Das wird vor allem dann
wichtig, wenn das beworbene Produkt nicht im Bild enthalten ist oder auch

---

[1] Monique Miggelbrink/Christina Bartz, Werbung, in: Zeitschrift für Medienwissenschaft H.
   9 (2013), S. 10-19, hier: S. 15.
[2] Hier soll nicht erörtert werden, ob diesem Befund auch heute noch zuzustimmen ist.
   Für das Werbebild ist es auf jeden Fall zutreffend, denn die Werbung wird immer
   schriftlastiger und die Bilder immer reduzierter. Gerade mit der Werbung über
   Empfehlungssysteme wird nur noch das Produkt abgebildet (vgl. Julius
   Othmer/Andreas Weich, ‚Wirbst Du noch oder empfiehlst Du schon'. Überlegungen
   zu einer Transformation der Wissensproduktion von Werbung, in: Zeitschrift für
   Medienwissenschaft H. 9 (2013), S. 43-52). Aufwendige Reklamegestaltung geschieht
   dann kaum noch mit Bezug auf das Bild.

eher versteckt wird. Das gilt bspw. für Finanzmarktprodukte [1] oder Telekommunikationsanbieter, die beide mit der Herausforderung konfrontiert sind, dass die beworbene Produktleistung und das dazu gehörige Bild kaum Ähnlichkeit aufweisen. Erst mit dem Wissen, das Produkt- oder Produzentennamen zur Verfügung stellen, wird die Werbung verstehbar. In einem dritten Schritt kontrolliert die Schrift die weitergehende Interpretation, also die symbolische oder kulturelle Ebene, wie sie Barthes eben für das Pasta-Bild offengelegt hat.

Erving Goffman und das soziale Zusammensein

McLuhan, Schmidt, Barthes – alle treffen sich in der Überlegung, dass Werbung sich durch leichte Verstehbarkeit auszeichnet. Dieser Gedanke findet sich auch bei Erving Goffman, der in seiner 1976 erstmals erschienenen Publikation *Geschlecht und Werbung* die Konstruktion der Geschlechterbeziehungen anhand von Werbebildern untersucht. Goffman begründet die Notwendigkeit der leichten Verständlichkeit aber noch einmal etwas anders: Das Werbebild habe nur beschränkte Mittel für die Darstellung der Leistungen des Produkts und diesen Problemen werde mit verschiedenen standardisierten Verfahren begegnet. Vor allem nutzt die Werbung »die beschränkten ›visuellen‹ Mittel, die in sozialen Situationen verfügbar sind, um eine Geschichte zu erzählen.« [2] Letztlich werden alltägliche Szenen aufgegriffen und in positiver wie überakzentuierter Form vorgestellt, damit sie schnell vom Betrachter begriffen und verstanden werden. Darin ähnelt Werbung dem Ritual und der Zeremonie, die ebenfalls in ihrer Bedeutung, genauer in ihrer Information über das Soziale, klar verstanden werden, weil sie soziale Beziehungen akzentuiert (z.B. Begrüßung, der Umgang mit Gästen etc.). Auf der Grundlage dieser – hier viel zu verkürzt dargestellten – Argumentation analysiert er Werbung im Hinblick auf die Darstellung der darin zum Ausdruck kommenden Geschlechterbeziehungen. Dabei geht es ihm weniger darum, Stereotypen zu identifizieren, sondern die Nähe zum alltäglichen Verstehen sozialer Beziehungen offen zu legen. »Wenn wir« – so schreibt er – »erkannt haben,

---

[1] Vgl. Urs Stäheli, Normale Chancen? Die Visualisierung von Investmentchancen in der Finanzwerbung, in: Sabine Maasen/Torsten Mayerhauser/Cornelia Renggli (Hg.), Bilder als Diskurse – Bilddiskurse. Weilerswist, Velbrueck 2006, S. 27-51, hier: S. 29.

[2] Erving Goffman, Geschlecht und Werbung. Frankfurt am Main, Suhrkamp 1981, S. 116.

was die Bildmacher aus den Materialien einer Situation zu machen wissen,
dann geht uns vielleicht eine Ahnung auf, was wir möglicherweise selbst
ständig machen.«[1]

Unter dieser Prämisse führt er z.B. eine Vielzahl von Werbebildern,
aber auch Zeitungsausschnitte zusammen, deren Gemeinsamkeit in einer
spezifischen Geste besteht. Es werden zwei Personen gezeigt, und die eine
legt den Arm um die Schultern der anderen. Dies identifiziert er als »eine
asymmetrische Konfiguration, die mehr oder minder voraussetzt, daß der
Festhaltende größer ist als der Festgehaltene und daß der Festgehaltene
solche Führung und Einengung seines Bewegungsspielraums akzeptiert. [...]
Wenn dieses Zeichen bei zwei Erwachsenen verschiedenen Geschlechts
vorkommt, soll es offenbar ein potentiell sexuelles Besitzverhältnis
anzeigen«[2] Auf diese Weise zeigt Goffman auf, wie ritualisierte Gesten des
Alltags Zeichen sind, die in der Werbung verwertet werden, indem sie
überdeutlich inszeniert werden. D.h., auch bei Goffman findet sich das
Moment der Eindeutigkeit, das sich hier aber aus einer Überdramatisierung
alltäglicher Handlungen ergibt. Diese werden in der Dramatisierung sichtbar
und beobachtbar.

Jörg Döring und das Produkt Telekommunikation

Interessant ist bei Goffman u.a., dass er auf die geringen Möglichkeiten
des Werbebildes, die Produktqualität zu formulieren, abhebt, was für
spezifische Konsumangebote im besonderen Maße gilt.[3] Dies motiviere
Verfahren des Eindeutigmachens in Form der werbetechnischen
Ritualisierung sozialer Rituale. Dass Eindeutigkeit aber auch häufig
misslingt, zeigt Jörg Döring im Zusammenhang mit seinem Konzept des
Geo-Visiotype auf. Dabei interessiert sich Döring nur mittelbar für Werbung.
Ihm geht es i.d.R. um Fragen des Zusammenhangs von Medien,
Telekommunikation und Raum. Von dieser Perspektive kommt ihm dann

---

[1] Erving Goffman, Geschlecht und Werbung. Frankfurt am Main, Suhrkamp 1981, S. 118.

[2] Ebenda S. 117. Mit Bezug auf Barthes' These von der Verankerungsfunktion der
schriftlichen Elemente des Werbebildes ist es interessant, dass sich Goffmans
Analysen ausschließlich am Bild orientieren; die Schrift spielt keine Rolle und wird
teilweise sogar aus den Beispielbildern entfernt.

[3] Vgl. Erving Goffman, Geschlecht und Werbung. Frankfurt am Main, Suhrkamp 1981,
S. 114.

auch Werbung in den Blick, die in Form von sogenannten Geo-Visiotypen Bilder für diesen Zusammenhang liefert. Döring entwickelt diesen Begriff mit Bezug auf Uwe Pörksens Visiotype. Damit ist die Standardisierung der Visualisierung der Informations- und Kommunikationstechnologie gemeint. Der Wortteil Geo- ergänzt dies dann durch den räumlichen Aspekt. Geo-Visiotype bezeichnet also ein wiederholbares Repertoire an Gestaltung von Werbung für Telekommunikationsprodukte, die das schnelle und einfache Überwinden von Distanzen als Produktqualität formuliert.

Dazu gehört auch das Bild einer »schrumpfenden Welt«[1], die zur Darstellung der ›time-space-comprehension‹ dient. Doch auch wenn es sich um ein werbliches ›Geo-Visotyp‹ handelt, ist es kein rein positives, sondern vielmehr ein irritierendes Bild. Im Hintergrund steht nämlich ein kulturkritischer Diskurs um – verkürzt formuliert – die ›Vernichtung des Raumes‹.[2] Angesichts von Telekommunikation veränderten sich die Raumverhältnisse und Distanzen verlieren an Bedeutung, weil sie nicht mehr wahrgenommen würden. Medial kämen die Menschen zusammen, ohne dass räumliche Entfernungen zu überwinden wären, so dass der Mensch um eine Erfahrungsdimension beraubt würde – so der kulturkritische und weit verbreitete Diskurs, wie er sich z.B. bereits in den 1950er Jahren bei Günther Anders in seinem einschlägigen Text zur Phantomhaftigkeit der Welt angesichts von Hörfunk und Fernsehen findet. Phantomhaft sei die Welt, weil sie ›halb an- und halb abwesend‹[3] sei – anwesend auf den Bildschirmen im eigenen Heim und abwesend, weil die Zuwendung zum Bildschirm eine Abwendung von der Welt außerhalb des eigenen Heims mit sich bringe. Genau dieses müsse nicht mehr verlassen werden für eine Teilhabe an der Welt, die dabei aber ihre räumliche Verfasstheit verliere. Die Ereignisse seien ohne Ort und die Menschen ohne körperliche Erfahrung des Raums – so Anders.

---

[1] Jörg Döring, ›This is the year the worlds got smaller‹. Wie bewirbt man die time-space-compression?, in: ders. (Hg.), Geo-Visiotype. Zur Werbegschichte der Telekommunikation. Siegen, Universität Siegen 2009, S. 13-34, hier: S. 18.

[2] Vgl. Paul Virilio, Das dritte Intervall. Eine kritische Überlegung, in: Edith Decker/Peter Weibel (Hg.), Vom Verschwinden der Ferne. Telekommunikation und Kunst, Köln, DuMont Buchverlag 1990, S. 335-348.

[3] Vgl. Günther Anders, Die Welt als Phantom und Matrize. Philosophische Betrachtungen über Rundfunk und Fernsehen, in: ders., Die Antiquiertheit des Menschen 1. Über die Seele im Zeitalter der zweiten industriellen Revolution. München, Beck 1994 (1956), S. 99-211, hier: S. 111.

In der Werbung wird nun genau das gleiche als Leistung neuer Telekommunikationstechnologien verhandelt, wie Döring anhand eines Zitats aus einer Werbung nachweist: »Zeit und Raum schwinden mehr und mehr. Das moderne Nachrichtenwesen wird vom weltumspannenden Funk beherrscht. Kurzwellen schlagen Brücken über Ozeane. Der Richtfunk trägt Telefongespräche und Fernschreiben gedankenschnell von Ort zu Ort. [...]«[1] Hier scheint laut Döring also genau das Wissen um das Verschwinden des Raumes auf, das jenseits der Werbung Kritik provoziert. Döring sieht darin ›latente Sinngehalte‹, die der Intention des Produzenten widersprechen.[2]

Dörings Argumentation geht somit mit Blick auf ein spezifisches Produkt in eine ganze andere Richtung, als die der bisher genannten Autoren. Die Idee der Werbetreibenden als Herren der Kommunikation, wie man sie McLuhan in *Die mechanische Braut* unterstellen kann, fehlt hier ganz. Aber auch das Moment der von Barthes formulierten Eindeutigkeit lässt sich mit Döring nicht bestätigen. Zur Erinnerung: Die Eindeutigkeit resultierte daraus, dass die Bedeutung des Werbebildes durch Attribute des Produkts festgelegt ist. Das mag für Pasta-Werbung funktionieren, bei der Telekommunikation sind aber die Attribute des Produkts das Kommunizieren über die Entfernung und damit etwas wesentlich Komplexeres und weniger Konkretes. Fernkommunikation gehört in den Bereich der Dienstleistungen und markiert eher eine Praxis, so dass die Darstellung des Produkts häufig ganz entfällt, weil es ihm an Konkretheit fehlt. Ebenso wird die Praxis durch das Zeigen des Endgeräts, dem sich der Nutzer gegenübersieht, organisiert. Dies kann aber nur als Substitut für den Gesamtkomplex stehen. Das Problem ist, dass es an Ähnlichkeit zwischen Bild und Produkt mangelt, wie Urs Stäheli mit Bezug auf Finanzmarktdienstleister formuliert und wie es auch für Telekommunikationsprodukte Gültigkeit hat.[3] Beide gehen nicht in einer buchstäblichen Botschaft auf.

---

[1] Jörg Döring, ‚This is the year the worlds got smaller'. Wie bewirbt man die time-space-compression?, in: ders. (Hg.), Geo-Visiotype. Zur Werbegeschichte der Telekommunikation. Siegen, Universität Siegen 2009, S. 13-34, hier: S. 20.

[2] Vgl. ebenda S. 18.

[3] Vgl. Urs Stäheli, Normale Chancen? Die Visualisierung von Investmentchancen in der Finanzwerbung, in: Sabine Maasen/Torsten Mayerhauser/Cornelia Renggli (Hg.), Bilder als Diskurse – Bilddiskurse. Weilerswist, Velbrueck 2006, S. 27-51, hier: S. 29.

Dies gilt umso mehr angesichts der Verdichtungsthese, wie sie gleichermaßen von Barthes und Schmidt formuliert wird. Das Produkt wird in ein Bild von maximaler Prägnanz übersetzt, denn die Prägnanz soll das schnelle Verstehen, wie es unter den Bedingungen der Aufmerksamkeitsökonomie für notwendig erachtet wird, garantieren. Aber es ist ja genau diese Prägnanz und hohe Verdichtung, die das weite Assoziationsfeld öffnet und zu den Unstimmigkeiten führt, die Döring beobachtet. Bei einem gesellschaftlich kontrovers diskutierten Gegenstand wie Telekommunikation und deren Medien, die als eingebunden in gesellschaftliche Zusammenhänge gedacht werden, ist das schnell zu erschließende Bild häufig ein ambivalentes. Bemerkenswert ist das in Bezug auf die Idee des Werbebildes als Manifestationsinstanz für Alltagswissen, weil es dann nicht ausschließlich um ein positiv besetztes Wissen geht.

Anders stellt sich die Situation jedoch dar, wenn man noch einmal Goffman und seine Analyse der werblichen Darstellung sozialer Situationen heranzieht, die hier zweifach produktiv zu machen ist: Zum einen sieht er die geringen Möglichkeiten des Werbebildes zur Darstellung der Produktleistungen, die gerade auch für die wenig materielle Form eines Kommunikationsgeschehens gilt. Zum anderen behauptet er, dass die Darstellung sozialen Zusammenlebens hier greife. Und so wird gerade Telekommunikation in der Werbung als soziales Geschehen und im Kontakt mit den Endgeräten dargestellt. Damit tritt nicht der verschwindende Raum, sondern es treten die konkreten Orte der Nutzung in Erscheinung. D.h., Werbung für Endgeräte verbunden mit dem mit dem Ort und den Situationen ihres Gebrauchs bringen die Eindeutigkeit mit, die das Werbebild auszeichnet. Zugleich können auch diese Situationen das Moment der Telekommunikation vermitteln und sind damit in die ›Geo-Visiotypen‹ einzuordnen. Es ist ein ›Visiotyp‹, das anhand des Umgangs mit dem konkreten Objekt die durch Fernkommunikation gestiftete bzw. stabilisierte Beziehung thematisiert und so die Leistungen des Produkts herauszustellen versucht. Dies soll im Folgenden anhand des Sports, der häufig für das Aufzeigen von Distanzüberwindung genutzt wird, verdeutlicht werden.

Das soziale Geschehen Sport

Im Besonderen der in Deutschland beliebte Fußball dient der Visualisierung der Leistung des Fernsehens, die darin besteht, dass man sich wahrnehmungstechnisch an einem anderen Ort wähnt, also über Distanzen

wahrnimmt, ohne dass die Distanz spürbar wird. Das gilt seit den 1950er
Jahren. Zu dieser Zeit beginnt das Fernsehen in Deutschland seinen Aufstieg
zum gesellschaftlichen Leitmedium, begleitet von einem intensiven Diskurs
in der Presse. Dabei spielt auch das Thema Sportübertragung eine wichtige
Rolle. Die Zeitschrift *Der Spiegel* sorgt sich 1954, also zwei Jahre nach dem
offiziellen Sendestart des öffentlich-rechtlichen Rundfunks in der
Bundesrepublik Deutschland, um die Einnahmen der Fußballvereine aus
dem Verkauf von Eintrittskarten, denn aufgrund von Sportübertragungen
kämen weniger Zuschauer in die Stadien. In diesem Zusammenhang heißt es
weiterhin:

> Seit der Nordwestdeutsche Fernsehfunk den regulären
> Programmbetrieb aufgenommen hat, gehören Übertragungen von
> Fußballspielen am Sonntagnachmittag zu den beliebtesten Sendungen.
> Im Kreise der Familie und der Sportfreunde können die Fernseher
> alle Phasen eines Oberligakampfes genauer verfolgen als von einem
> Stehplatz auf der überfüllten Tribüne: Zwei oder drei an der
> Längsseite des Spielfeldes auf einen Turm postierte Kameras
> verfolgen den Ball von der ersten bis zur letzten Spielminute und
> blenden im rechten Augenblick, wenn es vor den Toren brenzlig wird,
> zur Großaufnahme über.[1]

En passant wird hier verhandelt, dass das Fernsehen einen besonders
guten Eindruck vom Spielgeschehen vermittelt. Dank der Kameras könne
man dem Spielverlauf zu Hause besser folgen, weil einem nicht der Blick
durch die Zuschauermenge vor Ort verstellt ist. Anstatt umgeben von der
Menge der anderen Zuschauer könne man das Spiel zu Hause in Ruhe
schauen.[2]

Die Werbung schließt genau hier an. Die Firma *Loewe* macht dies
maßgeblich sprachlich, indem sie den eigenen Sessel zu Hause als guten
Tribünenplatz ausweist.[3] *Blaupunkt* findet dafür das Bild des Bildschirmrahmens,
der das entscheidende Foul fokussiert. So wird hier die Überlegenheit der

---

[1] Anonymus, Zehntausend blieben weg. Fußball, in: Der Spiegel 12 (1954), S. 35.

[2] Vgl. Christina Bartz: Sport – Medium des Fernsehens, in: dies./Torsten Hahn/Irmela
   Schneider (Hg.), Medienkultur der 60er Jahre. Diskursgeschichte der Medien nach
   1945, Bd. 2. Wiesbaden, Westdeutscher Verlag 2003, S. 35-49.

[3] Vgl. die Werbung der Firma *Loewe* für ihr Produkt Fernsehgerät Opta in *Der Spiegel*
   27 (1966), S. 98.

televisuellen Teilnahme am Spielgeschehen gegenüber der körperlichen Anwesenheit im Stadion ausgestellt. Sprachlich wird auch hier noch einmal die Gemütlichkeit des eigenen Heims erwähnt.[1] Gerade dies hebt die Firma *Graetz* hervor, die bei der Sportübertragung weniger das Wettkampfgeschehen auf dem Bildschirm in den Mittelpunkt stellt. Stattdessen kommen hier vor allem die heimischen Szenen, also das Sofa und die ungezwungene Haltung, zur Darstellung. Es wird die Szene eines familiären Zusammenseins vorgestellt, die durch das Fernsehen ergänzt wird. Überschrieben ist diese Szene mit ›Daheim – überall dabei‹. Das Werbeversprechen lautet also, dass man an dem Sportereignis vollumfänglich teilnehmen könne, obgleich man körperlich abwesend, weil zu Hause sei. Bestimmend in der Fernsehwerbung ist also das Endgerät und damit verbundene konkrete Nutzungsszenarien, die räumlich wie sozial klar verortet werden. Es ist das familiäre Beziehungsgefüge, das den Kontext der Fernwahrnehmung und -kommunikation des Fernsehens festlegt.[2]

Damit wird aber im Werbebild ein Szenario aufgerufen, das Günther Anders unter dem Schlagwort ›negativer Familientisch‹ als Symptom einer an Fernkommunikation und -wahrnehmung orientierten Gesellschaft ansieht. Mit der Formulierung benennt er eine Störung des familiären Austausches, die durch die Ausrichtung der Familienmitglieder an den weit entfernten Geschehnissen, an denen sie mittels Fernsehen teilnehmen, verursacht ist.[3] Ein solcher kulturkritischer Diskurs flankiert also auch die Werbebilder, die den heimischen Kontext der Fernsehnutzung und die Möglichkeit der Sportübertragung betonen. Insofern sind auch diese Bilder von der Ambivalenz gekennzeichnet, die Döring am ›Geo-Visiotyp‹ beobachtet.

Dessen ungeachtet und im Anschluss an die Werbebilder der 1950er und 1960er Jahre entwickelt sich das Fernsehen selbst zu einer spezifischen,

---

[1] Vgl. die Werbung der Firma *Blaupunkt* für ihre Produktangebote im Bereich Fernsehgeräte in *Der Spiegel* 19 (1966), S. 77.

[2] Vgl. zum Zusammenhang von Fernwahrnehmung und -kommunikation Elena Esposito, Interaktion, Interaktivität und die Personalisierung der Massenmedien, in: Soziale Systeme 2 (1995), S. 225-259, hier: S. 236; sowie dies., Macht der Persuasion oder Kritik der Macht, in: Rudolf Maresch/Niels Werber (Hg.), Kommunikation, Medien, Macht. Frankfurt am Main, Suhrkamp 1999, S. 83-107, hier: S. 97.

[3] Vgl. Günther Anders, Die Welt als Phantom und Matrize. Philosophische Betrachtungen über Rundfunk und Fernsehen, in: ders.: Die Antiquiertheit des Menschen 1. Über die Seele im Zeitalter der zweiten industriellen Revolution. München, Beck 1994 (1956), S. 99-211, hier: S. 105f.

für weitere Werbung zur Verfügung stehenden sozialen Situation, denn 2008 werben die Firma *LG* und andere mit den Möglichkeiten des mobilen Fernsehens. ›Fernsehen wie zu Hause‹ bewirbt *LG* sein Mobiltelefon HB 620T. Dass dabei maßgeblich an die soziale Situation des heimischen Schauens von Fußballübertragungen angeschlossen wird, macht vor allem der Fernsehspot überdeutlich. In einer kurzen Narration werden Geschlechterstereotypen und häusliche Routinen während der Übertragung vorgestellt und als Nutzungsperspektive für das Mobiltelefon entworfen.[1] Dieses soziale Szenario des heimischen Fernsehens wird in dem Werbespot in eine Hotellobby und damit in die Öffentlichkeit verlegt, was nun die Leistung des Produkts ausmacht – ›Fernsehen wie zu Hause‹. Dabei ist der Zusammenhang der televisuellen Leistung der Teilhabe an entfernten Geschehnissen und die Gemütlichkeit des eigenen zu Hauses fest installiert und markiert das prägnante und schnell zu erschließende Bild, das jeder kennt und auf welches das Werbebild daher so unproblematisch zurück greifen kann: zu Hause bleiben und trotzdem dabei sein. Das Mobiltelefon verlegt diesen Zusammenhang in die Öffentlichkeit, was nun die Leistung des Geräts ausstellt: Es ist wie zu Hause, aber mobil und unterwegs. All diese Elemente können umgehend verstanden werden und auf der Basis des Verstehens kann die Neuheit des Produkts erschlossen werden. Die Neuheit des Mobiltelefons wird dabei in Form eines Remediationsprozesses ausgestellt, indem die durch ältere Medien etablierten Wahrnemungsformen und die damit einhergehenden sozialen Situationen in die Nutzung neuer Medien eingeschrieben wird.[2] Hier zeigt sich, wie es eine gesellschaftlich geteilte Vorstellungen von Medien und Telekommunikation sowie deren Funktionieren gibt, die einerseits komplexe räumliche Verhältnisse aufrufen und andererseits leicht verständlich zu sein scheinen. Dies wird – so zeigt das Beispiel Sport – gerne durch die Darstellung sozialer Situationen im Zusammenhang mit der Nutzung der Endgeräte verdeutlicht und darüber eine Teilhabe trotz körperlicher Abwesenheit vom Geschehen in Szene gesetzt. Die soziale Situation stiftet die Möglichkeit zur Verdichtung und des schnellen Verstehens trotz der von Goffman beschriebenen

---

[1] Vgl. Christina Bartz, ‚Was tun, wenn's klingelt?'. Handy-Fernsehen, in: Irmela Schneider/Cornelia Epping-Jäger (Hg.), Formationen der Mediennutzung III. Dispositive Ordnungen im Umbau. Bielefeld, transcript 2008, S. 97-111, hier: S. 104.

[2] Vgl. Jay David Bolter/Richard Grusin, Remediation. Understanding new media. Cambridge/London, MIT Press 2000.

Schwierigkeiten bei der Hervorhebung der Produktleistungen, die im Besonderen für Telekommunikationsangebote besteht. Zugleich ist es gerade die Werbung für Telekommunikation und Medien, die etwas über die in einer Gesellschaft bestehenden Wirklichkeitsvorstellungen aussagt, schließlich sind sie an der Verfertigung der Gesellschaft beteiligt, insofern sie die Form des kommunikativen Miteinanders bestimmen.

Sektionsvorträge

7. „Den Geist mit heitren Bildern angefüllet':

Überlegungen zum Zusammenhang von Bildlichkeit und

Bildungsbegriff angelegentlich Wilhelm von Humboldts

später Sonettendichtung

Michael Schwingenschlögl

(Ludwig-Maximilians-Universität, München)

I

Wilhelm von Humboldt gilt heute einerseits als gescheiterter Staatsmann,[1] andererseits als bahnbrechender Sprachforscher,[2] und schließlich als zwiespältig

---

[1] Für eine differenzierte Betrachtung der politischen Tätigkeit Humboldts s. Michael Maurer, Wilhelm von Humboldt: Ein Leben als Werk. Köln/Weimar/Wien, Bohlau 2016, insb. S. 192-216. Vgl. mit Gegenwartsbezug Heinz-Elmar Tenorth, Wilhelm von Humboldt. Bildungspolitik und Universitätsreform. Paderborn u.a., Schöning 2018.

[2] Vgl. zur Erforschung der humboldtschen Sprachphilosophie die folgenden Monographien: Moritz Scheinert, Wilhelm von Humboldts Sprachphilosophie. Leipzig, Engelmann 1908. – Jürgen Trabant, Apeliotes oder Der Sinn der Sprache. Wilhelm von Humboldts Sprach-Bild. München, Fink 1986. – Helmut Müller-Sievers, Epigenesis. Naturphilosophie im Sprachdenken Wilhelm von Humboldts. Paderborn u.a., Schöningh 1993. – Hans-Werner Scharf, Das Verfahren der Sprache. Humboldt gegen Chomsky. Paderborn u.a., Schöningh 1994. – Ulrich Welbers, Verwandlung der Welt in Sprache: aristotelische Ontologie im Sprachdenken Wilhelm von Humboldts. Paderborn u.a., Schöningh 2001. – Rainhard Roscher, Sprachsinn. Studien zu einem Grundbegriff im Sprachdenken Wilhelm von Humboldts. Paderborn u.a., Schöningh 2006.

beurteilter Begründer des ‚neuhumanistischen' Bildungsideals, das den
Menschen ganzheitlich zu erziehen beansprucht, in regen Austausch mit der
Welt zu setzen versucht und ihn dadurch auch gesellschaftlich und
geschichtlich wirksam werden lassen möchte.[1] Als Poet hingegen firmiert
er – vielleicht zu Unrecht, aber verständlicherweise – nicht im öffentlichen
Bewusstsein. Schließlich, so könnte man meinen, warf sich Humboldt gegen
die von ihm formulierte soziale Dimension des Bildungsgedankens im Alter
auf den ästhetischen Selbstgenuss und die krankheitsbedingte Isolation vom
Tagesgeschehen.[2] Eine solche Vorstellung legen nicht zuletzt die über 1000
Sonette nahe, deren Humboldt über die letzten Jahre auf Schloss Tegel
allabendlich eines verfasste. Der größte Teil des poetischen Werks steht
damit im Horizont der späten Zurückgezogenheit. Jene Sonette waren sogar
dem Bruder Alexander von Humboldt, der sie posthum veröffentlichte,
unbekannt geblieben[3] – und gerade der intime Charakter des Sonettenprojekts,
das häufig Gedanken-, kaum jedoch Rollenlyrik enthält, lässt aufmerken.
Denn es handelt sich bei dieser Dichtung offenbar um den Versuch, trotz
aller Enttäuschungen im Angesicht des verfehlten Ideals noch einmal jener
geistigen Sammlung im Medium der Sprache Ausdruck zu verleihen, die
schließlich bereits der junge Humboldt als Zentrum seines Bildungsgedankens
verstand. Eine Eigenart der Sonette ist allerdings, dass sie nicht nur implizit
auf der Vorstellung gerundeter Bildung basieren, sondern dass darin zudem
weniger die Sprache als der Begriff des *Bildes* eine nicht zu übersehende
Rolle spielt. Als Beispiel sei hier das Sonett mit dem Titel *Der Tod* vom 16.
April 1832 angeführt:

---

[1] Zur Debatte um den Bildungsbegriff im Horizont Humboldts seit der Umsetzung des
Bologna-Prozesses vgl. die Stichproben von Kyrosch Arab Alidusti, Der Bildungsbegriff
in der medienöffentlichen Debatte. Siegen, 2012, insb. S. 68-102.

[2] Vgl. zu dieser stets schon distanzierten Haltung zum Staat die nicht unproblematische,
aber noch immer lesenswerte Studie von Siegfried Kaehler: Humboldt und der Staat:
Ein Beitrag zur Geschichte deutscher Lehensgestaltung um 1800. Göttingen, Vandenhoeck
& Ruprecht 1927.

[3] „Die Sonette meines Bruders, von ihm selbst nicht zur Veröffentlichung bestimmt, ja
den nächsten Angehörigen bis zu seinem Tode (am 8 April 1835) unbekannt geblieben,
sind […] als ein Tagebuch zu betrachten, in dem ein edles, still bewegtes Seelenleben
sich abspiegelt." (Alexander von Humboldt, Vorwort, in: Wilhelm von Humboldt:
Wilhelm von Humboldts gesammelte Schriften. 17. Bde, hg. von Albert Leitzmann /
Bruno Gebhardt / Wilhelm Richter. Berlin / Leipzig, Behr 1903 – 1936. Hier Bd. 9:
Gedichte. Berlin 1912, S. 161.).

104. Der Tod.

Den Geist mit heitren Bildern angefüllet,
aus welchen mir des Lebens Glück gequollen,
will ich dem Tod die letzten Stunden zollen,
dem Grabe hold, das jedes Sehnen stillet.

Ich werd' ihn sehen frei und unverhüllet,
den in der Ewigkeiten ewgem Rollen
stets gleichen und doch ewig wechselvollen,
Der Leben schliesst, und aus dem Leben quillet.

Ich sterbend gern auf meine Jugend schaue.
Denn ich der Liebe heilger Kraft vertraue,
die in der Blüthe der Gefühle gründet,

was Herz an Herz in heissem Glühen dränget,
des Todes starre Bande sehnend sprenget,
und überm Grabe suchend wiederfindet.[1]

Der aus dem alttestamentarischen Hohelied stammende Topos, dass die
Liebe stark wie der Tod sei,[2] lässt sich biographisch auf das Ableben von
Humboldts Gattin Caroline 1829 beziehen; relevant erscheint dabei, dass
jene Liebe, die das Subjekt bis zum Lebensende und darüber hinaus erhalten
soll, nicht nur als Herzenssache, sondern ausdrücklich als Sache des Geistes
gilt – eines Geistes, der ‚mit heitren Bildern angefüllet' ist. Worum genau es
sich bei diesen Bildern handelt – Erinnerungen, Jugendträume, gar Werke
bildender Kunst – wird wohl gezielt offengelassen. Alles aber, was der
visuellen Anschauung zugänglich ist, firmiert in Humboldts später Dichtung
tatsächlich als Bild.[3] Das *Bild* ist hier mithin nicht bloß im übertragenen

---

[1] Wilhelm von Humboldt, Der Tod, in: Ders.: Wilhelm von Humboldts gesammelte
Schriften. 17. Bde, hg. von Albert Leitzmann / Bruno Gebhardt / Wilhelm Richter.
Berlin / Leipzig, Behrs 1903 – 1936. Hier Bd. 9: Gedichte. Berlin 1912, S. 178. [Alle
weiteren dieser Ausgabe entnommenen Zitate werden in den Fußnoten mit „Wilhelm
von Humboldt, Gesammelte Schriften" markiert.].

[2] Vgl. Hohelied 8,6.

[3] Es kann hier nicht der Ort sein, diese Stellen aufzuzählen, da sie mit Interpretationen
verbunden sein müssten. Festzuhalten ist, dass die Anzahl der Stellen, an denen das
Wort *Bild* fällt, eines Aufsatzes würdig wäre, der die Bedeutung und Kontexte des
Bildbegriffs in den Sonetten erörtert.

Sinne als ‚Vorstellung' oder ‚Bewusstseinsinhalt', sondern als konkrete Darstellung eines Gegenstandes zu verstehen. Die Bilder erhalten im obigen Gedicht eine unverkennbar religiöse Valenz. Sie sind es, die dem Menschen erlauben, jene ‚Blüte der Gefühle', die einst die Jugend kennzeichnete, in das Alter und sogar den Tod hinüberzutragen und damit jene ‚heilge Kraft' zu erhalten, die im Jenseits (‚überm Grabe') die Realität der vergangenen Erfahrungen zu erneuern imstande ist. Noch jenseits des Grabes also ist es der ‚Geist', der ‚des Lebens Glück' dank jener Bilder ‚wiederfindet'.[1] Doch es gibt einen über biographische und geistesgeschichtliche

---

[1] Angesichts der so häufigen Erwähnungen der Unsterblichkeit in den Sonetten muss die Meinung zweifelhaft erscheinen, Humboldt habe „keine personale Unsterblichkeitslehre" (Clemens Menze, Grundzüge der Bildungsphilosophie Wilhelm von Humboldts, in: Hans Steffen (Hg.), Bildung und Gesellschaft. Zum Bildungsbegriff von Humboldt bis zur Gegenwart. Göttingen, Vandenhoeck & Ruprecht 1972, S. 5-27, hier S. 11) vertreten. Dass für Humboldt Bildung und Unsterblichkeit verknüpft waren, zeigt die folgende Passage aus einem späten Brief an Charlotte Diede vom 16. 5. 1834: „Alle Veredlung unsers Wesens stammt nur aus dem Gefühl der Ausdehnung unsers Daseins über die Grenzen dieser Welt. Das gibt dem Menschen ein so eigenthümliches, den Nachdenkenden unaufhörlich begleitendes Gefühl, daß ihm die Welt, die ihn umgibt, in der er allein unmittelbar wirkt und genießt, nicht genügt, und daß seine Sehnsucht und seine Hoffnungen ihn zu einer andern unbekannten und nur geahnten hinziehen. In dem verschiedenen Verhältniß, in das sich jeder zu der einen und der andern stellt, liegt hauptsächlich der Unterschied der innern Individualität der Menschen. Es gibt den Charakteren die ursprüngliche Richtung, aus der sich alles Uebrige entwickelt. Wer nun da ganz im Irdischen befangen wäre, ohne für eine höhere Welt Sinn und Gefühl zu haben, der wäre in Wahrheit elend zu nennen. Er entbehrte der höchsten und besten innern Genugthuung, und könnte in dieser Gesinnung zu keiner Vervollkommnung und eigentlichen Veredlung seines sittlichen Wesens gelangen. Es gibt aber auch eine gewisse Verschmähung der Erde und eine irrige Beschäftigung mit einem überirdischen Dasein, die, wenn sie auch nicht zu einer Vernachlässigung der Pflichten des Lebens führt, doch das Herz nicht dazu kommen läßt, die irdischen Wohlthaten der Vorsehung recht zu genießen. Die wahrhaft schöne und edle Stimmung vermeidet diese doppelte Einseitigkeit. Sie geht von den unendlichen Spuren des Göttlichen aus, von denen alles Irdische und die ganze Schöpfung so sichtbar in weiser Anordnung und liebevoller Fürsorge durchdrungen ist. Man knüpft in ihr die reinen, wirklich einer bessern angehörenden Empfindungen des Herzens zunächst an die menschlichen Verhältnisse an, denen dieselben auf eine würdige und nicht entweihende Weise gewidmet werden können. Man sucht so und pflanzt das Ueberirdische im Irdischen, und macht sich dadurch fähig, sich zu dem ersten in seiner Reinheit zu erheben. In

Problemlagen hinausreichenden Grund, „den gedankenschweren und aussagekräftigen Sonetten"[1] nachzudenken. Es stellt sich nämlich die Frage: Ist der mnemotechnische Nutzen die einzige Funktion des Bildes? Denn tatsächlich hat das Bild eine weitergehende Signifikanz, wenn es eben nicht einfach die Erinnerung oder die Fantasie, sondern der schwer zu erfassende ‚Geist‘ ist, der jene Bilder in sich trägt. Der Geist schließlich ist bereits an der Bildung in diesem Leben beteiligt. Wozu braucht nun der gebildete Geist – Bilder? Was ist das Verhältnis von Bildlichkeit und Bildung?

II

Einer Antwort auf diese Frage kann man sich über eine wort- und begriffsgeschichtliche Betrachtung nähern. *Bildung* nämlich stammt von dem Wort *Bild* ab – doch unter etwas Bildlichem versteht man für gewöhnlich gerade das, was nicht eigenständig und in sich abgeschlossen besteht, sondern lediglich repräsentativ für etwas anderes ist. Es lohnt sich daher, die Ursprünge und Geschichte des Begriffs Revue passieren zu lassen, um zu verstehen, was Bildung heißt und noch aktuell bedeuten kann: „Der Ursprung des B.-Begriffs",[2] so Lichtenstein,

---

diesem Verstande lebt man in dieser Welt für eine andere; denn das Irdische wird blos zur Hülle des göttlichen Gedankens, er allein ist sein eigentlicher und nicht tief in ihm verborgen liegender, sondern hell und sichtbar aus ihm hervorstrahlender Sinn. In dieser Ansicht trennt sich dann die Seele leicht ganz vom Irdischen und erhebt sich über dasselbe. Unmittelbar daran knüpft sich der Glaube an Unsterblichkeit und an ein jenseit des Grabes beginnendes Dasein an. Diesen trägt ein Gemüth, das im richtigen Sinn und für diese Welt allein lebt, nicht blos als Hoffnung und Sehnsucht, sondern als unmittelbar mit dem Selbstbewußtsein verbundene Gewißheit in sich. Wären wir nicht gleichsam schon ausgestattet mit dieser Gewißheit auf die Erde gesetzt, so wären wir in der That in ein Elend hinabgeschleudert. Es gäbe keinen Ersatz für irdisches Unglück, und was noch mehr und noch beklagenswerther wäre, die wichtigsten Räthsel blieben ungelöst und unserm ganzen innern Dasein fehlte, was ihm eigentlich das Siegel seiner Vollendung aufdrückt." (Wilhelm von Humboldt: Briefe an eine Freundin. Leipzig, Brockhaus 1870, S. 486 f.).

[1] Clemens Menze, Grundzüge der Bildungsphilosophie Wilhelm von Humboldts, a.a.O., S. 5.

[2] Ernst Lichtenstein, Art.: Bildung, in: Joachim Ritter / Karlfried Gründer / Gottfried Gabriel (Hg.), Historisches Wörterbuch der Philosophie. 13 Bde. Basel, Schwabe 1971 – 2007. Hier Bd. 1: A-C. Basel, Schwabe 1971, S. 921-937, hier S. 921.

im philosophischen Gebrauch liegt [...] im mystisch-
theologischen und naturphilosophisch-spekulativen Bedeutungsfeld.
[...] Als Chiffre eines geistigen Vorgangs gehört es [das Wort *Bildung*]
zu den [...] Neuprägungen der spätmittelalterlichen Mystik und ist
wahrscheinlich eine Begriffsneuschöpfung MEISTER ECKHARTS
aus der Verbindung der Imago-Dei-Theologie mit der neuplatonischen
Emanations- und Reintegrationslehre.[1]

Die sog. Deutsche Mystik[2] versteht Bildung daher als ein Zum-Bild-
Werden, genauer gesagt: als Wieder-Eingebildet-Werden in die Gottheit,
indem die Seele sich zu dem ursprünglichen Bild Gottes transformieren lässt,
als welches der Mensch im biblischen Schöpfungsbericht bezeichnet wird.[3]
Unten wird darauf noch zurückzukommen sein.

Dabei ist der bis heute nicht völlig verlorengegangene Nexus zwischen
Bildlichkeit und Bildung allein in religionshistorischer Hinsicht durchaus
erstaunlich. Denn, so Assmann, „Idole, die Anbetung von Bildern, sind die
Signatur, das definierende Merkmal des Heidentums"[4] – nicht jedoch des
Christentums. Es mag der hohen religiösen Mittlerstellung des Bildes in
vorchristlicher Zeit zu verdanken sein,[5] dass im Abendland Bilder als
religiös-kulturelles Phänomen nie zu eliminieren waren und die imago-
Dei-Lehre überhaupt Einfluss auf den Bildbegriff als Grundlage des
Bildungsbegriffes ausüben konnte. Schließlich ist nach biblischer Lehre der
Mensch nicht nur einerseits gottebenbildlich, sondern es heißt auch im
zweiten Gebot: „Du sollst dir kein Kultbild machen und keine Gestalt von
irgendetwas am Himmel droben, auf der Erde unten oder im Wasser unter
der Erde"[6] – kein goldenes Kalb[7] und gewiss auch kein anthropomorphes

---

[1] Ernst Lichtenstein, Art.: Bildung, a.a.O., S. 921 f.

[2] Siehe zusammenfassend hierzu die Publikation von Peter Dinzelbacher: Deutsche und
niederländische Mystik des Mittelalters: ein Studienbuch. Berlin u.a., De Gruyter
2012.

[3] Ernst Lichtenstein, Art.: Bildung, a.a.O., S. 921 f.

[4] Jan Assmann, Idolatrie. Über eine verdrängte Religionsform, in: Sigrun Anselm /
Caroline Neubaur / Lorenz Wilkens (Hg.), Idole. Klaus Heinrich zu Ehren. Berlin,
Vorwerk 8 2007, S. 120-132, hier S. 124.

[5] Vgl. hierzu nochmals generell Jan Assmann, Idolatrie, a.a.O.

[6] Exodus 20, 4.

[7] Vgl. Exodus 32, 4.

simulacrum Gottes.[1] Hatte das Bild sakralen Status „im Kontext eines Kults, dessen Ziel es ist, die himmlischen Vorgänge auf Erden abzubilden und die Götter vom Himmel auf die Erde herabzuholen",[2] so scheint ein transzendenter Gott eben deshalb der Bildlichkeit zu opponieren, weil das, was die Welt transzendiert, desjenigen Hintergrunds oder angemessenen Gegensatzes entbehrt, vor dem ein jegliches Bild als ‚irdisches‘ Phänomen seinen Gegenstand umgrenzen muss. Dass sich die Wertschätzung der Bildlichkeit gegen die ikonoklastische Tendenz des Christentums (oder, wie Assmann es ausdrückt, die „Idolophobie des Monotheismus"[3]) im Bildungsbegriff durchsetzte, darf als Glücksfall gelten, denn dadurch bewahrt die deutsche Bezeichnung für den allgemeinmenschlichen Reifungsvorgang eine Bedeutungsdimension, die historisch bis heute indirekt wirksam ist, und über die es sich systematisch nachzudenken lohnt.

Setzen wir uns hierzu mit dem Begriff des Bildes auseinander, kann dies von zwei Ausgangspunkten her geschehen: Einerseits von dem eher ideengeschichtlichen griechischen, andererseits von dem eher wortgeschichtlichen germanischen Ursprung des Konzepts her. Der Bildbegriff, wie ihn Eckhart verwendet, reflektiert die platonische Traditon, die das εἰκών (eikon) bzw. εἴδωλον (eidolon) in den Rahmen eines Urbild-Abbild-Verhältnisses setzt und im Zuge der Ideenlehre als Relationskonzept etabliert, das hierbei auf etwas Immaterielles verweist.[4] Beleuchtet man den Ursprung des deutschen deutschen Wortes *Bild*, so ist zu bemerken, dass dieser von der griechischen Funktionalisierung nicht weit entfernt, aber dabei doch noch stärker sinnlich gebunden ist:

> Im Westgermanischen bezeichnet althochdeutsch (altsächs.) ‚bilidi‘ etwa ‚magische Kraft‘, ‚magisches, geistiges Wesen‘, ‚Gestalt‘, ‚Gestaltetes‘. Von der etymologischen Wurzelbedeutung her wird B. im pragmatischen Sinne also als Gestaltetes verstanden,

---

[1] Siehe hierzu Jan Assmann, In Bilder verstrickt. Bildkult, Idolatrie und Kosmotheismus in der Antike, in: Reinhold Bernhardt / Ulrike Link-Wieczorek (Hg.), Metapher und Wirklichkeit: Die Logik der Bildhaftigkeit im Reden von Gott, Mensch und Natur. Dietrich Ritschl zum 70. Geburtstag. Göttingen, Vandenhoeck & Ruprecht 1999. S. 73-88, insb. S. 74-80.

[2] Jan Assmann, In Bilder verstrickt, a.a.O., S. 86.

[3] Ebenda S. 74.

[4] Vgl. hierzu die ausführliche Darstellung bei Gottfried Martin, Platons Ideenlehre. Berlin u.a., De Gruyter 1973.

sei es instrumental als gestaltete Nachahmung (Mimesis) oder generativ als schöpferische Zeugung (Kreation). Das profane ‚bilidi' = B., B.-Werk, Abbildung erscheint erst im 11. Jh. in den ‚Tegernseer-Glossen' und NOTKER.[1]

Schon die früheste greifbare Bedeutung weist also darauf hin, dass das Bild stets ein Konkretum ist, dabei aber auch eine über die bloße physische Präsenz hinausweisende Signifikanz besitzt. Es handelt sich genauer gesagt um etwas Geistiges, das in dem Bild zum Ausdruck kommt. Und diese geistige Signifikanz wird für den Bildungsbegriff grundlegend sein. Richtet man sich nach den jüngeren Tendenzen der semiotischen Bildtheorie, so vermag ein Bild Bedeutung (Referenz), Sinn (spezifizierende Kontextualisierung) oder sogar beides – in Auseinandersetzung mit Gottlob Freges entsprechender Unterscheidung – zu vermitteln.[2]

Der Bildbegriff hat indes über die Jahrhunderte in einem Ausmaß an Bedeutungsdimensionen gewonnen, dass eine Übersicht oder ein einheitlicher Bildbegriff schlichtweg aufgrund der inkommensurablen Referenzbereiche unmöglich wird. Die Bildwissenschaft muss ihren Bereich daher theoretisch begrenzen, was mit der Unterscheidung von Bildern im eigentlichen und metaphorischen Sinne, wie Sachs-Hombach sie vornimmt, bereits gelungen zu sein scheint. Ein Begriff wie *Weltbild* lässt sich als bloß metaphorischer Gebrauch des Bildbegriffs verstehen; ein Weltbild im Sinne einer gleichsam philosophischen Gesamtkonzeption hat nichts Bildliches an sich, sondern ist einer Abstraktion zu verdanken, die bestenfalls gewisse konkrete Lebensbezüge subsumiert, welche der Konkretheit des Bildes entsprechen. Es erweist sich deshalb als sinnvoll, den metaphorischen Sprachgebrauch aus der wissenschaftlichen Betrachtung auszuschließen. Sachs-Hombach erklärt:

> Es wären also drei Bereiche zu unterscheiden: Phänomene im
> engen, im weiten und im metaphorischen Sinne. Im folgenden [sic]
> werde ich davon ausgehen, daß externe Bilder Bilder im engen Sinne

---

[1] Wolfram Hogrebe, Art.: Bild, in: Joachim Ritter / Karlfried Gründer / Gottfried Gabriel (Hg.), Historisches Wörterbuch der Philosophie. 13 Bde. Basel, Schwabe 1971 – 2007. Hier Bd. 1: A-C. Basel, Schwabe 1971, S. 913-919, hier S. 915.

[2] Vgl. Christoph Demmerling, Sinn und Bedeutung, in: Christian Bermes / Ulrich Dierse (Hg.), Schlüsselbegriffe der Philosophie des 20. Jahrhunderts. Hamburg, Meiner 2010, S. 43-57, insb. S. 52-55.

sind und mentale oder interne Bilder Bilder im weiten Sinne. Dagegen erachte ich z.b. Weltbilder oder Leitbilder als Phänomenklassen, die Bilder nur im metaphorischen Sinne sind.[1]

Der Unterscheidung von inneren und äußeren Bildern schließt sich der vorliegende Beitrag an, wenngleich die Kriterien für diese Unterscheidung durchaus diskutabel sein mögen.[2] Ein Bild im heutigen allgemeinen, nicht übertragenen Sinne ist zum Zwecke der folgenden Diskussion jegliche abgrenzbare Fläche, Form oder Gruppierung visuell wahrnehmbarer Gegenstände, der durch die ihm eignenden Qualitäten die Funktion zukommen kann, die Aufmerksamkeit des Subjekts für ein anderes Seiendes zu öffnen.[3] Diese Bestimmung, die sowohl den semiotischen als auch den phänomenologischen Bildtheorien teilweise entgegenkommt, teilweise widerspricht, bestreitet die Annahme einer intrinsischen Bildlichkeit der Natur ebenso wie die einer allein in der menschlichen Subjektivität (oder einer ‚symbolischen Ordnung') begründeten Existenz von Bildern. Zwar

---

[1] Klaus Sachs-Hombach, Bild, in: Christian Bermes / Ulrich Dierse (Hg.), Schlüsselbegriffe der Philosophie des 20. Jahrhunderts. Hamburg, Meiner 2010, S. 59-72, hier S. 61.

[2] Nach Sachs-Hombach, Bild, a.a.O., S. 62 „ist […] ein Gegenstand ein Bild im engen Sinne, sofern er (1) flächig, artifiziell sowie relativ dauerhaft ist und (2) visuell-wahrnehmungsnah rezipiert wird. […] Ein weiter Bildbegriff ergibt sich nun, wenn einige oder auch alle Bedingungen unter (1) aufgegeben werden. Ein Gegenstand ist demnach ein Bild im weiten Sinne schon dann, wenn er visuell-wahrnehmungsnah rezipiert wird." Dies schafft aber neue Unklarheiten. Mit dieser Unterteilung nämlich modifiziert Sachs-Hombach die zuvor getroffene Aussage, dass externe Bilder gleich Bildern im engen Sinne seien, während interne Bilder Bilder im weiten Sinne konstituierten. Danach aber stellt er interne/mentale Bilder nur als einen möglichen Fall von Bildern im weiten Sinne dar: „Als ein Beispiel für Bilder im weiten Sinn können mentalen [sic] Bilder gelten." (Sachs-Hombach, Bild, a.a.O., S. 67.) Dies bedeutet entweder, dass „Skulpturen oder Wolkenbilder" (Sachs-Hombach, Bild, a.a.O., S. 63), die dem weiten Bildbegriff subsumiert werden, in Wahrheit ‚mentale Bilder' sind, oder dass Bilder im weiten Sinne sowohl innere als auch äußere Bilder sein können, wobei sich die Frage stellt, ob das Kriterium der perzeptuell wahrnehmbaren Realität nicht grundlegender als die Merkmale der Flächigkeit, Artifizialität und Dauerhaftigkeit ist. Es scheint diskussionswürdig zu sein, ob Wolkenbilder nicht zu den Bildern im engeren Sinne zählen sollten, während der weite Bildbegriff den ‚mentalen' Bildern vorzuhalten wäre.

[3] Vgl. hierzu Sachs-Hombach, Bild, a.a.O., S. 63: „Ein Gegenstand wird wahrnehmungsnah rezipiert [d.h. als Bild begriffen], wenn er (A) aufgrund seiner intrinsischen Struktur und (B) relativ zu unserer Wahrnehmungskompetenz interpretiert wird."

kann kein Bild ohne das Zutun eines erinnerungsfähigen Bewusstseins
bestehen, doch liegt die Basis dafür, dass etwas korrekterweise als Bild
bezeichnet werden kann, in der Natur der als Bilder bezeichneten Gegenstände
selbst, da sie eine reale Strukturanalogie mit etwas anderem aufweisen
müssen, das man sinnlich und konkret wahrnehmen und/oder rational und
abstrahierend erfassen kann. Mithin kann der Bildbegriff gegenüber
semiotischen Bildtheorien so abgewandelt werden, dass erstens die
Subjektivität zu einem festen Kontext des Bildbegriffs wird, womit auch
‚innere Bilder' (Erinnerungen oder Fantasien) ohne Rekurs auf neurologische
Erkenntnisse ein Objekt der Bildwissenschaft konstituieren[1] und zweitens die
Heranziehung von ‚Wahrnehmungskompetenzen',[2] die den häufig anzutreffenden
Sinnüberschuss von Bildern (der semiotisch und überhaupt konzeptuell nicht
einholbar ist, weil er aus den emotiven und praktischen Eigentümlichkeiten
der Subjekte hervorgeht) ignorieren muss, vermieden wird.

Vor allem basiert Bildlichkeit damit auf ihrem visuellen (oder dem
‚inneren Sinn' äquivalenten) Aspekt. So spricht man zwar auch von
einem Standbild, das haptisch fassbar ist, aber sogar die Haptik eines
solchen Bildes ist sekundär – und, wenn der Gegenstand nicht visuell
erfahrbar, d.h. im engen Sinne bildlich existent ist, für die Bildlichkeit
als Darstellung aus der Distanz und Wahrnehmung derselben als solcher
irrelevant. Diese Funktionalisierung visueller Wahrnehmbarkeit unterscheidet
deshalb ein Bild von jeder anderen Art der Darstellung. Das Gesicht
wurde nicht zu Unrecht bereits von Aristoteles als höchstwertiger Sinn
bezeichnet.[3] Die Reflexion über die Natur des Bildlichen kann diesen
Sachverhalt in besonderer Weise verdeutlichen: Ein Bild ist visuell
zugänglich, d.h. als materielle Entität und zugleich nur aus der Distanz
zu fassen, die den Gegenstand räumlich vom Betrachter trennt bzw. ihn

---

[1] Zum Transfer neurologischer Einsichten in die Bildtheorie s. Ralph Schumacher,
Welche Anforderungen muß eine funktionalistische Theorie mentaler Bilder erfüllen?,
in: Klaus Sachs-Hombach / Klaus Rehkämper (Hg.), Bild – Bildwahrnehmung –
Bildverarbeitung. Internationale Beiträge zur Bildwissenschaft. 2. Aufl. Wiesbaden,
Springer 2004, S. 197-208.

[2] Vgl. Roland Posner, Ebenen der Bildkompetenz, in: Klaus Sachs-Hombach (Hg.): Was
ist Bildkompetenz? Studien zur Bildwissenschaft. Wiesbaden, Springer 2003, S.
17-24.

[3] Vgl. den Anfang des ersten Buches der aristotelischen Metaphysik, Aristoteles,
Metaphysik, hg. von Héctor Carvallo / Ernesto Grassi. Hamburg, Rowohlt 1966,
S. 9.

von seinem dem Bewusstsein zugänglichen Umfeld angrenzender Vorstellungen unterscheidet.[1]

Insofern wird verständlich, wieso der Terminus *Bild* sich als epistemologisch wertvoll erwies: „[Bild] wird in der Lehre von der Erkenntnis mit den entsprechenden Differenzierungen als Sammelbegriff für Wahrnehmung, Vorstellung usw. gebraucht und ist in diesem Sinne selber sprachliches B."[2] Diese Verwendung aber überschneidet sich mit der übertragenen Bedeutung von *Bild* und ist insofern einem platonischen Erbe verpflichtet, das die Unterscheidung zwischen bloßer (auch evidenter) Präsenz eines Seienden im Bewusstsein einerseits und dem Bild als Darstellung einer vom Abbildenden differenten Größe andererseits nicht verunklären sollte; jedoch ist damit keineswegs gesagt, dass Bilder der Erinnerung und Fantasie nicht denselben Bildlichkeitscharakter tragen könnten wie die der sinnlichen Perzeption. Bilder wollen mithin durch diejenigen Mittel wahrgenommen werden, die dem Gewahrsein dessen Gegenstände als in sich vollständige Entitäten darbieten und diese zugleich nur aus der Distanz zugänglich machen, d.h. auf eine Weise, die Mittelbarkeit und Vermittlung lehrt. Und genau dazu ist auch ein Bild in der Lage, wenn es seinen wichtigsten Zweck erfüllt: Es vermittelt über die Sinneswahrnehmung hinaus einen Bezug auf einen konzeptuellen Gehalt, ohne dass dies Geistige je von der Sinnlichkeit zu trennen wäre. Hierauf zielt wiederum Humboldt bereits in seinem Fragment *Über den Geist der Menschheit* ab, wo *Geist* jene postulierte Grundkraft des Menschen bezeichnet, die obere und untere Vermögen des Subjekts mit gleichem Recht in Anspruch nimmt und der Realisierung der Menschheit im Individuum dient, mithin

> etwas [ist], das, auf keine bedingte (mechanische) Weise entstanden, auch zu keinem bedingten (materialen) Ziel führt, das überall, wo es sich zeigt, zugleich den Begriff der Menschheit erweitert und den des Individuums bestimmt, und indem es die

---

[1] Wollte man die Sinnlichkeit analog zum rationalen Vermögen skalieren, wären die Sinne ungefähr folgendermaßen zu vergleichen: Das Gehör perzipiert ebenfalls aus der Distanz, nimmt aber keine Entitäten, sondern allein deren losgelöste Klangeigenschaften wahr, es ist also gleichsam der abstraktionsfähigen Vernunft ähnlich; beim Tastsinn ist es umgekehrt: hier nimmt das Subjekt die Entität im Raum als in sich geschlossene, aber ohne räumliche Distanz zu sich selbst wahr; der Tastsinn ist daher gewissermaßen körpernäher als die oben genannten Sinne.

[2] Hogrebe, Art.: Bild, a.a.O., S. 915.

Vervollkommnung dessen, der es besitzt, über alle Schranken hinaus zu erweitern fähig ist, zugleich auf andre bildend und fruchtbar einwirkt, und was hinwiederum, wo diese Eigenschaften vorhanden sind, sie immer und unausbleiblich begleitet[.][1]

Und im Grunde – um von hier aus wieder zum Bildungsbegriff zurückzukehren – ist es ebendies, was Bildung im höchsten Sinne ausmacht, wenn mit *Bildung* gemeint ist, selbst zum Bild zu werden oder sich zu einem Bild zu machen: nämlich zu einem intellektuellen Wesen, das nie seine sinnliche Existenzgrundlage leugnet, sondern diese im Hinblick auf einen maßgeblichen Lebenszusammenhang in sein Selbstverständnis integriert.

III

Der soeben skizzierte Ansatz, Bildlichkeit konzeptuell zu fassen, wäre nun gewiss mit Humboldts Bildungsverständnis vereinbar, wenngleich er den Zusammenhang von Bildlichkeit und Bildung nicht expliziert. Ferner ist dabei zu berücksichtigen, dass sich eine derartige emphatische Aufnahme des Bildungsgedankens einem historischen Kontext eingliedert, der sich keineswegs von alleine erschließt, dessen Emergenz sich als ausgesprochen komplex erweist, und in den Humboldt selbst zu lozieren ist:

> Der Begriff [Bildung] wird zwischen 1770 und 1830 mit der Entstehung des modernen Erziehungswesens in Deutschland zum Leitbegriff eines in der geschichtlichen Situation des Übergangs zu einer offenen Gesellschaft ermöglichten Ideals geistiger Individualität, freier Geselligkeit und ideennormativer Selbstbestimmung einer bürgerlichen Oberschicht, der ‚Gebildeten'.[2]

Von Meister Eckhart, dem Urheber des Bildungsbegriffs „im Sinne einer inneren Formung des Menschen",[3] bis hin zu Humboldt erfuhr ebendieser Begriff allerdings so manche Veränderung und führte sogar über weite Strecken ein diskursives Schattendasein. Wie oben erwähnt, erfolgte die Einführung des Bildungsbegriffs im Rahmen der sog. Deutschen

---

[1] Wilhelm von Humboldt, Gesammelte Schriften, Bd. 2, a.a.O., S. 331.
[2] Ernst Lichtenstein, Art.: Bildung, a.a.O., S. 921.
[3] Paul D. Hellmeier, Bildung im Mittelalter: Albertus Magnus und Meister Eckhart, in: Münchener Theologische Zeitschrift (67/1). 2016, S. 67-82, hier S. 75.

Mystik.[1] So erklärt Meister Eckhart in Predigt 70 (hier in neuhochdeutscher
Übersetzung):

> Recht, soweit wir diesem ‚Bild' <d.h. dem Sohn als ‚Bild' des
> Vaters>, in welchem ‚Bilde' alle ‚Bilder' ausgeflossen und
> herausgelassen sind, gleichen, und in diesem ‚Bilde' widergebildet
> und gleich in das ‚Bild' des Vaters eingetragen sind, soweit er <=
> Gott> das in uns erkennt, soweit erkennen wir ihn so, wie er sich
> selbst erkennt.[2]

Und in Predigt 84: „Der unermeßliche Gott, der in der Seele ist, *der*
<nur> begreift den Gott, der unermeßlich ist. Dort <= in der Seele> begreift
Gott Gott und zeugt Gott sich selbst in der Seele und ‚bildet' sie nach sich."[3]
Bildung heißt hier, sich der irdischen Dinge bzw. Vorstellungen (Bilder) zu
entledigen, um sich zum Bild Gottes umgestalten zu lassen, dessen
‚Erkenntnis Gottes' als genitivus objectivus und subjectivus gleichermaßen
zu verstehen ist. Bechthold-Hengelhaupt hält fest:

> Dort also ist die Seele Bild Gottes und damit mit Gott eins, wo
> sie sich mit der menschlichen Natur identifiziert. Später wird aus
> diesem Gedanken die Forderung, der Gebildete müsse die ganze
> Menschheit repräsentieren und so über seine individuelle Begrenztheit
> hinauswachsen[.][4]

Die mittelalterlichen Denker verstehen diesen Bildungsvorgang
allerdings gerade nicht als Entfaltung der je eigenen inneren Anlagen des
Individuums, sondern als ein Absterben des persönlichen Charakters und

---

[1] Meister Eckhart, Deutsche Werke I, in: Ders.: Werke, hg. von Niklaus Largier. Frankfurt
am Main, Deutscher Klassiker Verlag 1993, S. 672: „Alle, die also sind in ainichait, als ich
e sprach, won die ane bildunge sind, so dürffens nit wänen, das in bildung wäger wär, (dan)
das süsi(n)nit ausgangen von ainichait;" in neuhochdeutscher Übersetzung: „Alle, die so in
der Einheit sind, wie ich vorhin ausgeführt habe, dürfen, weil sie ohne »Einbildung« < =
dinghafte Einzelvorstellung) sind, nicht wähnen, daß ihnen solche Einbildung tauglicher
wäre, als 2; wenn sie sich nicht aus der (innern) Einheit nach außen kehrten;" (Meister
Eckhart, Deutsche Werke I, a.a.O., S. 673).
[2] Meister Eckhart, Deutsche Werke II, a.a.O., S. 63.
[3] Ebenda S. 203.
[4] Tilman Bechthold-Hengelhaupt, Bildung als Erkenntnis des Unaussprechbaren. Über
Sprache und Wahrheit bei Meister Eckhart, in: Zeitschrift für wissenschaftliche
Pädagogik (66/4). 1990, S. 478-497, hier S. 485 f.

Willens zugunsten der angleichenden Eingliederung in und Erfüllung durch
die Gottheit, deren Abdruck allein die Seele erfüllen muss. Es ist, wie
Bindscheller zusammenfasst, der Gedanke „jener mystischen Liebe, da die
Seele, nach dem bekannten Worte Seuses, von sich selbst ent-bildet, vom
Bilde des Gott-Menschen, Christus, über-bildet und ganz in Gott
hinein-gebildet wird."[1] Es könnte der Einwand geltend gemacht werden,
dass diese Bildung, die von allen Äußerungen des Individuums abstrahiert,
den Begriff des Bildes nur metaphorisch verwendet, weil der
Bildungsvorgang gerade in der Negation aller einzelnen Vorstellungsbilder
bestehe und darum keinen Raum für individuelle Ausprägungen der
Gottesebenbildlichkeit lasse.[2] Dieser Einwand übersähe jedoch, dass schon
für Meister Eckhart der in Gott eingegangene Mensch gerade in seiner
Alltäglichkeit jeder Handlung das Gepräge des Vollkommenen, Göttlichen
verleiht.[3] Dass Bildung auch aktivischer Art sein könnte, blieb dem
Mittelalter allerdings fremd. Deutlich später, im 16. Jahrhundert, erhielt der
Bildungsbegriff erstmals durch den Paracelsismus eine relevante
aristotelisch beeinflusste Bedeutungsverschiebung: Bildung wird nicht mehr
als für das Individuum passiver Vorgang aufgefasst, sondern als sich aktiv
im irdischen Wesen vollziehende Teleologie: „Paracelsus bezeichnet den
Vorgang der geistigen Angleichung in Kenntnis der biblischen Kernstellen als
‚bildung'".[4] Zwar ist nach Theophrastus von Hohenheim dem Menschen wie

---

[1] Maria Bindscheller, Der Bildungsgedanke im Mittelalter, in: Neue Schweizer
Rundschau (22/5). Zürich 1955, S. 278-292, hier S. 289.

[2] Vgl. die folgende Stelle aus Predigt 5B: „Wo die Kreatur endet, da beginnt Gott zu
sein. Nun begehrt Gott nichts mehr von dir, als daß du aus dir selbst ausgehest deiner
kreatürlichen Seinsweise nach und Gott Gott in dir sein läßt. Das geringste
kreatürliche Bild, das sich je in dich einbildet, das ist so groß, wie Gott groß ist.
Warum? Weil es dich an einem ganzen Gotte hindert. Eben da, wo dieses Bild (in dich)
eingeht, da muß Gott weichen und seine ganze Gottheit. Wo aber dieses Bild ausgeht,
da geht Gott ein." (Meister Eckhart, Deutsche Werke I, a.a.O., S. 71).

[3] „Ein Mensch gehe übers Feld und spreche sein Gebet und erkenne Gott, oder er sei in
der Kirche und erkenne Gott: erkennt er Gott mehr darum, weil er an einer ruhigen
Stätte weilt, wo es Gewohnheit ist, so kommt das von seiner Unzulänglichkeit her,
nicht aber von Gottes wegen; denn Gott ist gleich in allen Dingen und an allen Stätten
und ist bereit, sich in gleicher Weise hinzugeben, soweit es an ihm liegt; und der
<nur> erkennt Gott recht, der ihn gleichmäßig <= in gleicher Weise>
erkennt." (Meister Eckhart, Deutsche Werke II, a.a.O., S. 35ff.)

[4] Karl Möseneder, Paracelsus und die Bilder. Über Glauben, Magie und Astrologie im
Reformzeitalter. Tübingen, Niemeyer 2009, S. 54.

allen Dingen durch den Geist Gottes eine Vollendungsnorm vorgegeben, aber
die Entwicklung wird nicht von außen über ihn verfügt, sondern spielt sich in
ihm selbst, mittels seiner inhärenten Erkenntnisvermögen und Kräfte ab.
Diesen Ansatz hat Paracelsus mit nicht wenigen Denkern der Renaissance bzw.
des Humanismus gemein: „Anders als im mittelalterlichen Denken war der
Bezugspunkt der Bildung des Menschen und der Bildung zum Menschen der
Mensch selbst. In der Begegnung mit der Antike gelang es, durch dieRezeption
eines freien und unabhängigen Menschenbilds das eigene Sehnen bestätigt zu
finden und in steter Auseinandersetzung zu einem selbständigen Ideal zu
formen."[1] Noch geht es dem Bildungsgedanken um das Seelenheil im
christlichen Sinne, doch jenes hat nun zunehmend aus eigenem Antrieb und
mittels individueller Selbstverwirklichung erlangt zu werden:

> Dies sollte den Weg für ein Verständnis ebnen, wonach die
> menschliche Seele über die Verinnerlichung einer Art Bildungsreligion
> in die Lage versetzt war, sich selbsttätig zu Gott zurückzuwenden.[2]

Den Gehalt dieser Bildung bestimmt nun auch nicht mehr die negative
Theologie, sondern die positive Relation der Welt zu Gott. Durch die
imitatio christi stellt der Gebildete das Göttliche in der Welt dar. Man muss
nach Hohenheim „in die bildung gohn und bildung haben und tragen, daß
wir selbs in die Armut Christi gangen und ihm nachfolgen, und alsdann in
seim tod und marter durch sein wort. das ist die christliche bildung."[3] Es ist
bemerkenswert, dass für Paracelsus der Bildung des Menschen weiterhin ein
expliziter Abbildcharakter eignet, insofern sie den Gebildeten weniger zur
imago Dei als zum Mikrokosmos des Weltganzen, des Makrokosmos,

---

[1] Eckard Lefèvre, Humanismus und humanistische Bildung, in: Helmut Engler (Hg.),
     Humanismus in Europa. Heidelberg, Winter 1998, S. 1-43, hier S. 15.
[2] Norbert Winkler, Von der Physiognomie des Weltlabyrinths oder: Das Projekt einer
     unendlichen Enzyklopädie Reflexionen zur Signaturenlehre bei Paracelsus, in:
     Deutsche Zeitschrift für Philosophie (44/1). Berlin 1996, S. 57-74, hier S. 60. Zum
     Begriff der *Bildungsreligion* und seinem Verhältnis zum Christentum vgl. Dietrich
     Korsch, Bildung und Glaube. Ist das Christentum eine Bildungsreligion?, in: Neue
     Zeitschrift für Systematische Theologie und Religionsphilosophie (36/2). Berlin
     1994, S.190-214.
[3] Theophrast von Hohenheim (Paracelsus), Sämtliche Werke. 2. Abteilung, hg. von
     Kurt Goldammer. Hier Bd. 5.: Auslegung des Psalters David. Wiesbaden u.a.,
     Steiner Jahr, S. 239.

erhöht.[1] Die zunehmend als selbsttätig angesehene Natur und ein analog dazu konzipierter Mensch, der eine stets Entwicklung durchlaufen muss, imprägnieren den Bildungsbegriff daher mit einem dynamischen Moment, das sich deutlich bei Johannes Valentinus Andreae niederschlägt, für den der Bildungsprozess erfolgreich vonstattengehen kann, aber unabschließbar ist.[2] Paradox, aber treffend konstatiert Schilling diesen folgenreichen Umbruch, wenn er sagt, der „'Gebildete' ist daher niemals fertig mit seiner Bildung."[3]

Während im 17. Jahrhundert v.a. diverse außerhalb der protestantischen Orthodoxie stehende Persönlichkeiten – so Jakob Böhme und Johann Arndt – den Begriff der Bildung an den Pietismus weitergaben,[4] wuchs ihm von hier aus im 18. Jahrhundert eine nie dagewesene Verbreitung zu. Angesichts der Unmöglichkeit, hier eine Darstellung dieser Geschichte zu geben, sei nur an Herders *Ideen zur Philosophie der Geschichte der Menschheit* erinnert, wo im ersten Kapitel des neunten Buches die „[g]oldene Kette der Bildung"[5] als „Principium zur Geschichte der Menschheit"[6] firmiert: Im Anschluss an Leibniz und Spinoza ist der Mensch als Äußerung des göttlichen Kraftgrunds der Natur selbst wesentlich eine nach Erkenntnis oder Weltaneignung strebende Kraft, die jene Wirksamkeit der natura naturans und deren Realisierungen in der Welt gleichsam widerspiegeln muss. Der Gebildete ist damit „Bild Gottes und der Schöpfung, der Mensch!"[7] Es

---

[1] Vgl. hierzu Möseneder, Paracelsus und die Bilder, a.a.O., sowie Wolf-Dieter Müller-Jahncke, Makrokosmos und Mikrokosmos bei Paracelsus, in: Volker Zimmermann (Hg.), Paracelsus – das Werk, die Rezeption: Beiträge des Symposiums zum 500. Geburtstag von Theophrastus Bombastus von Hohenheim, genannt Paracelsus (1493 – 1541) an der Universität Basel am 3. und 4. Dezember 1993. Stuttgart, Steiner 1995, S. 59-66.

[2] Siehe Wilhelm Voßkamp, Von der Staats- zur ‚Bildungs'-Utopie. Johann Valentin Andreaes ‚Christianopolis', in: Walter Haug / Burghart Wachinger (Hg.), Innovation und Originalität. Tübingen, Niemeyer 1993, S. 196-205.

[3] Hans Schilling, Bildung als Gottesebenbildlichkeit: Eine motivgeschichtliche Studie zum Bildungsbegriff. Freiburg im Breisgau, Lambertus 1961, S. 194.

[4] Vgl. Ernst Lichtenstein, Art.: Bildung, a.a.O. S. 922.

[5] Johann Gottfried Herder, Ideen zur Philosophie der Geschichte der Menschheit. 2 Bde. Hier Bd. 1. Berlin / Weimar, Aufbau Verlag 1965, S. 335.

[6] Johann Gottfried Herder, Ideen, a.a.O., S. 341.

[7] Johann Gottfried Herder, Älteste Urkunde des Menschengeschlechts, Teil 1, in: Ders., J. G. von Herders sämmtliche Werke, hg. von Johann von Müller (u.a.). 44 Bde. Karlsruhe, Bureau der deutschen Classiker 1820 – 1829. Hier Bd. 37/5: Religion und Theologie. Karlsruhe 1827, S. 168. [Alle weiteren dieser Ausgabe entnommenen Zitate werden in den Fußnoten mit „Johann Gottfried Herder, sämmtliche Werke" markiert.].

scheint auch Herder zu sein, der zum ersten Mal eine Bildungskonzeption als Prozess begreift, der wesentlich mit der Erfahrung von Bildlichkeit zusammenhängt. So ist zwar die Bildung des Geistes auf die Sprache (und nicht zuletzt auf die Schrift) angewiesen, aber sprachliche Semiotik kann onto- und phylogenetisch auf die Wahrnehmung und Verwendung von Bildern bzw. hieroglyphischen Bildzeichen zurückgeführt werden: „Und doch hängt so ein großer Theil der menschlichen Bildung vom Bilden, von Schrift, (wie sie auch sey!) ab! Sie ist dem Menschen schon frühe so nöthig!"[1] Herder gibt damit nicht nur „[n]euen Formen literarischer Bildlichkeit",[2] sondern im gleichen Zuge auch einem organizistischen Bildungsideal Impulse. Der Mensch ist nach der posthum publizierten Schrift *Über die dem Menschen angeborne Lüge* von Natur aus „gebornes Bild Gottes in der Welt Gottes"[3] und hat die „höhere Kraft"[4] zu entwickeln, entwickeln, diesem göttlichen Vorbild gesetzmäßig ähnlich zu werden. Dadurch, so Herder in Anlehnung an die Sündenfallerzählung, führt Bildung dazu, dass der Mensch „in einen ewigen Baum des Lebens verwandelt"[5] wird.

Eine solche organizistische Metaphorik zeichnet den Bildungsbegriff in den darauffolgenden Jahrzehnten zunehmend aus. Dies hängt mit den metaphysischen Bemühungen zusammen, den spinozanischen Pantheismus organizistisch zu reinterpretieren. Wenn der Mensch ein Bild der göttlichen Allnatur sein soll, ist Bildung ebenso als Vereinigung aller Vermögen oder Kräfte des Menschen in ein Ganzes durch die kosmische Grundkraft zu konzipieren. Die Verbindung des vielgestaltigen Kraftbegriffs mit dem Bildungsbegriff als Konzeption einer gesetzmäßigen Ausdifferenzierung keimhafter Entitäten zu komplexen Organismen ist nicht von ungefähr in Blumenbachs *nisus formativus* (auf Deutsch mit „Bildungstrieb"[6] übersetzt)

---

[1] Johann Gottfried Herder, sämmtliche Werke, Bd. 37/5, a.a.O., S. 133.

[2] Anette Syndikus: Christliche Naturdeutungen und neuplatonisch-hermetische Traditionen. Stationen einer Vorgeschichte des literarischen ‚Symbols' in der Frühen Neuzeit. Gießen 2005, S. 93.

[3] Johann Gottfried Herder, sämmtliche Werke, Bd. 3/15, a.a.O., S. 361.

[4] Ebenda S. 365.

[5] Ebenda S. 366.

[6] Siehe Johann Friedrich Blumenbach, Über den Bildungstrieb (Nisus formativus) und seinen Einfluß auf die Generation und Reproduction, in: Göttingisches Magazin der Wissenschaften und Litteratur (1/5). 1780, S. 247-266 [unpaginiert]. Vgl. zur Wirkungsgeschichte des Konzepts Egbert Witte: Bildungstrieb: Zur Karriere eines

und bekannterweise in mannigfachen Brechungen bei Goethe wiederzufinden.[1] Bildung als Ausdifferenzierung des lebenden Organismus in Wechselwirkung mit der Umwelt reift gegen Ende der 1780er Jahre zu einer Grundkategorie wissenschaftlichen Denkens heran, die in anthropologischer Anwendung das Individuum zu freier Wechselwirkung mit der Welt sowie zur Verschränkung sämtlicher theoretischen und praktischen Vermögen führen möchte.

Aber noch für Mendelssohn gehört in seiner 1784 erschienenen Schrift *Über die Frage: Was heißt aufklären?* der Begriff „Bildung"[2] neben „Aufklärung"[3] und „Kultur"[4] zu den „neue[n] Ankömmlinge[n]"[5] in der deutschen Sprache, wobei die „Sache"[6] allerdings seit Längerem Konjunktur habe.[7] Nach Mendelssohn unterteilt sich Bildung in eine eher praktische *Kultur* und eine eher theoretische *Aufklärung*. Es erscheint daher bedeutsam, dass für Humboldt, bei allen Unterschieden, jene Synthese des praktischen und des theoretischen Strebens, der Sinnlichkeit und der Ratio, der geschichtsbedingten bzw. -bedingenden Erziehung und der selbstgesteuerten Entwicklung des Menschen zu einer organischen Einheit im Mittelpunkt des Bildungsgedankens stehen wird, wie bereits die *Ideen zu einem Versuch die Grenzen der Wirksamkeit des Staates zu bestimmen*, erklären: „Der wahre Zwek des Menschen [...] ist die höchste und proportionirlichste Bildung seiner Kräfte zu einem Ganzen."[8] Zu Recht hat Kenklies darum festgehalten,

---

Konzepts zwischen 1780 und 1830. Hildesheim / Zürich / New York, Olms 2019.

[1] Siehe Olaf Breidbach, Goethes Metamorphosenlehre. München, Fink 2006.

[2] Moses Mendelssohn, Ueber die Frage: was heißt aufklären?, in: Berlinische Monatsschrift (4). 1784, S. 193-200.

[3] Moses Mendelssohn, Ueber die Frage, a.a.O., S. 193.

[4] Ebenda.

[5] Ebenda.

[6] Ebenda.

[7] Vgl. zur Entwicklung zentraler Bildungskonzepte im Europa des 18. Jahrhunderts die bündelnde Darstellung von Karsten Kenklies: Erziehung/Bildung, in: Heinz Thoma (Hg.): Handbuch Europäische Aufklärung. Begriffe, Konzepte, Wirkung. Stuttgart / Weimar, Metzler 2015, S. 161-171.

[8] Wilhelm von Humboldt, Gesammelte Schriften, Bd. 1, a.a.O., S. 106. Die Formel von der ‚proportionierlichsten Bildung' dürfte Humboldt allerdings bereits durch seinen Lehrer Campe vertraut gewesen sein, der „die höchstmögliche und [...] proporzionierte Ausbildung [...] aller wesentlichen Kräfte und Fähigkeiten der gesamten menschlichen Natuhr" zur Bestimmung des Individuums erklärt; s. hierzu Joachim Heinrich Campe, Ueber Empfindsamkeit und Empfindelei in pädagogischer Hinsicht. Hamburg, Heroldsche Buchhandlung 1779, S. 20.

dass dieser Bildungsbegriff die Gedanken historischer Entwicklung und individueller Entfaltung, die zuvor in Herder und Blumenbach gipfelten, vereint.[1] Die angedachte Bildung ist Humboldt zufolge

> eine ganz eigene, welche gleichsam den ganzen Menschen zusammenknüpft, [...] wozu zugleich Stärke der intellektuellen, Güte der moralischen und Reizbarkeit und Empfänglichkeit der ästhetischen Fähigkeiten gehören.[2]

Für den Stifter jener Idee schließt Bildung nicht nur die Selbstentwicklung des Individuums, sondern gleichsam im selben Atemzug die angemessene Vergemeinschaftung des sozialen Wesens Mensch und die Transformation der Umwelt nach dem Bilde des schöpferischen Individuums mit ein. Menze hält für Humboldt präzise fest:

> Bildung ist deshalb der höchste Zweck des menschlichen Lebens, aber diese Bildung ist kein Machen und Herstellen nach einem von anderen vorgeschriebenen Plan, sondern sie ist nur Bildung, insofern sie Selbstbildung ist.[3]

Dies bringt die neuhumanistische Konzeption des Bildungsvorgangs diametral zu ihren mystischen Anfängen in Stellung.

Humboldt versteht in seinen späteren Jahren die Sprache als Grundlage aller Bildung, da sie es ist, die dem Subjekt die Welt perspektiviert und so vermittelt, dass er sich in ihr ganzheitlich entwickeln kann. Weite Teile der Humboldt-Forschung sind darum zu dem Schluss gekommen, dass Bildung für den späten Humboldt kein primär ästhetischer Vorgang sei, welcher zuallererst der Kunst anvertraut werden müsse, denn jede Kunstproduktion und -rezeption sei durch die Weltsicht determiniert, welche sich vor aller artistischen Stilisierung rein linguistisch aufbaue.[4] Dies ließe vermuten,

---

[1] Vgl. Karsten Kenklies, Erziehung/Bildung, a.a.O., S. 169.

[2] Wilhelm von Humboldt, Briefe an Friedrich August Wolf, hg. von Philip Mattson. Berlin / New York, De Gruyter 1990, S. 26. [Brief Humboldts an Wolf vom 1.12. 1792.].

[3] Clemens Menze, Grundzüge der Bildungsphilosophie Wilhelm von Humboldts, a.a.O., S. 9.

[4] Repräsentativ hierfür ist die Ausführung bei Tilman Borsche: Über die allmähliche Verfertigung des vergleichenden Sprachstudiums, in: Jürgen Trabant (Hg.): Wilhelm von Humboldt: Sprache, Dichtung, Geschichte. Paderborn, Fink 2018, S. 141-150, hier S. 147f.: „So wird Humboldt durch eine philosophische Reflexion der Kunst auf

dass Bildlichkeit in einem derartigen Rahmen ihre Relevanz einbüßt. Übersehen wird dabei allerdings, dass Sprache selbst wiederum in einzelnen referentiellen Zeichen besteht, die nach Humboldt eben nicht auf unmittelbaren Sinneswahrnehmungen, sondern auf aus diesen entstandenen und im Gedächtnis gespeicherten Vorstellungsbildern basieren. Was Trabant als „[d]ie Zwischenstellung der Sprache zwischen Bild und Zeichen, zwischen Ästhetik und Semiotik"[1] bei Humboldt bezeichnet, demonstriert die folgende Stelle aus der *Kawi-Sprache* über das gesprochene Wort in aller Deutlichkeit:

> In die Bildung und in den Gebrauch der Sprache geht nothwendig die ganze Art der subjectiven Wahrnehmung der Gegenstände über. Denn das Wort entsteht ja aus dieser Wahrnehmung, und ist nicht ein Abdruck des Gegenstandes an sich, sondern des von diesem in der Seele erzeugten Bildes. Da aller objectiven Wahrnehmung unvermeidlich Subjectivitaet beigemischt ist, so kann man schon unabhängig von der Sprache jede menschliche Individualität als einen eignen Standpunkt der Weltansicht betrachten.[2]

Insofern begleiten – wie bereits das oben zitierte Gedicht nahegelegt hat – die Bilder den Gebildeten von der Geburt bis zum Tod. Die Wahrnehmungen werden aus der Erinnerung in sprachliche Zeichen übertragen, die dann wiederum in eine künstlerische Weltdarstellung münden und u.U. auch in dieser selbstreferentiell wiederkehren. In dem eingangs angeführten Sonett ruft das lyrische Subjekt die frühen Vorstellungen aus der Jugend auf, die als

---

die allen menschlichen Äußerungsweisen zugrunde liegende Sprachlichkeit des Geistes geführt. Denn erst von der sprachlichen Auslegung des Wirklichen her kann der Mensch das sich in seiner Vorstellungskraft gestaltende Bild der Welt als ein Kunstwerk begreifen." Der Geist als sprachlich bestimmter ist der Mittelpunkt der Bildung. Doch geht dieselbe von vorsprachlichen Bildern aus und kehrt zu diesen mit tieferem Verständnis zurück. Mithin ist es klar, weshalb der Sprachforscher Humboldt in den Sonetten, d.h. im Medium der Sprache die Angewiesenheit des Geistes auf Bildlichkeit aufzeigt. Zur gegenwärtigen Prävalenz der Sprachtheorie als Gegenstand der Humboldtforschung s. generell den Band von Jürgen Trabant (Hg.), Wilhelm von Humboldt: Sprache, Dichtung und Geschichte. Paderborn, Fink 2018.

[1] Jürgen Trabant, Apeliotes, a.a.O., S. 81.
[2] Wilhelm von Humboldt, Gesammelte Schriften, Bd. 6/1, a.a.O., S. 179.

Bilder bezeichnet werden und das Leben als ein Ganzes ansichtig machen.
Dies Ganze ist nichts anderes als die Bildung des Individuums selbst, durch
welche jene Bilder der Jugend nicht absterben, sondern – noch jenseits des
Grabes – in neuer Realität wiederkehren. Auch daraus ist zu folgern, dass
der ‚Geist‘ jene Bilder nicht nur benötigt, um über den Tod hinweggetröstet
zu werden, sondern um seinen Charakter als Gebildeter, die ‚proportionierlichste
Bildung seiner Kräfte zu einem Ganzen‘ zu bewahren und noch im
scheinbaren Verlust fortzusetzen. Und hierdurch wird der Gebildete zum
Bild ‚der Ewigkeiten‘, in denen sich Präsenz und Entzug, Leben und Tod
abwechseln und gegenseitig bedingen. Die Beziehung zwischen Bildung und
Bildlichkeit ist noch hier – wie unscharf auch immer – als systematische
Konstante des Bildungsbegriffs wiederzuerkennen. Es wäre daher verfehlt,
bei der Betrachtung von Humboldts Spätwerk dessen frühere „Philosophie
der Kunst“[1] für obsolet zu erklären.

IV

Der Bildungsbegriff wurde in seiner komplexesten Ausdeutung von
Humboldt formuliert, doch er lebte in abgewandelter Form mit all seinen
Aporien weiter. Es ist symptomatisch, wenn ausgerechnet Friedrich
Schlegel, dessen frühromantisches Denken gerne und zweifelhafterweise
als mustergültiger Ansatzpunkt der Moderne angenommen wird,[2] jene
theologische Dimension von Bildung im Athenäums-Fragment Nr. 262
hervorhebt, welche Humboldts Aufmerksamkeit für das bildsame
Individuum leicht übersehen lässt: „Jeder gute Mensch wird immer mehr und
mehr Gott. Gott werden, Mensch sein, sich bilden, sind Ausdrücke, die einerlei
bedeuten.“[3] Abgewandelt hingegen fasst Hegel den Bildungsbegriff, indem
er denselben von der Frage nach der Gottesebenbildlichkeit ablöst.
Trotzdem wird der „Bildung“ auch bei Hegel eine wesentliche – wenngleich
nicht unproblematische – Syntheseleistung für den im historischen Prozess

---

[1] Wilhelm von Humboldt, Gesammelte Schriften, Bd. 2, a.a.O., S. 119.

[2] Vgl. als vielleicht jüngste größere Publikation zu dieser Fragestellung den Sammelband
     von Bärbel Frischmann (Hg.), Das neue Licht der Frühromantik: Innovation und
     Aktualität frühromantischer Philosophie. Paderborn u.a., Schöningh 2009.

[3] Friedrich Schlegel, Athenäums-Fragmente, in: Ders.: Kritische Friedrich Schlegel-
     Ausgabe, hg. von Hans Eichner u.a. Bisher 29. Bde. Paderborn u.a., Schöningh 1979
     ff. Hier Bd. 2: Charakteristiken und Kritiken; I. 1796 – 1801. Paderborn u.a., Schöningh
     1967, S. 165-255, hier S. 210.

entfremdeten Geist zugemutet.[1] Die aktuellen Bildungsdebatten haben sich zwar in vielen Punkten von diesem Diskurs entfernt, laborieren aber dennoch nolens volens an den Ansprüchen jener scheinbar überholten Bildungskonzeption. Hieraus ist zu ersehen, dass bei allen Differenzen des Verständnisses von Bildung, die sich über die Jahrhunderte ausprägten, doch bis in die Gegenwart die Erblast eines metaphysischen und im weitesten Sinne theologischen Ursprungs mitschwingt, der weder ausgemerzt noch unkritisch hingenommen, sondern produktiv transformiert und verwertet werden müsste. Es ist dies die Vorstellung von einer Organizität des Individuums, die dasselbe zur Darstellung einer gesetzmäßig sich entfaltenden kosmischen Totalität erklärt.

Mit Blick auf die Gegenwart hat womöglich gerade die metaphysische Überladung des Bildungsbegriffs das Wort *Bildung* in einer Art kompensatorischem Pendelschlag seit Längerem zu einer Worthülse verkommen lassen, was damit einhergeht, dass Bildlichkeit inzwischen nicht mehr der Realisierung, sondern der Umgehung der geistigen Dimension menschlichen Daseins dient. Und hierbei ist nicht in erster Linie auf die allzu naheliegende und durchlöcherte Zielscheibe der deutschen Bild-Zeitung zu schießen, sondern auf viel gewaltigere Kulturdynamiken. Wenn Bildung sogar für das Bildungssystem heißt, zum ökonomischen und sozialpolitischen Versatzstück gemacht zu werden, das zu wenig mehr fähig ist, als die jeweils gewünschten Arbeitsleistungen und ideologischen Parolen abzurufen, so ist dies eine fundamentale Perversion des Bildungsgedankens im Inneren des Systems selbst, die sehr viel wirkmächtiger erscheint, als alle einzelnen, den Entwicklungsgang des jungen Menschen von außen künstlich konfrontierenden Vorgänge.[2] Mag es auch einseitig und übertrieben sein, einen Bedeutungswandel

---

[1] Vgl. hierzu: Birgit Sandkaulen, Bildung bei Hegel - Entfremdung oder Versöhnung?, in: Hegel-Jahrbuch (20/1). Berlin/München/Boston 2014, S. 430-438.

[2] Die derzeitigen Entwicklungen des Bildungswesens als Antinomie des ‚klassischen‘ Bildungsdenkens sind bereits zu häufig bemängelt worden, als dass hier eine eingehende Diskussion dieser Thematik nötig wäre; allerdings ist anzumerken, dass die aus ökonomischer, selten aber aus politischer und praktisch nie aus erkenntnistheoretischer und psychologischer Warte urteilenden Studien aufgrund ebendieser Einseitigkeit so manchen fundamentalen Missstand des Bildungssystems nicht in den Blick bekommen. Vgl. hierzu Hans Graßl, Ökonomisierung der Bildungsproduktion. Zu einer Theorie des konservativen Bildungsstaats. 2. Aufl. Baden-Baden, Nomos 2019. Ferner: Franz Schultheiß / Paul-Frantz Cousin / Mara Roca i Escoda (Hg.), Humboldts Alptraum. Der Bologna-Prozess und seine Folgen.

im Begriff des ‚Gebildeten' „vom *Imago Dei* zum *Imago Pecuniae*"[1] zu konstatieren, können entsprechende Tendenzen dennoch nicht geleugnet werden. Ebenso ist, um nur ein weiteres Beispiel zu betrachten, zu konstatieren, dass, wenn nicht nur mittels Emojis [2] im alltäglichen Textverkehr, sondern v.a. mittels Memen in den quasi politischen Foren der sozialen Netzwerke freiwillig oder notgedrungen die sachliche Diskussion zugunsten bloß sinnlicher Wahrnehmung und emotionaler Manipulation verunmöglicht wird, es nötig ist, Bildlichkeit in ihrer Destruktivität, aber ebenso in ihrem kreativen Potenzial anzuerkennen und neu zu entdecken.[3] Was Boudana et al. über Fotografien sagen, dürfte für die ‚memetische' Verwendung von Bildern generell gelten:

While iconic photographs are canonized through repeated

Konstanz, UVK 2008. Zur Ökonomisierung s. die beiden Sammelbände von Uwe Hochmuth (Hg.), Bildung ungleich Humankapital: Symposium über die Ökonomisierung im Bildungswesen. München, Fink 2012, und Christian Krijnen (Hg.), Wahrheit oder Gewinn? Über die Ökonomisierung von Universität und Wissenschaft. Würzburg, Königshausen & Neumann 2011.

[1] Oliver Fohrmann, Im Spiegel des Geldes. Bildung und Identität in Zeiten der Ökonomisierung. Bielefeld, Transcript 2016, S. 102.

[2] Vgl. hierzu die Studien von Elena Giannoulis / Lukas R.A. Wilde, (Hg.), Emoticons, Kaomoji, and Emoji. The Transformation of Communication in the Digital Age. New York / London, Routledge 2020, sowie Marcel Danesi, The Semiotics of Emoji. The Rise of visual Language in the Age of the Internet. London u.a., Bloomsbury 2017.

[3] Zu dieser Problematik sind praktisch noch keine Studien publiziert worden. Es scheint keinerlei psychologische, soziologische oder philosophische Analysen eines kulturtransformierenden Machtinstruments zu geben, das Denkarbeit mit emotionalisierenden Parolen und Bildern nicht ergänzt, sondern ersetzt. Dabei sollte es – insbesondere vor dem Hintergrund des hier dargestellten Zusammenhangs von Bildlichkeit und Bildung – den zentralen Fokus der empirischen Bildforschung unserer Tage konstituieren. Eine historisch vor der Konzipierung des Mem-Begriffs und der aktuellen Verbreitung von Memen liegende Hinterfragung der durchaus seit Längerem gängigen Praxis der Annihilation geistiger Gehalte durch konkrete bildliche Darstellungen bietet m.E. allein Leonard Peikoff, A Picture is not an Argument, in: The Intellectual Activist (13). 1999, S. 7-23. Eine konzise theoretische Darstellung des digitalen Mems findet sich bei Bradley E. Wiggins / G. Bret Bowers, Memes as genre: structurational analysis of the memescape, in: New Media & Society (17/11). 2015, S. 1886 – 1906. Zur Kritikwürdigkeit des von Richard Dawkins geprägten Meme-Begriffs überhaupt s. die Studie von Maria E. Kronfeldner, Darwinism, Memes and Creativity. A Critique of Darwinian Analogical Reasoning from Nature to Culture. Regensburg 2005.

circulation, this may also corrode their intensity and uniqueness. Certain kinds of appropriation might lead not to canonization but to desacralization, until the images are devoid of the significance that made them iconic in the first place. The possibilities for such desacralization have been greatly magnified in the new media environment.[1]

Die Problemlagen der Bildlichkeit sind parallel zu denjenigen der Bildung gelagert. Gleichzeitig stellt sich die Frage, wie der Bildungsbegriff im höchsten Sinne gerechtfertigt werden könnte. Die idealistische Fundierung eines naturphilosophischen Organizismus, die dem humboldtschen Bildungsideal Nahrung gab, lässt sich vernünftigerweise nicht aufrechterhalten. Selbiges gilt für die paracelsistische oder die im Zuge der deutschen Mystik entstandene Konzeption von Bildung und ihrem Bildlichkeitsverständnis – und gewiss noch mehr für die mythische Weltsicht, in welcher der zugrundeliegende Bildbegriff seinen Ursprung hat.

Auf welches Fundament das Bildungskonzept stattdessen gestellt werden könnte, lässt sich aber m.E. aus den humboldtschen Sonetten ablesen oder wenigstens erahnen: Und zwar aufgrund der Tatsache, dass hier in einem ästhetischen Kontext – im Rahmen von Gedichten – der Bildungsbegriff aufs Neue in engen Kontakt mit dem Bildbegriff gebracht wird, von dem jener schließlich einst ausgegangen ist.[2] Bereits in den *ästhetischen Versuchen über Göthes Herrmann und Dorothea* (1799) stellt Humboldt fest: „In der blossen Schilderung einer einfachen Handlung erkennen wir das treue und vollständige Bild der Welt und der Menschheit."[3] Und er verallgemeinert von Goethes epischer Dichtung und damit von der Darstellung der Humanität auf die Kunst und das Wirkliche überhaupt: *„Das Wirkliche in ein Bild zu verwandeln*, ist die allgemeinste Aufgabe aller Kunst".[4] *Wirklichkeit* versteht Humboldt nun als ein Bild der Totalität, das der Mensch allerdings unbewusst bzw. konventionell aus den Sinnesdaten

---

[1] Sandrine Boudana / Paul Frosh / Akiba A. Cohen, Reviving icons to death: when historic photographs become digital memes, in: Media, Culture & Society (39). 2017, S. 1210-1230, hier S. 1213.

[2] Vgl. zu einer weitestmöglichen Einordnung Humboldts in das ästhetische Darstellungsproblem Gerhard Schweppenhäuser, Ästhetik. Philosophische Grundlagen und Schlüsselbegriffe. Frankfurt / New York, Campus Verlag 2007, S. 159ff.

[3] Wilhelm von Humboldt, Gesammelte Schriften, Bd. 2, a.a.O., S. 123.

[4] Wilhelm von Humboldt, Gesammelte Schriften, Bd. 2, a.a.O., S 126.

der Natur konstruiert habe:

> Das ‚Wirkliche', wie er es jetzt nennt, ist nur der Ausgangspunkt
> für das Bewusstsein, das sinnliche Eindrücke empfängt. An ihm
> entzündet sich die Vorstellungskraft. Sie unterscheidet, was sie
> empfindet, und macht sich ein Bild von der Natur der Dinge. Sobald
> unser Bewusstsein erwacht, insbesondere sobald wir gelernt haben zu
> sprechen und denken, finden wir uns nicht mehr der Natur oder dem
> Wirklichen selbst gegenüber, sondern einem Bild von ihr, einem Werk
> der produktiven Einbildungskraft früherer Generationen.[1]

Wenn der Mensch die Wirklichkeit, dies unbewusst bzw. konventionell
konstruierte Bild, künstlerisch produktiv oder ästhetisch rezeptiv umformt in
Kunstwerken, die eine bewusste Rekonstruktion der Wirklichkeit und damit
der Natur ausstellen, betritt er den Raum des Möglichen, der zuerst andeutet,
was das Individuum im Zustand organischer Bildung sein könnte.[2]
Künstliches Bild der Welt und Bildungsideal können damit lebenspraktisch
deckungsgleich werden, sodass die Ästhetik produktiv wie rezeptiv die
Kräfte des Individuums sortieren und die einzelnen Geistestätigkeiten in ein
Zentrum versammeln kann: „dieser Mittelpunkt ist nemlich: *die Bildung des
Menschen*".[3] Dies kennzeichnet für den jungen Humboldt – und wie zu
sehen war , vielleicht auch wieder für den späten – den „reinsten Begriff der
Kunst, der bildlichen Darstellung der Natur".[4]

Denn nach dem Fragment *Theorie der Bildung des Menschen* muss der
Mensch die Welt mittels all seiner Vermögen konfrontieren. In besonderer
Weise fällt an dieser Theorie die These auf, die Welt sei u.a. als „Bild der
Einbildungskraft"[5] zu fassen – was in ausgezeichneter Form und letzter
Konsequenz nur durch die Kunst zu geschehen vermag. Um noch einmal die
Ästhetischen Versuche zu heranzuziehen:

> Wo der höchste Grad der Objectivität erreicht ist, da steht

---

[1] Tilman Borsche, Über die allmähliche Verfertigung, a.a.O., S. 147.

[2] Humboldt hielt diese Ansicht von der Spontaneität des Ästhetischen übrigens
keineswegs für unvereinbar mit der Philosophie Kants. Vgl. zur Beziehung Humboldts
auf Kant die noch immer maßgebliche Studie von Eduard Spranger, W. v. Humboldt
und Kant, in: Kant-Studien (13). Berlin 1908, S. 57-129.

[3] Wilhelm von Humboldt, Gesammelte Schriften, Bd. 2, a.a.O., S. 117.

[4] Wilhelm von Humboldt, Gesammelte Schriften, Bd. 2, a.a.O., S. 240.

[5] Wilhelm von Humboldt, Gesammelte Schriften, Bd. 1, a.a.O., S. 285.

schlechterdings nur Ein Gegenstand vor der Einbildungskraft da; wie viele sie auch derselben unterscheiden möchte, so vereinigt sie sie doch immer nur in Ein Bild[.][1]

Dieses Bild ist nichts anderes als das Weltverhältnis des Menschen, welches derselbe in seiner vollendeten Bildung zu reflektieren aufgerufen ist. Die Kunst fungiert für den frühen Humboldt als Basis und Krönung des Individuums, das in diesem Rahmen seine gesamte intellektuelle Kraft darauf verwenden sollte, im inneren und äußeren Leben ‚das Bild der Menschheit' aufzufinden, um der Bildung zum Durchbruch zu verhelfen, wie Humboldt wohl in diesem Sinne an Schiller schreibt:

> aus der ganzen Geschichte der Menschheit läßt sich ein Bild des menschlichen Geistes u. Charakters ziehen, das keinem einzelnen Jahrhundert u. keiner einzelnen Nation ganz u. gar gleicht, zu welchem aber alle mitgewirkt haben, u. auf dieses richte ich meinen Gesichtspunkt. […] Dieß Bild nun ist es, was eigentlich allein den Menschen, insofern er ein denkendes u. freihandelndes Wesen ist, interessirt, es ist das letzte Resultat, zu welchem alles Uebrige, was er lernt u. treibt ihn führen soll, u. wenn man sich einen Menschen denkt, der bloß seiner Bildung lebt, so muß sich seine intellectuelle Thätigkeit am Ende ganz darauf reduciren 1., a priori das Ideal der Menschheit, 2., a posteriori das Bild der wirklichen Menschheit beide recht rein u. vollständig aufzufinden, mit einander zu vergleichen, u. aus der Vergleichung praktische Vorschriften u. Maximen zu ziehen.[2]

Den Wissenschaften (d.h. dem Objekt dessen, worauf sich ‚Bildung' in den heutigen Debatten nicht selten reduziert) geht es somit im Verbund mit den schönen Künsten um die „Erweiterung dieses Bildes"[3] vermittels der reflektierten Lebensvollzüge der Menschen. Humboldt folgt in seinem anthropologischen Denken – dies darf nicht überraschen – einem triadischen Entwicklungsmodell:

> Unsere Einsicht erweitert sich, wir geben uns, besser über uns selbst belehrt, unsere natürliche Freiheit wieder, kehren von den

---

[1] Wilhelm von Humboldt, Gesammelte Schriften, Bd. 2, a.a.O., S. 161.

[2] Wilhelm von Humboldt: Briefe Juli 1795 bis Juni 1797, hg. von Philip Mattson. Berlin / Boston, De Gruyter 2017, S. 190f. [Humboldt an Schiller, 2.2. 1796].

[3] Wilhelm von Humboldt, Briefe Juli 1795 bis Juni 1797, a.a.O., S. 191.

Verirrungen, zu denen uns eine einseitige Cultur verführt hatte, auf die
Spur der Natur zurück; wir werden nun wieder zu eben dem, was wir
waren, ehe wir ausgingen, aber wir selbst und die Welt sind uns nun
verständlich und klar, und dies bessere und vollere Verstehen hat
zugleich unserem Gefühle und unseren Neigungen eine andere Gestalt
mitgetheilt: sie sind verfeinert worden, ohne eigentlich in ihrem Wesen
verändert zu werden. Dies ist *die Periode der vollendeten Bildung*.[1]

Die obige Darstellung steht in der Behandlung der Entfremdung
vielleicht der Radikalität der späteren Bildungstheorie Hegels, der auf
diesem Feld ähnliche Konzeptionen formulierte,[2] merklich nach, bleibt aber
durch den Bezug auf Fragen der Bildlichkeit für aktuelle Diskussionen der
Bildforschung anschlussfähig. Allerdings wäre Humboldt erneut kritisch
darauf zu befragen, ob die Kunst als Menschenwerk dem Menschen denn
nicht ein bloß arbiträres Kriterium dafür biete. In jedem Fall jedoch ist zu
konstatieren, dass noch für Humboldt Bildung und Bildlichkeit in engem
Zusammenhang stehen – ein Zusammenhang, der bis in die Frühgeschichte
der Begriffe hinabreicht, und der, weil er wohl den Kern der Sache ausmacht,
gegenwärtig neu durchdrungen und rekonzipiert werden könnte.

Es zeigt sich, dass die organische Ganzheit, die der Bildung, der
Bild-Werdung des Menschen gleichsam als Vorbild dienen soll, weder der
Natur als deren intrinsisch vorzufindender Struktur zukommt (denn hierfür
fehlt der empirische Beweis), noch subjektiv durch das menschliche
Bewusstsein selbst konstruiert werden darf (denn in diesem Fall wären das
‚Vorbild‘ sowie die darauf gründende Bildung Willkürprodukte, an die kein
Maßstab der normierenden Beurteilung gelegt werden könnte). Wenn sich aus
Menschenwerk bzw. Natur allein nicht herleiten lässt, was der Mensch im
Ganzen sein soll, kann er dann stattdessen einem übergreifenden
Zusammenhang, nämlich der Interaktion von Mensch und Natur entnehmen,
wie das Bild aussehen soll, das er aus sich selbst erstellt? Dies ist eine Frage,
die jenseits der (kantischen, aber auch jeder anderen) Ästhetik das „Problem

---

[1] Wilhelm von Humboldt, Gesammelte Schriften, Bd. 2, a.a.O., S. 305.
[2] Vgl. Stefan Büttner: Hegels Bildungstheorie dargestellt anhand seiner Nürnberger
    Gymnasialreden nebst einer Reflexion auf die Situation der Bildung in der heutigen
    Weltgesellschaft, in: Klaus Kempter / Peter Meusburger (Hg.), Bildung und Wissensgesellschaft.
    Berlin / Heidelberg, Springer 2006, S. 59-82.

des ‚Naturschönen'"[1] übergreift. Sobald das Subjekt die Natur als ästhetisches Phänomen wahrnimmt, taucht es dieselbe in ein Licht, das nicht die Mechanik der Natur, sondern den Selbstzweckcharakter des Kunstwerks, das allein der Kontemplation dient, an ihr aufscheinen lässt. Das Naturschöne zeigt sich uns freilich einerseits deshalb *als* schön, weil die Natur Phänomene aufweist, die den speziellen Bedürfnissen und bewusstseinsbedingten Tätigkeiten des Menschen entgegenkommen, die Möglichkeit jener Emergenz des Naturschönen liegt aber womöglich andererseits ebenso darin begründet, dass Naturerscheinungen und menschliches Tun nicht selten denselben oder wenigstens gleichartigen Gründen und Gesetzen entspringen. So ergibt das Verhältnis von Mensch und Natur unter gewissen Umständen den Anschein natürlicher Selbstzweckhaftigkeit und Organizität. Dieses ästhetisch erlebbare Ganze ist weder in der Natur gegeben noch subjektiv erfunden, sondern basiert auf dem Zusammenspiel der je eigenen Wirkweisen menschlicher und natürlicher Prozesse in der Welt. Weist denn die Natur nicht Erscheinungen auf, die wir konkret wahrnehmen, ästhetisch evaluieren und als Bild eines Gesamtzusammenhangs von Welt und Mensch sehen können, der uns unter gemeinsame oder analoge Gesetze stellt, weil er selbst repräsentativer Ausschnitt des bekannten Weltganzen ist? Eine solche Perspektive erlaubt womöglich, den Bildbegriff für den Bildungsgedanken wieder fruchtbar zu machen, ohne dogmatischen oder arbiträren Prämissen Raum zu geben. Der Mensch würde mithin sich bildend zum Bild der ihn bewegenden Wirklichkeit werden, was freilich die Bildung durch künstliche Bilder nicht ausschließt. Ein derartiger Gedankengang sei hier nur angesprochen – ob und wie eine Realisierung solcher Bildung sich vollziehen kann, muss an dieser Stelle offenbleiben.

V

Festzuhalten bleibt jedoch: wer sich mit Bildforschung befasst, sollte den Bildungsgedanken dabei nicht aus den Augen oder aus dem Geist verlieren. Und umgekehrt: wer sich mit Bildung befassen möchte, der muss bedenken, welche Kraft in den Bildern steckt, deren Erbe die Gegenwart ist und deren Neuentstehung man täglich beobachten kann. Es kann kaum genug betont werden, dass jedwede Bildung – sei sie im neuhumanistischen Sinne Humboldts oder im pragmatischen Sinne der Gegenwart gemeint –

---

[1] Hans-Georg Gadamer, Die Aktualität des Schönen. Kunst als Spiel, Symbol und Fest. Stuttgart, Reclam 1977, S. 39.

immer von der Verarbeitung von Bildlichkeit abhängt. Es sollte aus diesem
Grund eine drängende Frage sein, welche Konsequenzen der Verzicht auf
die ursprüngliche geistige Dimension des Bildes zeitigt, und es muss eine
Diskussion darüber stattfinden, wie Bildung in jenem höchsten Verstande,
den Humboldt aufgezeigt hat, von vergeistigender Bildlichkeit befördert
werden und sich in geistvoller Bildlichkeit vollenden könnte.

Es sei daher, nach dieser skizzenhaften Annäherung von historischer
und systematischer Perspektive an das Syndrom von Bildlichkeit und
Bildung, zuletzt noch einmal Humboldt selbst das Wort gegeben:

[Weihe der Zeit.]

> Erhaben tönet erst des Donners Rollen,
>   wenn fern vom fürchterlichen Schlag man stehet;
>   in Wolkenbild der Nebel übergehet
> erst, wenn man nicht von ihm ist mehr umquollen.
>
> Wenn sich Gestalt und Ton entfalten sollen,
>   muß man durch leeren Raum sie fern erspähen;
>   denn auch im Leben scheint verwirrtes Drehen
> der Menschen augenblicklich Thun und Wollen.
>
> Nur in der Weltgeschichte ruhger Klarheit
> erschauet man der Vorzeit tiefe Wahrheit,
>   wenn die Erscheinung längst entfloh den Sinnen;
>
> dann wann die Stille der Betrachtung sieget,
> und Zug vor Zug zum Bild zusammenfüget,
>   kann sie Gestalt erst vor dem Blick gewinnen.[1]

Vielleicht trägt gerade die historische Distanz dazu bei, das Wolkenbild des
humboldtschen Bildungsideals – und zwar im Hinblick auf Wesen, Funktion
und Macht der Bildlichkeit – angemessener und produktiver zu beurteilen.[2]

---

[1] Wilhelm von Humboldt, Gesammelte Schriften, Bd. 9, a.a.O., S. 405f.

[2] Dies mag generell zur Korrektur zwar teils berechtigter, in weiten Teilen aber
    überzogener Kritik an der deutschen Kultur- und Bildungsbegrifflichkeit dienen, wie sie
    in wohl prominentester Form die materialreiche Studie Bollenbecks auszeichnet, der
    bekanntlich bei aller Anerkennung von Humboldts Einflussnahme auf das theoretische
    Verständnis von Bildung dessen „philosophische Begründung des Bildungsbegriffs eher
    als Rückschritt" (Georg Bollenbeck, Bildung und Kultur. Glanz und Elend eines
    deutschen Deutungsmusters. Frankfurt a. Main, Insel 1994, S. 147) beurteilt wissen will.

8. Die Bedeutung bildlicher Darstellungen sowie der Einbildungskraft für Goethes Morphologie am Beispiel seines *Faultier*-Aufsatzes[1]

Yuho Hisayama

(Kobe University, Kobe)

I. Bildliche Darstellungen und Goethes Morphologie

In der neueren Forschung ist, ausgehend von ganz unterschiedlichen Perspektiven, immer wieder darauf hingewiesen worden, dass sowohl die bildlichen Darstellungen als auch das bildliche Denken für Goethes Morphologie eine ebenso originelle wie wichtige Rolle gespielt haben.[2] Selbst bei der Untersuchung verschiedener Tierskelette hat der Dichter nicht nur die Realien, d. h. die Knochen selbst, zum Gegenstand seiner Überlegungen gemacht, sondern auch deren spätere Abbilder herangezogen und sie unter Zuhilfenahme der Einbildungskraft zu deuten und auszuwerten gesucht.

---

[1] Ermöglicht wurde die vorliegende Untersuchung durch die finanzielle Unterstützung der JSPS (Grand Number 17K02255 und 19K12967).

[2] Vgl. z. B. Michael Bies, Im Grunde nur ein Bild. Die Darstellung der Naturforschung bei Kant, Goethe und Alexander von Humboldt. Göttingen, Wallstein 2012; Johannes Grave, »Beweglich und bildsam«. Morphologie als implizierte Bildtheorie?, in: Jonas Maatsch (Hg.), Morphologie und Moderne. Goethes >anschauliches Denken< in den Geistes- und Kulturwissenschaften seit 1800. Berlin und Boston, De Gruyter 2014, S. 57-74.

Den Anstoß dazu hatte ihm vielleicht die Erinnerung an seine inzwischen mehrere Jahrzehnte zurückliegende Beschäftigung mit dem damaligen Modethema der Physiognomie gegeben, die ja weniger den realen Menschen als vielmehr vor allem dessen Abbild in Gestalt von Silhouetten und Porträts in den Blick nahm und aus deren Analyse ihre Schlüsse zog, urteilte und heute zumeist unhaltbare Theorien bildete. In Johann Caspar Lavaters monumentalem Werk, den *Physiognomischen Fragmenten* (4 Bde., 1775 – 1778), an denen Goethe selbst mitgearbeitet hatte, finden sich auch einige Betrachtungen über Tierskelette, als deren Autor er sich 1828 Eckermann gegenüber unmissverständlich zu erkennen gab: „Was in Lavaters Physiognomik über Tierschädel vorkommt, ist von mir".[1] Daraus geht hervor, dass Goethes wissenschaftliche Beschäftigung mit bildlichen Darstellungen von Menschen und Tieren bereits in den 70er Jahren des 18. Jahrhunderts ihren Anfang genommen hat.

Bei seinen späteren zoologischen Forschungen hat Goethe dann immer wieder auf Zeichnungen oder Kupferstiche von Tierknochen zurückgegriffen, nicht nur, um so den Gegenstand möglichst genau und *en detail* betrachten zu können, sondern auch, um das Ergebnis der dabei angestellten Überlegungen in ansprechender und verständlicher Form zu publizieren, manchmal sogar mit zusätzlichen Abbildungen versehen, wie etwa in seinem bekannten *Versuch aus der vergleichenden Knochenlehre, daß der Zwischenknochen der obern Kinnlade dem Menschen mit den übrigen Tieren gemein sei*, der wohl 1784 entstanden ist.[2] Zu diesem Aufsatz veröffentlichte Goethe viel später dann noch „Nachträge" in seiner Zeitschrift *Zur Morphologie* (Bd. 1, Heft 2, 1820), in denen es heißt: „Bild und Wort wetteifern unablässig Naturgeschichte näher zu bestimmen und weiter zu verbreiten":[3] Bei seinen Arbeiten zur vergleichenden Morphologie seien Abbildungen der Tiere jedoch methodisch für ihn notwendig gewesen, denn „[i]n einem so weitläufigen und unübersehlichen Felde den unmittelbaren Anblick zu vervielfältigen, bequemer, ja zudringlicher zu machen[,] stellte man verschiedene Teile

---

[1] Alle Zitate aus den Werken Goethes im vorliegenden Beitrag basieren auf der folgenden Ausgabe: Johann Wolfgang Goethe, Sämtliche Werke. Briefe, Tagebücher und Gespräche. Hg. von Dieter Borchmeyer u. a. 2 Abt. in 40 Bde. Frankfurt am Main, Deutscher Klassiker Verlag 1985 – 2013 (Im Folgenden abgekürzt als „FA"). Hier FA II, Bd. 12, S. 310.

[2] FA I, Bd. 24, S. 16-24.

[3] FA I, Bd. 24, S. 490.

mehrerer Tiere neben einander", und „[w]o die natürlichen Körper fehlten[,]
füllte man die Lücke durch Zeichnungen".[1]

Noch wichtiger, ja geradezu unverzichtbar wird ein Bild des
Gegenstandes einer Untersuchung jedoch dann, wenn es sich um ein
ausgestorbenes Tier handelt, wie hier bei Goethes Beschäftigung mit dem
Skelett eines Riesenfaultiers. Das Ergebnis seiner Überlegungen dazu hat
Goethe in einem kleinen morphologischen Text zusammengefasst, wobei
ebenso auffällig wie interessant ist, dass er dort, wie er selber schreibt,
„einigen poetischen Ausdruck" gebraucht habe, und zwar bei der
Betrachtung des gewählten Gegenstandes mithilfe der Einbildungskraft.[2]
Dem „Bild" kommt somit in dieser morphologischen Arbeit eine doppelte
Funktion zu: Während das reale Skelett zunächst zum Abbild wurde, wurde
dann das Abbild seinerseits mit Blick auf ein mögliches Ergebnis unter
Zuhilfenahme der poetisch-produktiven Einbildungskraft betrachtet.

II. Goethes Beschäftigung mit D'Altons *Das Riesenfaulthier*[3]

Im Jahre 1818 besuchten zwei aus Deutschland angereiste Naturforscher,
Eduard Joseph d'Alton (1772 – 1840) und Christian Heinrich Pander
(1794 – 1865), das königliche Naturalienkabinett zu Madrid, wo sie neben
verschiedenen Sehenswürdigkeiten auch das Skelett eines Riesenfaultieres
untersuchen konnten, das man 1789 in Argentinien entdeckt hatte.[4] Die

---

[1] FA I, Bd. 24, S. 495.

[2] Zur Einbildungskraft bzw. Phantasie bei Goethe gibt es zahlreiche Untersuchungen.
Einen guten Überblick gibt der Art. „Einbildungskraft" von Hans Adler im
Goethe-Handbuch, Bd. 4-1, Sonderausgabe, Stuttgart und Weimar, Metzler 2004, S.
239-242. Vgl. dazu auch Shu Ching Ho, Über die Einbildungskraft bei Goethe.
System und Systemlosigkeit. Freiburg i.B., Rombach 1998; Kazunari Hata: Phantasie
als Methode der poietischen Wissenschaft Goethes. Naturwissenschaft und
Philosophie im Spiegel seiner Zeit. Wiesbaden, Springer 2017.

[3] Die nun folgenden Forschungsergebnisse und Ausführungen basieren auf meinem
früheren Aufsatz: Das Faultier in Goethes Morphologie. Die „Elemente" als Rahmen
des „schaffenden Geistes", in: Verkörperte Sprache – Rahmen und Rahmenbrüche. Hg.
von der Japanischen Gesellschaft für Germanistik unter der Leitung von Shinji Miyata,
München, iudicium 2015, S. 169-178, bes. S. 171-173.

[4] Dieses Skelett des Riesenfaultieres wurde vor allem durch Cuviers Bericht in den
Annales du Museum National d'Histoire Naturelle von Paris europaweit bekannt.
Siehe George Cuvier, Sur le megatherium. Autre animal de la famille des Paresseux,

daraus gewonnenen Resultate publizierte D'Alton in der ersten Lieferung der Schriftenreihe *Vergleichende Osteologie* (1821 – 1831) in Bonn unter dem Titel: *Das Riesen-Faulthier, Bradypus giganteus, abgebildet, beschrieben und mit den verwandten Geschlechtern verglichen* (1821),[1] und schickte dieses sowie das darauf folgende Heft über „die Dickhäutigen" wohl umgehend an Goethe, wofür sich dieser am 7. Januar 1822 bei D'Alton brieflich bedankte: „Ew. [Euer] Hochwohlgeboren vergönnen, daß ich nur mit wenigen Worten melde, wie sehr ich sowohl als meine hiesigen Freunde durch Ihre Sendung überrascht und ergötzt worden. Sie kommt gerade zu gelegener Zeit, indem ich dieselbe sogleich studieren und in dem nächsten morphologischen Heft ihrer dankbar und umständlich erwähnen kann".[2] Vom 22.-25. April 1822 diktierte Goethe dann eine längere Rezension dazu, die er unter dem Titel: „Die Faultiere und die Dickhäutigen abgebildet, beschrieben und verglichen, von Dr. E. D'Alton. Das erste Heft von sieben, das zweite von zwölf Kupfertafeln begleitet. Bonn 1821" in der Zeitschrift *Zur Morphologie* (Bd. 1, Heft 4, 1822)[3] abdrucken ließ.[4]

In diesem *Faultier*-Aufsatz vertritt Goethe, ausgehend von der Betrachtung bildlicher Darstellungen, die Ansicht, dass für das Riesenfaultier – und hier zitiert er D'Alton ganz unmittelbar – spezifisch vor

---

mais de la taille du Rhinocéros, don't un squelette fosssile. Presque complet est conserve au cabinet royal d'histoire naturelle à Madrid, in: Annales du Museum National d'Histoire Naturelle. T. 5 (1804), pp. 376-387.

[1] Die Faultiere gehören in der Zoologie zur Ordnung der Zahnarmen und bilden in ihr die Unterordnung Folivora, die sich dann noch in zwei weitere Familien aufteilt: Die Bradypodidae und die Megalonychidae. Im Griechischen bedeutet der erste Name „langsame Füße" und der zweite „gigantische Klauen". Das Dreifingerfaultier, im Deutschen „Ai" genannt, bezeichnet man in der heute gültigen Systematik als Bradypus, und das Zweifingerfaultier, nämlich „Unau", ist ein Choloepus; man rechnet es der Familie der Megalonychidae zu. Das ausgestorbene sogenannte „Riesenfaultier" gehört, auch wenn es am Anfang des 19. Jh. als Bradypus gigantes bezeichnet wurde, nicht zu den Bradypodiae, sondern zu den eben erwähnten Megalonychidae.

[2] FA II, Bd. 9, S. 232.

[3] FA I, Bd. 24, S. 545-551. Vgl. dazu auch Momme Mommsen unter Mitwirkung von Katharina Mommsen, Die Entstehung von Goethes Werken in Dokumenten. Bd. 1: Abaldemus – Byron. Berlin, De Gruyter 2006, S. 41-44.

[4] Von dieser Abhandlung war Goethe offensichtlich so angetan, dass er noch im Juni desselben Jahres an Carl Gustav Carus schrieb: „D'Altons Faul- und Fettthiere sind jetzt mein tägliches Studium, er bringt gar vieles den Augen und dem Geist entgegen". Brief vom 8. Juni 1822. FA II, Bd. 9, S. 254.

allem dessen „innere[s] Unvermögen [sei], sich den äußern Verhältnissen gleichzustellen",[1] womit es „ein Geist [sei], der sich in seiner Haupterscheinung nicht manifestieren kann, in mehr oder weniger reinem Bezug nämlich gegen die Außenwelt".[2] Diesen Mangel des Riesenfaultieres im Hinblick auf ein harmonisches Verhältnis zur Außenwelt sieht Goethe in dessen Vorgeschichte.[3] Seiner Vermutung nach hätte jener „Geist",[4] der sich schließlich in Gestalt eines Riesenfaultiers auf dem Festland manifestiert habe, einst walfischgleich im Meer existiert, und um seiner Idee die nötige Plausibilität zu verleihen, greift Goethe nun auf die Möglichkeit des „poetischen Ausdruckes" zurück:

> Man erlaube uns einigen poetischen Ausdruck, da überhaupt Prose wohl nicht hinreichen möchte. Ein ungeheuerer Geist, wie er im Ozean sich wohl als Walfisch dartun konnte, stürzt sich in ein sumpfig-kiesiges Ufer einer heißen Zone; er verliert die Vorteile des Fisches, ihm fehlt ein tragendes Element [d. h. das Wasser; Y. H.], das dem schwersten Körper leichte Beweglichkeit, durch die mindesten Organe, verleiht. Ungeheuere Hülfsglieder bilden sich heran, einen ungeheueren Körper zu tragen. Das seltsame Wesen fühlt sich halb der Erde halb dem Wasser angehörig und vermißt alle Bequemlichkeit die beide ihren entschiedenen Bewohnern zugestehen.[5]

Als Goethe seinen *Faultier*-Aufsatz verfasste, war jedoch die Vorstellung, dass das Faultier früher im Meer gelebt habe, offenbar eine Art Allgemeingut, wie eine in diesem Kontext interessante Bemerkung im

---

[1] FA I, Bd. 24, S. 547.

[2] FA I, Bd. 24, S. 546.

[3] Dieser Gedanke Goethes zeigt bereits eine gewisse Nähe zur Evolutionstheorie. Siehe dazu z. B. Margrit Wyder, Goethes Naturmodell. Die Scala Naturae und ihre Transformationen. Köln, Weimar, Wien, Böhlau 1998, bes. S. 275. Vgl. dazu z. B. George A. Wells, Goethe and the Development of Science 1750 – 1900. Alphen aan den Rijn, Sijthoff & Noordhoff 1978, pp. 27-46; Astrida Orle Tantillo, The Will to Create. Goethe's Philosophy of Nature. Pittsburgh, University of Pittsburgh Press 2002, pp. 128-134.

[4] Zum Geist-Begriff in diesem Kontext siehe meinen Aufsatz: Warum Goethe I. P. V. Troxler zitiert. Zum Geist-Begriff im morphologischen Kontext, in: Harald Schwaetzer und Wolfgang Ch. Schneider (Hg.), Coincidentia. Zeitschrift für europäische Geistesgeschichte. Bd. 10/2 (2019), S. 549-561.

[5] FA I, Bd. 24, S. 547.

Wiener *Conversationsblatt* aus dem Jahre 1821 belegt, wo es heißt: „In Königsberg in Preußen zeigt man ein bisher noch wenig bekanntes Thier, welches von der Eigenthümerinn das unbekannte Thier, oder: bärenartiges Faulthier genannt wird. Dieses Thier ist aller Wahrscheinlichkeit nach das erste, welches von dieser Gattung auf das feste Land gekommen ist".[1] Was dabei überrascht, ist die Tatsache, dass diese Ansicht den neuesten Forschungsergebnissen mehr oder weniger entspricht: Im Jahre 2014 hat ein Team der Sorbonne-Universität durch die Analyse der Knochendichte verschiedener Fossilien der ausgestorbenen Riesenfaultiere in Peru herausgefunden, dass diese südamerikanischen Faultiere einst auf dem Land gelebt hatten, später jedoch ihren Lebensraum ins Meer verlegten.[2] So hat sich, wenngleich in umgekehrter Zeitabfolge, doch Goethes „poetische" Vermutung, dass das Riesenfaultier einst im Meer gelebt habe, als durchaus korrekt erwiesen.

III. Die Bedeutung der Einbildungskraft für Goethes Morphologie

Immerhin hat Goethe mit dem Konjunktiv I „einigen poetischen Ausdruck" in seinen naturwissenschaftlichen Aufsatz eingeführt, da es in diesem Kontext um etwas geht, das hier und jetzt nicht mehr existiert[3]. Diese Ansicht lässt sich gut und sinnvoll mit seinem Fragment zur „poetischen Morphologie"[4] in Verbindung bringen, zu dessen Beginn Goethe einen Vergleich zwischen „Phantasie" und „Sinnlichkeit" vornimmt, bei dem vor allem bemerkenswert ist, dass der Phantasie eine viel größere Nähe zur Natur zugebilligt wird als der Sinnlichkeit, d. h. hier der Sinneswahrnehmung: „Phantasie ist der Natur viel näher als die Sinnlichkeit,

---

[1] Conversationsblatt. Zeitschrift für wissenschaftliche Unterhaltung. Dritter Jahrgang (1821), Bd. 2 (31), S. 371.

[2] Zu diesem Forschungsergebnis siehe vor allem Eli Amson, Christian de Muizon, Michel Laurin, Christine Argot, Vivian de Buffrénil, Gradual adaptation of bone structure to aquatic lifestyle in extinct sloths from Peru, in: Proceedings of the Royal Society B, Vol. 281 (2014), PDF online: http://rspb.royalsocietypublishing.org/content/royprsb/281/1782/20140192.full.pdf.

[3] In einer 1826 diktierten Notiz von Goethe heißt es: „Wenn man von Uranfängen spricht, so sollte man uranfänglich reden, d. h. dichterisch; denn was unserer tagtäglichen Sprache anheimfällt: Erfahrung, Verstand, Urteil, alles reicht nicht hin" (FA I, Bd. 25, S. 638).

[4] FA I, Bd. 24, S. 690f.

diese ist eingeschlossen in der Natur, jene schwebt über ihr. Phantasie ist der Natur gewachsen, Sinnlichkeit wird von ihr beherrscht".[1] Der „Sinnlichkeit" wohnt hier offenbar das Vermögen inne, äußere Gegenstände so erfassen zu können, wie sie sind; die „Phantasie" hingegen erlaubt es, jede mögliche Gestalt aus den sinnlich wahrgenommenen Gegenständen genetisch zu entwickeln. In einem 1824 verfassten Beitrag zu Ernst Anton Stiedenroths (1794 – 1858) Buch *Psychologie zur Erklärung der Seelenerscheinungen* heißt es: „So wird ein Mann, zu den sogenannten exakten Wissenschaften geboren und gebildet, auf der Höhe seiner Verstandesvernunft nicht leicht begreifen, daß es auch eine exakte sinnliche Phantasie geben könne, ohne welche doch keine Kunst denkbar ist".[2] Dank ihrer kann man mehr anschauen, als man nur sinnlich-faktisch wahrnimmt, was dann unverzichtbar wird, wenn es sich um ein ausgestorbenes Tier handelt.

Ähnliche Gedanken finden sich immer wieder in Goethes Aufsätzen zur naturwissenschaftlichen Methodik. Um die „verschiedenen Arten" der „Frage an die Natur" einzuteilen, hat er z. B. in einer wahrscheinlich 1798 entstandenen[3] Abhandlung die von ihm postulierten vier Denkarten des Naturforschers wie folgt benannt, nämlich die Nutzende, die Wissende, die Anschauende und die Umfassende.[4] Während die „Nutzenden" die Natur so betrachten, wie sie sinnlich-faktisch existiert, fangen die „Wissenden" bereits an, die Natur mit der Imagination dynamisch und genetisch zu betrachten. Die „Anschauenden" hinwiederum vermögen dann mithilfe der „produktive[n] Einbildungskraft" viel mehr als nur das Gegebene wahrzunehmen:

> Die Anschauenden verhalten sich schon produktiv und das Wissen indem es sich selbst steigert fördert ohne es zu bemerken das Anschauen und geht dahin über, und so sehr sich auch die Wissenden vor der Imagination kreuzigen und segnen so müssen sie doch ehe sie sichs versehen die produktive Einbildungskraft zu Hülfe rufen.[5]

---

[1] FA I, Bd. 24, S. 690.

[2] FA I, Bd. 24, S. 615.

[3] FA I, Bd. 24, S. 1017.

[4] FA I, Bd. 24, S. 351.

[5] Ebenda. Vgl. dazu auch die Äußerung Goethes zur nächsten Stufe, d. h. zum „Umfassenden": „Die Umfassenden die man in einem stolzern Sinne die Erschaffenden nennen könnte verhalten sich im höchsten Grade produktiv, indem sie nämlich von Ideen ausgehen sprechen sie die Einheit des Ganzen schon aus und es ist gewissermaßen nachher die Sache der Natur sich in diese Idee zu fügen" (ebenda).

Über eine eben solche „Einbildungskraft" des „wirklich große[n] Naturforscher[s]", die von dem Wirklichen und Erkannten zu „geahndeten vermuteten Dingen schreitet", äußerte sich Goethe 1830 Eckermann gegenüber in Bezug auf den Botaniker Karl Friedrich Philipp von Martius (1794 – 1868) dann wie folgt:

> Im Grunde [...] ist ohne diese Hohe Gabe [d. h. die Einbildungskraft] ein wirklich großer Naturforscher gar nicht zu denken. Und zwar meine ich nicht eine Einbildungskraft die ins Vage geht, und sich Dinge imaginiert, die nicht existieren; sondern ich meine eine solche, die den wirklichen Boden der Erde nicht verläßt, und mit dem Maßstab des Wirklichen und Erkannten zu geahndeten vermuteten Dingen schreitet. Da mag sie denn prüfen, ob denn dieses Geahndete auch möglich sei und ob es nicht in Widerspruch mit anderen bewußten Gesetzen komme. [1]

In Bezug auf eine solche Hochschätzung der Einbildungskraft hatte dem späten Goethe offenbar der tschechische Physiologe Johann Evangelist Purkinje (1787 – 1869) einen wichtigen Impuls gegeben. Über dessen 1819 in Prag publizierte Dissertation *Beiträge zur Kenntniss des Sehens in subjectiver Hinsicht*[2] hat Goethe 1824 eine längere Rezension verfasst, in der sich auch der folgende, in diesem Kontext höchst bemerkenswerte Satz Purkinjes wiederfindet: „Zunächst diesem ließe sich behaupten, daß Gedächtnis und Einbildungskraft in den Sinnesorganen selbst tätig sind, und daß jeder Sinn sein ihm eigentümlich zukommendes Gedächtnis und Einbildungskraft besitze, die, als einzelne begrenzte Kräfte, der allgemeinen Seelenkraft unterworfen sind". [3] Goethes Kommentar zu dieser Stelle vermittelt uns seine Art und Weise der „produktiven" Anschauung ganz konkret:

> Von der Produktivität solcher innern vor die Augen gerufenen Bilder bliebe mir [d. i. Goethe] manches zu erzählen. Ich hatte die

---

[1] FA II, Bd. 12, S. 688f.

[2] Eine zweite unveränderte Auflage ist 1823 in Prag als erster Band der *Beobachtungen und Versuche zur Physiologie der Sinne* erschienen. Der darauf folgende Band mit dem Untertitel *Neue Beiträge zur Kenntnis des Sehens in subjectiver Hinsicht* (1825) ist Goethe gewidmet, und für seine Übersendung dankt Goethe Purkinje am 18. März 1826 brieflich (FA II, Bd. 10, S. 367f.).

[3] FA I, Bd. 25, S. 825.

Gabe, wenn ich die Augen schloß und mit niedergesenktem Haupte mir in der Mitte des Sehorgans eine Blume dachte, so verharrte sie nicht einen Augenblick in ihrer ersten Gestalt, sondern sie legte sich aus einander, und aus ihrem Innern entfalteten sich wieder neue Blumen aus farbigen, auch wohl grünen Blättern; es waren keine natürliche Blumen sondern phantastische, jedoch regelmäßig wie die Rosetten der Bildhauer. Es war unmöglich, die hervorquellende Schöpfung zu fixieren, hingegen dauerte sie so lange als mir beliebte, ermattete nicht und verstärkte sich nicht.[1]

Durch eine solche Anschauungsweise ließe sich auch Goethes Idee der Metamorphose erkenntnistheoretisch stützen. Folgt man der Argumentation dieser Stelle, dann würde Goethes Metamorphosenlehre nicht nur im Reich der Natur, sondern wohl auch in dem der Kunst Geltung haben, wie es das Zitat im Vergleich der „phantastische[n], jedoch regelmäßig[en]" Blumen mit dem Beispiel der künstlichen „Rosetten der Bildhauer" veranschaulicht.[2] Dass die Einbildungskraft nicht nur bei der Betrachtung der Natur, sondern auch bei Kunstwerken benötigt wird, ergibt sich dann aus der dem obigen Zitat folgenden Stelle: „Dasselbe konnt' ich hervorbringen, wenn ich mir den Zierat einer buntgemalten Scheibe dachte, welcher denn ebenfalls aus der Mitte gegen die Peripherie sich immerfort veränderte, völlig wie die in unsern Tagen erst erfundenen Kaleidoskope".[3] In Goethes morphologischer

---

[1] FA I, Bd. 25, S. 825f.

[2] FA I, Bd. 25, S. 826. In eine ähnliche Richtung weist Goethes frühere Charakterisierung der Urpflanze als „das wunderlichste Geschöpf von der Welt, um welches mich die Natur selbst beneiden soll": „Mit diesem Modell und dem Schlüssel dazu, kann man alsdann noch Pflanzen in's Unendliche erfinden, die konsequent sein müssen, das heißt: die, wenn sie auch nicht existieren, doch existieren könnten und nicht etwa malerische oder dichterische Schatten und Scheine sind, sondern eine innerliche Wahrheit und Notwendigkeit haben" (FA I, Bd. 15/1, S. 346). Auch der Malerei und der Dichtung kann, berücksichtigt man Goethes Kommentar zu Purkinje, eine solche „innerliche Wahrheit und Notwendigkeit" gegeben sein und sie können somit jede mögliche Veränderung der Natur nachbilden. In diesem Sinne geht es bei Goethes Morphologie um keine strenge Unterscheidung von Natur und Kunst, da in ihr die künstliche „regelmäßig[e]" Abbildung der Natur sowie deren Anschauung durch „die produktive Einbildungskraft" möglich ist.

[3] FA I, Bd. 25, S. 826. Das Kaleidoskop war zwar bereits in der Antike bekannt, wurde aber erst 1816 dann wieder vom schottischen Physiker David Brewster neu „erfunden[]".

Auffassung von Natur und Kunst also lässt die Einbildungskraft den Gegenstand jeweils „poetisch", d. h. hier produktiv bzw. genetisch anschauen, wie die oben zitierte Stelle zudem Assoziationen mit Blick auf den römischen Dichter Ovid weckt, der in seinen *Metamorphosen*, so Goethe, „die Analogie der tierischen und menschlichen Glieder im Übergang" poetisch „trefflich ausgedrückt" habe,[1] was nahelegt, dass Goethe auf die Idee eines Versuchs der Wiedervereinigung von Poesie und Wissenschaft abzielt, deren Wichtigkeit er immer wieder betont hat.[2]

Goethes „poetische[r] Ausdruck" im *Faultier*-Aufsatz zeigt uns die für ihn charakteristische poetisch-produktive bzw. „genetische Betrachtung"[3] der bildlichen Darstellungen. Hierbei geht es somit um einen konkreten Fall der doppelten Funktion des Bildes im Kontext morphologischer Anschauungsweise, deren interdisziplinäre Untersuchung in den beiden Bereichen von Natur und Kunst sich der künftigen Bildforschung als interessante Aufgabe stellen wird.

---

[1] FA I, Bd. 24, S. 690. Für Goethe waren Ovids *Metamorphosen* eines der ersten literarischen Werke, die ihn als Kind wirklich beeindruckt hatten. Siehe FA I, Bd. 14, S. 41-42. Vgl. dazu auch meinen Aufsatz: Verwandlungen des Lebendigen. Metamorphose im Wandel, in: der blaue reiter. Journal für Philosophie Bd. 29 (2010), S. 46-50.

[2] Siehe dazu z. B. FA I, Bd. 24, S. 457 f.

[3] FA I, Bd. 25, S. 533. Vgl. FA I, Bd. 24, S. 230, wo es heißt: „Die Erfahrung muß uns vorerst die Teile lehren, die allen Tieren gemein sind, und worin diese Teile verschieden sind. Die Idee muß über dem Ganzen walten und auf genetische Weise das allgemeine Bild abziehen."

9. Rousseaus Gespenster: Die Tugend der Republik, *Volonté générale* und das politische Undarstellbare

Sun Chun

(Beijing Foreign Studies Universität, Beijing)

Sowohl im europäischen Politik- und Staatsverständnis als auch in der Herrschaftspraxis ist das Problem der politischen Repräsentation von besonderer Relevanz und wird immer wieder als ein wichtiges Thema in der öffentlichen Diskussion aufgegriffen. In der politischen Repräsentation geht es um einen einschließenden und zugleich ausschließenden Machtmechanismus der Bildgebung: Der Repräsentant steht im Zentrum der politischen Szene, spricht und handelt im Namen des Volkes. Allerdings unterliegen die Formen der Repräsentationen den historischen Veränderungen und vermögen eben darum die zeitgenössischen Auffassungen von Staat, Souveränität und Recht spiegelbildlich zu veranschaulichen. Wesentlich für unser Verständnis solcher Repräsentationsmechanik und Bildpolitik ist zunächst, dass die staatliche und rechtliche Ordnung ihre eigene Evidenz und Wirksamkeit aus einer spezifischen Verbindung mit dem Fiktiven oder dem Imaginären bezieht, wie in der Studie von Albrecht Koschorke, Susanne Lüdemann usw. über die „Konstruktionen des politischen Körpers in der Geschichte Europas" betont wird:

> [...] dass die soziale und politische Ordnung selbst auf einer Ordnung des Imaginären beruht, welche Dichotomien vom Typ Basis/ Überbau oder Realität/Fiktion durchkreuzt. Denn keine Gesellschaft existiert ohne Institutionen, und Institutionen sind in dem hier bezeichneten Sinn fiktiv. Allein damit sich eine Ansammlung von Individuen als kollektiver Agent begreifen kann, um sich überhaupt institutionsfähig

zu machen, ist eine Reihe von schöpferischen ästhetischen Prozeduren erforderlich. Es müssen Vorstellungen von Einheit und Ganzheit geschaffen werden, über deren Vermittlung die Beteiligten erst rückwirkend zu einem Selbstverhältnis, zu einem Eigenbild finden.[1]

Jede Herrschaftsform bedient sich des politischen Imaginären, als dessen fundamentale Bestandteile politische Bilder, Metaphern und auch unterschiedliche Narrative gelten, um nicht nur dem Politischen eine gewisse Sichtbarkeit zu verleihen, wie es bei den königlichen Zeremonien und Ritualen der Fall ist, sondern auch ihre Legitimität sicherzustellen. In einem eminenten Sinn ist die Legitimationsbegründung darauf bedacht, die Gemeinschaftsbildung für den Menschen moralisch und rechtlich legitim erscheinen zu lassen. Damit verknüpft ist die politisch-juristische Konstruktion des Kollektivs „Wir", die ohne das Wirken der politischen Einbildungskraft undenkbar wäre, insofern das kollektive Wir seinem Wesen nach ein imaginäres Gebilde ist und erst über ästhetische, symbolische und affektive Verkörperungsvollzüge das Licht der Welt erblickt.

Als *locus classicus* des politischen Imaginären fällt dem in der Neuzeit Europas entstandenen staatsphilosophischen Kontraktualismus die Aufgabe zu, die menschliche Gemeinschaft auf eine neue gedankliche Grundlage zu gründen und in Zeiten des Ordnungsschwundes und der Legitimationskrise auch zu begründen, als das herkömmliche Ordnungsgefüge, sei es kosmologisch oder christlich-transzendental, seiner Glaubwürdigkeit und Geltung verlustig gegangen ist und die Kontingenz zu „einem konstitutiven Moment des neuzeitlichen Selbst- und Weltverständnisses" avanciert wird.[2] Damit korrespondieren die Fragen „nach der Legitimität menschlicher Herrschaft ,ohne Gott', nach dem Ursprung sozialer Ordnung, nach dem ontologischen Ort des Politischen, nach den Grenzen der Macht, nach dem Verhältnis von Recht und Gewalt".[3] Die Natürlichkeit der gegebenen Herrschaftsordnung, von der der politische Aristotelismus ausgeht, der „das alteuropäische Verständnis des Menschen

---

[1] Albrecht Koschorke, Susanne Lüdemann, Thomas Frank, Ethel Matala de Mazza, Der fiktive Staat. Konstruktionen des politischen Körpers in der Geschichte Europas, Frankfurt am Main 2007, S. 11.

[2] Michael Makropoulos, Modernität als Kontingenzkultur. Konturen eines Konzepts, in: Gerhart v. Graevenitz/O. Marquard (Hg.), Kontingenz (Poetik und Hermeneutik XVII). München 1998, S. 69.

[3] Albrecht Koschorke, Susanne Lüdemann, Thomas Frank, Ethel Matala de Mazza, Der fiktive Staat, a. a. O., S. 151.

und seiner sozialen und politischen Lebensverhältnisse"[1] formt und den
Menschen als *Zoon Politikon* apostrophiert, ist seit der europäischen Frühen
Neuzeit einer anderen Vorstellung vom Politischen gewichen: Die Gründung
des Gemeinwesens muss an der Schwelle zwischen Natur und Geschichte/
Politik stattfinden, wo die unpolitischen, sprachbegabten und allein auf
sich gestellten Menschen durch einen miteinander abgeschlossenen und
darum „künstlichen" Sozialvertrag die staatliche Ordnung selbst herstellen.
In der kontraktualistischen Staatsgründungserzählung als solcher ist ein
bedeutendes Legitimationsprogramm der Neuzeit beschlossen, das unter
Berufung auf das Naturrecht die Notwendigkeit der Staatsgewalt zu begründen
sucht. Dieses naturrechtliche Erzählen hat sich als geschichtsmächtig
erwiesen und unsere politische Welt grundlegend geprägt, wie Otfried
Höffe es bündig formuliert:

> Das neuzeitliche Naturrechtsdenken inspiriert die amerikanische
> und die Französische Revolution und führt zum modernen Typ des
> Gemeinwesens, dem demokratischen Rechts- und Verfassungsstaat
> mit seiner religiösen Neutralität, ferner zur Trennung von persönlicher
> Moral und politischer Gerechtigkeit, zur Gewaltenteilung, der
> Volkssouveränität und der Menschenrechte als Grundrechte. Außer
> der politischen Grundordnung und dem öffentlichen Recht wird auch
> das Privatrecht nachhaltig verändert.[2]

Daraus folgt, dass solchem Erzählen ein performativer Charakter
innewohnt, der darin besteht, nicht nur die kollektive Verständigung im
sozialen und politischen Feld zu ermöglichen, sondern auch die künftige
Geschichte beziehungsweise Wirklichkeit zu präfigurieren und zu
konstruieren.

Um der Aufgabe nachzukommen, die Wirkungsmächtigkeit und
Funktionsweise des politischen Imaginären in Rousseaus Republikanismus
zu erschließen, widme ich mich in dieser Arbeit zuerst der
Souveränitätslehre von Thomas Hobbes, der zu Recht als der Begründer der
neuzeitlichen Vertragstheorie und dementsprechend als Rousseaus Vorläufer
angesehen wird, und werde zeigen, welche neuen Möglichkeiten und auch

---

[1] Wolfgang Kersting, Die politische Philosophie des Gesellschaftsvertrags. Darmstadt
1994, S. 1.

[2] Otfried Höffe, Politische Gerechtigkeit. Grundlegung einer kritischen Philosophie von
Recht und Staat. Frankfurt am Main 1997, S. 90.

Unmöglichkeiten in Rousseaus Staatsgründungsnarrativ eröffnet werden, den Souverän, den Staat und nicht zuletzt das Volk darzustellen.

I

In dem imponierenden und deutungswürdigen Frontispiz des *Leviathan* von Thomas Hobbes tritt ein ungeheuer Staatskörper, nämlich ein absolutistischer Souverän auf, der, wie das an der oberen Bildkante stehende Hiob-Zitat „Non est Potestas Super Terram quae Comparetur ei" (Keine Macht auf Erden ist dieser Macht vergleichbar) besagt, über die höchste Macht auf Erden verfügt. Alle Macht und ihre Symbole stehen dem Souverän zu Gebote: Er trägt eine Krone, hält den Bischofsstab in der linken und das Schwert in der rechten Hand. Sein Oberkörper überragt die Berglandschaft und erstreckt sich bis in die himmlische Höhe, die auf seine unermessliche königliche Hoheit hinweist. Ethel Matala de Mazza zufolge hat dieses Titelkupfer einen wesentlichen Beitrag dazu geleistet, „den ungeheuren Souverän zur vielleicht eindrucksvollsten und wirkungsmächtigsten Sinnfigur des Politischen überhaupt avancieren zu lassen." [1]

Das Entscheidende dabei ist, dass der inszenierte Souverän einerseits „die Geschichte repräsentiert" und „das historische Geschehen in der Hand wie ein Szepter hält",[2] wie Walter Benjamin in seinem Trauerspielbuch über den barocken Souverän schreibt, anderseits aber immer die unüberwindbare Gewalt der Natur, auch des Naturzustandes mit sich bringt: In der Gründungsszene ist der Natur eine folgenreiche Ambivalenz verhaftet. Sie bildet die Ausgangslage und zugleich den Ausnahmezustand des Hobbes'schen Leviathan. Außerdem stammt der Name Leviathan, den Hobbes dem Staat gibt, eigentlich aus dem Buch Hiob und bezeichnet ein unheimliches Seeungeheuer. In der souveränen und mit dem menschlichen Antlitz versehenen Größenimago bleibt die antipolitische und sich absolut außerhalb und jenseits des Rechtszustandes befindende Animalität des biblischen Monsters noch erhalten. Auf diese Weise ist in dem modernen Staat, der kontinuierlich aus dem Leviathan-Bild Kräfte schöpft, eine

---

[1] Albrecht Koschorke, Susanne Lüdemann, Thomas Frank, Ethel Matala de Mazza, Der fiktive Staat, a.a.O., S. 71.

[2] Walter Benjamin, Ursprung des deutschen Trauerspiels, in: ders., Gesammelte Schriften, hg. von Rolf Tiedemann und Hermann Schweppenhäuser, Bd. I. i, Frankfurt am Main 1974, S. 245.

grundlegende strukturelle Paradoxie angesiedelt, die im Zentrum von Agambens Hobbes-Lektüre und seiner Einsicht in die europäische Politikgeschichte steht:

> Wichtig ist zu bemerken, dass bei Hobbes der Naturzustand in der Person des Souveräns überlebt, der als einziger sein natürliches *ius contra omnes* bewahrt. Die Souveränität stellt sich somit wie eine Einverleibung des Naturzustandes der Gesellschaft dar oder, wenn man will, wie eine Schwelle der Ununterschiedenheit zwischen Natur und Kultur, zwischen Gewalt und Gesetz, und genau in dieser Ununterscheidbarkeit liegt das Spezifische der souveränen Gewalt. Deshalb befindet sich der Naturzustand nicht wirklich außerhalb des *nómos*, sondern enthält ihn virtuell.[1]

Dieser wuchernden Souveränitätsparadoxie liegt die ursprüngliche Entgegensetzung von Naturzustand und Gesellschaftszustand zugrunde, die, wie man am Titelbild ablesen kann, auch eine visuelle und theatralische Ausgestaltung im Rumpf des Homo Magnus erfährt: Der *body politic* ist aus vielen kleinen Menschenkörpern zusammengesetzt. Hinter dieser Darstellungsweise steht Hobbbes' Konzeption der Person und der politischen Repräsentation: Aus dem unter den Menschen im Naturzustand vollzogenen Gründungsakt und dem Autorisierungsakt erwächst eine öffentliche Person, die durch den Souverän verkörpert und als Autor der Handlungen aller Menschen anerkannt wird. Mit dem Eintritt in den Gesellschaftszustand geht die Hervorbringung einer *persona ficta* von kollektiver Verbindlichkeit einher, deren Form singulär sein und bleiben muss. Dann obliegt es der souveränen Person, durch ihre erhabene Erscheinung, die auch als Symbol für die ihr zugewiesene unanfechtbare Machtvollkommenheit steht, das Volk zu repräsentieren. Es ist nicht zu übersehen, dass die die Staatsperson konstituierenden Vielen nur eine höchstens vage und fragile Sichtbarkeit innehaben: Der Auftritt des leviathanischen Gesichts bewirkt das Verschwinden der Gesichter aller Staatsbürger. Die Aufrichtung des politischen Körpers bei Hobbes ist einer „absorptiv-identitären Repräsentation" geschuldet, mithilfe derer „einerseits sich eine Menge von Individuen in ein Volk, eine politische Einheit verwandelt" und andererseits ein Souverän zustande kommt, der „die

---

[1] Giorgio Agamben, Homo Sacer. Die souveräne Macht und das nackte Leben, Frankfurt am Main 2002, S. 46.

Selbstbestimmungsrechte der Individuen absorbiert" und sich zugleich als „ihr autorisierter Vertreter" darstellt. [1]

Nichts könnte weiter von Hobbbes' Bestreben entfernt sein, als eine Volkssouveränität philosophisch zu rechtfertigen. Dennoch muss die souveräne Macht aus der gegenseitigen Übereinkunft abgeleitet werden, die als Legitimitätsquelle der Staatsgründung fungiert. Darin liegt das staatsphilosophische und narrative Verdienst von Thomas Hobbes, die Figur *legibus solutus* mit dem Motiv des Vertrags zu kombinieren. In Thomas Hobbes' legitimationstheoretischem Programm sieht Friedrich Balke aber eine Grundlosigkeit der höchsten Macht in der säkularen Welt enthalten: Die Profanierung der absoluten Macht wird durch die Etablierung „eines politischen Fetischs" verhüllt, der im Titelkupfer des *Leviathan* „zwischen mythischem Monstrum und künstlichem Tier changiert". Darüber hinaus ist im „souveränen Exzess" das Wissen „um die grundsätzliche Abwesenheit oder Unmöglichkeit bzw. eitlen Nichtigkeit" einer solchen im Prozess der Autorisierung entstehenden Gewalt verborgen. [2] In ein anderes Licht gestellt, könnte gerade diese Grundlosigkeit als die Absolutheit der Souveränität gelesen werden, die das zu repräsentierende Volk auf ein politisches Nichts reduziert.

Der große Kunsthistoriker Horst Bredekamp, dem wir wertvolle bildwissenschaftlich orientierte Deutungsansätze zu Hobbbes' Staatstheorie verdanken, hat die politische Bedeutsamkeit und Implikation des Bildes, insbesondere des Titelbildes von *Leviathan*, hervorgehoben: Das Bild ist handlungsfähig und imstande, durch die visuelle Wirkkraft, die absolute Herrschaftsgewalt zu zementieren. Dergestalt ist das Bild bei Hobbes dem Ziel dienstbar gemacht, „die visuelle Präsenz des Leviathan als Schild gegen den potentiellen drohenden Bürgerkrieg zu stellen" und somit die Schwäche des sprachlichen oder schriftlichen Vertrags zu kompensieren, die sich darin zeigt, dass der Gesellschaftsvertrag der ständigen Gefahr ausgesetzt werden kann, „von den Vertragspartnern gebrochen zu werden, wenn es keine sichtbare Macht gibt, um sie in Schach zu halten." [3] Durch die Beschwörung der Urangst, die an die Erinnerung an den primordialen, rechtlosen und

---

[1] Wolfgang Kersting, Die politische Philosophie des Gesellschaftsvertrags, a.a.O., S. 93.

[2] Vgl. Friedrich Balke, Politik, in: Daniel Weidner (Hg.), Handbuch Literatur und Religion. Stuttgart 2016, S. 58.

[3] Horst Bredekamp, Der Bildakt. Frankfurter Adorno-Vorlesungen 2007, Berlin 2015, S. 196.

kriegerischen Naturzustand gebunden ist, hat die Bildaktivität bei Hobbes
ermöglicht, der neuzeitlichen Politik und dem modernen Staat eine
wirkungsvolle Gestalt zu geben. Dabei ist das im Inneren der souveränen
Körperlichkeit verankerte aporetische Verhältnis von Souverän und Volk
auch perpetuiert. Offenbar ist der Hobbes'sche Staatsentwurf durch einen
ausgeprägten Absolutismus gekennzeichnet, der den riesenhaften und
beinahe „göttlichen" Souverän ins Zentrum des politischen Raums stellt. In
der Formel „Rex est populus" gipfelt die absolutistische Repräsentationslehre
von Thomas Hobbes und sie wirft dann die Frage auf, ob die Republik, die
in und nach der demokratischen Revolution deswegen auf den Trümmern
der monarchischen und absolutistischen Souveränität etabliert ist, auch
einen Körper hat? [1] Auf diese Frage beabsichtige ich, anhand meiner
Auseinandersetzung mit Rousseau, den „man als einen der bedeutendsten
modernen Mythologen des Staatswesens"[2] beschreiben kann, und dessen
republikanisches Denken ein großes Versprechen für die Menschheit
bedeutet, eine mögliche Antwort zu liefern.

II

Rousseaus Unbehagen an der Repräsentationstheorie begegnet man
hauptsächlich in seinem *Contrat Social* (*Vom Gesellschaftsvertrag*), wo er
an einer Stelle die Entstehung der Idee der Repräsentation einer
geschichtlichen Darlegung unterzogen und die römische Republik, die keine
politische Stellvertretung kennt, als vorbildlich gewürdigt hat:

> Der Begriff der Vertreter ist modern; er stammt aus der Zeit des
> Feudalsystems, von jener ungerechten und widersinnigen Regierungsform,
> in der das Menschengeschlecht erniedrigt und der Name des
> Menschen entehrt war. [...] Es ist auffallend, dass in Rom, wo die
> Tribunen so heilig waren, kein Mensch daran dachte, dass sie die
> Funktionen des Volks an sich reißen könnten, und dass sie, inmitten
> einer solchen Menge von Menschen, niemals versucht haben, auch
> nur eine Volksentscheidung zu umgehen. Welche Verwirrung eine
> Volksabstimmung aber manchmal anrichten kann, beweist die Zeit

---

[1] Vgl. Philip Manow, Im Schatten des Königs. Die politische Anatomie demokratischer
Repräsentation, Frankfurt am Main 2008, S. 7ff.

[2] Albrecht Koschorke, Wahrheit und Erfindung. Grundzüge einer Allgemeinen
Erzähltheorie, Frankfurt am Main 2017, S. 381.

der Gracchen, wo ein Teil der Bürger von den Dächern herab abstimmen.[1]

Hierin ist die Historizität des Denkens der Vertretung akzentuiert. Die Moderne, die Rousseau als den Geburtsort des Repräsentationsdenkens, des Feudalsystems sowie der ungerechten Regierungsform konstatiert hat, und von der nur zu gewärtigen ist, dass sie der Menschenwürde Schaden zufügt, ist bei Rousseau für den Verfall des Politischen verantwortlich und auf diese Weise mit einem negativen Antlitz in Rousseaus Geschichtsphilosophie eingebettet. Dagegen zeichnet sich in der römischen Republik eine für alle zugängliche Öffentlichkeit ab, wo alle Bürger berechtigt und zugleich bereit sind, über gemeinsame Angelegenheiten zu entscheiden. Dementsprechend ist den alten Römern die Politik der Repräsentation ganz und gar fremd. Rousseaus auf die Moderne gerichtete Kritik durchzieht sein staatstheoretisches Denken. Der Repräsentationsbegriff, wie schon bei Hobbes gezeigt, entpuppt sich als ein zentrales Mittel der dem Volk ausschließlich eine „fiktive" und illusionäre Existenzform schenkenden staatlichen Herrschaft. Sigrid Weigel hat darauf hingewiesen, dass, obwohl dem Konzept des Repräsentierens „eine mehrdeutige Semantik eingeschrieben ist", die Möglichkeit noch bleibt, die Gemeinsamkeit zwischen unterschiedlichen Begriffsbestimmungen zu finden, nämlich den Gedanken „der Substitution, des Ersetzens (der Abwesenheit evoziert)".[2] Auf das politische Gebiet übertragen bleibt dem Herrschaftsteilhaber „Volk" in seinem Repräsentiert-Werden, so paradox es klingt, der Zugang zu der souveränen Öffentlichkeit verweigert. Damit verknüpft sind „das Erkalten der Vaterlandsliebe, das Schaffen für das Privatinteresse, der Riesenstaat, die Eroberungen, die Missbräuche der Regierung".[3] Dass Rousseau kompromisslos die das Volk darstellende und repräsentierende Staatsform zurückgewiesen hat, kann nur in den Argumentationszusammenhängen seines republikanischen Staatsdenkens nachvollzogen werden.

Es geht Rousseau darum, eine Tugendrepublik zu begründen, die im Zeichen der Freiheit steht. Rousseau mutet uns ausdrücklich eine Staatsauffassung zu, dass die Staatsgewalt, die im eigentlichen Sinne mit

---

[1] Jean-Jacques Rousseau, Vom Gesellschaftsvertrag oder Prinzipien des Staatsrechts, in: ders., Politische Schriften Band I. Paderborn 1977, S. 159.

[2] Sigrid Weigel, Grammatologie der Bilder. Frankfurt am Main 2015, S. 314.

[3] Rousseau, Vom Gesellschaftsvertrag oder Prinzipien des Staatsrechts, a.a.O., S. 158.

einem Zwangscharakter ausgestattet ist, auch die Idee der Freiheit
verkörpern könnte. Darin steckt Rousseaus Grundannahme, dass die
Herausbildung einer politischen Ordnung nur insofern legitim und
wünschenswert ist, als sie mit dem Freiheitsrecht des Individuums in
Übereinstimmung steht. Die Spannung zwischen Herrschaft und Freiheit in
einem idealen Gemeinwesen aufzuheben, bedeutet für ihn das
Grundproblem des Politischen:

> Es muss eine Gesellschaftsform gefunden werden, die mit der
> gesamten gemeinsamen Kraft aller Mitglieder die Person und die
> Habe eines jeden einzelnen Mitglieds verteidigt und beschützt; in der
> jeder einzelne, mit allen verbündet, nur sich selbst gehorcht und so
> frei bleibt wie zuvor.[1]

Für Rousseaus Republikideal ist die individuelle Freiheit unverzichtbar.
Wenn sich die Legitimität der Rechtsordnung aus einem Freiheitsrecht
ableitet, das dem vorstaatlichen und rechtlosen Naturzustand entsprungen ist,
dann muss die gewünschte Gemeinschaft eine erforderliche und
außergewöhnliche Verbindung mit der Natur, die das Außerhalb der
Geschichte/Politik bildet, aufrechterhalten. In Rousseaus Utopie fallen die
Natürlichkeit des *status civilis* und die Normativität des *status naturalis* in
eins. Aber im Bewusstsein der schon bestehenden Kluft, die sich zwischen
Natur und Kultur, zwischen dem in den Tiefen der Wälder wandernden
Naturmenschen und dem vergesellschafteten, vergemeinschafteten
Kulturmenschen auftut, hat Rousseau eine eminente Kategorie der
Autonomie heraufbeschworen, die das Epizentrum des Rousseau'schen
Republikanismus darstellt, um seine höchst voraussetzungsreiche und
utopische Staatskonstruktion plausibel erscheinen zu lassen. Bei Rousseau
eignet dem Begriff der Autonomie nicht nur eine moralische Relevanz, die
für Kants Morallehre charakteristisch ist, sondern auch eine staatsrechtliche,
die den Akt der Selbstgesetzgebung impliziert. Als ein republikanischer
kategorialer Imperativ ist diese in der politischen Ideengeschichte bisher
unbekannte Selbstgesetzgebung an alle Vertragsschließenden und
Gemeinschaftsmitglieder adressiert, denen abverlangt wird, sich den
Gesetzen zu unterwerfen, die durch sie selbst gegeben und erlassen werden.
Formal sowie inhaltlich ist solche Handlung dazu verpflichtet, die
individuelle Freiheit nahtlos in die kollektive Freiheit zu überführen,

---

[1] Rousseau, Vom Gesellschaftsvertrag oder Prinzipien des Staatsrechts, a.a.O., S. 73.

wodurch das staatskonstitutive Spannungsverhältnis von Gehorsamkeit und Freiheit ausgeblendet wird, oder mit den Worten von Hans Vorländer:

> Es ist das Volk, das sich selbst die Gesetze gibt und damit Freiheit in einem politischen Sinne erst schafft, zugleich sich selbst aber auch verpflichtet, den Gesetzen zu folgen. Rousseau erweitert damit den Vertragsgedanken, den schon Thomas Hobbes zur Grundlage seiner Begründung des modernen Staates verwendet hatte. [...] wo aber Thomas Hobbes mit seiner Konstruktion des Leviathan [...] eine höchste Gewalt einsetzt, an die die Bürger alle ihre Rechte abtreten und die, jenseits ihrer Verfügungsgewalt, die absolute, ungeteilte Souveränität repräsentiert, belässt Rousseau die gesetzgebende Gewalt beim Volke selbst. Hobbes' Konstruktion kann als Begründung einer absolutistischen Monarchie verstanden werden. Rousseaus Gesellschaftsvertrag aber läuft auf die Begründung der Souveränität des Volkes als der entscheidenden Gesetzgebungsinstanz hinaus.[1]

Gestützt auf die legitimitätsstiftende Idee der Selbstgesetzgebung aller hat Rousseau eine Mythologie der Volkssouveränität verfasst, die dem Zweck dient, ein gedeihliches öffentliches Leben der Staatsbürger zu konstruieren: Alle sollten sich auf die Sphäre des Politischen und Rechtlichen begeben und als genuine Staatsgründer in Erscheinung treten. Sie bilden das lebendige und unreduzierbare Volk, das gemeinschaftliche Ich. Man könnte sagen, das Politische hat in dieser vollkommenen Sichtbarkeit seine einmal verlorengegangene Eigentlichkeit und Homogenität wieder empfangen. Paradoxerweise verwandelt sich dieser heroische und buchstäblich romantische Staatsgründungsakt augenblicklich in ein kollektives Selbstopferritual, eine beispiellose Volkssouveränitätsmythologie in ein drastisches Opfernarrativ. Der Eintritt in den Rousseau'schen „Erscheinungsraum" setzt die vollständige und bedingungslose Rechtsabtretung jedes Mitglieds an die künftige Gemeinschaft voraus. In dieser Konstellation findet in Rousseaus Denkgebäude ein wechselseitiger Austausch zwischen dem individuellen Ich und dem gemeinschaftlichen Ich, dem verfassunggebenden Volk und dem unter dem Gesetz stehenden Volk, dem Souverän und dem Unterworfenen, statt. Als Sachwalter der Freiheit und der Volkssouveränität hat Rousseau die Präsenz des Volks auf Dauer gestellt, wodurch garantiert wird, dass sich

---

[1] Hans Vorländer, Demokratie. Geschichte, Formen, Theorien, München 2003, S. 56.

das Volk als das gerechte politische Subjekt begreifen kann. Im Rousseau'schen staatsrechtlichen Sprechakt, der die Ununterscheidbarkeit zwischen Herrscher und Untertan sowie Herr und Knecht in die ideale demokratische Staatlichkeit hineinträgt, lebt noch die alte Semantik des Begriffes „Subjekt", lat. subiectum: das Unterworfene.[1]

Im Gegensatz zu Thomas Hobbes, der im ausgemalten leviathanischen Staatskörper durch den Kunstgriff der Repräsentation das Volk zurückweichen und den Souverän im Namen des Volkes die Stimme und die Staatsverfassung geben lässt, spricht Rousseau dem Volk eine fortdauernde Evidenz als Manifestation der Souveränität zu. Wenn Rousseaus Gesellschaftsvertrag, so Wolfgang Kersting, „gesellschaftsweite Realität und andauernde Präsenz" erfordert und die „volkssouveränitäre Herrschaft" fundiert, verfängt sich dieses Vertragsmodell in einer Aporie:

> Die Unveräußerlichkeit des Freiheitsrechts, die paradoxerweise die vollständige Entäußerung der Freiheit an die Gemeinschaft, an die durch die Entäußerung gebildete und daher intern demokratisch strukturierte Gemeinschaft verlangt, um zu einer angemessenen politischen Organisationsform zu gelangen, bleibt bestehen und macht sich als Unveräußerlichkeit der Souveränität, als Unrepräsentierbarkeit des allgemeinen Willens und als Unvertretbarkeit der Herrschaftsteilhabe bemerkbar.[2]

Die Denkfigur des politischen Körpers, von der Rousseau auch im *Contrat Social* nicht selten Gebrauch macht, gibt zu erkennen, dass sich Rousseau dazu verpflichtet, die Ganzheit und Unteilbarkeit der Souveränität bildpolitisch zu befestigen. Gemessen aber an der Hobbes'schen singulären Staatsperson, die strukturell nicht an den Vertrag und die Gesetze gebunden ist und übrigens die Bildlichkeit des Politischen monopolisiert, bleibt der Gesellschaftskörper bei Rousseau eine „körperlose" und damit „unsichtbare" Konfiguration: Die Souveränität kann nicht vertreten werden, oder anders gesagt, das Volk kann nicht darstellbar gemacht werden, obwohl es lebendig und schillernd auf der politischen Bühne auftritt. Dadurch lässt Rousseau das Hobbes'sche Repräsentationssystem zerfallen. Jedoch ist ihnen gemeinsam

---

[1] Richard Aczel, Subjekt und Subjektivität, in: Ansgar Nünning (Hg.), Ansätze – Personen – Grundbegriffe. Stuttgart/Weimar 2013, S. 724.

[2] Wolfgang Kersting, Die politische Philosophie des Gesellschaftsvertrags, a.a.O., S. 171.

das Beharren auf der Einheit und Totalität der souveränen Macht. Mit Recht hat Wolfgang Kersting darauf aufmerksam gemacht, dass in Rousseaus Staatsgründungserzählung ein „ungeschmälerter souveränitätstheoretischer Hobbesianismus" [1] beheimatet ist. In der Tat geht Rousseau so weit, dass seine politische Körperschaft keine Lücke, die sich auch in der Figur des außerhalb der Rechtsordnung stehenden Hobbes'schen Souveräns findet, dulden will. In Rousseaus Idealstaat wird das Volk als Souverän gedacht, der doch der repräsentativen Personifikation entzogen bleibt, um eine öffentliche und zugleich geschlossene Gemeinschaft zu generieren. Dass sich alle Menschen in ein gemeinschaftliches Kollektiv eingliedern und nur sich selbst gehorchen, macht Rousseaus Bemühen um eine direkte und identitäre Demokratie deutlich. Wie dennoch schon angedeutet wird, scheint eine überhaupt sehr ambitionierte staatstheoretische Konstruktionshandlung als solche von schwieriger Paradoxie heimgesucht zu werden, dass die Selbstbestimmung, die zweckgebunden an die Absicherung des individuellen Freiheitsrechts ist, zu einer Selbstabschaffung führt. Diese Paradoxie ist auch bei der Begriffsbildung des Gemeinwillens, also *Volonté générale*, nicht getilgt.

Für den bedeutenden Rousseau-Interpreten Iring Fetscher ist nicht der Gesellschaftsvertrag, sondern die *Volonté générale* der zentrale Begriff der Rousseau'schen Politik. [2] Der schon in die politische Ideengeschichte eingegangene Begriff der *Volonté générale* legitimiert die Moralität, Sittlichkeit und Rechtsstaatlichkeit der Republik und zielt darauf ab, das Gemeinwohl und das gemeinschaftliche Freiheitsrecht vor jedem partikularen Willkür-Interesse zu schützten. Wichtig ist noch zu bemerken, dass der Gemeinwillen nicht als „die Summe der Einzelinteressen" (Gesamtwillen, *Volonté de tous*) zu verstehen ist. Rousseaus Formulierung lautet:

> Oft besteht ein großer Unterschied zwischen dem Gesamtwillen und dem Gemeinwillen. Er zielt nur auf das Gemeininteresse, der andere auf das Einzelinteresse und ist nur die Summe der Einzelinteressen. Zieht man davon die Extreme ab, die sich

---

[1] Wolfgang Kersting, Vom Vertragsstaat zur Tugendrepublik. Die politische Philosophie Jean-Jacques *Rousseaus*, in: Wolfgang Kersting (Hg.), Die Republik der Tugend. Jean-Jacques Rousseaus Staatsverständnis, Baden-Baden 2003, S. 17.

[2] Vgl. Iring Fetscher, Rousseaus politische Philosophie. Zur Geschichte des demokratischen Freiheitsbegriffes, Frankfurt am Main 1975, S. 118.

gegenseitig aufheben, so bleibt als Summe der Differenzen der Gemeinwille übrig.[1]

Am Verständnis von dem Gemeinwillenskonzept scheiden sich schon seit langem die Geister. Es scheint so zu sein, dass es in sich unterschiedliche und häufig gegensätzliche Elemente zusammenstellt: Absolutismus, Republikanismus, Liberalismus usw. Gerade wegen dieser nahezu unentwirrbaren Mehrdeutigkeit und Widersprüchlichkeit könnte diese politische Konzeption zukunftsoffen sein. Im Rousseau'schen Gemeinwillen sieht Patrick Riley eine Mischung von zwei bedeutenden Traditionen des politischen Denkens enthalten, nämlich „antike Geschlossenheit" und „moderner Voluntarismus" und diese Mischung ist in sich widersprüchlich.[2] Im Werk *Über die Revolution* hat Hannah Arendt diesem Begriff auch eine anregungsreiche Deutung gewidmet und dabei die tiefgründigen Differenzen zwischen der alt-römischen Auffassung von „der Einwilligung des Volks" und Rousseaus *Volonté générale* erschlossen. Arendt zufolge geht der Gesamtwillen bei Rousseau als Gegenbegriff zu Gemeinwillen auf die römische Theorie von „Konsent", Einwilligung oder Zustimmung aller Bürger zurück. Die Ersetzung des antiken „Konsents" durch den Gemeinwillen bedeutet für Arendt ein wichtiges Ereignis in der politischen Theorie, und in nicht minderem Maße auch in der Revolutionsgeschichte. Im Gegensatz zum Wort „Konsent", das die Wirklichkeit des antiken politischen Lebens angemessen zur Darstellung bringt und in sich den Gehalt von „wohlerwogener Wahl und vielfach bedachter Meinung" birgt, ist der Gemeinwille durch einen gründlichen Ausschluss gekennzeichnet: Ausgeschlossen sind „die vielfältigen Prozesse des Meinungsaustausches, des Hörens und Gehörtwerdens, und der daraus sich ergebenden begrenzten Übereinstimmung"[3], die für die römische Republik von zentraler Bedeutung sind. Es ist durch Arendt bezeichnenderweise festgelegt, dass diese Logik der Ausschließung zugunsten der Erzeugung der Einmütigkeit und Homogenität der *Volonté générale* den Grundton von Rousseaus politischer Philosophie und gleichermaßen den Geist der Französischen Revolution bestimmt hat. Der

---

[1] Rousseau, Vom Gesellschaftsvertrag oder Prinzipien des Staatsrechts, a.a.O., S. 88.

[2] Vgl. Patrick Riley, Eine mögliche Erklärung des Gemeinwillens, in: Reinhard Brandt/Karlfriedrich Herb (Hg.), Jean-Jacques Rousseau. Vom Gesellschaftsvertrag oder Prinzipien des Staatsrechts, Klassiker Auslegen, Berlin 2000, S. 107ff.

[3] Hannah Arendt, Über die Revolution. München 2011, S. 96.

allgemeine Volkswille widersetzt sich jeder weltlichen Instituierung und macht die Politik zu einer andauernden Bewegung, die nicht mit einer Gründung eines bestimmten Staates enden will. Vor diesem Hintergrund zeitigt der Anspruch auf politische Einheit die unaufhaltsame Ausscheidung der als heterogen wahrgenommenen Feinde, was die schon zum Ausdruck gebrachte Ausschluss-Logik immer wieder ins Spiel bringt: Am Anfang steht der Kampf gegen einen möglichen auswärtigen Feind, um eine gesamte nationale Politik und das Nationalbewusstsein zu errichten. Dann muss die Feindlichkeit innerhalb des etablierten politischen Körpers entdeckt werden, letztendlich auch „in der Brust jedes Einzelnen", so Arendt:

> [...] Die Einheit der Nation ist dadurch garantiert, dass jeder Bürger den Landesfeind in seiner eigenen Brust trägt und mit ihm auch das Allgemeininteresse, das nur der gemeinsame Feind wecken kann. Denn der allen gemeinsame Feind ist das Einzelinteresse und der Eigenwille eines jeden. Nur wenn jeder Einzelne sich selbst in seiner Vereinzelung den Krieg erklärt, kann er in der Lage kommen, in sich selbst seinen eigenen Feind zu erzeugen, und dieser Feind jedes Einzelnen als Einzelnen ist der Allgemeinwille; wenn ihm dies gelingt, ist er ein wirklicher und verlässlicher Bürger des Nationalstaats geworden.[1]

In der oben zitierten Darlegung der Dialektik zwischen Homogenität und Heterogenität, Einschließung und Ausschließung, vielleicht auch Freund und Feind, hat Arendt ausdrücklich der dem Politischen eigentümlichen Formel von der Produktion des Imaginären des Feindes Rechnung getragen. Solche Komplexität taucht ausdrücklich in der Tiefe des Rousseau'schen Konstrukts des Gemeinwillens auf. So ist es kein Zufall, dass diese Begrifflichkeit einen Freiheitszwang einschließen muss, der jedenfalls der individuellen Willensfreiheit widerspricht und doch die Identität und Ganzheit einer freiheitlichen Gemeinschaft zu stiften sucht:

> Damit dieser Gesellschaftsvertrag keine leere Form bleibe, muss er stillschweigend folgende Verpflichtungen beinhalten, die den anderen Verpflichtungen allein Gewicht verleiht: Wer dem Gemeinwillen den Gehorsam verweigert, muss durch den ganzen Körper dazu gezwungen werden. Das heißt nichts anderes, als man

---

[1] Hannah Arendt, Über die Revolution. München 2011, S. 99.

ihn dazu zwingt, frei zu sein.[1]

Unter diesem Umstand ahnt man bereits, welches gewaltsame wirklichkeitsherstellende Potential in die narrative Verfasstheit des Rousseau'schen Gesellschaftsvertrags eingeschrieben ist. Da dieser republikanische Imperativ der Freiheit die im Naturzustand herrschende natürliche Freiheit transzendiert, die in Rousseaus Gesellschaftskonstruktion immer noch eine legitimatorische Stellung einnimmt, stellt sich die Frage nach der Realisierbarkeit des Gemeinwillens. In der Einschätzung von Jürgen Habermas ist der durch Rousseau in den Mittelpunkt seiner Staatslehre gestellte Willensbegriff mit sehr starken normativen Gehalten belastet: „Rousseau treibt die ethische Überforderung des Staatsbürgers, die im republikanischen Gemeinschaftskonzept angelegt ist, auf die Spitze."[2] Dass die Normativität in den allgemeinen Willen des Volks eingearbeitet ist, unterläuft den Versuch, eine direkte Demokratie in einer „natürlichen" Weise zu verwirklichen. Um zu diesem Soll-Zustand zu gelangen und das kollektive, sittliche „Wir" zu bewerkstelligen, ist es immer zwingend, eine Unterscheidung zwischen dem Volk und dem Nicht-Volk vorzunehmen.

Hier könnte man bei der Betrachtung zu dieser Grenzziehung das politische Denken von Carl Schmitt, der auch ein Rousseau-Leser ist, zu Rat ziehen. Im Rahmen seiner Liberalismuskritik plädiert Schmitt für einen präzisen und schlüssigen Begriff des Politischen, der um die Erkennbarkeit des Feindes (vielleicht auch des Volks) kreist: „Politisches Denken und politischer Instinkt bewähren sich also theoretisch und praktisch an der Fähigkeit, Freund und Feind zu unterscheiden. Die Höhepunkte der großen Politik sind zugleich die Augenblicke, in denen der Feind in konkreter Deutlichkeit als Feind erblickt wird."[3] Bei Carl Schmitt ist das Politische, wie Ethel Matala de Mazza treffend anmerkt, nicht länger an „das Monopol des Staates", sondern an „einen Superlativ, der die Überlegenheit des Politischen als Form rettet" und an die Freund-Feind-Unterscheidung als „Inbegriff des Unterscheidens" gekoppelt, um „das geschmeidige Sowohl-Als auch" in der modernen Politik nichtig zu machen.[4] Durch Carl Schmitt

---

[1] Rousseau, Vom Gesellschaftsvertrag oder Prinzipien des Staatsrechts, a.a.O., S. 77.

[2] Jürgen Habermas, Faktizität und Geltung. Beiträge zur Diskurstheorie des Rechts und des demokratischen Rechtsstaats, Frankfurt am Main 2019, S. 132.

[3] Carl Schmitt, Der Begriff des Politischen. München 1932, S. 54.

[4] Vgl. Ethel Matala de Mazza, Der populäre Pakt. Verhandlungen der Moderne zwischen Operette und Feuilleton, Frankfurt am Main 2018, S. 94ff.

wird das Geheimnis des Politischen bloßgestellt. Wir begegnen in Rousseaus Republikideal auch dieser unheimlichen Ausübung des Ausdifferenzierens und Ausschließens, die sich insbesondere in Rousseaus Aufforderung, das Volk zu identifizieren, manifestiert: „Ehe man also den Akt untersucht, mit dem ein Volk einen König wählt, müsste man erst den Akt untersuchen, durch den ein Volk ein Volk wird."[1] Darum wird das Volk zu einem uneinheitlichen und „unreinen" Begriff, der dauernd anfällig für Spaltung, Bruch und Paradoxie bleibt. In dieser Hinsicht steht die republikanisch begründete Gemeinschaft vor einer möglichen Krise: der Einsturz des Idealstaates. Auf einer anderen Ebene hat Rousseaus Scheitern an der Herstellung eines einheitlichen Volkskörpers das übliche und in erheblichem Maße romantische Bild von „Volk" in Frage gestellt. Unter Bezugnahme auf die Tradition des abendländischen politischen Denkens, dabei auch auf Hannah Arendts Studie über die Französische Revolution, hat der italienische Philosoph Giorgio Agamben dieses strukturelle und fundamentale Problem in aller Schärfe herausgestellt. Einerseits wird das Volk als die konstitutive Grundlage des Politischen verstanden, andererseits bleibt es als die Unterdrückten, die Armen und die Ausgeschlossenen „lange Zeit unterhalb der Schwelle der öffentlichen Sichtbarkeit"[2], wie Agamben darüber schreibt:

> Eine derart verbreitete und konstante semantische Zweideutigkeit kann nicht zufällig sein: sie muss einen Doppelsinn widerspiegeln, der dem Wesen und der Funktion des Begriffs in der abendländischen Politik grundsätzlich innewohnt. Alles nimmt sich also aus, als sei das, was wir Volk nennen, in Wirklichkeit nicht ein einheitliches Subjekt, sondern ein dialektisches Oszillieren zwischen zwei entgegengesetzten Polen: der Gesamtheit Volk [Popolo] als dem integralen politischen Körper auf der einen, der untergeordneten Gesamtheit Volk [popolo] als der fragmentarischen Vielheit bedürftiger und ausgeschlossener Körper auf der anderen Seite; hier eine Einschließung, von der man vorgibt, sie gehe ohne Rest auf, dort ein Ausschluss, von dem man weiß, dass es keine Hoffnung lässt.[3]

---

[1] Rousseau, Vom Gesellschaftsvertrag oder Prinzipien des Staatsrechts, a.a.O., S. 71.

[2] Friedrich Balke, Gründungserzählungen, in: Harun Maye/Leander Scholz (Hg.), Einführung in die Kulturwissenschaft. München 2011, S. 36.

[3] Giorgio Agamben, Was ist ein Volk?, in: Ders., Mittel ohne Zweck. Noten zur Politik, Freiburg/Berlin 2001, S. 36.

Diese gravierende Ambivalenz, die im Inneren der Begrifflichkeit des Volkes zu finden ist, bedeutet für Rousseau nicht nur eine souveräne Ausnahme, sondern auch einen philosophischen und „narrativen" Ausnahmezustand. Aus Rousseaus Sicht ist das Volk weder automatisch am Gemeinwohl orientiert noch ursprünglich mit einer republikanischen Tugend und einer genügenden politischen Urteilskraft versehen: „Von sich aus will das Volk immer das Gute, aber von sich aus erkennt es das Volk nicht immer. Der Gemeinwille hat immer recht, aber das Urteil, das ihn führt, ist nicht immer erleuchtet." [1] Diese Bezeichnung hat noch einmal den Bruch, den das Volk in sich trägt, bestätigt. Aus dieser verzwickten Konstellation macht Rousseau keinen Hehl und er gesteht zu, dass die Verwandlung von einem Naturzustandsbewohner zu einem tugendhaften Staatsbürger und die Gründung der Tugendrepublik nicht davon unbeeinflusst sein können. Mit diesem Dilemma konfrontiert, verwendet Rousseau darauf große Mühe, eine andere Erzählweise von dem Gründungsszenario vorzulegen:

> Damit ein Volk, das erst entsteht, Freude an gesunden politischen Maximen hat und den Grundregeln der Staatsvernunft folgt, müsste die Wirkung zur Ursache werden. Der Gesellschaftsgeist, der das Werk der Verfassung sein soll, müsste schon vor der Verfassung vorhanden sein. Die Menschen müssten schon vor den Gesetzen das sein, was sie durch sie erst werden sollen. [2]

An dieser Stelle erlebt der romantische und utopische Zug einen Höhepunkt, denn das Narrativ von der Geburtsstunde der edlen Volksrepublik lässt sich bei Rousseau in einer „unlogischen" Weise fabrizieren: Das erst in der Gemeinschaft zu entfaltende Gemeinschaftsethos muss schon vor dem Gründungsmoment vorausgesetzt werden, nämlich, das republikanische Volk soll der Republik vorangehen. Derart hat Rousseau die Schwellensituation der „Rechtsetzung" dramatisiert. Bleiben wir jedoch dieser spezifischen Zeitlichkeit/ Geschichtlichkeit des Gründungsmythos weiterhin zugewandt, können wir zu der Einsicht gelangen, dass Rousseaus Tugendrepublik einer höheren Ordnung entstammt und sich mehr als eine instrumentale und vernünftige Staatsmaschine darstellt. Um eines homogen politischen Körpers und einer geschlossenen Ordnung Willen wird die „göttliche" Instanz des Gesetzgebers darin „eingebürgert", die durch Dieter

---

[1] Rousseau, Vom Gesellschaftsvertrag oder Prinzipien des Staatsrechts, a.a.O., S. 99.
[2] Ebenda S. 102.

Thomä als Symptom für Rousseaus Wissen um die „Brüchigkeit der Ordnung" gelesen wird.[1] Dieser Gesetzgeber, der sich neben dem souveränen Volk auch Gesetzgebungskompetenz aneignet, ist transzendentaler Natur und erscheint als ein Aufklärer, der das Volk befähigt, Gemeinschaftstugend als Richtschnur des bürgerlichen Handelns zu folgen:

> Um die für das Wohl der Völker bestgeeigneten Gesellschaftsordnungen zu finden, bedürfte es eines Übergeistes, der alle menschlichen Leidenschaften kennt und keiner unterworfen ist; der mit unserer Natur keine Beziehung hat und sie dennoch von Grund auf kennt; dessen Glück von uns unabhängig ist und der sich dennoch mit unserem Glück befasst; der auf späten Ruhm wartet und in einem Jahrhundert arbeitet, um in einem anderen zu ernten. Man brauchte Götter, um den Menschen Gesetze zu geben.[2]

Die göttliche Dimension, die Rousseau diesem Gesetzgeber beimisst, könnte als ein vielsprechender Beleg dafür gelten, dass die „säkularisierte" Volkssouveränität ohne das Zutun der Religion und der Religiosität nicht auskommt. Albrecht Koschorke gibt einen Einblick in die außergewöhnliche Beschaffenheit der Gesetzgeberfigur in Bezug auf ihren historischen Kontext: „Der Kult um die Figur des Gesetzgebers" ist im 18. Jahrhundert und besonders in Frankreich entstanden. Damit dem politischen Körper in Abwesenheit eines ihn darstellenden und verkörpernden Monarchen auch eine einheitliche Form zugeschrieben werden kann, halten die französischen Aufklärer Ausschau nach einem Gesetzgeber als einer legislativen Instanz, der einerseits vorausblickend die „Menschenwerdung" des Volkes ermöglicht und „Zugang zu einer über das gewöhnliche Menschenmaß hinausgehenden" und „Heiligkeit des Gesetzes" garantierenden „Wahrheit oder Transzendenz" verschafft, andererseits keinerlei politische Macht beanspruchen würde und sich dadurch vom absoluten Monarchen unterscheidet. So nach Koschorke offenbart sich in diesem aufklärerischen Gesetzgeber „eine dialektische Spannung zwischen Sakralisierung und Entsakralisierung".[3] Als Erzieher

---

[1] Vgl. Dieter Thomä, Eine Philosophie des Störenfrieds. Mit einem neuen Nachwort über Donald Trump und den Populismus, Frankfurt am Main 2018, S. 112.

[2] Rousseau, Vom Gesellschaftsvertrag oder Prinzipien des Staatsrechts, a.a.O., S. 99.

[3] Albrecht Koschorke, Susanne Lüdemann, Thomas Frank, Ethel Matala de Mazza, Der fiktive Staat, a.a.O., S. 249f.

und Aufklärer des Volks vergegenwärtigt der Rousseau'sche *Législateur* wiederum die ethische Aufforderung des Gemeinwillens, die über den staatsrechtlichen Inhalt bei Weitem hinausgeht. In diesem Punkt liegt Rousseaus Bruch mit der Tradition der Vertragstheorie auf der Hand. Eine legitime Gemeinschaft kann nicht rein rational begründet werden und die Legitimität des Staates ist auch von seinem moralischen oder sittlichen Zustand abhängig, der auf etwas Transzendentales verweist. Dadurch ist die in der Neuzeit vorgekommene Überzeugung von der Staatsautonomie ins Wanken geraten, was aber zur Folge hat, dass Rousseaus Anspruch auf eine völlig geschlossene politische Ordnung einen Widerspruch in sich trägt.

III

Die Gesamtheit des Volkes als das republikanische Großsubjekt, auf der Rousseau unversöhnlichen Schwierigkeiten zum Trotz besteht, kann nicht mehr wie bei Hobbes durch einen einzigen König vertreten werden. Gleichzeitig sind das Hobbes'sche Repräsentationsdenken und die repräsentative Demokratie abgelehnt, wie Rousseau von der Souveränität und dem Gemeinwillen spricht:

> Die Souveränität kann [...] nicht vertreten werden, wie sie nicht veräußert werden kann. Sie besteht im Wesentlichen aus dem Gemeinwillen, und der Wille lässt sich nicht vertreten: entweder ist er er selbst oder er ist es nicht. Dazwischen gibt es nichts. Abgeordnete des Volkes sind und können nicht seine Stellvertreter sein. Sie sind nur seine Beauftragten.[1]

Aus diesem Grund zeichnet sich das Volk als „entkörpert" ab. Das Volk betritt in vollem Glanz den demokratischen Platz und entzieht sich jeder Art möglicher Vertretung. In vieler Hinsicht hat Rousseau eine politische Revolution philosophisch begründet. Uns ist bekannt, dass seine Idee von der Tugendrepublik auch eine beträchtliche Rolle in der Französischen Revolution gespielt hat: Der notorische und verhängnisvolle Tugendterror ist eng mit dem berühmten Bewunderer Rousseaus Robespierre verbunden.

Dass Rousseau das Repräsentationsmodell liquidieren und keinen Platz für den Hobbes'schen Souverän einräumen möchte, hat gewissermaßen die Entmachtung und Enthauptung des Königs Ludwig XVI. staatstheoretisch vorweggenommen. In Rousseaus Philosophie und in der Französischen

---

[1] Rousseau, Vom Gesellschaftsvertrag oder Prinzipien des Staatsrechts, a.a.O., S. 158.

Revolution ist der Körper des Königs demoliert, der in der absoluten Monarchie, besonders im *Ancien Régime*, das Imaginäre von der sozialen Ganzheit oder Integrität stiftet und gewährleistet, und nun an dessen Stelle das undarstellbare und unrepräsentierbare Volk tritt. Als Ergebnis der Abschaffung und Guillotinierung der körperlichen Staatsperson in Theorie und Praxis bildet sich in und nach der Revolution eine demokratische Gesellschaft aus, die der französische Philosoph Claude Lefort als „körperlose Gesellschaft" bezeichnet. [1] Aufgrund einer historisierenden Betrachtung wird das Machtmodell der Demokratie durch Lefort vor Augen geführt: „Die im Fürsten verkörperte Macht verlieh nun ihrerseits der Gesellschaft körperliche Gestalt. [...] Gemessen an diesem Modell zeichnet sich der revolutionäre und beispiellose Zug der Demokratie ab: Der Ort der Macht wird zu einer *Leerstelle*."[2] Für Lefort stellt diese Leerstelle als Ort der Macht in der Demokratie einen Schauplatz der andauernden Widerstreite und Konflikte dar und kann nicht mehr immer durch jemanden besetzt werden, weil kein politischer Akteur (Person, Gruppe oder Parteiung) „für sich in Anspruch nehmen kann, mit dem Volk konsubstantiell zu sein".[3] Wie das Volk ist auch das Machtvakuum undarstellbar. In der politischen Öffentlichkeit der modernen Demokratie bekommt das Volk, das sich stets auf diese Leerstelle bezieht, einen besonderen Status, so argumentiert Uwe Hebekus:

> Das symbolische Dispositiv der Demokratie gründet darin, dass sie gerade das Volk als ihr eigenes Außen setzt, die jeweiligen und stets wechselnden Inhaber der Macht sich mithin allein durch den Bezug auf einen demokratischen Souverän legitimieren können, der in seiner Undarstellbarkeit gewissermaßen ein *populus absconditus* ist.[4]

Auf schlagende Weise bedingen sich die Undarstellbarkeit dieses Machtorts in der Demokratie und die Unrepräsentierbarkeit des Volks wechselseitig. Mit der Hinrichtung des Königs auf der Guillotine, die für seinen letzten leibhaften Auftritt reserviert wird, bricht eine neue politische Sichtbarkeit an, die dafür sorgt, dass die repräsentative Inszenierung des

---

[1] Claude Lefort, Die Frage der Demokratie, in: Ulrich Rödel (Hg.), Autonome Gesellschaft und libertäre Gesellschaft. Frankfurt am Main 1990, S. 295.

[2] Ebenda S. 293.

[3] Uwe Hebekus/Jan Völker, Neue Philosophien des Politischen zur Einführung. Hamburg 2012, S. 76.

[4] Ebenda.

Volkes untersagt wird. Grundverschieden von der Monopolstellung des Hobbes'schen Souveräns in der Bildpolitik, gründet die Öffentlichkeit der Volkssouveränität in den „kollektiven Gespenstern", die „sich jeder konzeptuellen Vereinheitlichung entzieh[en]" und „weder praktisch noch diskursiv in den Griff zu bekommen" sind. [1] Rousseau begrüßt diese Gespenster und befindet sich auch in dem Übergang von der personalen und monarchischen Souveränität zur modernen körperlosen Volksdemokratie, der sich zugleich „bildlogisch" durchsetzt, wie Albrecht Koschorke in seiner Auseinandersetzung mit Montesquieus *Vom Geist der Gesetze* deutlich macht:

> Entsprechend ändert sich die Logik der Bildprogramme, die das jeweilige Herrschaftsmodell legitimieren: Sie gruppieren sich nicht mehr als Extensionen um das Große Subjekt des absolutistischen Fürsten, sondern schaffen allegorische Integrale, die keinem Menschen zurechenbar sind: Nation, Republik, Verfassung, Vernunft.[2]

Über die von Rousseau entworfene Tugendrepublik gebietet das souveräne Volk, das sich durch den unfassbaren und paradoxieanfälligen Gemeinwillen legitimiert. Darum zeigt sich die Öffentlichkeit und Transparenz des Volkes mit einer unsichtbaren Sichtbarkeit verbunden, die das Gespensterhafte der Rousseau'schen Volkssouveränität ausmacht.

Durch die Einführung von den republikanischen und zugleich mythischen oder metaphysischen Gespenstern, zu denen *Volonté générale*, das Volk und die daran anschließende Volkssouveränität gehören, ist Rousseau an der Grenze der menschlichen Gemeinschaft und ebenso der Grenze der narrativen Verfasstheit des Politischen angekommen. Dass das politische Unfassbare bei Rousseau zweifellos störend, aber auch konstituierend wirkt, und sich im Spannungsfeld zwischen Sichtbarkeit und Unsichtbarkeit, Anwesenheit und Abwesenheit bewegt, erinnert uns möglicherweise an die interessante Darstellung des Gespenstes in Shakespeares *Hamlet*: „Enter the Ghost, exit the Ghost, re-enter the

---

[1] Michael Camper und Peter Schnyder, Kollektive Gespenster. Die Masse, der Zeitgeist und andere unfassbare Körper. Eine Einleitung, in: Michael Camper/Peter Schnyder (Hg.), Kollektive Gespenster. Die Masse, der Zeitgeist und andere unfassbare Körper, Freiburg/Berlin 2006, S. 12.

[2] Albrecht Koschorke, Vom Geist der Gesetze, in: Michael Camper/Peter Schnyder (Hg.), Kollektive Gespenster. Die Masse, der Zeitgeist und andere unfassbare Körper, Freiburg/Berlin 2006, S. 48f.

Ghost." Dieses Gespenst in *Hamlet* hat Jacques Derrida, der sich auch als bedeutender Rousseau-Leser erweist, stark inspiriert und wird als ein Leitmotiv des Politischen in sein Werk *Marx' Gespenster: Der verschuldete Staat, die Trauerarbeit und die neue Internationale* aufgenommen, in dem sich Derrida intensiv darüber Gedanken macht, wie man durch einen ernsthaften und kritischen Antritt des marxistischen gedanklichen Erbes, das längst in Form der Gespenster existiert, ein neues und vom Verantwortungsbewusstsein getragenes Narrativ von der kommenden Gerechtigkeit, Demokratie und Gemeinschaft entfalten könnte. In der Tat ist die demokratische Tugendrepublik bei Rousseau auch durch eine Zeitlichkeit von „noch nicht" markiert, wie Rousseau selber einräumt: „Wenn es ein Volk von Göttern gäbe, würde es sich demokratisch regieren. Solch eine vollkommene Regierung eignet sich nicht für die Menschen."[1] Deshalb hege ich die Überzeugung, mit Blick auf die Weltgeschichte, dass die Rousseau'schen Gespenster gerade in ihrer Widersprüchlichkeit und Undarstellbarkeit uns eine kommende und bessere Welt zu verheißen vermögen.

---

[1] Rousseau, Vom Gesellschaftsvertrag oder Prinzipien des Staatsrechts, a.a.O., S. 130.

10. Zur national- und kunstpolitischen Dimension der Bildkritik von Heinrich von Kleist, Achim von Arnim und Clemens Brentano zu Caspar David Friedrichs Landschaftsgemälde *Mönch am Meer*[1]

Lu Shengzhou

(Nanjing Universität, Nanjing)

Das Landschaftsgemälde *Mönch am Meer* von Caspar David Friedrich, dem vielleicht bedeutendsten deutschen Maler der Frühromantik, wurde im September 1810 erstmals der Öffentlichkeit in der Ausstellung der Königlichen Akademie in Berlin gezeigt und löste danach heftige Kontroversen aus. Gegen klassische Bildkonstruktion füllt der Himmel in diesem Bild fast fünf Sechstel der Bildfläche und zeigt dadurch radikale Leere und Einsamkeit. Nach der Präsentation des Bildes wurde es von Achim von Arnim, Clemens Brentano und Heinrich von Kleist rezipiert, was wiederum einen Beleg für die enge Wechselbeziehung zwischen Literatur und bildender Kunst in der Romantik darstellt. Allerdings wurde Brentano und Arnims Bildbesprechung, erschienen mit der Überschrift „Empfindungen vor Friedrichs Seelandschaft" am 13. Oktober 1810 in den von Kleist herausgegebenen „Berliner Abendblättern", von Kleist stark gekürzt und ergänzt, wodurch sie umso rätselhafter wirkt. Kleists textliche

---

[1] 本文系国家社会科学基金青年项目"柏林浪漫派的共同体建构与想象研究"
（19CWW016）和江苏省社会科学基金青年项目"克莱斯特历史叙事研究"
（18WWC002）的阶段性成果。

Veränderung hatte ihm Ärger mit Arnim und Brentano eingebracht, so dass Kleist später am 22. Oktober 1810 in einer Erklärung behauptete, „nur der Buchstabe [...] gehört den genannten beiden Hrn.; der Geist aber, und die Verantwortlichkeit dafür" (BKA II/7 102) gehöre ihm selbst. Zur Entschlüsselung dessen, welcher Geist denn überhaupt durch Kleists Eingriff zustande kommt, gibt es in der literaturwissenschaftlichen und kunsthistorischen Forschung meistens Interpretationen mit ästhetischen Ansätzen. In meiner Lektüre geht es vielmehr um politische Dimensionen des Bildes und des Textes, indem ich nach der Bedeutung der Metapher der weggeschnittenen Augenlider, der Formulierung „Ossiansche oder Kosegartensche Wirkung" (DKV III 543) und schließlich der Tierbilder am Ende der Bildkritik frage.

Zunächst soll man feststellen, dass Friedrichs *Mönch am Meer* mit seiner oft in der Forschung besprochenen Eigenschaft des Erhabenen und der Melancholie der allgemeinen gesellschaftlichen Stimmung von Preußen im Jahr 1810 entsprach. Einerseits weckte die Staatsreform unter Leitung von Freiherr von Stein und Hardenberg wieder Hoffnungen in Preußen – zur Aufbauarbeit gehörte die Gründung der Berliner Universität im Jahre 1810, andererseits hielt die Erbitterung über die französische Besatzung und die vernichtende Niederlage gegen die Truppen Napoleons in der Schlacht bei Jena und Auerstedt immer noch an, wurde im Jahr 1810 noch durch den plötzlichen Tod der allseits geliebten Königin Luise verstärkt. Der Tod der Monarchin, deren Treffen mit Napoleon in Tilsit als Opfergang für ihr Volk gesehen wurde, löste eine große Trauer in Preußen aus. Das Bild *Mönch am Meer* wurde in der Ausstellung mit dem Bild *Abtei im Eichwald* zusammen präsentiert, das als Pendant zum *Mönch am Meer* entstand. Im Mittelpunkt des Bildes steht die Ruine eines gotischen Kirchenportals. Davor ist eine Prozession aus Mönchen dargestellt, die einen Sarg tragen. Allerdings sind bei genauerem Hinsehen in dieser düsteren Landschaft in der Ferne brennende Kerzen auf zwei Leuchtern zu sehen, die Hoffnung aufkommen lassen. Das Nebeneinander von Trauer und Hoffnung entspricht Arnim und Brentanos Aussage in ihrer Bildkritik über die Gleichzeitigkeit von „Anspruch" und „Abbruch" in der realen Natur. Vielleicht hatte König Friedrich Wilhelm III die beiden Bilder von Friedrich auf Wunsch seines damals 15-jährigen Sohnes mit 450 Talern aus der kriegsbedingten leeren Kasse angekauft, weil sie die zwischen Trauer und Aufbruch schwankende Stimmung Preußens von damals trafen. Die beiden Bilder waren Trost- und Hoffnungsbilder nicht nur für seinen Sohn, sondern auch für diesen sehr bürgerlichen König, der zu jenem Zeitpunkt sehr am Verlust seiner Frau litt.

Ferner bleibt zu bemerken, dass die Kunstausstellung in Berlin um 1800 allgemein patriotisch geprägt war, und zwar in einer unterschwelligen Weise: „Den Malern und den Kupferstechern hatte der König 1799 aus politischen Motiven einen Impuls zu geben versucht, indem er sie aufforderte, mehr als früher Ereignisse aus der brandenburgisch-preußischen Geschichte darzustellen, und auch den Ankauf gelungener Werke versprach."[1] In der Kunstausstellung von 1810 in Berlin, die am 23. September eröffnete, also drei Monate nach dem Tod von Luise, gab es schon ein paar Porträts von der Königin. Darüber hatte Ludwig Beckdorff, ein Freund von Kleist und damals Erzieher des Prinzen von Hessen, eine Kunstrezension geschrieben, die in den „Berliner Abendblättern" erschien. Aber sein Artikel zielte nicht auf die Landschaftsmalerei, sondern hauptsächlich auf die Porträtbilder in der Ausstellung. Das mag einer der Gründe sein, warum Arnim und Brentano über Friedrichs Landschaftsbild sprechen wollten.

Darüber hinaus lässt sich erkennen, dass dem Bild „Mönch am Meer" antinapoleonische Tendenzen zu entnehmen sind. Friedrich selbst war ein patriotischer Maler. Er entwarf ein Grabdenkmal, nachdem er vom Tod der Königin Luise erfahren hatte.[2] Es gibt sowohl die Interpretation, dass der Mönch eine Selbstprojektion des Malers darstellt, wie auch Vermutung, dass der Mönch im Bild auf Rügen nach Friedrichs Heimat Greifswald schaut, die 1807 – 1810 von Napoleon besetzt und geplündert war, während die Insel Rügen in diesem Zeitraum eben auch von Napoleon okkupiert war. Es könnte sich bei dem Strand, auf dem der Mönch steht, um den Großen oder Lobber Strand handeln, „gelegen auf Mönchgut, im äußersten Südwesten von Rügen. Von hier hat man einen weiten Blick über die Ostsee, erkennt am Horizont den schmalen Küstenstreifen und das einzige, das man bei gutem Wetter mit bloßem Auge identifizieren kann, sind die drei

---

[1] Helmut Börsch-Supan, Berlin 1810. Bildende Kunst. Aufbruch unter dem Druck der Zeit, in: Hans Joachim Kreutzer (Hg.), Kleist-Jahrbuch 1987, S. 56.

[2] Christina Grummt, Caspar David Friedrich. Die Zeichnungen. Das gesamte Werk. München 2011, S. 615.

Kirchtürme von Greifswald."[1] Auch in Arnim und Brentanos Text findet sich ein ähnlicher Hinweis: „Dies ist die See bei Rügen [...] wo die Kolonialwaren herkommen" (BW II 1034). Die Erwähnung der „Kolonialwaren" deutet bereits das politische Zeitgeschehen an, nämlich das ab 1806 in Kraft getretene Importverbot für britische Waren, die allerdings trotz der Kontinentalsperre auf Rügen ankamen. Warum Friedrich gerade die Insel Rügen ausgewählt hat, so wahrscheinlich deshalb, da Schweden, der Beherrscher von Rügen vor Napoleons Besatzung, damals unter Leitung von Gustav IV. Adolf hartnäckig im dritten und vierten Koalitionskrieg gegen Napoleon kämpfte. Als gebürtiger Pommer fühlte Friedrich sich seinem schwedischen König eng verbunden und hatte sogar versucht, ihm eines seiner ersten Ölgemälde „Tetschener Altar" zu widmen. Historisch gesehen war der schwedische König Gustav II. Adolf 1630 auf Rügen gelandet, um im Dreißigjährigen Krieg zum großen Protestantenbefreier zu werden. Dementsprechend hatte Ernst Moritz Arndt ihn in seiner Schrift als dem Protestantismus Freiheit bringendes Licht aus dem Norden bezeichnet und bewundert.[2]

Nun zur Bildbesprechung selbst. Es ist schon klar, ab welcher Stelle Kleist seine Passage beginnt, nämlich von der Aussage „Nichts kann trauriger und unbehaglicher sein [...]" bis zum Ende des Textes:

Nichts kann trauriger und unbehaglicher sein, als diese Stellung in der Welt: der einzige Lebensfunke im weiten Reiche des Todes, der einsame Mittelpunkt im einsamen Kreis. Das Bild liegt, mit seinen zwei oder drei geheimnisvollen Gegenständen, wie die Apokalypse da, als ob es Youngs Nachtgedanken hätte, und da es, in seiner Einförmigkeit und Uferlosigkeit, nichts, als den Rahm, zum Vordergrund hat, so ist es, wenn man es betrachtet, als ob einem die Augenlider weggeschnitten wären. Gleichwohl hat der Maler zweifelsohne eine ganz neue Bahn im Felde seiner Kunst gebrochen; und ich bin überzeugt, daß sich, mit seinem Geiste, eine Quadratmeile märkischen Sandes darstellen ließe, mit einem Berberitzenstrauch, worauf sich eine Krähe einsam plustert, und daß dies Bild eine wahrhaft Ossiansche oder Kosegartensche Wirkung tun müßte. Ja,

---

[1] Werner Busch, Protestantische Frömmigkeit und bildende Kunst: Schleiermacher im Gespräch mit Caspar David Friedrich, in: Andreas Arndt u. a. (Hg.), Christentum-Staat-Kultur. Berlin 2008, S. 256.

[2] Ernst Moritz Arndt, Geist der Zeit, hg. von E. Schirmer. Magdeburg 1908, Bd. I, S. 190-192.

wenn man diese Landschaft mit ihrer eignen Kreide und mit ihrem eigenen
Wasser malte; so, glaube ich, man könnte die Füchse und Wölfe damit zum
Heulen bringen: das Stärkste, was man, ohne allen Zweifel, zum Lobe für
diese Art von Landschaftsmalerei beibringen kann. – Doch meine eigenen
Empfindungen, über dies wunderbare Gemälde, sind zu verworren; daher
habe ich mir, ehe ich sie ganz auszusprechen wage, vorgenommen, mich
durch die Äußerungen derer, die paarweise, von Morgen bis Abend, daran
vorübergehen, zu belehren. (DKV III 543f.)

In der Forschung ist Kleists grausame und brutale Formulierung „als
ob einem die Augenlider weggeschnitten wären" mehrfach besprochen
worden. Kunst- und wahrnehmungsgeschichtlich bezieht sich diese
Metapher auf das Weglassen konventioneller Rahmenschau in der
damaligen Landschaftsmalerei. [1] Doch diese Erklärung lässt Zweifel
aufkommen, wenn man bedenkt, dass die Augenlider nicht zur Überdehnung
des Blickwinkels, sondern vor allem zum Schutz der Augen dienen. Die
Beschneidung der Augenlider bedeutet, dass die Möglichkeit des
Augenschließens ausgeschlossen wird. Damit kommt ein Zwang, genauer
gesagt ein Zwang zum Sehen, zum Ausdruck. Ermöglicht das lidlose Auge
einen unbedeckten Blick, so kann man ihn in den Begriff „das reine
Auge" von Pierre Bourdieu übersetzen. Ausgehend von Kants Abgrenzung
zwischen barbarischem und gebildetem Geschmack unterscheidet Bourdieu
in seiner Untersuchung *Die feinen Unterschiede* grundsätzlich zwei
ästhetische Auffassungen: die populäre Ästhetik und die reine Ästhetik. [2]
Dieser Unterscheidung liegt die Trennung zwischen Kunst und Leben bzw.
Form und Funktion zugrunde. Die populäre Ästhetik stellt zwischen der
alltäglichen Lebenswelt und der Kunst einen Zusammenhang her, indem
sie emotionale Identifikationsmöglichkeiten mit dem Kunstwerk zulässt.
Solche Wahrnehmungsweise ist im Rahmen der reinen Ästhetik nicht legitim,
da die Konzentration auf die ästhetische Form wie den künstlerischen Stil,
die Methode der Darstellung des Werkes und dessen Verortung in der
Kunstgeschichte etc. als natürlich und adäquat erachtet wird. Bourdieu
zufolge entspricht die populäre ästhetische Auffassung der kulturellen

---

[1] Vgl. dazu Christian Begemann, Brentano und Kleist vor Friedrichs *Mönch am Meer*.
Aspekte eines Umbruchs in der Geschichte der Wahrnehmung, in: Deutsche
Vierteljahrschrift für Literaturwissenschaft und Geistesgeschichte 64 (1990), S.
95-99.
[2] Vgl. Pierre Bourdieu, Die feinen Unterschiede. Frankfurt am Main 1979, S. 81f.

Produktion für die breite Masse der Bevölkerung, die reine Ästhetik erscheint als Ausdruck des Lebensstils der herrschenden Klasse. In seiner frühen Schrift *Zur Soziologie der symbolischen Form* kritisiert Bourdieu die reine Ästhetik als „Mythos vom reinen Auge"[1], als einen Ästhetizismus, der seine ästhetische Einstellung zu einem universellen Anwendungsprinzip stilisiert, soziale Ungleichheit bei der Aneignung legitimer kulturellen Codes negiert und schließlich reproduziert. „Das Auge ist ein durch Erziehung reproduziertes Produkt der Geschichte. [...] Der reine Blick ist eine geschichtliche Erfindung; sie korreliert mit dem Auftreten eines autonomen künstlerischen Produktionsfeldes." Der Prozess der Autonomisierung des künstlerischen Feldes kam im letzten Drittel des 18. Jahrhunderts in Gang. Gerade in diese Zeit fiel die Gründung der öffentlichen Ausstellung in der preußischen Akademie der Künste, und in dieser Ausstellung der Königlichen Akademie in Berlin wurde Caspar David Friedrichs Gemälde *Mönch am Meer*, der Gegenstand des hier zu behandelnden Texts, zusammen mit einem weiteren Werk von ihm (*Abtei im Eichwald*) im September 1810 gezeigt.

Fast alle „Beschauer" in Brentanos und Arnims Text versuchen, ihr Sehen vor dem Bild nach dieser Norm zu regulieren. Hier kommt es weniger auf die Einschätzung an, ob die Bemerkungen der Ausstellungsbesucher selbst in der Textvorlage banal, dilettantisch oder plump sind oder nicht. Vielmehr ist es wichtig zu erkennen, dass sich eine Norm hinter dem scheinbar harmlosen und alltäglichen Meinungsaustausch befindet, die besagt, man solle im Museum, an diesem Ort der legitimen Kultur, ein Bild als Kunstwerk unter rein ästhetischen Kriterien wahrnehmen. Auch wenn sich die Kunstrezipienten nicht streng an das Gebot der reinen Ästhetik zu halten vermögen, versuchen sie aber zumindest, ihr Bildungsniveau anzudeuten; es taucht in fast jeder Dialogszene ein Bildungsrelikt auf. So wird etwa in der ersten Szene der Name Ossian, ein Dichter aus der keltischen Mythologie, erwähnt, in der dritten Szene Ludwig Theobul Kosegarten, ein Dichter und Übersetzer der Gesänge des Ossian, in der fünften Szene der englische Dichter Edward Young, der französische Schriftsteller Louis-Sebastian Mercier, der deutsche Naturphilosoph Gotthilf Heinrich Schubert, Friedrich Gottlieb Klopstock und Madame Gottsched, und schließlich in der letzten Szene einige holländische Maler – vermutlich die Maler Willem van de Velde und Jacob van Ruisdael im

---

[1] Pierre Bourdieu, Zur Soziologie der symbolischen Form. Frankfurt am Main 1970, S. 162.

Goldenen Zeitalter in der Geschichte der Niederlande, die für ihre
Meerlandschaftsmalerei bekannt geworden sind. Man fühlt sich dem
Kunstwerk nicht gewachsen und will ihm entgehen, wenn man es nicht nach
dem ästhetischen Kriterium zu beurteilen, sondern es nur in Bezug auf das
alltägliche Leben wahrzunehmen und dabei bloß Wünsche oder Rührung
auszudrücken vermag. Erst wenn die Museumsbesucher Kindern das
Kunstwerk erklären, ist es gestattet, die Aufmerksamkeit von der sekundären
Bedeutung des Dargestellten auf die primäre zu verschieben und das
Dargestellte mit den vertrauten Gegenständen im Alltag zu identifizieren.
Die Szene „Eine Dame und ein Führer" ist ein Beispiel par excellence zur
Veranschaulichung der Spannung zwischen den beiden Formen des Sehens,
der reinen Ästhetik und der populären Ästhetik. Während die Dame auf der
reinen Ästhetik beharrt, unterläuft der Mann permanent ihre
Betrachtungsweise mit seinem spielerischen Unernst. Er versucht, das
Kunstwerk mit der Lebenswelt zu verbinden, um die Intimität seiner
Beziehung zu der Dame zu betonen, doch selbst in seiner Frivolität zeigt
sich seine Beherrschung der kulturellen Codes.

Genau dieses Prinzip reguliert unterschwellig die Kommunikation vor
dem Kunstwerk, was Kleist sensibel registriert und dann auf seine
kunstvolle Weise in die Metapher der weggeschnittenen Augenlider
gekleidet hat – kurz „das reine Auge" *avant la lettre*. Nicht nur im
wörtlichen Sinne, sondern auch im übertragenen Sinne ist Kleists Metapher
mit diesem Konzept von Bourdieu gleichzusetzen, denn was in Brentanos
Vorlage geschildert und bei Kleist wieder aufgegriffen wird, ist gerade der
Siegeszug der „reinen Augen" als legitime Kunsterfahrung. Und wie steht
der Autor Kleist dem Museum gegenüber? „Nichts kann trauriger und
unbehaglicher sein, als diese Stellung in der Welt: der einzige Lebensfunke
im weiten Reiche des Todes" (BKA II/7 61). Das Demonstrativpronomen
„diese" bezieht sich auf die Stellung der Ausstellungsbetrachter. Herrlich ist
die Position der Naturbetrachter im Bild, während die Position der
Ausstellungsbetrachter als höchst traurig und unbehaglich bezeichnet wird.
Das entspricht dem, was vorher festgestellt wurde: Während in der Vorlage
das Meer die Apokalypse darstellt, ist in Kleists Text das Bild selbst die
Apokalypse, da es durch seinen Rahmen seinen Status als Kunstwerk
hervorhebt und eine ästhetische Beurteilung fordert. Dieser Gedanke wird
von Kleist weitergeführt und radikalisiert. Er schreibt nicht nur dem Bild die
Assoziation des Todes (Apokalypse, Youngs Nachtgedanken) zu, sondern
lässt das Museum überhaupt zum „Reich des Todes" werden, weil hier eine

reine Ästhetik herrscht, die eine Trennung zwischen Kunst und Leben stiftet.

Dieses Mechanismus der legitimen Rezeption sollte Kleist sich längst bewusst sein. Bereits am 3. September 1800 schrieb Kleist an Wilhelmine von Zenge: „Wir giengen in die berühmte Bildergallerie. Aber wenn man nicht genau vorbereitet ist, so gafft man so etwas an, wie Kinder eine Puppe. Eigentlich habe ich daraus nicht mehr gelernt, als dass hier viel zu lernen sei" (DKV IV 99f.). Der Aneignungsprozess von kulturellen Codes war Kleist bestimmt auch nicht fremd. Heinrich Lohse, der Kleist in den Louvre eingeführt hatte, verwunderte sich später, wenn dieser „über die Kunstwerke" sprach, weil er „es für unmöglich" hielt, „dass einer", der „nicht selbst Maler" sei, „so Gemälde beurteilen, so darüber sprechen könnte". 1801 war das Museum Louvre für Kleist eine Art Refugium, welches Wärme anbot (DKV IV 224 und 265f.). Im Jahr 1810 wurde das Museum bzw. die Ausstellung für Kleist zur Repräsentation des Todes. Nach Gernot Müllers These, Kleists Position zur Malerei und Dichtungskunst könne sich wechselseitig erhellen,[1] kann man diesen Stellungswechsel nachvollziehen: Als Kleist eine relativ niedere Position im literarischen Feld hat, steht er der legitimen Rezeptionsweise der hohen Kunst (hier Malerei als deren Repräsentant) kritisch gegenüber.

Neben dem oben skizzierten kunstpolitischen Aspekt enthält Kleists Metapher noch eine nationalpolitische Dimension. In der antiken Politikgeschichte passierte tatsächlich das Wegschneiden von menschlichen Augenlidern. Marcus Atilius Regulus, gestorben um 250 vor Christus, war ein römischer Politiker und Feldherr während des Ersten Punischen Krieges. In Afrika konnte Regulus zunächst einige Erfolge gegen die Karthager erringen, bis sie sein Heer mit Hilfe des Spartaners Xanthippus vernichtend schlugen und ihn festnahmen. Danach wurde Regulus auf Ehrenwort freigelassen und als Unterhändler nach Rom geschickt, wo er jedoch den Senat entgegen seinem Auftrag zur Fortsetzung des Kampfes aufgerufen hatte. Schließlich war er pflichtgetreu nach Karthago zurückgekehrt und dort getötet worden. Marcus Tullius Cicero schrieb in der „Rede gegen Piso" über Regulus, „dem die Karthager die Augenlider wegschnitten und den sie, indem sie ihn an ein drehbares Gerüst banden, durch Schlaflosigkeit

---

[1] Vgl. Gernot Müller, Man müßte auf dem Gemälde selbst stehen. Kleist und die bildende Kunst. Tübingen 1995, S. 3.

töteten [...]."¹ Außerdem stellt die mit Blut und Tod assoziierende
Metapher eine Fortsetzung der Allgegenwärtigkeit der Gewalt in den
Handlungen der Dramen und Erzählungen Kleists dar, die hier in der
Bildkritik noch patriotische und antinapoleonische Konnotation haben
könnte, wenn man sich eine Stelle von Kleists Gedicht „Germania an ihre
Kinder" anschaut: „Schäumt, ein uferloses Meer, über diese Franken
her!" (DKV III 428). Hier vergleicht Kleist das deutsche Volk, das
Widerstand gegen die Fremdherrschaft Frankreichs leistet, mit dem
uferlosen Meer. Die Uferlosigkeit des Meeres wird eben auch in der
Bildkritik betont („in seiner Einförmigkeit und Uferlosigkeit"). Die
antinapoleonische Einstellung verband Friedrich und Kleist, die spätestens
ab 1807 Bekanntschaft miteinander machten. Ab 1798 lebte Friedrich in
Dresden, und Kleist wohnte vom Herbst 1807 bis zum Frühjahr 1809 in der
Pirnaischen Vorstadt bei Dresden, also in Friedrichs Nähe. Laut der
Autobiographie des Naturphilosophen Gotthilf Heinrich Schubert soll die
erste Lesung von Kleists politischem Drama „Hermannsschlacht" 1808 in
Caspar David Friedrichs Atelier in Dresden stattgefunden haben.²
Friedrichs Bilder (u. a. „Grabmale alter Helden"), die als Motiv das Grab
des Arminius darstellen, können möglicherweise auf Kleists Einfluss
zurückgeführt werden.

Der nächste Satz nach der Metapher von den Augenlidern ist ebenso
auffällig wie rätselhaft. So meint Kleist, dass die Darstellung von Sand,
Strauch und Krähe „eine wahrhaft Ossiansche oder Kosegartensche
Wirkung" erzielen kann. Obwohl die Namen wie Ossian und Kosegarten
schon im Text von Arnim und Brentano auftauchen, meint Kleist hier damit
etwas ganz anderes: Bei Arnim und Brentano steht die Erwähnung der
Namen im Kontext der Darstellung von Verhören und oberflächlichen
Betrachtungen von Besuchern gegenüber Friedrichs Bild und dient
hauptsächlich dazu, die Banalität derer Urteile zu karikieren. Die
„Ossiansche oder Kosegartensche Wirkung" bei Kleist bezieht sich
hingegen auf die erhabene und melancholische Landschaft des Nordens,
die im Gegensatz zur Landschaft des Südens steht und den Charakter der

---

¹ Cicero, Rede gegen Piso, in: Manfred Fuhrmann (Hg.), Marcus Tullius Cicero,
  Sämtliche Reden. München 1980, Bd. VI, S. 169.
² Gotthilf Heinrich von Schubert, Der Erwerb aus einem vergangenen und die
  Erwartungen von einem zukünftigen Leben. Eine Selbstbiographie. Erlangen 1855, Bd.
  II, S. 221.

Völker prägt.

Ossian ist eine Gestalt der nordisch-keltischen Sagenwelt, die im dritten Jahrhundert im Westen des schottischen Hochlands gelebt haben soll. Als greiser und blinder Barde besingt er die Heldentaten seines großen Vaters Fingal, seines früh gefallenen Sohnes Oskar und anderer Helden. Mit der Veröffentlichung „Works of Ossian" (1765), des angeblich überlieferten keltischen Epos, das in Wahrheit von dem schottischen Dichter James Macpherson selbst verfasst wurde, erlebte die Titelfigur eine breite Rezeption in Europa. Madame de Staël bezeichnete Ossian als Homer des Nordens und führte an, dass die Literatur des Südens und die des Nordens in Ossian ihren Ursprung habe. Die erste deutsche Gesamtübersetzung der angeblichen Poesie von Ossian wurde von dem österreichischen katholischen Priester und Schriftsteller Michael Denis im Jahr 1768 geliefert. Die Begeisterung der deutschen Gebildeten reichte von Friedrich Gottlieb Klopstock über Herder, Goethe bis zu Ludwig Tieck. So hat Goethe die „Lieder von Selma" in seinem berühmten Briefroman „Die Leiden des jungen Werther" übersetzt. Herder hat sich mit Ossians Gesängen in seinem „Briefwechsel über Ossian und die Lieder alter Völker", in den Blättern „Von deutscher Art und Kunst" (1773) und in seinem Horenaufsatz „Ossian und Homer" befasst.[1] Der Schauplatz der Handlung der Ossian-Dichtung ist das schottische Bergland, die Grundstimmung ist erhaben und wehmütig. Die ossianische Natur, die sich durch ihre raue und wilde Berglandschaft charakterisieren lässt, zeigt sich auf der anderen Seite in ihrer sanften Schönheit der Mondnächte und Nebellandschaften. Solche Landschafts- und Stimmungsbeschreibungen werden später von vielen deutschen Dichtern nachgeahmt. So war der Theologe und Dichter Ludwig Gotthard Kosegarten einer der Ossian-Übersetzer und -Nachahmer im deutschsprachigen Kreis. Er selbst hat Ossians Dichtung übersetzt. Angeregt davon hat er in seinen eigenen Gedichten und Berichten die rügensche Natur als ossianisch charakterisiert. Von 1792 bis 1808 hielt er sich auf Rügen auf. 1792 erhielt er die Pfarrstelle in der Pfarrkirche Altenkirchen auf Rügen. In dieser Funktion hielt er die berühmten Uferpredigten auf den Klippen bei Vitt. Er ging dort zu Heringsfischern, die während der Zeit des Heringsfangs aufgrund ihrer Arbeit nicht nach Altenkirchen in die Kirche kommen

---

[1] Vg. dazu Wolf Gerhard Schmidt, *Homer des Nordens* und *Mutter der Romantik*. James Macphersons Ossian und seine Rezeption in der deutschsprachigen Literatur. Berlin/New York 2003, S. 17-21.

konnten. Diese Predigten waren ein großer Erfolg, weshalb ab 1806 die Vitter Kapelle errichtet wurde. 1808 wurde Kosegarten auf eigene Bitte als außerordentlicher Geschichtsprofessor an die Universität Greifswald berufen. Möglicherweise durch seinen ersten Zeichenlehrer Quistorp, ein Freund Kosegartens, kam Caspar David Friedrich damals mit Kosegarten und auch seinem literarischen Werk in Berührung. Der Künstler ist auf seiner Rügenreise 1806 wahrscheinlich bei Kosegarten eingekehrt und mit ihm gewandert. Wegen politisch unterschiedlicher Meinung trennten sich beide, denn Kosegarten hatte 1809 während der französischen Besatzung Napoleon in einer Rede gepriesen, nachdem er an die Universität Greifswald berufen worden war.[1]

Solcher Entgegensetzung von Norden und Süden sollte Kleist sich bewusst sein. So beschreibt er in der *Anekdote aus dem letzten Kriege* einen Tambour, der „nach Zersprengung der preußischen Armee bei Jena, ein Gewehr aufgetrieben, mit welchem er, auf seine eigne Hand, den Krieg fortsetzte" (DKV III 361). Dabei betont Kleist, dass zu diesem tapferen Menschen „weder die griechische noch römische Geschichte ein Gegenstück" (ebenda) liefert. Hier wird der Vergleich von Norden und Süden sichtbar. „Eine Quadratmeile märkischen Sandes", diese Formulierung findet sich auch in Kleists patriotischem Dramastück „Prinz Friedrich von Homburg". Als die Titelfigur halbschlafend nach Lorbeer sucht, fragt der Kurfürst: „Wo fand er den [Lorbeer], in meinem märkischen Sand?" (DKV II 557). Interessanterweise hat Caspar David Friedrich später ein antifranzösisches Bild gemalt, auf dem tatsächlich eine Krähe zu sehen ist, nämlich *Der Chasseur im Walde* (1813). Auf diesem Bild sieht man, dass ein verschneiter Weg einen einsamen, kleinen, französischen Soldaten in einen dunklen, fast schwarzen Tannenwald oder Fichtenwald führt. Der Wald lässt das Verderben ahnen, in das der vor dem Gigantismus der Natur machtlos erscheinende Chausseur stolpert. Die Krähe, der Totenvogel, steht auf einem Baumstumpf im Rücken des Soldaten und verbreitet Unglücksstimmung. Schließlich konstatiert Kleist, dass das höchste Lob für die Landschaftsmalerei das Heulen von Füchsen und Wölfen sei, wenn die Landschaft mit ihrer eigenen Kreide und eigenem Wasser gemalt werde. Mit der „Kreide" sind die Kreidefelsen auf Rügen gemeint. Das Tierbild von „Fuchs und Wolf" kann sich wiederum auf das deutsche Volk beziehen, denn

---

[1] Vgl. Lewis Holmes, Kosegarten's Cultural Legacy. Aesthetics, Religion, Literature, Art, and Music. Frankfurt am Main 2005, S. 133f.

in Kleists Dramastück *Hermannschlacht* fehlt es nicht an einer solchen Anspielung. So fragt Hermann im dritten Auftritt des dritten Aktes, „[w]as ist der Deutsche in der Römer Augen?" (DKV II 488). Darauf antwortet Thusnelda: „Nun, doch kein Tier, hoffe ich –?" Hermann sagt anschließend: „Was? – Eine Bestie, [d]ie auf vier Füßen in den Wäldern läuft!" Kleist, so lässt sich interpretieren, vertritt in seiner Bildkritik die Auffassung, dass die beste Landschaftsmalerei diejenige ist, die durch die Darstellung der Landschaft nationale Identität stiften kann.

11. Der Rhythmus der Bilder:

Stationen einer Theoriegeschichte in der deutschen

Kunstwissenschaft Wölfflin – Schmarsow – Panofsky

Björn Spiekermann

(Sun Yat-sen Universität, Guangzhou)

Einleitung

Die Frage nach einem Rhythmus von unbewegten Bildern mag zunächst verwundern.[1] Nach landläufigem Verständnis ist der ästhetische

---

[1] In Ästhetik und Kunstgeschichte wurde verschiedentlich über die Frage diskutiert. Vgl. etwa Lorenz Dittmann, Probleme der Bildrhythmik, in: Zeitschrift für Ästhetik und allgemeine Kunstwissenschaft 29 (1984), H. 2, 192-213; ders., Bildrhythmik und Zeitgestaltung in der Malerei, in: Hannelore Paflik (Hrsg.): Das Phänomen Zeit in Kunst und Wissenschaft, Weinheim 1987, S. 89-124; Kai Christian Ghattas, Rhythmus der Bilder. Narrative Strategien in Text- und Bildzeugnissen des 11. bis 13. Jahrhunderts. Köln u.a. 2009; Christian Grüny, Bildrhythmen, in: Rheinsprung 11 (2013), S. 149-161; Claudia Blümle, Rhythmus im Bildraum. John Dewey, Henri Maldiney und Gilles Deleuze, in: Marion Lauschke et al. (Hg.), Ikonische Formprozesse. Zur Philosophie des Unbestimmten in Bildern, Berlin 2018, S. 143-161; zusammenfassend etwa Claudia Blümle, Farbe – Form – Rhythmus, in: Stephan Günzel/Dieter Mersch (Hg.), Bild. Ein interdisziplinäres Handbuch. Stuttgart/Weimar 2014, S. 340-346; ferner der informative Artikel von Boris Roman Gibhardt und Johanes Grave, Art. „Rhythmus", in: Michael Gamper et al. (Hg.), Formen der Zeit. Ein Wörterbuch der ästhetischen Eigenzeiten. Hannover 2020, 314-323 (mit Lit.). – Soweit der Rhythmusbegriff nicht allein auf Bilder, sondern auf die Künste allgemein, auf Architektur, Plastik oder Ornamentik angewendet wird, liegen für den hier behandelten Zeitraum zahlreiche Einzelstudien vor. Dazu weitere Hinweise in den Kapitel zu einzelnen Autoren (Wölfflin, Schmarsow, Riegl, Panofsky).

‚Grundbegriff' des Rhythmus primär in zwei Künsten zuhause, in der Musik und in der Poesie. Dem entspricht jenseits der Alltagssprache auch der begriffs- und theoriegeschichtliche Befund, dass für lange Zeit die intensivsten Denkanstrengungen in bezug auf den Rhythmus in den jeweils zuständigen Disziplinen, der Musiktheorie und der philologischen Metrik, unternommen worden sind.[1] Auch, da wo der Rhythmus im Rahmen der philosophischen Ästhetik abgehandelt wurde, etwa bei Johann Georg Sulzer[2] oder auch bei Schelling,[3] blieb er gewöhnlich vor allem auf Musik und Tanz bezogen. Seit dem späten 19. Jahrhundert setzte sich die Psychologie als neue Leitdisziplin an die Spitze der fachübergreifenden Rhythmusdiskussion: In der experimentellen Ästhetik wurden ältere Modellbildungen teils fortgeführt, teils revidiert, der Referenzbereich von Poesie und Musik jedoch nur selten verlassen.[4]

---

[1] Das zeigt schon ein Vergleich der Rhythmus-Artikel in den einschlägigen Fachenzyklopädien: Wilhelm Seidel, Metrum, Takt, Rhythmus, in: Ludwig Finscher (Hg.), Die Musik in Geschichte und Gegenwart. Zweite, neubearbeitete Auflage. Bd. 8. Kassel u. a. 1998, Sp. 257-317; Erwin Arndt / Harald Fricke, Rhythmus, in: Jan-Dirk Müller (Hg.), Reallexikon der deutschen Literaturwissenschaft. Neubearbeitung des Reallexikons der Literaturgeschichte. Bd. 3. Berlin 2003, S. 301-304; Michael P. Schmude, Rhythmus, in: Gert Ueding (Hg.), Historisches Wörterbuch der Rhetorik. Bd. 8. Tübingen 2007, S. 223-241; auch das Handbuch *Ästhetische Grundbegriffe* enthält einen Rhythmusartikel, bezeichnenderweise hat ihn jedoch der Musikhistoriker Wilhelm Seidel geschrieben: Wilhelm Seidel, Rhythmus, in: Karlheinz Barck u. a. (Hg.), Ästhetische Grundbegriffe. Historisches Wörterbuch in sieben Bänden. Stuttgart/Weimar 2003, Bd. 5, S. 291-314.

[2] Vgl. Seidel, Rhythmus, a. a. O., S. 304-306; ausführlich ders., Über Rhythmustheorien der Neuzeit. Bern und München 1975, S. 85-134. – Eine Ausnahme bildet Friedrich Theodor Vischer, Ästhetik oder Wissenschaft vom Schönen. Dritter Theil: Die Kunstlehre. Reutlingen und Leipzig 1851-1857. Dort wird der Rhythmus als „Compositionsgesetz" aller Künste abgehandelt (ebenda S. 44), also auch der Baukunst (ebenda S. 187-189) und der Malerei (ebenda S. 616-632).

[3] Vgl. Birgit Sandkaulen, Das negative Faszinosum der Zeit. Temporalität und Kunst bei Schelling, in: Thomas Kisser (Hg.), Bild und Zeit. Temporalität in Kunst und Kunsttheorie seit 1800. München 2011, S. 259-272, bes. S. 269-271.

[4] Vgl. dazu den Überblick von Christian G. Allesch, Geschichte der psychologischen Ästhetik. Untersuchungen zur historischen Entwicklung eines psychologischen Verständnisses ästhetischer Phänomene. Göttingen 1987, S. 351-376. – Darüber hinaus entwickelte sich eine psychologische Rhythmusforschung außerhalb der Ästhetik, die hier außer Betracht bleiben darf. Vgl. Katharina Müller/Gisa Aschersleben, Rhythmus. Ein interdisziplinäres Handbuch. Bern u.a. 2000.

Erst ab etwa 1900 avancierte der Rhythmusbegriff, wie sich zahllosen Quellen entnehmen lässt, zu einer natur- *und* kulturphilosophischen, insofern tendenziell auch weltanschaulichen Modevokabel,[1] die sich auf biologische Vorgänge[2] und auf Arbeitsprozesse[3] ebenso anwenden ließ wie auf den Alltag,[4] den Geldkreislauf,[5] fremde Kulturen[6] oder schlicht – das Leben.[7] Überall, könnte man sagen, wo sich gewisse Wiederholungsstrukturen beobachten ließen, die Gleichmaß im Wechsel oder einen Wechsel im Gleichförmigen aufwiesen, schien der Begriff plötzlich nicht nur angebracht, sondern nachgerade unverzichtbar zu sein. Das Aufschwellen (qualitativ und quantitativ) des Rhythmusdiskurses zwischen etwa 1890 und 1930 wurde schon von den Zeitgenossen bemerkt und hat international ein reichhaltiges interdisziplinäres Forschungsinteresse

---

[1] Carl Ludwig Schleich, Vom Rhythmus, in: Ders., Von der Seele Essays. 2. Aufl. Berlin 1911, S. 9-36. Vgl. dazu Verf., Rhythmus und Weltanschauung. Am Beispiel von Carl Ludwig Schleichs Rhythmus-Essay (1908), in: Christian Meierhofer/Anna S. Brasch (Hg.), Weltanschauung und Textproduktion. Beiträge zu einem Verhältnis in der Moderne. Berlin 2020 (Berliner Beiträge zur Wissenschaftsgeschichte, Bd. 18), S. 125-155

[2] Wilhelm Bölsche, Das Liebesleben in der Natur. Bd. 2. Leipzig 1900, S. 392: „Dieses rhythmische Prinzip, wie ich es wirklich nennen möchte, scheint durch die ganze organische Natur allenthalben heraufzukommen und zwar als eine, wenn denn ziemlich mysteriöse Eigenschaft aller beliebigen Protoplasmateilchen [...]. Dieses selbe rhythmische Prinzip kehrt uns wieder in der Freude des Gehirngeistes der höheren Tiere an ‚Schönem'!!"

[3] Karl Bücher, Arbeit und Rhythmus. Leipzig 1896.

[4] Oscar A. H. Schmitz, Der Rhythmus des Alltagslebens, in: Ders., Brevier für Weltleute. München und Leipzig [19]1918, S. 276-285.

[5] Georg Simmel, Philosophie des Geldes. Leipzig 1900, S. 524: „Ich komme nun zu einer zweiten Stilbestimmtheit des Lebens [...]. Es handelt sich um den Rhythmus, in dem die Lebensinhalte auftreten und zurücktreten, um die Frage, inwieweit die verschiedenen Kulturepochen überhaupt die Rhythmik in dem Abrollen derselben begünstigen oder zerstören, und ob das Geld nicht nur in seinen eigenen Bewegungen daran teil hat, sondern auch jenes Herrschen oder Sinken der Periodik des Lebens von sich aus beeinflusst."

[6] Leo Frobenius, Gedanken über die Entwicklung der primitiven Weltanschauung (1899), in: Ders., Vom Schreibtisch zum Äquator. Planmässige Durchwanderung Afrikas. Frankfurt 1925, S. 91-126, bes. S. 96: „Aus mehreren Gründen spreche ich vom Rhythmus und nicht von Wiederholung in der Weltanschauung."

[7] So etwa bei Richard Fuchs, Der Rhythmus im Leben und in der Kunst. Berlin und Leipzig 1904.

auf sich gezogen.[1]

Unter diesen Umständen konnte es nicht allzulange dauern, bevor nicht auch ein optischer Rhythmus oder ein Rhythmus des Bildes postuliert wurde. Und tatsächlich geschah genau das, obgleich einer entsprechenden Theorie seit den Anfängen gravierende Schwierigkeiten im Weg standen – bis zum heutigen Tag.[2] Deswegen können die folgenden Bemerkungen auch keine zielgerichtete Entwicklung hin zu einer abgeschlossenen Theorie des

---

[1] Die große Menge der Studien zum Rhythmusdiskurs im 20. Jahrhundert kann hier nicht annähernd abgebildet werden. Es muss daher bei einer Auswahl bleiben. Vgl. zunächst die grundlegenden Monografien von Janice J. Schall, Rhythm and Art in Germany 1900 – 1930. Austin 1989; Norbert Schneider, Rhythmus. Untersuchungen zu einer zentralen Kategorie in der ästhetischen u. kulturphilosophischen Debatte um die Jahrhundertwende. Osnabrück 1992; Janina Wellmann, Die Form des Werdens. Eine Kulturgeschichte der Embryologie, 1760 – 1830. Göttingen 2010; Anja Pawel, Abstraktion und Ausdruck. Bildende Kunst und Tanz im frühen 20. Jahrhundert. Berlin/Boston 2019, S. 190ff. – Neuere Sammelbände: Christa Brüstle et al. (Hg.), Aus dem Takt. Rhythmus in Kunst, Kultur und Natur. Bielefeld 2005; Barbara Naumann (Hg.), Rhythmus. Spuren eines Wechselspiels in Künsten und Wissenschaften. Würzburg 2005; Ralf Konersmann/Dirk Westerkamp, Rhythmus und Moderne. Hamburg 2013 (Zeitschrift für Kulturphilosophie, Bd. 7); Christian Grüny, Matteo Nanni (Hg.), Rhythmus – Balance – Metrum. Formen raumzeitlicher Organisation in den Künsten. Bielefeld 2014; Massimo Salgaro, Michele Vangi (Hg.), Mythos Rhythmus. Wissenschaft, Kunst und Literatur um 1900. Stuttgart 2016; Claudia Blümle et al. (Hg.), Visuelle Zeitgestaltung. Berlin/Boston 2019 (Bildwelten des Wissens, Bd. 15. Boris Roman Gibhardt (Hg.), Denkfigur Rhythmus. Probleme und Potenziale des Rhythmusbegriffs in den Künsten. Hannover 2020 (Ästhetische Eigenzeiten, 18); ders.: ‚Einzige Welle, allmähliches Meer‘. Rhythmus in Literatur und Kunst um 1900 : West - Ost, Göttingen 2021. – Wichtige Aufsätze: Christine Lubkoll, Rhythmus. Zum Konnex von Lebensphilosophie und ästhetischer Moderne um 1900, in: Dies. (Hg.), Das Imaginäre des Fin de Siècle. Ein Symposion für Gerhard Neumann. Freiburg/Br. 2002, S. 83-110; Georg Vasold: Optique ou haptique. Le rythme dans les études sur l'art au début du 20e siècle, in: rythmer 16 (2010), S. 35-55; Linn Burchert, Breathing within and in front of images. Rhythm and time in abstract art, in: Visual Past 4 (2017), S. 59-82; Claudia Blümle, Rhythmus im Bildraum. John Dewey, Henri Maldiney und Gilles Deleuze, in: Marion Lauschke et al. (Hg.), Ikonische Formprozesse. Zur Philosophie des Unbestimmten in Bildern. Berlin/Boston 2018, S. 143-161; Boris Roman Gibhardt, On the Rhythmology of Perception. Maldiney – Cézanne – Rilke In: Ludger Schwarte (Hg.), Presentness (Druck in Vorbereitung, ersch. vorauss. 2020).

[2] Vgl. Gibhardt/Grave, a.a.O.

Bildrhythmus präsentieren, sondern allenfalls ein ästhetikgeschichtliches Problemfeld, innerhalb dessen es besonders um 1900 zu vermehrten Anstrengungen kam. Im dem Maße, wie sich die Kunstgeschichte als methodisch fundierte Wissenschaft herausbildete, nicht zuletzt durch den Einbezug der psychologischen Ästhetik und „Völkerpsychologie", aber auch durch die Erstellung eines begrifflich-analytischen Instrumentariums in ‚Grundbegriffen',[1] trat auch der Rhythmus in den Fokus entsprechender Bemühungen.[2] Der Begriff wurde dabei zumeist auf Architektur und Plastik angewendet sowie – ohne weitere Reflexion – zu Zwecken der Bildbeschreibung eingesetzt.

Eine tragfähige *Theorie* des Bildrhythmus wurde im besagten Zeitraum nicht formuliert, sie fehlt eigentlich bis heute.[3] Weil aber die Frage danach nie verstummt ist, weil ferner der Rhythmusbegriff – mit oder ohne stringente Theorie – bis heute ganz selbstverständlich in der Bildbeschreibung Verwendung findet,[4] lohnt es sich, das historisch überlieferte Reflexionsangebot aus dem Zeitraum zu mustern, in dem eine solche Theorie in greifbare Nähe zu rücken schien. Gemeint sind damit die Jahre von etwa 1875 – 1925, beginnend mit Wilhelm Wundts epochemachendem Werk *Physiologische Psychologie* von 1874 (Kap. 2) und endend mit Erwin Panofskys Aufsatz *Albrecht Dürers rhythmische Kunst* von 1926 (Kap. 5). Dazwischen liegen seinerzeit maßgebliche Überlegungen zum Rhythmus in mehreren kunstgeschichtlichen Arbeiten von August Schmarsow (Kap. 4) sowie die weniger theoretisch ambitionierte als anwendungsbezogene Verwendung des Rhythmusbegriffs durch Heinrich Wölfflin (Kap. 3). Zwar hat keiner der beiden Letztgenannten eine umfassende Theorie des *Bild*rhythmus vorgelegt. Dennoch bilden ihre Einlassungen zum Rhythmus die historischen und systematischen Voraussetzungen für eine solche Theorie, wie sie dann bei Panofsky, aber auch bei Denkern wie John Dewey und Henri Maldiney

---

[1] Vgl. Ulrich Pfisterer, 1915: Kunstgeschichten und Grundbegriffe, in: Matteo Burioni et al. (Hg.): Kunstgeschichten 1915. 100 Jahre Heinrich Wölfflin: Kunstgeschichtliche Grundbegriffe. Passau 2015, S. 1-13.

[2] Vgl. neben den schon genannten Arbeiten besonders Andrea Pinotti, Rhythmologie in der Kunstwissenschaft zwischen dem 19. und 20. Jahrhundert. Der Fall August Schmarsow, in: Massimo Salgaro/Michele Vangi (Hg.), Mythos Rhythmus. Wissenschaft, Kunst und Literatur um 1900. Stuttgart 2016, S. 41-53.

[3] Vgl. Gibhardt/Grave, a.a.O., S. 319-321.

[4] Dezidiert etwa bei Grüny, Bildrhythmen, a.a.O. Weitere Beispiele im Folgenden.

ausgebaut und präzisiert wurde.[1] Zu erarbeiten sind also die Stationen eines Denkwegs, auf dem die Möglichkeiten und Grenzen einer Theorie des Bildrhythmus teils implizit, teils explizit erörtert wurden. Vorangeschickt seien zunächst ein paar allgemeine Überlegungen zu Grundfragen und Problemen einer Theorie des Bildrhythmus.

I. Bild, Zeitlichkeit, Rezeption: Umrisse eines Problemfelds

Wie eben behauptet wurde, führten die angestrengten Überlegungen zweier Generationen von Psychologen, Philosophen und Kunstwissenschaftlern während des hier zu betrachtenden Zeitraums nicht zu einer klar gesicherten Theorie des Bildrhythmus. Dafür gibt es sehr grundsätzliche medientheoretische Ursachen, die hier kurz zu erörtern sind, bevor das historische Material in den Blick genommen werden kann. In ihrem Mittelpunkt steht die Frage nach der Zeitlichkeit von Bildern, über die im Zuge des *iconic turn* seit den achtziger Jahren des 20. Jahrhunderts intensiv diskutiert worden ist.[2] Denn da der Rhythmus vornehmlich als ein zeitbezogenes Phänomen verstanden wird und ohne die Vorstellung eines „vorher" und „nachher", einer Sukzession also, kaum gedacht werden kann, wirft die Frage nach einem Rhythmus der Bilder die altbekannte Frage nach dem Verhältnis der bildenden Künste als ‚simultaner' Raumkünste zu den sukzessiv verfassten ‚Zeitkünsten' Musik, Tanz und Poesie auf.

Auch wenn diese Grenzziehung, die im deutschen Sprach- und Kulturraum eng mit dem Namen Lessing und dessen kanonischer Laokoon-

---

[1] Maldiney hat sich in seinen Überlegungen zum Rhythmus unter anderem von Schmarsow inspirieren lassen. Vgl. dazu Andrea Pinotti, Style, Rythme, souffle. Maldiney et la Kunstwissenschaft, in: J.-P. Charcosset, J.-Ph. Pierron (Hg.), Parole tenue. Colloque du centenaire Maldiney à Lyon. Paris 2014, S. 49-59.

[2] Vgl. neben Dittmann, Bildrhythmus und Zeitgestaltung, a.a.O., auch die weiteren hochkarätigen Beiträge im gleichen Sammelwerk (s. S. 160); ferner Heinrich Theissing, Die Zeit im Bild. Darmstadt 1987 (dort S. 28f. zum Rhythmus); Götz Pochat, Bild – Zeit. Eine Kunstgeschichte der vierten Dimension. 3 Bde. Wien u.a. 1996 – 2015; einen Forschungsabriss zu diesem Problemfeld bietet Johannes Grave, Der Akt des Bildbetrachtens. Überlegungen zur rezeptionsästhetischen Temporalität des Bildes, in: Michael Gamper, Zeit der Darstellung. Ästhetische Eigenzeiten in Kunst, Literatur und Wissenschaft. Hannover 2015, S. 51-71 (dort weitere Literatur).

Schrift verbunden ist, [1] vielfach kritisiert und hinterfragt worden ist (Beispiele folgen weiter unten), stellt sie doch für jede mögliche Theorie des Bildrhythmus ein großes Hindernis dar. Während nämlich die Vorstellung eines architektonischen Rhythmus – mehr suggeriert als plausibel gemacht in Schellings Bonmot von der Architektur als ‚erstarrter Musik' [2] – zumindest eine sukzessive Bewegung *durch* den architektonisch strukturierten Raum für sich geltend machen kann, stehen Malerei und Zeichnung (aber auch die Plastik) hinsichtlich ihrer Statik und Simultaneität immer noch am äußersten Ende einer Skala, an deren Gegenpol die Musik als die am konsequentesten sukzessive Zeitkunst rangiert.

Will man trotz dieser Hindernisse einen Rhythmus der Bilder postulieren und auch theoretisch modellieren, stehen grundsätzlich drei Wege offen. Zum einen könnte man die Kategorie der Zeitlichkeit und Bewegung aus der angelegten Rhythmusdefinition eliminieren und das Augenmerk stattdessen auf Strukturen der Wiederholung, des Wechsels, der Gleichförmigkeit in der Fläche richten. Zum zweiten könnte man sich an den Bildinhalten orientieren und eine Darstellung *von* Rhythmus oder von rhythmischen Phänomenen in den Mittelpunkt stellen wie etwa tanzende, musizierende oder handwerklich arbeitende Figuren (z.B. Ferdinand Hodlers *Holzfäller* oder *Mäher*). Oder man könnte drittens auf die Sukzessivität der Bildbetrachtung verweisen und eine Rhythmisierung der Wahrnehmung selbst annehmen, den Bildrhythmus mithin in den Akt des Betrachtens verlegen. Jede dieser Varianten ist im hier zu betrachtenden Zeitraum, mit wechselnder Akzentsetzung, wirksam geworden. Der nachfolgende Durchgang durch die Quellen lässt sich anhand dieser Dreiteilung grob strukturieren, auch wenn sie nicht exakt der historischen Chronologie der vorgestellten Konzeptionen entspricht.

---

[1] Vgl. ebenda, ferner Spiekermann, Laokoons Schatten, in: Gibhardt (Hg.), Denkfigur Rhythmus, a.a.O., S. 165-189; Burchert, Rhythm, a.a.O., S. 59.

[2] Vgl. dazu, mit zahlreichen Rezeptionsdokumenten (Goethe, Hegel, Schopenhauer u.a.), Alexander Michailow, „…Architektura ist erstarrte Musika…". Nochmals zu den Ursprüngen eines Worts über die Musik, in: International Journal of Musicology 1 (1992), S. 47-65.

II. Rhythmus als ‚apriorische‘ Leistung des Subjekts (Sulzer, Wundt)

Für die dritte der oben aufgezählten Möglichkeiten, die Verlagerung vom Objektrhythmus auf den Rhythmus der Wahrnehmung, scheint zunächst eine theoriegeschichtlich bedeutsame Wende in der Rhythmusforschung zu sprechen, die im 18. Jahrhundert bei Johann Georg Sulzer begann und in der psychologischen Rhythmusforschung des 19. und frühen 20. Jahrhunderts ihre Fortsetzung und breite empirische Untermauerung erlebte. Dieser Theorie zufolge ist der Rhythmus nicht oder nicht nur ein obektives Phänomen, das von außen an die Sinnesorgane herangetragen wird; vielmehr lege der Mensch rhythmische Strukturen in die Wahrnehmung eigentlich monotoner Abfolgen ebensogut *hinein*. So lässt sich etwa beim Pendel einer Uhr eine alternierende Betonung hören, die objektiv gar nicht vorhanden ist. Sulzer nennt als Beispiel die Gehbewegung des Menschen. Der menschliche Geist, so die Schlussfolgerung, versuche auf diese Weise, Monotonie zu vermeiden.[1]

Von einer strikt konstruktivistischen Auslegung dieser subjektiven Rhythmisierung monotoner Vorgänge und Strukturen hat meines Wissens kein Theoretiker des Rhythmus ernsthaft Gebrauch gemacht. Sie bildet die äußerste Grenze für mögliche Modellierungen der Rhythmuserfahrung, da sie eigentlich keinen Raum mehr für objektiv bestimmbare Rhythmen lässt. Aus der Theoriegeschichte des Rhythmus ist Sulzers Idee aber nicht mehr wegzudenken, weil sie prinzipiell die Möglichkeit eröffnet, über eine sozusagen apriorische Beteiligung des Subjekts am Zustandekommen des Rhythmus nachzudenken, wie es von der Gestalttheorie und Phänomenologie bis zur Rezeptionsästhetik und modernsten Methoden des *eye tracking* immer wieder unternommen wurde.[2] Für Sulzers Beobachtung stellte die physiologische Psychologie der Gründerzeit nun auch experimentell

---

[1] Sulzer zieht daraus jedoch keine Folgerungen für die Kunstbetrachtung, vielmehr schließt er einen möglichen Rhythmus „in Gebäuden und Formen" kategorisch aus. Nicht umsonst hätten die antiken Theoretiker dafür den Begriff ‚Eurythmie‘ reserviert. Insofern sieht sich Sulzer berechtigt, den Rhythmusbegriff auf Musik, Tanz und Poesie zu beziehen. Johann Georg Sulzer, Allgemeine Theorie der Schönen Künste, Bd. 2, Leipzig 1774, S. 975f.: „Indessen erkläre man das griechische Wort, wie man wolle; so nehmen wir es hier blos von *der Ordnung in Ton und Bewegung*, und zwar vornehmlich in so fern sie in der Musik und in dem Tanz vorkommt. Wir werden nachher die Anwendung davon auf die Dichtkunst leichte machen können."

[2] Vgl. Grave, Temporalität, a.a.O.

gesicherte Nachweise bereit. 1874 legte der Leipziger Psychologe Wilhelm
Wundt die erste Auflage seiner epochemachenden *Physiologischen
Psychologie* vor.[1] Darin untersuchte er unter anderem auch „ästhetische
Gefühle", geordnet nach akustischen und optischen Phänomenen.[2] Das
Gehör, so Wundt, könne ästhetische Gefühle wie Harmonie und Rhythmus
vermitteln. Der Rhythmus, heißt es weiter, errege Lust, weil er die
ermüdende Monotonie vermeide.[3]

Das ist noch ganz traditionell gedacht, sozusagen objektivistisch. Der
Rhythmus ist objektiv vorgegeben und erzeugt bestimmte Wirkungen im
Subjekt. Wundt widmet ihm etwas mehr als eine halbe Seite. In der fünften
Auflage aus dem Jahre 1903 ist der Abschnitt über den Rhythmus bedeutend
angewachsen. Zusätzlich wird der Rhythmus nun auch im Kapitel
„Zeitvorstellungen" abgehandelt.[4] Dort macht Wundt auf das eben
beschriebene Phänomen aufmerksam: Wir hören auch da einen Rhythmus,
wo objektiv keiner ist.[5] Weil Wundt aber andererseits die Existenz objektiv
vorhandener Zeit- und Wiederholungsstrukturen nicht per se anzweifelt,
führt er die Rhythmusempfindug auf ein Zusammenwirken von objektiver
und subjektiver Dimension zurück, wobei er der objektiven „rhythmische[n]
Gliederung" den Vorzug einräumt.[6] Darüber hinaus hält er entschieden fest,
dass sich das Wohlgefallen am akustisch wahrgenommenen Rhythmus
„höchst charakteristisch" von demjenigen an optisch oder haptisch

---

[1] Zum Werk und, seiner epochalen Bedeutung vgl. Hermann Feuerhelm/Wolfgang
Bringmann, Wilhelm Wundt. Grundzüge der physiologischen Psychologie, in: Helmut
E. Lück et al. (Hg.), Klassiker der Psychologie. Die bedeutenden Werke: Entstehung,
Inhalt und Wirkung. Stuttgart 2018, S. 63-67.

[2] Wilhelm Wundt, Grundzüge der physiologischen Psychologie. Leipzig 1874, S. 691ff.

[3] Ebenda S. 693: „Gleiche Eindrücke in gleichen Pausen stattfindend wirken ermüdend,
aber niemals rhythmisch."

[4] Wilhelm Wundt, Grundzüge der physiologischen Psychologie. Leipzig ³1903, S. 94ff.

[5] Ebenda S. 95 (Hervorh. B. S.): „Man hat diese Erscheinung zuweilen auf ein ‚Streben
nach Zusammenfassung' zurückgeführt. In der That lässt sich wohl nicht bestreiten,
dass ein solches Streben unter Umständen wirksam werdenkann. Dies geschieht
namentlich in allen den Fällen, wo von vornherein die willkürliche Tendenz zu einer
solchen Verbindung oder gar die zum *Hineinhören eines bestimmten Rhythmus* in die
Taktfolge obwaltet."

[6] Ebenda: „Aller Wahrscheinlichkeit nach ist daher die willkürliche rhythmische Gliederung
und ihre Veränderung mit der Geschwindigkeit das Primäre, und erst nachdem
dieselbe verwickelter aufgebaute Rhythmen erzeugt hat, kann nun auch der Wille
regulierend und verändernd in diesen Vorgang eingreifen."

erfahrbaren „Raumformen" unterscheide.[1]

Es dürfte nicht zuletzt den Vorarbeiten Wundts zu verdanken sein, dass der Rhythmus ab etwa 1880 mit Nachdruck in der akademischen Kunstgeschichtsschreibung, dann auch in der psychologisch fundierten allgemeinen Kunstwissenschaft etabliert wurde. Diese Entwicklung ist bekanntlich verbunden mit den Namen Heinrich Wölfflin, Alois Riegl und August Schmarsow. Jeder von ihnen hat sich in den Jahren und Jahrzehnten um 1900 um eine kunstwissenschaftliche Operationalisierung des Rhythmusbegriffs bemüht, teilweise im Rekurs auf die jeweils anderen, teilweise höchst eigenständig. So setzte sich Schmarsow in seinen Schriften zum Rhythmus intensiv mit Riegls Rhythmusmodell auseinander,[2] während Riegl und Wölfflin von Schmarsows Rhythmustheorie, die sicherlich die elaborierteste von allen gewesen ist, kaum Notiz zu nehmen scheinen. Die späteren Arbeiten von Panofsky und Maldiney dagegen nehmen vor allem auf Schmarsow und Riegl Bezug. Das dürfte damit zusammenhängen, dass Wölfflin den Rhythmusbegriff von allen dreien am wenigsten ausgearbeitet hat. Verwendet hat er ihn jedoch ausgesprochen häufig, wie im Folgenden zu zeigen sein wird.

III. Rhythmus als ungebundene Gesetzlichkeit (Wölfflin)

Schon in seiner Dissertation zur „Psychologie der Architektur" (1886) hat Wölfflin den Rhythmusbegriff als Moment der ästhetischen Rezeption ins Spiel gebracht.[3] Er scheint dort den Gedanken Sulzers und Wundts aufzugreifen, wenn er schreibt, dass trotz der ästhetischen Forderung nach „Gleichmaß" an Monumentalbauten gerade „eine leichte Unregelmäßigkeit das Heitere ländlicher Anlagen noch erhöhn" könne.[4] Auch hier ergibt sich das Wohlgefallen aus der Vermeidung von Monotonie. Diese „Unregelmäßigkeit" müsse indes „sehr leicht sein", denn, so heißt es weiter, „wir haben die Regelmäßigkeit gleich dem Takt in der Musik anzusehn".[5] In ähnlicher Weise arbeitet er den Rhythmusbegriff in der 1888 erschienenen

---

[1] Wilhelm Wundt, Grundzüge der physiologischen Psychologie. Leipzig [3]1903, S. 158.

[2] Vgl. Spiekermann, Laokoons Schatten, a.a.O.

[3] Heinrich Wölfflin, Prolegomena zu einer Psychologie der Architektur, München 1886; hier zitiert nach Wölfflin, Kleine Schriften 1886 – 1933, hg. v. Joseph Gantner, Basel 1946, S. 13-47, hier S. 36. – Zu Wölfflins Schrift im Kontext der Rhythmusdebatte vgl. Pinotti 2016, S. 51f.

[4] Wölfflin, Prolegomena, a.a.O., S. 36.

[5] Wölfflin, Prolegomena, a.a.O., S. 36.

Habilitationsschrift *Renaissance und Barock* weiter aus.[1] Er gebraucht ihn
dort, analog zur Poesie, als Gegenbegriff zum „Metrum", um die horizontale
Anordnung von Bauelementen im Übergang zwischen den beiden
Stilepochen zu beschreiben. So weist er auf die Anordnung der Fenster an
Barockbauten hin, deren Abstände zur Gebäudemitte hin kleiner würden.
Eben diese Variation des Abstandes zwischen gleichartigen Elementen
(Fenstern) bezeichnet Wölfflin als „*rhythmische* Folge gegenüber einer blos
metrisch-regelmässigen".[2]

Zwar bezeichnet ‚Rhythmus' auch hier das Prinzip einer geregelten
Abwechslung anstelle von Monotonie. Es zeigt sich aber schnell, dass es
Wölfflin nicht mehr um eine Psychologie der Wahrnehmung geht, sondern
um eine objektorientierte Analyse architektonischer Strukturen im
geschichtlichen Wandel. Der auf Sulzer wie auf Wundt verweisende
Psychologismus der Dissertation ist damit bereits wieder verlassen
zugunsten einer Stil- und Formgeschichte, die für Wölfflin das große Projekt
der folgenden Jahrzehnte werden sollte. Rhythmus erscheint als ein
Strukturmoment, das die Abwechslung oder Verteilung von architektonischen
Elementen in gefälliger Weise reguliert. In den 1915 erschienenen
Kunstgeschichtlichen Grundbegriffen erscheint der Rhythmus dann auch
nicht als eigenständiger ‚Grundbegriff', wird aber in ähnlicher Weise zur
Beschreibung von Gemälden und Zeichnungen eingesetzt, und zwar ohne
jede terminologische Reflexion. So vergleicht Wölfflin etwa mit Hilfe des
Rhythmusbegriffs zwei Porträtbilder von Bronzino und Velázquez. Dort
heißt es, zunächst noch ohne Rhythmus, über Bronzino:

> Nicht auf einen Augenblick ist der Maler vom Pfade der
> unbedingten gegenständlichen Deutlichkeit abgewichen. Es ist, als ob
> man bei der Darstellung einer Bücherwand Buch um Buch und jedes
> gleich klar umrandet malen wollte, während doch ein auf die
> Erscheinung eingestelltes Auge nur den Schimmer aufnimmt, der
> über das Ganze hinspielt und wo die einzelne Form bald mehr bald

---

[1] Vgl. Hans Hermann Russack, Der Begriff des Rhythmus bei den deutschen Kunsthistorikern
des XIX. Jahrhunderts. Wieda 1910, S. 61-65.

[2] Heinrich Wölfflin, Renaissance und Barock. Eine Untersuchung über Wesen und
Entstehung des Barockstils in Italien. München 1888, S. 49f. (Hervorhebung im
Original).

weniger in diesem Schimmer untergeht.[1]

Im Folgenden wendet sich Wölfflin Velázquez zu. Er nutzt den Rhythmusbegriff, um die stilgeschichtliche Differenz zwischen den beiden Werken zu beschreiben:

> Das Kleidchen seiner kleinen Prinzessin war mit Zickzackmustern bestickt, aber was er uns gibt, ist nicht das Ornament an sich, sondern das flimmernde Bild des Ganzen. Einheitlich von weitem gesehen haben die Muster ihre Klarheit verloren, ohne doch undeutlich zu wirken. Man sieht durchaus, was gemeint ist, aber die Formen sind nicht zu fassen, sie kommen und gehen, sie werden überspielt von den Glanzlichtern des Stoffes und für das Ganze ist der Rhythmus der Lichtwellen entscheidend, der auch noch (in der Abbildung unerkennbar) den Grund erfüllt.[2]

Die Klarheit des Faltenwurfs und die Präzision des Ornaments auf dem Kleid sind demnach geopfert für eine Lichtregie, die den Stoff höchst lebendig wirken lässt, als würde er sich demnächst bewegen. Dagegen wirke der Stoff bei Bronzino wie eingefroren, zumindest sehr starr und dick. Etwas später, im Kapitel zum tektonischen Stil (das ist einer von Wölfflins *Grundbegriffen*) vergleicht er wieder zwei Künstler und Werke, diesmal sind es Zeichnungen von Dürer und Rembrandt. Statt auf Licht und Schatten lenkt Wölfflin die Aufmerksamkeit nun auf die „Linienführung". Erneut kommt dabei der Rhythmus als Beschreibungskategorie zum Einsatz, und zwar da, wo die Dichotomie von „linear" und „malerisch" (zwei weitere von Wölfflins Grundbegriffen) nicht ausreicht, um den „Gegensatz" zwischen zwei Zeichnungen der beiden Künstler zu bestimmen. Dem „Rhythmus der Linien" bei Rembrandt steht darüber hinaus die „Regelmäßigkeit der Strichführung" bei Dürer gegenüber.[3]

Wie in der früheren Schrift *Renaissance und Barock*, wo der Rhythmus

---

[1] Heinrich Wölfflin, Renaissance und Barock. Eine Untersuchung über Wesen und Entstehung des Barockstils in Italien. München 1888, S. 49.

[2] Ebenda S. 49f. (originale Hervorhebung).

[3] Ebenda S. 144: „Was die Linienführung anbetrifft, so ist der Gegensatz einer Zeichnung Dürers und einer Zeichnung Rembrandts schon früher beschrieben worden; die Regelmäßigkeit der Strichführung dort und der schwer zu bestimmende *Rhythmus der Linien* hier aber läßt sich aus den Begriffen linear und malerisch doch nicht unmittelbar ableiten, man muß die Erscheinung auch einmal unter dem Gesichtspunkt des tektonischen und atektonischen Stils betrachtet haben."

noch als Gegenbegriff zum Metrum diente, scheint ihm also aus Wölfflins Sicht etwas Lebendiges und gleichsam Nichtgeometrisches („Unregelmäßigkeit", hieß das in der Dissertation) anzuhaften. Dieser Eindruck bestätigt sich im Fortgang der Argumentation, wenn Wölfflin die gezielt eingesetzten „Flecken" in Rembrandts Zeichnung mit der Tradition der Baumdarstellung vergleicht, wo eine klar strukturierte Linienführung vorgeherrscht habe: „In der Austeilung der Flecken herrscht ein ganz anderer, freierer Rhythmus als in all den Linienmustern der klassischen Baumzeichnung, wo man über den Eindruck einer gebundenen Gesetzlichkeit nicht hinauskommt."[1] Rhythmus bezeichnet demzufolge eine ‚ungebundene' Gesetzlichkeit oder, wie es wenig später (nun dient wieder Velázquez als Beispiel) ergänzend heißt: „Noch immer ist eine Gesetzlichkeit da, sonst wäre es kein Rhythmus, aber die Gesetzlichkeit gehört einer anderen Gattung an."[2] Dies ist eine der wenigen Stellen in den *Grundbegriffen*, die eine allgemeinere Bestimmung des Rhythmusbegriffs zumindest andeuten.

Es wird hier deutlich, dass dem Begriff, wie Wölfflin ihn gebraucht, eine emphatische Qualität zukommt. ‚Rhythmus' bezeichnet für ihn das lebendig Wirkende gegenüber dem Leblosen und Starren, die Freiheit und Dynamik gegenüber der Gebundenheit, generell aber auch das ‚Neue', den stilgeschichtlichen Fortschritt von der Renaissance zum Barock. Es sind besonders die Analysen von Rembrandts Werken, in denen sich die Beschreibung der Darstellungstechnik zu einem moderaten Pathos steigert und so die epochale Leistung des Niederländers würdigend unterstreicht. Dabei scheint offenkundig die Genieverehrung des 19. Jahrhunderts durch.[3] So noch einmal im Kapitel über die Begriffe ‚Vielheit und Einheit'. Um zu zeigen, wie Figuren oder Motive in der Barockmalerei durch eine neuartige Lichtgebung zur Einheit zusammengefasst werden, nennt Wölfflin Rembrandts Radierung *Der lehrende Christus* als typisches Beispiel. In seiner bemerkenswerten Analyse der Lichtverteilung fällt erneut der Rhythmusbegriff. Die Passage verdient es, ausführlicher zitiert zu werden:

Die eindrücklichste optische Tatsache ist hier wohl die, daß eine

---

[1] Heinrich Wölfflin, Renaissance und Barock. Eine Untersuchung über Wesen und Entstehung des Barockstils in Italien. München 1888, S. 144.

[2] Ebenda S. 145.

[3] Vgl. dazu nach wie vor Jochen Schmidt. Die Geschichte des Geniegedankens in der deutschen Literatur, Philosophie und Politik, 1750 – 1945. Darmstadt 1985. Bd. 2, S. 1-193.

große Masse zusammengeballten höchsten Lichtes an der Mauer zu Füßen Christi vorhanden ist. Diese dominierende Helligkeit steht in unmittelbarster Verbindung mit den andern Helligkeiten, sie läßt sich nicht als etwas einzelnes herauslösen, wie man das bei Dürer tun kann, sie deckt sich auch nicht mit einer plastischen Form, im Gegenteil, das Licht läuft über die Form weg, es spielt mit den Dingen. Alles Tektonische verliert dadurch das Augenfällige und die Figuren auf der Bühne werden in der merkwürdigsten Weise auseinandergerissen und wieder zusammengefaßt, als ob nicht sie, sondern das Licht das eigentlich Reale im Bilde sei. Eine diagonale Lichtbewegung geht von vorn links über die Mitte durch den Torbogen in die Tiefe, allein was bedeutet diese Feststellung gegenüber dem unfaßbaren Zucken von Hell und Dunkel durch den ganzen Raum hin, jenem Lichtrhythmus, mit dem Rembrandt wie kein anderer seinen Szenen ein zwingendes einheitliches Leben gibt.[1]

Der emphatische Eindruck entsteht zum einen durch die Reihung und Steigerung von Verben der Bewegung („läuft", „geht"), einige davon höchst ausdrucksstark („auseinandergerissen", „Zucken"), ferner durch ihre personifizierende Verbindung mit dem Licht und endlich durch mehrere Superlative („eindrücklichste" etc.), denen in semantischer Hinsicht noch Hyperbeln wie ,unfaßbar' oder ,wie kein anderer' korrespondieren. Eine nüchterne Beschreibung ist das nicht.[2] Der Begriff des „Lichtrhythmus", auf den diese klimaktische Beschreibung zuläuft, hat dabei die Aufgabe, sich dem „unfaßbaren Zucken von Hell und Dunkel" mit einer quasi-terminologischen, aber eben nicht vollends präzisen Begrifflichkeit anzunähern. Wert und Reiz des Begriffs scheinen folglich nicht weniger in

---

[1] Heinrich Wölfflin, Renaissance und Barock. Eine Untersuchung über Wesen und Entstehung des Barockstils in Italien. München 1888, S. 176.

[2] Auch eine weitere Stelle, die einen Lichtrhythmus bei Rembrandt nachweisen will, geizt nicht mit Pathos, das sich hier über das Wortfeld ,Wunder/Rätsel/ Geheimnis' herstellt (ebenda S. 232, Hervorhebungen B. S.): „Was durch die Schiebung der Glieder an objektiver Klarheit verloren gegangen ist, daran denkt man kaum, so stark spricht das Motiv: durch den *faszinierenden* Rhythmus der Helligkeiten und Dunkelheiten aber, in den der Körper hineingestellt ist, wird man weit über die Wirkung der bloßen plastischen Form hinausgeführt. Das ist das *Geheimnis* der späten Formulierungen Rembrandts: die Dinge sehen ganz einfach aus und stehen doch da wie etwas *Wunderbares*."

seiner Unbestimmtheit zu liegen als in seiner von Musik und Poesie her bekannten Bedeutung als einer Kategorie, die zwischen totaler Regelhaftigkeit und lebhafter Freiheit ebenso vermittelt wie zwischen Einheit und Vielheit, dem eigentlichen Thema des Kapitels, in dem sich Wölfflins Rembrandt-Analyse befindet.[1] Dazu passt auch der Spielbegriff („es spielt mit den Dingen"), der bereits in dem Vergleich zwischen Bronzino und Velázquez (s.o.) zur Anwendung gelangt war.

IV. Rhythmus als Dynamisierung der Blickbewegung (Schmarsow)

Anders als Wölfflin begründete August Schmarsow, seit 1893 Professor in Leipzig, wo mit Wilhelm Wundt und Karl Bücher ein Zentrum der wilhelminischen Rhythmusforschung entstanden war, geradezu eine Schule der kunstwissenschaftlichen Rhythmologie.[2] Während seine Schüler Hans Hermann Russack und Willy Droste den Gebrauch des Rhythmusbegriffs bei Kunsthistorikern und Ästhetikern des 19. und 20. Jahrhunderts aufarbeiteten,[3] war es der seinerseits einflussreiche Wilhelm Pinder, der in seiner von Schmarsow betreuten Dissertation über die „Rhythmik romanischer Innenräume" (1904) den Rhythmus zum kunsthistorischen Instrument formte.[4] Schmarsow selbst nahm den Rhythmus 1905 in seine erschienenen *Grundbegriffe der Kunstwissenschaft* auf.[5] Die Ähnlichkeit mit dem Titel von Wölfflins Erfolgsbuch (s.o.) ist nicht zufällig, denn Schmarsow hat sich noch entschiedener als Wölfflin – wiewohl mit weniger Erfolg – für die Erarbeitung einer kunstgeschichtlichen Terminologie eingesetzt. Mehr noch: Er kritisiert, in seiner Studie zum „Grundbegriff" des Malerischen von 1896, Wölfflins

---

[1] Gemeint ist die Fähigkeit oder Aufgabe des Rhythmus, einzelne Elemente wie Schlag oder Ton in eine höhere Einheit wie Takt, Strophe oder Satz einzubinden. Vgl. dazu die Hinweise bei Verf., Rhythmus und Weltanschauung, a.a.O., S. pass.

[2] Zu Schmarsows Rhythmustheorie, die er in einer ganzen Reihe von Schriften entwickelte und modifizierte, vgl. insbesondere Andrea Pinotti, Rhythmologie in der Kunstwissenschaft, a.a.O.; neuerdings Verf., Laokoons Schatten, a.a.O.

[3] Vgl. Russack, a.a.O.; Willy Drost, Die Lehre vom Rhythmus in der heutigen Ästhetik der bildenden Künste. Leipzig 1919.

[4] Wilhelm Pinder, Einleitende Voruntersuchung zu einer Rhythmik romanischer Innenräume in der Normandie. Straßburg 1904.

[5] Vgl. Pinotti, Rhythmologie, a.a.O., pass.

diffusen Gebrauch dieser Kategorie.[1] Denn wenn Wölfflin nicht nur von einer malerischen Architektur und einer malerischen Plastik spreche, sondern sogar von einer malerischen *Malerei*, dann wäre doch leicht ersichtlich, dass hier mindestens zwei Begriffe des ‚Malerischen‘ nebeneinander stünden.[2]

Im Zusammenhang mit dem Malerischen kommt Schmarsow auch bald auf den Begriff der Bewegung zu sprechen,[3] den Wölfflin schon in seinem Barockbuch (s.o.) verwendet und später dann als zentrales Moment des Malerischen angegeben hatte.[4] Schmarsow sieht die Bewegung dagegen auch in Architektur und Plastik am Wirken, sogar in der Zeichnung, wie es wenig später heißt.[5] Erst einige Kapitel später zieht er dann die Schlussfolgerung, auf die dieser Argumentationsschritt zuläuft, nämlich in einem Kapitel mit dem vielsagenden Titel *Malerei und Dichtung*: „Nur, wo Bewegung ist", heißt es da apodiktisch, „kann auch vom Rhythmus die Rede sein".[6] Hier sieht Schmarsow Parallelen zwischen der Poesie und der Malerei oder auch dem Schattenspiel, ja selbst, wie es gleich darauf heißt, zwischen Poesie, Statuen oder Gebäuden.[7] Bei diesen „starren Gebilden" liege die „Bewegung" schlicht in der Bewegung des Körpers, etwa dann, wenn das Auge die Motive oder die räumliche Sichtachse verfolge. Schmarsow ist hier also genauer als Wölfflin (den er ja kritisiert). In dem Gedanken, dass die Bewegung, ohne die es keinen Rhythmus geben könne, in der Bewegung des *Blickes* am Kunstwerk entlang besteht, ist die Theorie des Bildrhythmus schon enthalten:

---

[1] Vgl. August Schmarsow, Zur Frage nach dem Malerischen. Sein Grundbegriff und seine Entwicklung. Leipzig 1896, S. 4f. Und dann, zur Begründung des eigenen Ansatzes (ebenda S. 7): „Wer aber das Gesetz erkennen will, darf strenge Begriffsbestimmungen nicht scheuen."

[2] Ebenda S. 5: „Wenn wir von einer malerischen Periode in der Geschichte der Malerei reden, so handelt es sich eben bereits um zwei verschiedene Begriffe."

[3] Vgl. ebenda S. 8ff.

[4] Ebenda S. 8: „In diese Kategorie von Bezeichnungen gehört meines Erachtens auch Wölfflins Dogma: ‚das Malerische gründet sich auf den Eindruck der Bewegung.‘"

[5] Ebenda S. 9: „Indes tatsächlich spielt andrerseits der ‚Eindruck der Bewegung‘ auch in den übrigen Künsten räumlicher Anschauung seine Rolle, so in der Plastik, so selbst in der Architektur […]."

[6] Ebenda S. 103.

[7] Ebenda: „Ja selbst bei der Statue und beim Bauwerk, diesen starren Gebilden, glauben wir uns berechtigt, das selbe Wort zu brauchen: wenn unser Auge dort das Motiv verfolgt entfaltet sich der Körper in Bewegung […]."

Und in diesem Sinne mag die Erzählung des Dichters und die Pantomime des Schattenspiels, die Konturzeichnung eines Malers und der Vorstellungslauf unsrer Phantasie rhythmisiert werden, durch die Machtvollkommenheit dieser Künste.[1]

Noch im gleichen Jahr hielt Schmarsow einen Vortrag (zur könglichen Geburtstagsfeier am 23. April), der einen zentralen Gedanken der Malerei-Schrift aufgriff und vertiefte: *Über den Werth der Dimensionen im menschlichen Raumgebilde*.[2] Hier führte er detaillierter und anschaulicher aus, was in der Malerei-Schrift bereits konzeptionell angelegt gewesen war: Die Bedeutung der Sukzession oder Sukzessivität bei der *Wahrnehmung* eines Kunstwerks. Aus naheliegenden Gründen lässt sich diese Überlegung leichter an Bauwerken demonstrieren als an Gemälden oder Zeichnungen. Denn die Sukzessivität der Wahrnehmung ergibt sich dabei aus der Bewegung des Leibes durch den architektonisch geformten Raum. Der Ausweitung des Sukzessionsbegriffs auf die Malerei stand allerdings auch um 1900 noch Lessings *Laokoon* im Weg, in dem die Sukzessivität von Musik und Poesie der Simultaneität von Malerei und Plastik starr entgegengesetzt war. Nicht umsonst hat sich Schmarsow einige Jahre später extensiv mit Lessing beschäftigt und die Laokoon-Schrift mit einem Kommentar und einer Einleitung herausgegeben.[3] Schon im Vortrag von 1896 ist Lessing implizit präsent, wenn Schmarsow, zunächst noch ohne den Rhythmusbegriff, feststellt:

Die entwickelte Raumkomposition, die wir nur successiv, im Durchwandeln der Theile zu erleben und im Zusammenhang zu erfassen vermögen, vergleicht sich schon durch den zeitlichen Verlauf der Anschauung nur mit einer musikalischen Komposition, oder einer Dichtung, womöglich der Aufführung einer Symphonie oder gar eines Dramas.[4]

Wo es eine Bewegung im Raum gibt, so ließe sich aufgrund von Schmarsows Axiom (s.o.) folgern, kann es auch einen Rhythmus geben. Und

---

[1] Ebenda.

[2] August Schmarsow, Über den Werth der Dimensionen im menschlichen Raumgebilde, in: Berichte über die Verhandlungen der Königlich Sächsischen Gesellschaft der Wissenschaften zu Leipzig, Philologisch-Historische Klasse, 48 (1896), S. 44-61.

[3] Vgl. Spiekermann, Laokoons Schatten, a.a.O.

[4] Schmarsow. Wert der Dimensionen, a. a. O., S. 58f.

tatsächlich führt Schmarsow kurz darauf die Kategorie des Rhythmus ein, wenn er auf die titelgebenden Dimensionen (Höhe, Breite, Tiefe) zu sprechen kommt. Jeder Dimension am Raumkunstwerk ist eine ästhetische Qualität zugeordnet – der Höhe die Proportion, der Breite die Symmetrie. Der Tiefe (das ist im Zitat mit dem „Durchwandeln" gemeint, wenn wir uns in einen Raum begeben) wird dagegen der Rhythmus beigesellt, als ästhetische, also auf gefällige Weise nicht-monotone Regulierung von Bewegung oder Sukzession.[1] Das ist nicht ganz präzise, denn man kann auch an einem hohen Kirchturm (Höhe) oder an einer Wand (Breite) entlangsehen oder -gehen. (Schmarsow hat das bemerkt und noch einige Erklärungen hinzugefügt, die hier übergangen werden dürfen, denn er kommt schon in der nächsten zu besprechenden Schrift darauf zurück.) Ganz am Ende des Vortrags von 1896 schließt er dann die Frage an, inwiefern sich der „Werth der Dimensionen" in den Raumkünsten auch auf die „Nachbarkünste" erstrecke, also auf Malerei und Plastik.[2] Die Theorie des Bildrhythmus steht anscheinend unmittelbar bevor.

Einen weiteren Schritt in Richtung Bildrhythmus unternimmt Schmarsow dann 1903 in den populären Vorträgen über *Unser Verhältnis zu den bildenden Künsten*.[3] In didaktischer Absicht zieht er dort zum einen erneut die Verbindung zwischen Malerei und Poesie,[4] zum anderen bietet er im fünften Vortrag über Wand, Fläche und Malerei eine detaillierte Analyse (oder Beschreibung) der Blickbewegung entlang einer durch Konstruktion und Ornamentik gestalteten Wand. Für Schmarsow besteht kein grundsätzlicher Unterschied zwischen der „wirkliche[n] Ortsbewegung" des Körpers durch den Raum und der „innere[n] Nachahmung dieses

---

[1] Ebenda S. 59: „Jede dieser Axen hat ihr eigenes Gestaltungsprincip: in der ersten Dimension waltet die Proportionalität, in der zweiten die Symmetrie, und in der dritten das Moment der Richtung (wie Gottfried Semper es genannt hat) oder des Rhythmus (wie ich es nennen möchte, weil die successive Auffassung, die Bewegungsvorstellung das Entscheidende ist)."

[2] Ebenda S. 61.

[3] August Schmarsow, Unser Verhältnis zu den bildenden Künsten. Sechs Vorträge über Kunst und Erziehung. Leipzig 1903.

[4] Ebenda S. 21: „In Poesie und Malerei sowohl, wie besonders, wo diese Künste sich bei dramatischer Aufführung verbinden, da wird auch die Frage nach Ursache und Wirkung oder nach Grund und Folge zum alles bestimmenden Faktor, d. h. wir steigen zum Gipfel der geistigen Auseinandersetzung auf, die wir als vollsten künstlerischen Ausdruck unserer Weltanschauung begrüßen."

Vorgangs".[1] Indem Schmarsow so den festen Beobachterstandpunkt und damit den entscheidenden Unterschied zwischen Breiten- und Tiefenwahrnehmung dekonstruiert, löst er die Bewegung von der Tiefendimension, d. h. vom „Durchwandeln" eines Innenraums von vorne nach hinten, ab und verlegt sie in die zweite Dimension.[2] Das bedeutet aber, dass „Bewegung" oder „Sukzession" – also auch der Rhythmus – nun ebenso in der Breite und ergo in der Fläche möglich ist. In der Tat hat Schmarsow genau diesen Übergang der einen Dimensionen in die andere an den Anfang der besagten Blickanalyse gestellt.[3] Länge, Breite und Tiefe gehen nun ineinander über, mit einem für die hier verfolgte Konzeptgeschichte bedeutsamen Ergebnis. Auch die Betrachtung der Fläche – vertikal und vor allem horizontal – kann nun im Zeichen des Rhythmus stehen:

> Die schweifende Ortsbewegung unsrer Augen führt uns erst die Ausdehnung jener Wand zu Gemüte; aber diese Ebene vor uns erscheint bald kahl und öde, wenn sie keinen Anhalt, keine faßbaren Bahnen für unsre Blicke bietet, keinen Wechsel zwischen Ausruhen und Bewegung hervorbringt. Erst die nachahmende Betätigung des Gefühls und dessen *rhythmische* Gliederung vermittelt uns die volle tatsächliche Ausdehnung der Fläche [...].[4]

Die hier behandelten Schriften bilden Vorstudien zu Schmarsows

---

[1] Ebenda S. 112: „Stellt sich nun irgend ein Anlaß ein, die Breite nicht nur von uns aus so obenhin abzuschätzen, sondern in ihrer wirklichen Ausdehnung am Objekt uns gegenüber, von einem Ende bis zum andern, zu ermessen, so müssen wir unsern festen Standpunkt aufgeben, sei es tatsächlich, sei es nur in der Vorstellung, uns an den Endpunkt versetzen, und dann die Entlangbewegung vollziehen, und zwar wiederum durch wirkliche Ortsbewegung oder durch innere Nachahmung dieses Vorgangs."

[2] Ebenda S. 112 (Hervorhebungen im Original): „Nun hat sich aber die Breite verwandelt, sozusagen unter unsern Händen oder unsern Augen; sie stellt sich jetzt als *Länge* dar. Und sehen wir oder schreiten wir daran entlang, so übersetzen wir sie aus der zweiten Dimension in die dritte: aus der Breite wird [...] die *Tiefe*. Und auch diese hat ihr eignes Gesetz, das wir im Unterschied von Symmetrie und Proportionalität am besten *Rhythmus* nennen, da es in zeitlichem Verlaufe vollzogen wird."

[3] Vgl. Michael Dürfeld, Das Ornamentale und die architektonische Form. Systemtheoretische Irritationen. Bielfeld 2008, S. 57f.

[4] Ebenda S. 113f. (Hervorhebung B. S.).

methodologischem, aber auch fachdidaktischem Hauptwerk, den *Grundbegriffen der Kunstwissenschaft* von 1905.[1] Schmarsow führt darin seine Überlegungen zu den drei Dimensionen des Kunstwerks fort. Er behält auch den Rhythmusbegriff bei, der neben den Kategorien Proportion und Symmetrie als ‚Grundbegriff' firmiert. Eine Theorie des Bildrhythmus formuliert er aber nicht. Zwar baut er den Rhythmus zur zentralen Kategorie der Kunstwissenschaft auf, er bindet ihn aber nun sehr entschieden an die Architektur und Plastik zurück. Hatte er noch 1903 die Tür zu einer Theorie des Bildrhythmus aufgestoßen, schlägt er sie nun wieder zu. Wie ist das zu erklären? Dazu abschließend noch einige Überlegungen.

Der Grund war womöglich eine innerfachliche Auseinandersetzung. Schmarsow war ein sehr streitbarer Wissenschaftler und setzte sich ausführlich mit den Arbeiten von Kollegen auseinander, in den *Grundbegriffen* vor allem mit dem Wiener Kunsthistoriker Alois Riegl.[2] Dieser hatte in seiner einflussreichen Studie zur spätrömischen Kunstindustrie (1901) in Anlehnung an die Kunstmetaphysik des Kirchenvaters Augustinus den Rhythmusbegriff zum Struktur- oder Gliederungsprinzip des spätrömischen „Kunstwollens" erhoben.[3] Sein Ziel war wohl weniger eine Theorie des Rhythmus für die Kunstwissenschaft als vielmehr eine stil- und ästhetikgeschichtliche Rekonstruktion, die er vor allem für die Beschreibung und historische Einordnung von Reliefs einsetzte. Im Gegensatz zum „Farbenrhythmus" der mittelrömischen Zeit glaubte er in der spätrömischen Reliefkunst einen charakteristischen „Linienrhythmus" zu erkennen.[4] Dementsprechend bleibt Riegls Rhythmusbegriff an die räumliche Dimension, inbesondere, wie es einmal heißt, an die

---

[1] August Schmarsow, Grundbegriffe der Kunstwissenschaft. Am Übergang vom Altertum zum Mittelalter kritisch erörtert und in systematischem Zusammenhang dargestellt. Leipzig und Berlin 1905.

[2] Vgl. Schmarsows Bemerkungen im Vorwort (Grundbegriffe, a. a. O., S. IV-VII); vgl. auch Verf., Laokoons Schatten, a.a.O., wo dieser Gesichtspunkt etwas breiter ausgeführt wird.

[3] Zu Riegls Bemühungen um den Rhythmus vgl. besonders Michael Gubser, Time and History in Alois Riegl's Theory of Perception, in: Journal of the History of Ideas 66 (2005), S. 451-474, bes. S.465-470; ders., Rhythm in the Thought of Alois Riegl and his Contemporaries, in: Peter Noever, Artur Rosenauer, Georg Vasold (Hg.), Alois Riegl Revisited. Beiträge zu Werk und Rezeption. Wien 2010, S. 89-99.

[4] Riegl, a.a.O., S. 210.

„Ebene" gebunden.[1] Daher reflektiert er auch nicht die subjektiven Bedingungen der Rhythmuserfahrung anhand der Körper- oder Blickbewegung. Genau hier setzt Schmarsows Kritik an, wenn es in direkter Bezugnahme auf Riegl heißt:

> Sonach wird hier [sc. von Riegl] der Versuch gemacht, den Rhythmus gleichermaßen in die Ebene zu bannen, wie die Symmetrie vorher, wenn auch zunächst unter der Voraussetzung der besonderen Absicht, daß er dem Beschauer unmittelbar evident erscheinen solle, doch schließlich ganz unbedingt mit der Behauptung, es gebe keinen Rhythmus aus Elementen hintereinander. Dagegen müssen sich schon von vornherein die stärksten Bedenken regen, wenn man sich einmal die Natur des Rhythmus klargemacht und als deren grundlegende Eigenart das Nacheinander, die sucessive Aufnahme, d. h. das Hintereinander wenigstens in der Zeit erkannt hat.[2]

Gerade weil das „hintereinander", die Tiefendimension, für Schmarsows Rhythmustheorie so wichtig ist, mag hier der Grund liegen, warum er sich in den *Grundbegriffen* stärker als zuvor auf die Körperbewegung des Subjekts bezieht. Entscheidend ist für ihn dabei das im Zitat präsente, aber auch schon vorher eingeführte Postulat einer „successiven Auffassung" von Kunstwerken, das für Höhe, Breite und Tiefe gleichermaßen gelte.[3] Hatte Schmarsow schon in den populären Vorträgen von 1903 die Vorstellung eines festen Betrachterstandpunkts als unzutreffend verworfen und sich ausführlich der Blickbewegung gewidmet (s.o.), besteht er nun – zunächst gegen Semper – auf einem Wechsel zwischen dem „ruhigen Standpunkt" und dem „beweglichen Schweifen des Blickes".[4] Das gleiche Argument führt er dann ebenfalls gegen Riegl ins Feld. Zwar weist er den festen Betrachterstandpunkt nicht prinzipiell zurück,

---

[1] Ebenda S. 211: „Waren nun die Intervalle gleich den Einzelformen dreidimensional nach der Tiefe abgeschlossen, dann ergaben sie eine freie Raumnische von bestimmter Tiefe; war diese Tiefe auch niemals so beträchtlich, dass dadurch die Wirkung des an die Ebene gebundenen Rhythmus in Frage gestellt worden wäre, so reichte sie doch hin, um die also behandelten Intervalle mehr oder minder mit dunklen Schatten zu erfüllen […]."
[2] Schmarsow, Grundbegriffe, a.a.O., S. 92.
[3] Ebenda S. 90.
[4] Ebenda S. 88.

er lässt ihn aber allenfalls für „Malerei und Relief" gelten.[1] Damit ist eine Unterscheidung getroffen, mit der sich Schmarsow von der möglichen Theorie eines Bildrhythmus, die sich in den vorausgegangenen Schriften abgezeichnet hatte, wieder entfernt. Indem er für Relief und Malerei andere Wahrnehmungsmodalitäten einräumt als für Baukunst und Ornamentik, in den anschließenden Ausführungen jedoch die Körperbewegung im (architektonisch strukturierten) Raum als entscheidendes Moment an der Rhythmuserfahrung herausstreicht, opfert er die Möglichkeit eines Bildrhythmus für seine Theorie eines Rhythmus in „Raumgebilden", die er in den Schriften der folgenden zwei Jahrzehnte immer weiter ausbauen sollte.[2]

V. Die drei Ebenen des Bildrhythmus: Subjekt, Objekt und Sujet (Panofsky)

Schmarsows Überlegungen in die Richtung einer Theorie des Bildrhythmus zwischen 1896 und 1903 bilden nicht den Endpunkt der hier verfolgten Problemgeschichte. Mit Wölfflins *Kunstgeschichtlichen Grundbegriffen* von 1915 wurde oben bereits ein zeitlich später liegendes Beispiel behandelt. Auch in den Jahren dazwischen und danach ebbte die Rede vom Rhythmus in der Malerei oder der Zeichnung nicht ab,[3] blieb aber gewöhnlich auf der Ebene einer unreflektierten Verwendung per

---

[1] Ebenda S. 92: „Er [sc. Riegl] geht offenbar von der Voraussetzung eines festen Standpunktes für das ruhige Schauen aus. [...] Ein solcher fester Standpunkt für [die] optische Aufnahme eines Ganzen, also gegenüber unserem Sehfeld hat aber, abgesehen von bestimmten Kunstgattungen, wie Malerei und Relief, immer nur relative Gültigkeit."

[2] Die Formulierung nach einem Programmaufsatz, der sich gegen die Kritik des Literaturwissenschaftlers Oskar Walzel richtete. August Schmarsow, Rhythmus in menschlichen Raumgebilden, in: Zeitschrift für Ästhetik und allgemeine Kunstwissenschaft 14 (1920), S. 171-187. Dazu ausführlich Spiekermann, Laokoons Schatten, a.a.O. (dort auch Hinweise auf weitere Arbeiten Schmarsows zum Rhythmus).

[3] Für die zweite Hälfte des 20. Jahrhunderts vgl. die Beispiele bei Gibhardt/Grave, a.a.O., S. 320.

analogiam stehen.[1] Diese Tendenz hält bis heute an, vorzugsweise bei der Beschreibung impressonistischer, expressionistischer oder abstrakter Malerei. [2] Zu einem Höhepunkt der Begriffsarbeit kam es in der

---

[1] Die Belege für den unreflektierten Gebrauch des Rhythmusbegriffs für die Bildbeschreibung nach 1900 sind Legion, die Tendenz hält bis heute an. So nutzt etwa, um nur ein prominentes Beispiel zu nennen, Julius Meier-Gräfe den Rhythmusbegriff in vielen seiner Schriften. Schon in seiner Monografie über Hans von Marées (1910) gebraucht er ihn mehrmals, ohne diese Entscheidung zu reflektieren, etwa in folgender Passage: „Aber der Rhythmus des Maréeschen Bildes ist viel verzweigter. [...] Der Rhythmus ist reicher und hängt trotzdem viel enger mit der Natur zusammen, die uns zum Objekt des Bildes wird." Julius Meier-Gräfe, Hans von Marées. Sein Leben und sein Werk. Bd. 1. München und Leipzig 1910, S. 501; vgl. auch ebenda S. 502 u. 506. – Zwei Jahre später kam er in der Einleitung zu den Schriften von Délacroix wieder auf den Rhythmus zurück: „Delacroix sprach zu der jungen Generation, als Courbet ihr nichts mehr zu sagen hatte. Und er blieb ihr. Der Einfluß ift überall deutlich, während der Courbets mit ihrer Reife verschwindet. Manet fand in ihm den Widerstand gegen den Impressionismus, der ihn auf die Bahnen Monets zu lenken suchte. Renoir verdankt ihm die Palette, Cezanne den Rhythmus." Julius Meier-Gräfe, Einleitung, in: Eugène Délacroix, Literarische Werke. Deutsch von Julius Meier-Gräfe. Leipzig 1912, S. 5-40, hier: S. 10. – Und, etwas ausführlicher und erläuternder, in den mehrfach aufgelegten „Beiträgen" zu Délacroix. Dort verhindert der Rhythmus Meier-Gräfe zufolge die Vereinzelung mehrerer Bildelemente in Délacroix' Meisterwerk *Tod des Sardanapal* (1827) und sichert so dessen Glaubwürdigkeit: „Kaum hat Delacroix selbst einen erhabeneren Ausdruck von Würde geschaffen als jene Pose des Herrschers, der seinen eigenen Untergang befiehlt [...]. Doch würde alles das nicht unsere Skepsis überwinden, wären nicht alle Einzelheiten, die möglichen so gut wie die scheinbar unmöglichen, einem Zusammenhang untertan, der keine Vereinzelung erlaubt und an Stelle des mit bedachtsamer Reflexion aufzunehmenden Dinghaften ein blitzschnell Fühlbares, auf viel weitere Erfahrungskomplexe bezogenes Rhythmisches setzt. Fühlen wir den Rhythmus, so glauben wir an alles, würden noch an tollere Dinge glauben." Julius Meier-Gräfe, Eugène Délacroix. Beiträge zu einer Analyse, München 1922, S. 62f.

[2] Um nur einige Beispiele zu nennen (alle Hervorhebungen von mir, B. S.); Hajo Düchting/Karin Sagner-Düchting, Die Malerei des deutschen Impressionismus. Köln 1993, S. 122: „Im Unterschied zu Cézanne, der am Ende seiner Laufbahn alles Gegenständliche auf farbige Flecken zurückführt und in einen großen, übergreifenden *Farbrhythmus* einbindet, bleibt für Corinth neben den Farberuptionen immer auch das Stoffliche wesentlich." – Katharina Erling, Über „die bezaubernde Realität des Daseins, die alle Märchen-Dichtungen hinter sich lässt", in: Antonia Hoerschelmann (Hg.), Oskar Kokoschka. Exil und neue Heimat, 1934 – 1980. Ostfildern 2008, 37-46, hier: S. 37: „Die zunehmende Freisetzung der Farbstriche führt zu dichten,

Kunstgeschichte noch einmal in der Mitte der zwanziger Jahre des 20. Jahrhundert. Den Ausgangspunkt bildete Hans Kauffmanns Berliner Habilitationsschrift *Albrecht Dürers rhythmische Kunst*, die 1922 eingereicht und 1924 gedruckt wurde.

Es waren aber nicht Kauffmanns Ausführungen über die „allgemeinen Eigenschaften des Rhythmus", [1] von denen die Theoriegeschichte des Bildrhythmus neue Impulse erhielt. Sie stützen sich weitgehend auf die Schriften von Wundt und auf die bei Schmarsow entstandene Dissertation von Hans Hermann Russack. Vielmehr nahm kein Geringerer als Erwin Panofsky eine Rezension von Kauffmanns Buch zum Anlass, um noch einmal den Rhythmusbegriff auf sein kunsthistorisches und bildanalytisches Potential zu befragen. [2] Panofskys ausladende und gedankenreiche Auseinandersetzung mit Kauffmann kann hier nicht in ihren Details (etwa auch in der Diskussion einzelner Werke und ihrer rhythmischen Qualität) gewürdigt werden. Zu untersuchen sind allein die grundsätzlichen Ausführungen über Rhythmus und Bewegung in der bildenden Kunst, die er an den Anfang seiner Rezension stellt.

Die weiter oben (Kap. 2) skizzierten drei Wege zu einer Theorie des Bildrhythmus werden bei Panofsky gleichermaßen beschritten. Hatte sich Wölfflin, nach anfänglichem psychologischen Interesse, darauf verlegt, den Rhythmus als objektiv gegebene Struktur in Malerei und Architektur anzunehmen, hatte Schmarsow dagegen die Rhythmisierung der Wahrnehmung durch das betrachtende Subjekt selbst analysiert, so greift

---

pulsierenden Farbpartien, die sich sogar in aufgeladene *Farbrhythmen* verwandeln können." – Dorothea Eilert, Kunst und Architektur des 20. Jahrhunderts. Bd. 1. New York 2010, S. 75: „Der französisch-tschechische Maler František Kupka gelangte aus der Auseinandersetzung mit dem Kubismus und Orphismus schon sehr früh zu völlig gegenstandsfreien *Farbrhythmen*." Die Beispiele könnten beliebig vermehrt werden.

[1] Hans Kauffmann, Albrecht Dürers rhythmische Kunst. Leipzig 1924, S. 7f., Zitat S. 7.

[2] Erwin Panofsky, Albrecht Dürers rhythmische Kunst, in: Jahrbuch für Kunstwissenschaft (1926) S. 136-192. (Alle Hervorhebungen in nachfolgenden Zitaten entstammen dem Original.) – Zum Rhythmusbegriff bei Panofsky vgl. Dittmann, Bildrhytmik, a.a.O., S. 194f.; Reinhart Meyer-Kalkus, Wiedergelesen. Erwin Panofsky über rhythmische Kunst, in: Bildwelten des Wissens 10,2 (2015), S. 107-111; Anja Pawel, Abstraktion und Ausdruck. Bildende Kunst und Tanz im frühen 20. Jahrhundert. Berlin/Boston 2019, S. 191f.; dies.: Bildrhythmus (und Abstraktion), in: Marion Lauschke/Pablo Schneider (Hg.), 23 Manifeste zu Bildakt und Verkörperung. Berlin/Boston 2018, S. 43-49, hier: S. 45f.

Panofsky diese beiden Optionen auf und ergänzt sie um eine dritte: Den
Rhythmus als Objekt der bildlichen Darstellung. Er legt damit das
umfassendste Konzept für einen möglichen Bildrhythmus vor, das von
Seiten der Kunstgeschichte meines Wissens in seiner Vielseitigkeit nicht
mehr übertroffen wurde.[1] Spätere philosophische Rhythmusmodelle, etwa
bei John Dewey oder Henri Maldiney, konnten zwar dem Thema noch neue
(semiotische, phänomenologische oder anthropologische) Facetten
abgewinnen, die auch eine Anwendung auf die Bildbetrachtung erlauben, bei
Panofsky erfolgt die Bestimmung des Rhythmusbegriffs jedoch gezielt mit
Blick auf die kunstgeschichtliche Bildanalyse.

Schon bei der definitorischen und etymologischen Bestimmung des
Rhythmus als „stetige Ordnung in der Zeit" geht Panofsky gründlicher zu
Werke als seine Vorgänger.[2] Mehr als sie bezieht er inzwischen erschienene
Studien von philologischer und psychologischer Seite heran,[3] er profitiert
aber auch von den Arbeiten aus der Schmarsow-Schule (s.o.).[4] Vor diesem
Hintergrund kann er zunächst die bei Wölfflin vorfindliche Abgrenzung von
Rhythmus und Metrum auflösen. Den Rhythmus erklärt er zur
„ästhetisch-erlebnishaften" Realisierung oder „Konkretisierung" eines
Schemas, wohingegen dieses Schema, das Metrum, nur in einer
„vorästhetisch-unanschaulichen Natur" vorliege.[5] (Die Unterscheidung
entspricht in etwa der Dichotomie *langue* vs. *parole*, die Ferdinand de
Saussure in seinen berühmt gewordenen Vorlesungen zur allgemeinen
Sprachwissenschaft, dem Gründungsdokument der modernen Linguistik, seit
1906 vorgestellt hatte.) Des weiteren nimmt er von der Auffassung des
Rhythmus als einer subjektiven Rhythmisierung an sich beliebiger Vorgänge

---

[1] Erst unlängst hat allerdings Johannes Grave, im Anschluss an Panofsky, für die
rezeptionsästhetische Fassung des Zeit- und Rhythmusbegriffs im Rahmen der
Bildforschung plädiert. Vgl. Grave, Temporalität, a.a.O.

[2] Panofsky, a.a.O., S. 136.

[3] Gemeint ist damit vor allem die breit angelegte Ästhetik von Theodor Lipps (1903 –
1906), die auch eingehende Überlegungen zum Rhythmus enthält. Vgl. Theodor Lipps,
Ästhetik. Psychologie des Schönen und der Kunst. Erster Teil. Grundlegung der
Ästhetik. Hamburg und Leipzig 1903, wo der ganze vierte „Abschnitt" (S. 293-424)
dem Rhythmus gewidmet ist.

[4] Er nennt explizit die Arbeiten von Russack und Pinder sowie Schmarsows
Grundbegriffe.

[5] Panofsky, a.a.O., S. 137.

Abstand, indem er ihn allein auf das *ästhetische* Erlebnis beschränkt.[1] Die von Kauffmann vorgeschlagene Gleichsetzung von Rhythmus mit der „Variation des Identischen" endlich verwirft Panofsky als zu pauschal, da so der Rhythmus mit dem „Grundgesetz jeglichen Lebens" gleichgesetzt und damit als Terminus untauglich gemacht werde.[2]

Diese Klärungsarbeit dient der Absicherung der Rhythmusdefinition, die Panofsky schon zu Beginn des Aufsatzes formuliert. Als „stetige Ordnung optischer und akustischer Eindrücke in der Zeit beruhe der Rhythmus (hier ist Panofsky mit Schmarsow einig) auf der Voraussetzung der Sukzession.[3] Indem er das zeitliche Moment sehr stark herausstreicht, gewinnt er den nötigen Standpunkt, um sich von Kauffmanns Rhythmusverständnis abzusetzen. Dabei hält er, trotz der oben genannten Einschränkung auf ästhetische Erlebnisse, an der sowohl objektiven wie subjektiven Seinsweise des Rhythmus fest.[4] Auch wenn er sich auf die psychologische Ästhetik beruft,[5] liegt in dieser Auffassung eine klare Kontinuität zu den Arbeiten Schmarsows und seiner Schüler. Und tatsächlich greift er auf die Dissertation von Pinder über die „Rhythmik der romanischen Innenräume in der Normandie" zurück, wenn er beschreibt, wie bei Bauwerken die „objektive Struktur des rhythmischen Gebildes" mit dem

---

[1] Ebenda (Hervorhebungen im Original): „[J]a man darf weitergehen und behaupten, daß wir *nur* da, wo eine geordnete und in Wellenform vorwärtschreitende Bewegung in diesem Sinne ästhetischen Charakter trägt, d.h. von einem ästhetisch erlebenden Subjekt entweder hervorgebracht oder aufgenommen wird, recht eigentlich von ‚Rhythmus' reden dürfen: das Ticken der Uhr, das Stampfen eines Motors, ja selbst das Brandungsgeräusch des Meeres und der Pulsschlag des Herzens *ist* an und für sich noch nicht rhythmisch, sondern *wird* es erst da, wo ein ästhetisches Bewußtsein der an und für sich mechanischen Eindrucksfolge ihren besonderen Lebenssinn und Lebenswert leiht [...]."

[2] Ebenda S. 138.

[3] Ebenda S. 136.

[4] Ebenda: „Insofern der Rhythmus eine Ordnung *in der Zeit* ist, setzt das Zustandekommen des rhythmischen Erlebnisses eine Sukzession dieser Elemente voraus – sei es nun, daß diese Sukzession, wie stets bei akustischen Eindrücken, objektiv stattfindet, sei es, daß sie, wie in der Regel bei optischen, durch ‚sukzessive Apperzeption' vom aufnehmenden Subjekt erzeugt wird. Diese ersten beiden Merkmale (Abfolge identischer oder ähnlicher Elemente in der Form der Sukzession) lassen sich zusammenfassen unter dem Begriff der *Periodizität*."

[5] Er verweist (ebenda S. 136, Anm. 3) auf Lipps, Ästhetik, a.a.O., S. 235ff.

„subjektiven Vollzug des rhythmischen Erlebnisses" zusammenspiele.[1] Der Architekt stelle den Rahmen oder „Spielplatz" bereit, den das wahrnehmende Subjekt mit seinem Erlebnis des Rhythmus füllen könne.[2] Panofsky ergänzt dazu wenig später die Begriffe Erlebnisgrundlage (Bauwerk) und Erlebnisvollzug (Akt des Erlebens).[3] Anders als Musik, Tanz und Poesie bedürfe das Bauwerk, das nicht erst in der *Reproduktion* durch Musiker, Tänzer oder Leser Gestalt annehme, des Erlebnisvollzugs als der „Neubelebung durch einen Beschauer, der ein ihm gleichsam nur ‚potentia' gegebenes Erlebnis von sich aus wieder *aktualisieren* muss".[4]

Während bis hier Schmarsow und Pinder entscheidende Vorarbeiten geleistet haben, soweit nämlich die Architektur betroffen ist, dehnt Panofsky im Folgenden seine Überlegungen auf die bildenden Künste (Malerei, Plastik) aus. Er denkt also da weiter, wo Schmarsow in seinen Vorträgen von 1903 (s.o.) abgesetzt hatte. Dazu bestimmt er zunächst den Ort der bildenden Kunst (hinsichtlich des Rhythmus) zwischen der Architektur auf der einen Seite und den eben genannten aufführenden Künsten Musik, Tanz und Poesie auf der anderen.[5] Im nächsten Schritt unterscheidet er die reinen Formelementen in Malerei und Plastik – Linie und Farbe (Fläche) – von den dargestellten Inhalten. Auf diese Weise will er plausibel machen, dass der Maler oder Bildhauer weniger auf das ‚vollziehende' oder ‚aktualisierende' Erlebnis des Betrachtenden angewiesen sei als der Architekt. Das gelte zwar für die bloßen Formelemente, die analog zum Bauwerk „die *objektive Grundlage* eines rhythmischen Erlebnisses" schaffen würden, „das erst der Beschauer zu vollziehen hat".[6] Als „*darstellender* Künstler" jedoch könne er die Trennung von Erlebnisgrundlage und Erlebnisvollzug überwinden: und zwar durch die Darstellung des rhythmischen Erlebnisses selbst. Der Rhythmus wird somit zu einer Kategorie des Bildinhalts, indem etwa, wie es weiter heißt, „der rhythmische Tanz einer Mänade oder das rhythmische Schreiten eines Priesterzuges zur Darstellung kommt".[7] Am Ende des Rhythmuskapitels

---

[1] Panofsky, a.a.O., S. 139.

[2] Ebenda S. 140.

[3] Siehe dazu den folgenden Abschnitt.

[4] Ebenda S. 139.

[5] Ebenda S. 140: „Was aber die Werke der *bildenden Kunst* betrifft, so nehmen sie zwischen denen der Architektur und denen der mimischen und musischen Künste gewissermaßen eine Zwischenstellung ein [...]."

[6] Ebenda.

[7] Ebenda.

fasst Panofsky diesen letzten gedanklichen Schritt noch einmal zusammen:

> Neben den gleichsam nur *strukturmäßig gegebenen*, erst vom
> Beschauer in Vollzug zu setzenden *Rhythmus der Architektur*, und neben
> den als *Einheit von Struktur und Funktion gegebenen Rhythmus der
> mimischen Künste* tritt also der *Rhythmus der bildenden Kunst* als ein
> gewissermaßen zwiegestaltiger: insofern ihre Hervorbringungen
> „formal" (als reine Linien- und Flächengebilde) betrachtet werden, ist er
> *realiter*, aber lediglich *strukturhaft* gegeben – insofern sie
> „gegenständlich" (als Veranschaulichungen einer dar- und vorgestellten
> Dingwelt) betrachtet werden, ist er als *Einheit von Struktur und Funktion*,
> aber in einer *illusionären Sphäre* gegeben [...].

Dieser eigentlich simplen, aber in der Frage nach dem Bildrhythmus
doch weiterführenden Idee hat Panofsky noch ein Kapitel gewidmet („Das
Problem der Bewegungsdarstellung und die Vergegenständlichung des
Rhythmus in der bildenden Kunst"), bevor die eigentliche Rezension von
Kauffmanns Dürerbuch beginnt. Sein Inhalt darf hier aber eher summarisch
abgehandelt werden, weil konzeptionell nichts Neues mehr hinzukommt.
Denn Panofsky widmet sich dort der allgemeineren Frage nach der
Darstellbarkeit von Bewegung in der bildenden Kunst und setzt sich dazu
mit kunsttheoretischen Schriften von Lessing und Aristoxenos auseinander.
Die folgende ausführliche und weitgehend abstrakte Deduktion
verschiedener Methoden der Bewegungsdarstellung bewegt sich am
Leitfaden der Frage, ob Bewegung auf eine solche Weise dargestellt werden
könne wie es – Panofskys Definition zufolge – für einen sichtbar gemachten
Rhythmus erforderlich wäre, nämlich als Sukzession.[1] Panofsky geht
mehrere entsprechende Möglichkeiten durch und bewertet sie gemäß ihres
Potenzials, Rhythmus anschaulich oder beim „Beschauer" erlebbar zu
machen. Das sind aber, hinsichtlich der hier verfolgten Fragestellung,
technische Details, sie können deswegen außer Betracht bleiben.

---

[1] Ebenda S. 143: Die Darstellung einer „Bewegungsfigur", so Panofsky, sei „dann eine
rhythmische, wenn die Tatsache anschaulich wird, daß die dargestellte Aktionsphase
sich *vorher in gleicher oder ähnlicher Form verwirklicht hat*, und sich *nachher in
gleicher oder ähnlicher Form wieder verwirklichen wird*, daß sie als *Glied einer
,Bewegungs-Verkettung'* sich darstellt; denn nur wenn dies der Fall ist, ist jene
wesentlichste Voraussetzung des rhythmischen Erlebnisses (wellenhafter Wechsel von
Thesis und Arsis) erfüllt."

Fazit

Festzuhalten bleibt am Ende dieses problemgeschichtlichen Durchgangs, dass Panofsky den Schritt zu einer Theorie des Bildrhythmus bewusst, reflektiert und unter Berücksichtigung maßgeblicher Vorarbeiten, von der psychologischen Ästhetik bis zur Schmarsow-Schule, vollzogen hat. Seine Bemühungen bilden bis heute einen Höhepunkt der kunstgeschichtlichen Rhythmusdiskussion und wirken bis in jüngste Forschungen nach.[1] Sein Vorschlag, den Rhythmus primär als „Erlebnis" zu verstehen und in der Rhythmuserfahrung zwischen Erlebnisgrundlage und -vollzug zu unterscheiden, löste auf elegante Weise das Problem, wie sich subjektive und objektive Seinsweise des Rhythmus miteinander vermitteln lassen. Gegenüber Wölfflin, Schmarsow und selbst Wundt zeichnet sich Panofsky ferner dadurch aus, dass er seinem Rhythmusmodell eine solide und umsichtige Definition des Begriffs zugrunde gelegt hat. Auf diese Weise konnte er einigen Schwierigkeiten aus dem Weg gehen, an denen Autoren wie Schmarsow oder der von ihm kritisierte Kauffmann gescheitert waren.

Das zeigt sich gerade da, wo er das konstitutive Moment der Bewegung, das Schmarsow letztlich zur Einschränkung des Rhythmusbegriffs auf die Architektur veranlasst hatte, auf die Ebene der Darstellung, also des Bildinhalts, verlegt hat. Auch dass er, anders als Schmarsow, von einer Rhythmisierung der Blickbewegung abgesehen hat, mag zur Robustheit seines Ansatzes beigetragen haben. Denn im „Wechselspiel von Simultaneität und Sukzession", das die neuere Bildforschung als Grunddynamik der Bildbetrachtung ausgemacht hat,[2] lässt sich ein geregelter und kontinuierlicher Rhythmus schlichtweg nicht ausmachen. Auch das hatte Schmarsow schon bemerkt (s.o.) und entsprechende Konsequenzen gezogen. Die begriffliche und metasprachliche Präzision schließlich, mit der Panofsky sein Rhythmusmodell errichtet, unterscheidet ihn wohltuend von der damals wie heute verbreiteten Praxis, überall Rhythmus sehen zu wollen, wo sich Variation im Gleichförmigen oder Regelmäßigkeit in der Variation zeigt. Sie unterstreicht zugleich den Anspruch, den Rhythmus nun endgültig als Fachbegriff auch der Kunst- und Bildwissenschaft reklamieren zu dürfen. Seine geharnischte Mahnung gegen

[1] Vgl. Gibhardt/Grave, a.a.O., S. 319; Gibhardt, Einzige Welle, a.a.O., pass.
[2] Grave, Temporalität, a.a.O., S. 59

einen zu laxen Begriffsgebrauch ist auch heute noch bedenkenswert und bildet deswegen ein probates Schlusswort:

> Wären wir berechtigt, überall da, wo eine Grundform abgewandelt erscheint, von Rhythmus zu sprechen, so wäre der Entomologe, der die Unterarten einer Käfergattung zusammenstellt, nicht minder ein Rhythmusforscher, als der Gräzist, der die Unterarten des Stammes σκαπ untersucht, – der Botaniker, der die Varietäten der Sumpfdotterblume beschreibt, nicht minder als der Briefmarkensammler, der die verschiedenen Werte der alten Mecklenburger mit dem Ochsenkopf verzeichnet.[1]

---

[1] Grave, Temporalität, a.a.O., S. 139.

12. Ein intermediales Spiel von Sehen und Lesen: Über zwei frühe Prosatexte Hofmannsthals[1]

Liu Yongqiang

(Zhejiang Universität, Hangzhou)

I

Hugo von Hofmannsthals kleiner Prosatext *Bilder*, der zuerst als Feuilletonartikel in der Wiener Halbmonatsschrift *Moderne Rundschau* vom 15. Juni 1891 erschien, wurde für lange Zeit als ein Rätsel in der Forschung betrachtet. Der Untertitel dieses Textes „Van Eyck: Morituri – Resurrecturi" galt als irreführend.[2] Tatsächlich handelte es sich um einen gravierenden Druckfehler. Im Juli-Heft des gleichen Jahres erschien die Berichtigung: „statt van Eyk (sic!) muß es zweimal heißen: Hieronymus Aeken".[3] Damit soll Hieronymus Bosch – Van Aeken ist eine ältere Bezeichnung für ihn – gemeint sein. Rudolf Hirsch, der mit Hofmannsthals Schriften und Nachlässen sowie den damit verbundenen Forschungsfeldern vertraut ist, macht auf den Druckfehler aufmerksam und spricht von der

---

[1] 本文系国家社会科学基金青年项目 "霍夫曼斯塔尔作品中的视觉感知与身体表达研究" （项目编号：17CWW014）的阶段性成果。

[2] „Der Titel der Texte läßt den Leser bis zur Verzweiflung stutzen", schreibt Rudolf Hirsch, „Van Eyck: der diesseitigste unter den frühen Niederländern und dieser Text?" Vgl. Ders., „Ein Druckfehler von Bedeutung", in: Hofmannsthal-Blätter, 6/1971, S. 490.

[3] Ebenda.

sich dadurch eröffnenden Perspektive auf den Text: „[N]un erst versteht man die Vision, wie man sie immer hätte verstehen mögen."[1] Sein Optimismus wird jedoch bald mit der Tatsache konfrontiert, dass für den Künstler keine entsprechenden Bilder nachzuweisen sind.[2] Ursula Renner, die sich mit Hofmannsthals Rezeption der bildenden Kunst beschäftigt hat, vertritt schließlich die Meinung, dass die Bezugnahme auf den Künstler rein fiktiv sei.[3] Auf die Frage, ob sich der Autor beim Verfassen des Textes ausgewählter Bildvorlagen bedient habe und, wenn ja, welcher, werde ich hier nicht eingehen. Stattdessen konzentriere ich mich auf das literarisch inszenierte Wahrnehmungstheater, den Modus der Bildbetrachtung und das mediale Wechselspiel von Bild und Bilduntertitel, von Sehen und Lesen. Da der Text von nicht besonders großem Umfang ist, er aber im Folgenden ausführlich analysiert werden soll, zitiere ich ihn in voller Länge:

Bilder
Van Eyck: Morituri – Resurrecturi

... Dann fiel das heiße, letzte Licht des Sterbenden Tages auf ein Bild, das ich niemals gesehen hatte. Es war ein Bild des Lebens, reich und unbewegt. In der Mitte war Meer, auf dem die Sonne lag, in verrinnenden goldenen Kreisen, in blendenden Purpurflecken und flimmernden Streifen. Und links und rechts vom Meer liefen ungeheuere Dämme dahin, bedeckt mit Menschengewimmel, mit Früchten und Reichtümern. Hochbordige Galeeren mit vergoldetem Schnitzwerk schwankten heran; die schönen nackten Leiber der Ruderer glänzten im Sonnengold. Auf der breiten Steintreppe, deren unterste Stufen die laue Flut bespülte, spielten blühende Bettelkinder in farbenglänzenden Lumpen und haschten einander; und andere Kinder, so schön wie sie, aber ganz nackt und aus blinkendem Erz, waren am Gittertor

---

[1] „Der Titel der Texte läßt den Leser bis zur Verzweiflung stutzen", schreibt Rudolf Hirsch, „Van Eyck: der diesseitigste unter den frühen Niederländern und dieser Text?" Vgl. Ders., „Ein Druckfehler von Bedeutung", in: Hofmannsthal-Blätter, 6/1971, S. 490.

[2] Auf das Fehlen der entsprechenden Bilder hat Ursula Renner hingewiesen. Vgl. Dies., „Die Zauberschrift der Bilder". Bildende Kunst in Hofmannsthals Werken, Freiburg im Breisgau: Rombach, 2000, S. 53.

[3] Vgl. Renner, „Die Zauberschrift der Bilder", a.a.O., S. 62f.

eines hohen Palastes, von Schnörkeln und Ranken umgeben, spielend mit goldenen Früchten. Auf der Treppe und auf den Dämmen war unabsehbares Getummel, über der Stadt aber lag goldiger Dunst wie eine Wolke des Segens. Und wie ich noch hinaussah auf das wimmelnde Meer, darüber Barken schwebten, hochbordige Galeeren und goldene Wolken, da wurde es dunkel. Noch einmal zuckte die Sonne im letzten Glanze auf und ich sah ein Wort unter dem Bilde stehen. Dann stand ich in grauer Dämmerung, in meinen Augen aber flimmerte purpurn das Wort nach: *Morituri*.

Und Jahre vergingen und es war Nacht und ich stand wieder in der stillen Kapelle. Da glitt ein Strahl des Mondes über ein Bild, das ich niemals gesehen hatte. Es war das weite öde Meer, leise atmend mit grünlichem Schimmer; dann brach der Mond durch die Wolken und streute Phosphorglanz über die rieselnden Wellen und der Nachtwind schwieg und das Geflimmer rann zusammen zu blinkenden Tupfen und silbernen Kreisen. Da tauchte ein feuchter Schimmer empor, der blasse Widerschein einer versunkenen Stadt. Aufwärts glitten zitternd geborstene Dämme, mächtige Dämme, weißleuchtende Säulen, zersprengte Gewölbe; und ich sah hinab in einen öden Palasthof, dessen Gitter lag am Boden und blaugrüne Flechten hielten die nackten Knaben und die goldenen Früchte umschlungen. Dazu kam ein seltsamer Laut aus der feuchten Tiefe, wie leises Weinen. Da fiel der Strahl des Mondes auf goldene Buchstaben, die unter dem Bilde standen und ich las: *Resurrecturi*. Da trat eine Wolke vor den Mond, ich stand in der Nacht.[1]

Der Text besteht aus zwei Abschnitten, in denen jeweils ein Bilderlebnis dargestellt wird. Bereits der Doppeltitel *Morituri – Resurrecturi* verweist auf die hier zentrale Wiederholungsstruktur. Die dadurch gleichsam evozierte Erwartung, dass es sich hierbei um eine nach dem rhetorischen Muster der Ekphrasis verfahrende Bildbeschreibung handeln könnte, erweist sich allerdings schnell als Täuschung: Denn erstens sind keine entsprechenden Bilder auffindbar, zweitens lässt sich der Text

---

[1] Hugo von Hofmannsthal, Reden und Aufsatz I: 1891 – 1913. Werke in zehn Einzelbänden, Hrsg. von Bernd Schoeller in Beratung mit Rudolf Hirsch, Frankfurt am Main, Fischer, 1979, S. 513-514.

wegen seines „sonderbar traumhaften Charakter[s]"[1] eher als Schilderung einer Vision lesen. Die Tatsache, dass der Text bei seiner Publikation mit einer falschen Referenzangabe versehen war, hat seinen Inhalt bereits damals in die Kategorie des Fiktiven verwiesen. Durch das Fehlen jener Referenz allerdings wird die performative Dimension der literarischen In-Szene-Setzung in den Vordergrund gerückt.

Mit der Fokussierung auf das Visuelle und die Bedeutungsrelation, in der dem figurativen Bild eine tiefere Bedeutung zugeschrieben wird, weist der Text Merkmale des Allegorischen auf.[2] Diesen allegorischen Charakter machen die ersten beiden Sätze im Text bereits deutlich: „... Dann fiel das heiße, letzte Licht des Sterbenden Tages auf ein Bild, das ich niemals gesehen hatte. Es war ein Bild des Lebens, reich und bewegt." Während das Auslassungszeichen am Texteingang auf das Fragmentarische bzw. das sich bereits Ereignende hindeutet, versucht der zweite Satz dem Bild Bedeutung zuzufügen: ein „Bild des Lebens". Es handelt sich in der Bilddarstellung, wie der Ich-Erzähler folgend beschreibt, um eine lebhafte antike Hafenszene: „Hochbordige Galeeren mit vergoldetem Schnitzwerk schwanken heran; die schönen nackten Leiber der Ruderer glänzten im Sonnengold". Das geschäftige Treiben im Hafen – „Menschengewimmel, mit Früchten und Reichtümern" – wirkt zusammen mit dem glänzenden Sonnenlicht und den intensiven Farben im Bild, deren visuelle Intensität durch die farblichen Leitmotive – *goldene Farbe* und *Purpur* – sowie durch Lichtreflexe – *glänzen* und *blenden* – erhöht wird, wie ein Bild von großer Lebensdynamik und Lebensfreude. Diese Lesart stößt im Bilduntertitel jedoch gleich auf Widerstand: *Morituri* – auf Deutsch: *die sterben werden* – soll das Bild

---

[1] Diese Formulierung findet sich in der Reiseprosa *Südfranzösische Eindrücke*, die ein Jahr danach entstand. Dort schreibt Hofmannsthal, dass das Reisen der älteren Generation seltsamen „Reiz der Träume" besitzt, während „[u]nser hastiges ruheloses Reisen [...] das alles verwischt, unserem Reisen fehlt das Malerische und das Theatralische, [...] kurz alles Lebendige." In seinen Texten versucht Hofmannsthal genau das Verlorene festzuhalten und die Leere zu füllen. Vgl. Hugo von Hofmannsthal, Erzählungen, Gespräche und Briefe. Reisen. Werke in zehn Einzelbänden, S. 589-594.

[2] Uwe C. Steiner spricht von einem Organisationsprinzip des Emblems, „jener Sinnbildgattung, die die Präsenz des Sinnes und der Bedeutung im Bild [...] suggeriert", siehe in: Ders., Die Zeit der Schrift. Die Krise der Schrift und die Vergänglichkeit der Gleichnisse bei Hofmannsthal und Rilke, München, Fink, 1996, S. 69.

heißen. Die semantische Polarisierung von Leben und Tod wird auch als mediale Differenz von Bild und Schrift evident. Das Gesehene und das Gelesene driften auseinander.[1]

Der zweite Abschnitt des Textes folgt der gleichen Logik, wobei er das erste Seherlebnis variiert. Der Eingangssatz deutet auf den zeitlichen Abstand zwischen beiden Bilderlebnissen hin und gibt nun den Erlebnisort an: „Und Jahre vergingen und es war Nacht und ich stand wieder in der stillen Kapelle". Die Bildmotive stimmen mit denen des ersten Bildes nahezu überein: Meer, Wolken, Dämme, eine Stadt etc. Die zentrale Differenz zum ersten Bild liegt im Wechsel der Tageszeiten sowie in den vollkommen entgegengesetzten Lichtverhältnissen: Statt der Sonne wirft nun der Mond das Licht auf die Szene des Bildes. Mit dem Wechsel vom Tag zur Nacht kippt auch die Stimmung des Lebens im Bild in die des Todes um: An die Stelle der blendenden Wellen tritt „das weite öde Meer", statt des geschäftigen Treibens im Hafen taucht „der blasse Widerschein einer versunkenen Stadt" empor. Dieser Bildeindruck wird jedoch von dem Bilduntertitel *Resurrecturi* – auf Deutsch: *die auferstehen werden* – dementiert.

In beiden Bilderlebnissen landet der betrachtende Blick zum Schluss auf dem Bildtitel, der den Bildinhalt nicht benennt sondern negiert und dessen inhärente Leerstelle exponiert. Die lateinischen Worte *morituri* und *resurrecturi* fungieren dabei als Prophezeiungen und machen die Vergänglichkeit der im Bild dargestellten Zustände sinnfällig. Sie führen die zeitliche Sukzessivität in die räumlich angelegte Bildkunst ein und präsentieren ein Wissen über die Zukunft. Sie entrahmen die Bilder und verweisen auf das, was außerhalb des Bildrahmens liegt. Sie evozieren die Imagination des Betrachters (bzw. des Lesers) und rufen das Abwesende in das Bewusstsein. Zwischen Bild und Schrift existiert weder ein Erläuterungs- noch ein Illustrationsverhältnis, vielmehr ergänzen beide Medien einander gezielt.[2] Und auch die beiden beschriebenen Bilder stehen

---

[1] In einer viel radikaleren Weise zeigt René Magritte diese Zeichendifferenz später in seinem legendären Bild auf, in dem der Satz „Das ist keine Pfeife" das, was das Bild zeigt, bestreitet.

[2] Vgl. Renner, „Die Zauberschrift der Bilder", a.a.O., S. 71: „Nicht erläutert also die Schrift das Bild und illustriert das Bild die Schrift, wie in der Emblematik, [...] sondern das in der Ikonographie nicht (bzw. nur indirekt über spezifische allegorische oder montierende Verfahren) repräsentierbare Futur wird durch das Supplement der *subscriptio* [...] gestiftet."

in einer dialektischen Beziehung von Opposition und Komplementierung zueinander, wie Ursula Renner darauf hinweist:

> Wenn der ‚Kommentar' des ersten Titels auf das zweite Bild verweist, in welchem das im ersten Bild abwesende Sterbenmüssen als eine Gegenwärtigkeit aufscheint, so würde der des zweiten auf den im Bild inhärenten Mangel, den Hoffnungsgedanken, verweisen und damit wieder zurück auf das erste Bild, das nunmehr als Paradiesesbild neu deutbar würde.[1]

Somit wird der Hiatus zwischen den beiden Bildern geschlossen, die Leere zwischen den beiden Abschnitten gefüllt und eine organische Einheit zustande gebracht.

Hofmannsthals Prosatext führt ein visionär inszeniertes Wahrnehmungstheater vor. Die zwei Bilderlebnisse sind Erlebnisse des Sehens, in denen mehrfache Grenzüberschreitungen und Grenzverwischungen stattfinden. In den Wahrnehmungsvorgängen sind Reales und Visionäres, Äußeres und Inneres, Perzeption und Imagination eng miteinander verzahnt. Der Bilderrahmen erscheint nicht als stabile Grenze, sondern macht die Bereiche des Außenraums der Bildbetrachtung und den Bildinnenbereich füreinander durchlässig. Das zeigt sich deutlich in der Lichtinszenierung: Während das Sonnenlicht in den Kapellenraum strahlt und auf das Bild fällt, konvergiert es mit dem Licht im Bild und wird von den Wellen in „goldenen Kreisen", „blendenen Purpurflecken und flimmernden Streifen" gespiegelt. Auch der Mond im zweiten Bilderlebnis strahlt in das Bild hinein und streut „Phosphorglanz über die rieselnden Wellen". Somit korrespondiert die Szene im Binnenraum des Bildes mit der äußeren Umgebung des Betrachters, die gleichsam ‚malerische' Züge erhält. Die Grenzen zwischen Realem und Imaginiertem verwischen sich. Im zweiten Bilderlebnis wird sogar suggeriert, der Betrachter wäre ganz in das Bild eingestiegen – „und ich sah hinab in einen öden Palasthof" –, und er höre, dass „ein seltsamer Laut aus der feuchten Tiefe" komme „wie leises Weinen". In der akustischen Teilhabe an der Bildszene, welche einem synästhetischen Effekt vergleichbar ist, wird

---

[1] Vgl. Renner, „Die Zauberschrift der Bilder", a.a.O., S. 71: „Nicht erläutert also die Schrift das Bild und illustriert das Bild die Schrift, wie in der Emblematik, [...] sondern das in der Ikonographie nicht (bzw. nur indirekt über spezifische allegorische oder montierende Verfahren) repräsentierbare Futur wird durch das Supplement der *subscriptio* [...] gestiftet."

die visuell gegebene Distanz aufgehoben.

Bemerkenswert ist auch das an den Wahrnehmungsvorgang unmittelbar gebundene Prinzip des Medienwechsels. Der in Schrift gefasste Bildtitel „Morituri" scheint erst auf, nachdem das bildlich Dargestellte in der Dunkelheit versunken ist. Somit erscheint hier die Wahrnehmung als ein sich sukzessiv vollziehender Prozess, aber als einer, der wiederum mit der Ebene des bildlich Dargestellten und dessen Handlungslogik korrespondiert: Der Moment, in dem das Bild aus dem Blickfeld des Betrachters tritt und die zum Titel geronnene Prophezeiung über den Tod der Abgebildeten vor ihm aufscheint, legt nahe, dass hier die Darstellung der Bildbetrachtung in der Kapelle und der Blickwechsel vom Bild zum Schriftzug aufs engste mit der Darstellung im Bild und vor allem mit dem im Titel angekündigten Tod korrepsondieren: Das städtische Treiben und die antike Galeere versinken in eben jenem Moment, in dem der Betrachter seinen Blick von dem Erinnerung speichernden Medium Bild abwendet. Sein Blick bzw. der Entzug seines Blickes führt das Bild in der imaginierten Handlung weiter, indem er sich auf den ausdeutenden Schriftzug „Morituri" richtet und das Versinken der antiken Welt antizipierend vor Augen stellt – im Abwenden von diesem Bild. Diese Konstruktion widerspricht dabei keineswegs dem Simultanitätsprinzip des Bildes als Raumkunst,[1] sondern ist vor allem dadurch bedingt, dass der betrachtende Blick ganz und gar von dem äußeren Licht abhängig ist und von ihm gesteuert wird. Im Wechselspiel von Verdunklung und Aufscheinen werden Bild und Schrift hier visuell miteinander verschaltet. Dass die Schrift gerade nach dem Verschwinden des Bildes aufscheint, markiert sie als „Zeichen der Präsenz des Verschwindens"[2], als ein Zeichen, das auf Abwesendes verweist. Dabei verweigern die beiden Bildtitel die dem Schriftmedium eignende Erinnerungsfunktion und verweisen stattdessen auf Zukünftiges. Die Aufklärung des dynamischen Verweisungsspiels wird dem Betrachter und damit auch dem Leser überlassen.

Nicht zuletzt soll auch der Ort der beiden intensiven Bildbetrachtungserlebnisse Beachtung finden. Während der dramatische Lichtwechsel – plötzliche Verdunkelung und Erhellung – die Inszeniertheit

---

[1] Zu beachten ist, dass die beiden Bildtitel wegen ihrer auffälligen Farben (*purpurn* und *gold*) durchaus Charakter des Bildes besitzen, insbesondere der erste, der zuerst als ein nicht entziffertes Wort, als flimmerndes Nachbild im Auge wahrgenommen wird.

[2] Steiner, Die Zeit der Schrift, a.a.O., S. 69.

der zweimaligen Bildbetrachtungen deutlich erkennbar macht,[1] verleiht die
Kapelle als Schauplatz des Wahrnehmungstheaters den Bilderlebnissen
zeremoniellen Charakter. Kunst und Ritus werden hier wie in vielen
späteren Texten Hofmannsthals überblendet. Der stille heilige Raum mit
seiner geistlichen Aura lädt zu andächtigem und kontemplativem Betrachten
der Bilder ein. „Der Sakralraum der Kapelle verleiht der Begebenheit die
Weihe eines spirituellen Ereignisses, das dem psycho-physiologischen
Vorgang des Sehens eine ihn überschreitende Sinnhaftigkeit zuweist.“[2]
Genau an diesem heiligen Ort wird die körperliche Perzeption in die geistige
Imagination überführt. Der Betrachter geht gewissermaßen auf die Reise ins
Bild und ins Imaginäre. Diese ortsbedingte Transzendierungserfahrung
korreliert mit dem Phänomen der Rahmenüberschreitung, das durch die
durchlässigen Bildgrenzen und das Wechselspiel von Bild und Bilduntertitel
ermöglicht wird. Der Text ist somit auch ein prägnantes Beispiel für
Hofmannsthals Versuch, „das Malerische und das Theatralische“[3] in eine
gemeinsame schriftliche Form zu bringen. Indem der Betrachter als
Ich-Erzähler seine Bilderlebnisse erzählt, wird der Leser, der keine Bilder
vor sich hat, dazu eingeladen, mitzuphantasieren und mitzuerleben.

II

Auch in der Erzählung *Das Glück am Weg*, die unter dem Eindruck von
Hofmannsthals Reise nach Südfrankreich entstand und in der *Deutschen
Zeitung* vom 30. Juli 1893 erstmals erschien, handelt es sich um eine
allegorische Anschauung: ein Spiel von Sehen und Lesen. Auch hier wird
ein visionäres Seherlebnis, ein Wahrnehmungstheater, vorgestellt, in dem
die Grenzen zwischen äußerer und innerer Wahrnehmung, Perzeption und
Imagination überschritten und verwischt werden. Der Ich-Erzähler tritt als
Schiffspassagier auf und erzählt seine Begegnung mit einer Fremden, die für
ihn sein Lebensglück verkörpert. Dabei handelt es sich um eine kurze

---

[1] Das schnelle Wechsel von Hell und Dunkel bzw. die plötzliche Verdunkelung und
    Erhellung wird im Theater oft als eine Art Lichtdramaturgie verwendet. Mit der
    schließlichen Verdunkelung beim Bildbetrachten setzt der Text, wie Steiner zurecht
    bemerkt, „das Verschwinden des Bildes und das Verschwinden der Schrift in Szene“.
    Vgl. Steiner, Die Zeit der Schrift, a.a.O., S. 70.
[2] Renner, „Die Zauberschrift der Bilder“, a.a.O., S. 69f.
[3] Die Formulierung stammt aus Hofmannsthals Prosa *Südfranzösische Eindrücke*. Vgl.
    Hofmannsthal, Erzählungen, Gespräche und Briefe, Reisen, a.a.O., S. 590.

Episode während seiner Schiffsreise, eine einseitige Begegnung, in der er sie wie ein Voyeur heimlich beobachtet: Mittels eines Fernglases fasst er eine blonde junge Dame in einer vorbeifahrenden Yacht ins Auge, und sie kommt ihm wie eine alte Bekannte vor, aber er kann sich nicht erinnern, wo er ihr früher schon einmal begegnet sein könnte. Die Erinnerungsbilder gleiten nacheinander schnell vorbei und werden von ihm „in einer fliegenden, vagen Bildersprache"[1] geschaut. Als die Yacht der Fremden sich entfernt und langsam entschwindet, scheint ihr Name in goldenen Buchstaben auf: „*La Fortune*", ein französischer Name, der auf das lateinische *fortuna* zurückgeht und sowohl als Glück als auch als Schicksal verstanden werden kann. Er scheint die zuvor geschehene Begegnung ebenso zu fixieren wie er die visionären Bilder mit einer Titulatur versieht und ihnen einen ironischen Zug verleiht. Hofmannsthal selbst nannte die Erzählung „allegorische Novelette"[2] und verwies damit auf deren metaphysische Bedeutsamkeit. In der wechselseitigen Affizierung von Sehen und Lesen, Bild und Schrift erweist sich die erotisch konnotierte Begegnung als poetische Demonstration einer bedeutungsträchtigen Situation.

Dass der Ich-Erzähler hier die Position eines Betrachters einnimmt, wird im ersten Satz der Erzählung bereits hervorgehoben: „Ich saß auf einem verlassenen Fleck des Hinterdecks […] und schaute zurück."[3] Auf dem Hinterdeck sitzend blickt der Erzähler rückwärts, in die zur Fahrt entgegengesetzte Richtung. Diese sonderbare Betrachterposition führt dazu, dass die Küste sich allmählich seinem Blickfeld entzieht und schließlich entschwindet, indem sich das Schiff vorwärts bewegt. Mit der linearen Vorwärtsbewegung des Schiffes wird die Distanz zwischen dem betrachtenden Subjekt und dem von ihm betrachteten Objekt immer größer. Auf eine deutliche Sichtbarkeit folgt deren Unsichtbarwerden. Paradoxerweise konterkariert das Verschwinden des visuellen Objekts hier nicht die Fähigkeit des Schauens, sondern bildet allererst die Voraussetzung für ein anderes, scharfes Sehen: „Das alles sah ich jetzt scharf und springend, weil

---

[1] Hugo von Hofmannsthal, Das Glück am Weg, in: Ders., Sämtliche Werke XXVIII: Erzählungen 1. Hrsg. von Ellen Ritter, Frankfurt am Main, Fischer, 1975, S. 5-11, hier S. 9.

[2] Aus einem Brief Hofmannsthals an Marie Herzfeld vom 12.07.1893. Vgl. Hugo von Hofmannsthal, Brief-Chronik. Regest-Ausgabe. Bd. I: 1874 – 1911. Hrsg. von Martin E. Schmid unter Mitarbeit von Regula Hauser und Severin Perrig. Heidelberg, Winter, 2003, S. 156.

[3] Hofmannsthal, Das Glück am Weg, a.a.O., S. 7.

es verschwunden war".[1] Dass das scharfe Sehen mit dem Verschwundensein des Objekts korrespondiert, indiziert einen eigenartigen Wahrnehmungsmodus, der mit den realen Gegebenheiten des Gegenstandes wenig zu tun hat, sondern vielmehr von aufbewahrten Gedächtnisinhalten und einer freigesetzten Imagination des Betrachters dominiert wird. Die durch das Verschwinden der Küste entstandene „Leere" wird durch die Erinnerungs- und Phantasietätigkeit nach dem Prinzip der Substitution gefüllt. Daher glaubt der Protagonist den Duft der Rosen und des Strandes riechen zu können, obwohl der Wind eigentlich landwärts weht. Seine Wahrnehmung weist sich als Amalgamierung von Perzeption, Einbildung und Erinnerung insbesondere in dem Moment aus, wenn sich die Wasserfläche nach einem Sprung von Delphinen wieder glättet und ihm als Projektionsfläche leer entgegen blinkt, sich aber sogleich mit einer Reihe mythologischer Bilder füllt:

> Jetzt hätte es dort aufrauschen müssen, […] hätten sich die triefenden Mähnen und rosigen Nüstern der scheckigen Pferde herausheben müssen, und die weißen Hände, Arme und Schultern der Nereiden, ihr flutendes Haar und die zackigen, dröhnenden Hörner der Tritonen. Und in der Hand die rotseidenden Zügel, an denen grüner Seetang hängt und tropfende Algen, müßte er im Muschelwagen stehen, Neptun, kein langweiliger, schwarzbärtiger Gott, wie sie ihn zu Meißen aus Porzellan machen, sondern unheimlich und reizend, wie das Meer selbst, mit reicher Anmut, frauenhaften Zügen und Lippen, rot wie eine giftige rote Blume ...[2]

Der Ich-Erzähler führt hier ein „imaginierte[s] Szenario"[3] vor: eine von mythologischen Figuren überfüllte Wunschszene, die um ihre Nicht-Erfüllbarkeit weiß. Der durchgängige Konjunktiv – „hätte es […] aufrauschen müssen […] hätten sich […] herausheben müssen" – streicht ihren Realitätsstatus durch und verweist auf das Gewünschte, was sich jedoch als nicht realisierbar erweist. Die als Projektionsfläche fungierende Wasserfläche spiegelt dem Betrachter in seiner tagträumerischen Erwartung mentale Wunschbilder zurück, die zwar frei assoziiert, aber keineswegs frei von Lektüreerinnerungen sind. Sie sind durch schriftliche und bildliche

---

[1] Hofmannsthal, Das Glück am Weg, a.a.O., S. 7.
[2] Ebenda.
[3] Sabine Schneider, Verheißung der Bilder. Das andere Medium in der Literatur um 1900. Tübingen, Niemeyer, 2006, S. 288.

Überlieferungen geprägt, erweisen sich als literarische und ikonographische Anspielungen und Zitate und belegen „eine Überdetermination des Weltkontakts durch die lektüregeschulte Einbildungskraft, hinter deren Gebilden die Welt zurückbleibt".[1] Somit wird das Wirkliche vom Imaginären überblendet, das Reale ins Irreale überführt. Die Sinneswahrnehmung des Betrachters erweist sich als schriftlich präfiguriert und kodiert. Dieser Wahrnehmungsmodus bestimmt im Folgenden auch seine Begegnung mit jener Frau, die anschließend in sein Blickfeld tritt.

Eine Yacht erscheint, nachdem die berauschende mystische Vision nach kurzer Dauer erloschen ist, zuerst als „ein winziger schwarzer Fleck"[2] und nach einer Stunde erst in ihrer Ganzheit. Zeit und Bewegung wirken mit an dem nun einsetzenden Wahrnehmungsvorgang. In dem Moment, in dem die beiden Schiffe schon fast einander streifen, bemerkt der Ich-Erzähler eine „Vergoldung, dort, wo der Name des Schiffes stand".[3] Er wechselt daraufhin seinen Platz, trägt einen englischen Roman in seine Kabine zurück – was hier bereits auf die literarische Präfiguration des Folgenden hindeutet – und holt ein Fernglas hervor, mit dessen Hilfe ihm das fremde Schiff „fast unheimlich nahe"[4] erscheint. Während das Fernglas die Reichweite des Auges verlängert und die Entfernung zwischen Subjekt und Objekt verkürzt, wird zugleich das Sichtfeld durch den Rahmen des Glases begrenzt. Der Protagonist sieht nur, was ins ‚eingerahmte' Sichtfeld hineinreicht. Diese Wahrnehmung ist äußerst selektiv, und der Rahmen des Glases markiert die Grenze zwischen Ein- und Ausgeschlossenem. Der Blick durch das Fernglas ist insofern fokussierend und starr fixierend zugleich. Nun fällt dieser umgrenzte, unbewegliche Blick des Ich-Erzählers signifikanterweise statt auf den goldenen Namen, dessen Bedeutung noch nicht preisgegeben ist, auf „eine blonde, junge Dame", die – der Blicklogik der Situation gemäß – „mit geschlossenen Augen" daliegt:

> Den runden Fleck in meinem Glas begrenzte schwarzes Tauwerk, messingeingefaßte Planken, dahinter der tiefblaue Himmel. In der Mitte stand eine Art Feldsessel, auf dem lag, mit geschlossenen Augen, eine blonde, junge Dame. Ich sah alles ganz deutlich; den dunklen Polster, in den sich die Absätze der kleinen lichten

---

[1] Steiner, Die Zeit der Schrift, a.a.O., S. 74.
[2] Hofmansthal, Das Glück am Weg, a.a.O., S. 8.
[3] Ebenda.
[4] Ebenda.

Halbschuhe einbohrten, den moosgrünen breiten Gürtel, in dem ein
Paar halboffener Rosen steckten, rosa Rosen, La France-Rosen...[1]

An dieser detailgesättigten Beschreibung wird nicht nur die
Überschärfe des Blicks sondern auch die Begierde des Betrachters deutlich.
Das durch das Fernglas verschärfte Sehen, der erkennende Blick, entartet zu
einer intimen Schau, zum Blick eines Voyeurs. Die Frau wird einerseits von
einem zudringlichen Blick aus unheimlicher ‚Nähe' beobachtet, andererseits
in der Aufzählung der Requisiten „in fetischisierte Einzelteile zerlegt".[2] Die
detaillierte Beschreibung mit kontrastierender Farbgebung erinnert an
ekphrastische Darstellung und lässt das In-Szene-gesetzt-Sein des
‚Bildes' erkennbar werden.[3] Indem die Frau vom runden Glas
‚eingerahmt' wird, wird sie hier gleichsam in ein ‚Bild' ‚hinein' gesetzt – in
ein Bild, das dem Betrachter ein überaus ästhetisches Vergnügen bereitet. Da
die Beobachtete von dem betrachtenden Blick nichts weiß, wirkt sie weder
affektiert noch geniert sie sich: Sie hat den „naiven, schuldlosen,
traumhaften Reiz" wie schlafende Menschen ihn haben, die „nie banal und
nie unnatürlich" aussehen.[4]

Sobald das ‚Bild' sich belebt und die Frau ihre Augen aufschlägt und
aufschaut, erschrickt der heimliche Betrachter und fühlt sich ertappt: „Ihr
Blick lief über mich, und ich wurde verlegen, dass ich sie so anstarrte, aus
solcher Nähe".[5] Diese Verlegenheit ist auf den täuschenden Näheeindruck
zurückzuführen und wird sogleich vom logischen Bewusstsein korrigiert:
„[U]nd dann erst fiel mir ein, dass sie ja weit war [...] und mich unmöglich
bemerken könne."[6] Folglich ist ihm klar, welchen Vorteil er mittels der
technischen Unterstützung des Fernglases im Vergleich zu ihrem nur
natürlichen Auge besitzt. Indem ihm bewusst wird, dass er sie beobachten
kann, ohne selbst beobachtet zu werden, macht der Betrachter eine
Veränderung durch, die auch seinen Status betrifft: War er zuvor ein
‚Semivoyeur', der sein Vorrecht unbewusst genießt, ist er jetzt ein Voyeur

---

[1] Hofmansthal, Das Glück am Weg, a.a.O., S. 8.

[2] Schneider, Verheißung der Bilder, a.a.O., S. 289.

[3] Jin Yang verweist auf die Ähnlichkeit dieser farbenprächtigen Beschreibung mit einer
    Regieanweisung. Vgl. Dies., „Innige Qual". Hugo von Hofmannsthals Poetik des
    Schmerzes. Würzburg, Königshausen & Neumann 2010, S. 153.

[4] Hofmannsthal, Das Glück am Weg, a.a.O., S. 8.

[5] Ebenda.

[6] Ebenda.

im vollgültigen Sinne, der sein Privileg bewusst in Anspruch nimmt: „Ich richtete also wieder das Glas auf sie".[1]

In der zweiten Beobachtungsphase schlägt die voyeuristische Lust sogleich in ein Bemühen um die Erinnerung um: „In dem Augenblick wußte ich zwei Dinge: dass sie schön war, und dass ich sie kannte. Aber woher?"[2] Mit der Wendung ins Innere verwandelt sich der Blick durch das Fernglas zu einem Rückblick in die eigene Vergangenheit, zu einer Begegnung mit sich selbst. In ihm quillt „etwas Unbestimmtes, Süßes, Liebes und Vergangenes"[3] hervor und eine Kette von Erinnerungsbildern wird aufgerufen. Vom Garten der Kindheit, über die Loge im Theater und den Wagen im Prater, bis hin zu einem gewissen Boudoir lässt er seine Gedanken schweifen. Begleitet wird dieser Prozess von Erinnerungen an den starken „Geruch der taufeuchten Lohe und Kastanienblütenduft"[4] sowie an ein gewisses helles Lachen – Erinnerungen, die sämtlich vom Anblick der Frau evoziert werden und ein synästhetisches Erlebnis hervorrufen. Die Bilder gleiten nacheinander rasch vorüber – im Text werden sie mit Auslassungszeichen aneinandergefügt – und das Vorige wird von dem Darauffolgenden überblendet. Die bildlichen Eindrücke fungieren hier als Kette von Signifikanten, die scheinbar auf ein Signifikat – die Frau – verweisen, aber doch nicht zu diesem führen, zumal ihre Bewegung nie zum Stillstand kommt:

> …alles das tauchte auf und zerging augenblicklich und in jedem dieser Bilder erschien schattenhaft diese Gestalt da drüben, die ich kannte und nicht kannte, diese schmächtige lichte Gestalt und die blumenhafte müde Lieblichkeit des kleinen Kopfes und darin die faszinierenden, dunklen, mystischen Augen… Aber in keinem der Bilder blieb sie stehen, sie zerrann immer wieder, und das vergebliche Suchen wurde unerträglich.[5]

Da die Frau in allen diesen Erinnerungs- und Imaginationsbildern auftaucht, erscheint der zufällige Blick auf sie als eine schicksalhafte Wiederbegegnung. „Das *imprévu* der phantastischen Begegnung stellt sich als rätselhaftes *déjà vu* heraus, ohne dass dem Zeitpunkt solcher früheren

---

[1] Hofmansthal, Das Glück am Weg, a.a.O., S. 8.
[2] Ebenda.
[3] Ebenda.
[4] Ebenda S. 9.
[5] Ebenda.

Begegnung auf die Spur zu kommen wäre."[1] Die Flut der Erinnerungsbilder
dementiert nicht, sondern bekräftigt diese Bekanntschaft und spricht gar für
eine ungewöhnliche mystische Begegnung aus früherer Zeit. Als der
Erinnernde von der erfolglosen Suche niedergeschlagen wirkt und frustriert
aufgeben will – „Ich kannte sie also nicht."[2] –, entsinnt er sich einer
Sonderbarkeit in dieser Bekanntschaft: „Dann fiel mir ein: Ja, ich kannte sie,
das heißt, nicht wie man gewöhnlich Menschen kennt, aber gleichviel, ich
hatte hundertmal an sie gedacht, Hunderte von Malen, Jahre und Jahre
hindurch."[3] Statt ihr also in der Realität begegnet zu sein, hat er also „an sie
gedacht", was auf eine geistige Begegnung, die nicht an körperliche
Anwesenheit gebunden und daher nicht durch Zeit und Raum bedingt ist,
schließen lässt. Die Frau ist demnach überall präsent und nirgendwo real zu
finden. Eher als unfassbare Stimmung denn als konkrete Person kann der
Protagonist ihr somit begegnen. „Gewisse Musik", „gewisse Abendstunden",
„gewisse Blumen" und „gewisse seltsame Stellen in den Werken der
Dichter", „[a]lles das hatte von ihr geredet, in all dem war das Phantasma
ihres Wesens gelegen".[4] Spätestens an dieser Stelle wird die Frauenfigur
umdefiniert zur Allegorie und „als das ins Leben eingetretene Gelesene"[5]
offenbar. Ihr Bild im Fernglas ist „von der Essenz des Lebens durchtränkt,
wird Bedeutungsträger und Zeichenkörper".[6] Auf sie wird der Wunsch oder
oder vielmehr die Suche nach dem Sinn des Lebens projiziert. Es liegt daher
in ihrer Gegenwart „etwas, das allem einen Sinn gab, etwas unsäglich
Beruhigendes, Befriedigendes, Krönendes".[7]

Die lektüregeschulten Einbildungen des sich erinnernden Protagonisten
werden im Blick auf die Passagierin der vorbeifahrenden Yacht freigesetzt.
Zwischen ihm und der Frau ergibt sich eine mystische Beziehung, eine
harmonische Ordnung. Ein glückliches Zusammensein wird imaginiert.
Dabei erscheint die imaginierte Kommunikation zwischen ihnen zuerst als
eine verbale: „[I]ch wußte, dass ich mit ihr eine besondere Sprache reden
würde, besonders im Ton und besonders im Stil";[8] dann verändert sie sich

---

[1] Schneider, Die Verheißung der Bilder, a.a.O., S. 291.
[2] Hofmansthal, Das Glück am Weg, a.a.O., S. 9.
[3] Ebenda.
[4] Ebenda.
[5] Steiner, Die Zeit der Schrift, a.a.O., S. 75.
[6] Yang, „Innige Qual", a.a.O., S. 154.
[7] Hofmansthal, Das Glück am Weg, a.a.O., S. 9.
[8] Ebenda.

in eine erotisch konnotierte Sprache des Körpers. Eine Reihe von koketten Posen und Bewegungen – von der Kopfhaltung über das Lächeln und Schulterhochziehen bis hin zum gesenkten Blick – wird der Frau in der Phantasie des Sich-Erinnernden zugeschrieben. In der mentalen Bemächtigung der Frau wird der Akt der Aneignung in einer körperlosen Beziehung durchgespielt. Die semiotisierten Gebärden verkörpern dem Protagonisten zufolge sein Glück und verheißen ihm ein glückliches Dasein. Dass all das von ihm nicht gedacht, sondern „in einer fliegenden, vagen Bildersprache" [1] geschaut wird, steht einerseits für die unabweisliche Evidenz visionärer Bilder, andererseits für die schriftliche Kodiertheit seiner nach Außen und Innen gerichteten Wahrnehmung.

Während der Betrachter in eine glückverheißende Stimmung eintaucht, sprengt er in seiner inneren Welt das feste Zeitgefüge von Vergangenheit, Gegenwart und Zukunft. In der phantastischen Wahrnehmung, die eine rückschauende Erinnerung mit realer Perzeption und mit in die Zukunft eilender Imagination amalgamiert, vergisst der Betrachter die Welt um sich herum. Die Zeit steht für ihn still. Sobald aber die linear fortschreitende Zeit als Realitätsprinzip wieder einbricht, löst sich das bisher beherrschende Wahrnehmungsmodell auf: Die Schiffe gleiten auseinander, „nichts zurücklassend als unendliche, blöde Leere". [2] Die glückverheißende, magische Welt im Fernglas entpuppt sich als Schein, die innere Verbundenheit mit der Frau als Illusion. Das Verschwinden der Frau aus dem Blickfeld des Betrachters gleicht für ihn ihrem Tod, „ja gar nichts konnte sie mehr für mich sein"; [3] denn es markiert das Ende der Kette von Bildern und seiner phantastischen Schau. Ihr Verschwinden jedoch geht einher mit dem Erscheinen der Schrift: Sobald der Betrachter auf das schwindende Schiff starrt, liest er „in blinkenden Buchstaben den Namen des Schiffes: *La Fortune...*" [4] Dass die Schrift nach dem Verschwinden des Bildes aufscheint, verweist hier nicht nur auf die Speicherfunktion der Schrift, darauf, dass die vorherige Glücksvision in einem Namen fixiert werden kann, sondern auch auf die damit einhergehende Absenz des Referenten, mithin auf die Unverfügbarkeit des Glücks. So enthüllt der Schluss der Erzählung allegorisch auch die Kehrseite des Glücks.

---

[1] Hofmansthal, Das Glück am Weg, a.a.O., S. 9.
[2] Ebenda S. 10.
[3] Ebenda S. 11.
[4] Ebenda.

III

In Hofmannsthals beiden Texten geht es um ein intermediales Spiel von Sehen und Lesen. Sowohl die kleine Prosa *Bilder* als auch die Erzählung *Das Glück am Weg* stellen visionäre Seherlebnisse dar, in denen die Grenzen zwischen äußerer und innerer Wahrnehmung, Perzeption und Imagination aufgehoben werden. In der Prosa *Bilder* erweist sich die Bildbetrachtung als Imaginationsvorgang. Die visuelle Wahrnehmung vom Betrachter, der zugleich als Ich-Erzähler fungiert, wird von subjektiv-phantastischen Assoziationen überdeckt. In der wechselseitigen Affizierung von Sehen und Lesen, Bild und Schrift erweisen sich die Bilderlebnisse als poetische Demonstrationen der schöpferischen Kraft der Vision. Die unabweisliche Evidenz visionärer Bilder macht deutlich, dass es hier nicht mehr so sehr um die betrachteten Gegenstände an sich – nämlich die angesehenen Bilder – geht, sondern um „Schauplätze der Imagination, die in der Sprache aufscheinen, aber für deren Begriffe undurchdringlich sind, medial eigenartig, obwohl doch als Bild nur in der sprachlich vermittelnden Einbildungskraft gegenwärtig".[1]

Die medialen Unterschiede von Bild und Schrift werden auch in der Erzählung *Das Glück am Weg* bewusst ins Spiel gebracht. Auch hier wird „eine charakteristische Transgressionslust"[2] zwischen Bild und Sprache reflektiert und dargestellt. In der Erzählung erweist sich das Sehen als imaginative Perzeption, indem die betrachtete Frau in lektüregeschulte phantastische Assoziationen des Betrachters hineingesetzt wird. Das Sehen wird hier zugleich an Sinnsuche geknüpft. Weil die Bilder einem unaufhaltsamen Wandel unterliegen, der nichts zu fixieren erlaubt, muss der Protagonist in jedem Augenblick eine Kopplung der Gegenwart an Vergangenes bzw. an die Zukunft versuchen, wodurch die zerrissene Bedeutungsstiftung eine Einheit in der Sinnlichkeit zurückgewinnt. Insofern ist das Sehen hier nicht nur von imaginärer Qualität, sondern folgt auch einer interpretierenden Intention. Allerdings erfolgt die Interpretation, die am Ende des Textes durch den Namen *La Fortune* schriftlich vollzogen wird,

---

[1] Helmut Pfotenhauer, Sprachbilder. Untersuchungen zur Literatur seit dem achtzehnten Jahrhundert. Würzburg, Königshausen & Neumann 2000, S. 9.

[2] Helmut Pfotenhauer / Wolfgang Riedel / Sabine Schneider (Hg.), Poetik der Evidenz. Die Herausforderung der Bilder in der Literatur um 1900. Würzburg, Königshausen & Neumann 2005, S. VIII.

in zwei Schritten: interpretierende Imagination einerseits und schriftliche Ausdeutung andererseits. Die Imaginationskraft ist hier zwar imstande, die Grenzen der Wahrnehmung auszudehnen und Gesehenes neu zu interpretieren, aber erst mit der Siegelung der Schrift kommt dieser interpretatorische Prozess zu einem endgültigen Halt; ein Halt, der wiederum in melancholische Stimmung umschlägt, insofern er gleichsam den Entzug der Bilder und die Unwiederholbarkeit des Erlebten kennzeichnet. Indem dieses visuelle Erleben des Protagonisten durch wechselseitige Affizierungen von Bild und Schrift, Sehen und Lesen bestimmt ist, markiert es schließlich eine mediale Schwelle, an der sich Perzeption und verbal-diskursive Sprache begegnen – ja sogar begegnen müssen, um im Prozess der Bedeutungskonstitution zwischen voyeuristisch erhaschten Bildminiaturen im Fernglasrahmen und synästhetischen Erinnerungsfetzen – von Erlebtem ebenso wie von Gelesenem – intermedial und zugleich intertextuell zu vermitteln.

13. Einführung in Husserls phänomenologische Analyse des Bildbewusstseins

Christopher Gutland

(Zhejiang Universität, Hangzhou)

Einleitung[1]

Im Einklang mit der interdisziplinären Ausrichtung dieses Bandes zum Thema des Bildes soll hier eine möglichst nachvollziehbare Einführung in Edmund Husserls Analysen des Bildbewusstseins gegeben werden. Den Anfang bildet ein knapper Aufriss phänomenologischer Grundlagen. Nach der anschließenden Besprechung des Bildbewusstseins bilden Erwägungen zu Limitationen und Potenzialen von Husserls Analysen für die Bildforschung den Abschluss.

I. Phänomenologie – Was ist das?

Wer eine Antwort auf die Frage gibt, was Phänomenologie sei, kommt wohl nicht umhin, damit in Widerspruch zu bereits etablierten, aber abweichenden Auslegungen zu kommen. Eingedenk dieser Unvermeidlichkeit sei Phänomenologie hier verstanden als eine Wissenschaft der wesentlichen

---

[1] Mein herzlicher Dank gilt Prof. Yongqiang LIU für die Einladung, diesen Beitrag für diesen Band zu verfassen. Bei Maren Holzkamp bedanke ich mich sehr herzlich für ihr außergewöhnlich umsichtiges Lektorat.

Strukturen des Bewusstseins.[1] Mit ‚wesentlich' ist gemeint, dass es nicht um individuelle, soziale, historische oder kulturelle *Besonderheiten* geht, sondern um jene Strukturen des Bewusstseins, die *Bewusstsein überhaupt*[2] auszeichnen. Das meint jedoch nicht etwa, Kultur sei keine wesentliche Form menschlichen Bewusstseins. Paul Alsberg etwa belegte bereits, wie der Mensch ohne Kultur nicht überlebensfähig wäre.[3] Auch der Anthropologe Arnold Gehlen betont, „es gibt keinen ‚Naturmenschen' im strengen Sinne"[4], sodass „der Mensch von Natur ein Kulturwesen"[5] ist. Kultur kann man also als für Menschen *wesentlich* annehmen. Ihre *besondere Form* aber, also ob man beispielsweise als Ausdruck von Zustimmung mit dem Kopf nickt oder ihn schüttelt, kann variieren.

Der Begriff des Bewusstseins indessen macht auch heute noch große Probleme. Auch von einer allgemein anerkannten Wissenschaft des Bewusstseins ist man weit entfernt. Bevor das Bild*bewusstsein* besprochen werden kann, bietet es sich daher an, die auch heute noch immensen Probleme der Erlangung des Bewusstseins vom Bewusstsein zu vertiefen. So wird hoffentlich auch klar werden, inwiefern die Phänomenologie spezifisch die Bewusstseinsart der Bilderfahrung in den Fokus rückt und rücken kann.

---

[1] Diese Auslegung der Phänomenologie steht beispielsweise im Widerspruch mit der des viel rezipierten Husserl-Forschers Dan Zahavi. Laut Zahavi „interessiert sich die Phänomenologie nur insofern für das Bewusstsein, als dieses das Feld oder die Dimension ist, wo die Welt erscheint", s. Dan Zahavi, Husserls Phänomenologie. Übers. von Bernhard Obsieger. Tübingen, Mohr Siebeck 2009, S. 54.

[2] Husserl selbst will nicht nur menschliches Bewusstsein erforschen, was hier für das Bildbewusstsein jedoch nicht vertieft werden muss, vgl. Edmund Husserl, Logische Untersuchungen. Zweiter Band. II. Teil. Untersuchungen zur Phänomenologie und Theorie der Erkenntnis. Hg. von Ursula Panzer. Den Haag, Martinus Nijhoff 1984, S. 725-728 (= Hua Bd. XIX/2); Edmund Husserl, Erste Philosophie (1923/24). Erster Teil. Kritische Ideengeschichte. Hg. von Rudolf Boehm. Den Haag, Martinus Nijhoff 1956, S. 155-157 (= Hua Bd. VII). Anmerkung zur Zitation, Nach der ersten Erwähnung des vollen Bandtitels werden Bände der Husserliana abgekürzt durch „Hua" gefolgt von der Nummer des Bandes in römischen Ziffern zitiert. Bei der ersten Zitierung erfolgt die Zuordnung zur jeweiligen Bandnummer hinter der Seitenzahlangabe in Klammern.

[3] Vgl. Paul Alsberg, Das Menschheitsrätsel. Versuch einer biologischen Lösung. Wien, Sensen 1937.

[4] Arnold Gehlen, Der Mensch. Seine Natur und seine Stellung in der Welt. Wiesbaden, Aula 2009, S. 38.

[5] Ebenda S. 80.

(1) Probleme des Bewusstseinsbegriffs

Mit ‚Bewusstsein' verbindet man oft einseitig das subjektive Erleben, während das Ideal der Wissenschaft Objektivität ist. Auf den ersten Blick scheint daher eine (objektive) Wissenschaft des Subjektiven ein Widerspruch in sich. Besonders in den Anfängen der Psychologie zeigte sich dieses Problem. Der Psychologe Franz Brentano, einer der maßgeblichen Inspiratoren Husserls, erwähnt etwa Albert Langes offene Forderung nach einer „Psychologie ohne Seele"[1]. Und die Psychologie entwickelte sich größtenteils wirklich so, das Bewusstsein nicht direkt zu erforschen. Die Methode der direkten Erforschung des Bewusstseins wird in der Psychologie ‚Introspektion' oder ‚Innenschau' genannt. Nachdem drei Psychologen – Titchener, Binet und Külpe – in der ersten Hälfte des 20. Jahrhundert introspektive Forschungen betrieben, wurde diese Forschung anschließend diskreditiert. Statt das Bewusstsein selbst zu erforschen, ließ man Probanden in Worten ihre Bewusstseinserfahrungen beschreiben – und behandelte diese Worte als vermeintlich objektive wissenschaftliche Daten.[2] Noch heute erforscht die Psychologie das Bewusstsein meist indirekt – neben den erwähnten Versprachlichungen eigener Erfahrungen etwa über die Untersuchung korrelierender Hirnzustände, durch Auswertung von Fragebögen, oder indem man aus dem Verhalten in Laborsituationen Schlüsse zieht.

Husserl versteht seine Phänomenologie in Abgrenzung zur Psychologie und betont mehrfach die Unterschiede, die seines Erachtens zwischen beiden bestehen.[3]

---

[1] Franz Brentano, Psychologie vom empirischen Standpunkt. Erster Band. Hg. von Oskar Kraus. Hamburg, Meiner 1973, S. 16.

[2] Vgl. Depraz, Varela und Vermersch, On Becoming Aware. A Pragmatics of Experiencing, 129-154; Pierre Vermersch, Introspection as practice, in: Journal of Consciousness Studies 6 (1999), H. 2-3, S. 17-42.

[3] Der Unterschied fällt einesteils darein, dass Husserl die Psychologie oft als *empirische Tatsachenwissenschaft* versteht, während die Phänomenologie die *wesentlichen* Bewusstseinsstrukturen erforscht. Andernteils eröffnet sich durch die Phänomenologie ein Bereich des Bewusstseins – die sogenannte transzendentale Subjektivität, die das Bewusstsein konstituiert – den selbst eine eidetische Psychologie nicht in den Blick bekommt, vgl. Edmund Husserl, Die Krisis der europäischen Wissenschaften und die transzendentale Phänomenologie. Hg. von Walter Biemel. Den Haag, Martinus Nijhoff 1962, S. 194-260 (= Hua Bd. VI); Edmund Husserl, Ideen zu einer reinen Phänomenologie und phänomenologischen Philosophie. Erstes Buch. Allgemeine Einführung in die reine Phänomenologie. Hg. von Karl Schuhmann. Den Haag, Martinus Nijhoff 1976, S. 118-119 (= Hua Bd. III/1).

Das Wort ‚Introspektion' indessen benutzt Husserl, teils in vorsichtigen
Anführungszeichen, auch zur Beschreibung des phänomenologischen
Vorgehens.[1] So kommt es, dass einige Forscher entscheiden zurückweisen,
die Phänomenologie sei Introspektion[2], während andere sie als eine Form
von Introspektion verstehen oder zu verstehen vorschlagen.[3]

Doch auch in der Phänomenologie ist strittig, was das Bewusstsein ist
und in welchem Verhältnis es zur physischen Welt steht. Auf Husserl
bezogen ist hier besonders der sogenannte Noema-Streit zu nennen.
Dahinter verbirgt sich die Frage nach dem Status des Gegenstands, so wie
wir ihn im Bewusstsein vermeinen. Ist er nur ein Zeichen, das verschieden
ist von dem wirklichen Gegenstand, aber das uns zu ihm hinführt? Oder sind
der bewusst vermeinte Gegenstand und der wirkliche Gegenstand letztlich
derselbe?[4] Dass die Phänomenologie intern noch derartige Kardinalfragen
zu klären hat, zeigt: Als fraglos anerkannte Bewusstseinswissenschaft kann
auch sie sich noch nicht profilieren.

(2) Methodisches Vorgehen in der Phänomenologie

Methodologisch besteht aus den genannten Gründen das Problem, dass
ein präzises Wissen, wo das Bewusstsein anfängt und endet, kaum verbreitet

---

[1] Vgl. Edmund Husserl, Phänomenologische Psychologie. Vorlesungen Sommersemester
1925. Hg. von Walter Biemel. Dordrecht, Springer 1968, S. 67 (= Hua Bd. IX); Edmund
Husserl, Zur phänomenologischen Reduktion. Texte aus dem Nachlass (1926 – 1935).
Hg. von Sebastian Luft. Dordrecht, Kluwer 2002, S. 177 (= Hua Bd. XXXIV);
Edmund Husserl, Transzendentaler Idealismus. Texte aus dem Nachlass (1908 – 1921).
Hg. von Robin D. Rollinger. Den Haag, Martinus Nijhoff 2003, S. 473 (= Hua Bd.
XXXVI).

[2] Vgl. David Woodruff Smith, Amie Lynn Thomasson, Phenomenology and Philosophy
of Mind. Oxford, Clarendon Press 2005, S. 9; Dan Zahavi, Subjectivity and the
First-Person Perspective, in: The Southern Journal of Philosophy 45 (2007), H. S1,
S. 66-84, hier S. 76; Andrea Staiti, Systematische Überlegungen zu Husserls
Einstellungslehre, in: Husserl Studies 25 (2009), H. 3, S. 219-233, hier S. 231;
Thomas Fuchs, Wege aus dem Ego-Tunnel, in: Deutsche Zeitschrift für Philosophie 63
(2015), H. 5, S. 801-823, hier S. 809.

[3] Vgl. Jonathan Shear, Francisco J. Varela, The View From Within. First-Person
Approaches to the Study of Consciousness. London, Imprint Academic 1999; Depraz,
Varela und Vermersch, On Becoming Aware, a.a.O.; Gutland, Husserlian
Phenomenology as a Kind of Introspection, a.a.O.

[4] Zu dieser Debatte vgl. David Woodruff Smith, Husserl. London/New York, Routledge
2013, S. 290-297; Zahavi, Husserls Phänomenologie, a.a.O., S. 56-69.

ist. Der erste Schritt – Husserl nennt ihn die Epoché – besteht daher darin, das Bewusstsein überhaupt *bemerken zu lernen*. Um dies zu erreichen, schlägt Husserl vor, eine Phase lang dem empirischen Sosein der Welt kein Interesse entgegenzubringen. Diese Verschiebung der Aufmerksamkeit hilft, statt ganz an pragmatische Ziele und Zwecke oder auch theoretische Interessen *innerhalb* der existierenden Welt verloren zu sein, vielmehr zu bemerken, dass uns stets die Welt *im Bewusstsein erscheint*. Die Erscheinung bzw. das Phänomen Welt tritt somit in die Aufmerksamkeit. Im weiteren Fortschreiten geht es dann einerseits darum, beim Beschreiben des Bewusstseins die Vorurteile schrittweise abzubauen, die nachwirken, weil man geneigt ist, das Bewusstsein wie andere existierende Dinge in der Welt zu behandeln. Dieses Abbauen von Vorurteilen nennt Husserl die phänomenologische Reduktion.[1] Anderseits gilt es, innerhalb der so erlebten Phänomene empirisch-zufällige von notwendig-wesentlichen Inhalten zu sondern. Die Phänomenologie interessiert sich nur für das Wesentliche innerhalb der Phänomene. Die hierfür verwendeten Methoden sind ideierende Abstraktion (bei Wahrnehmungen) und eidetische Variation (im Erforschen des Bewusstseins mithilfe von Fantasievariationen). Da hier die phänomenologische Methode nicht im Fokus steht, mag dies als kurzer Überblick genügen.[2]

Ein wichtiges Ergebnis phänomenologischer Forschung, das auch bei der Analyse des Bildbewusstseins zum Tragen kommt, ist: Im Bewusstsein geht ein Erlebnis zumeist mit einer Auffassung einher. Wir erleben etwas im Gesichtsfeld und fassen es auf als ein Blau, vielleicht näher als eine blaue Lilie. Wir erleben eine Gemütsregung und fassen sie auf als unsere eigene Freude, näher vielleicht als Freude über die Lilie. Diese zwei Beispiele

---

[1] Ich folge hierbei Zahavis Vorschlag einer näheren Differenzierung von Epoché und Reduktion, die bei Husserl des Öfteren vertauscht oder doppeldeutig gebraucht werden, vgl. Zahavi, Husserls Phänomenologie, a.a.O., S. 48. Zahavi behauptet jedoch auch: „Das Vollziehen der Epoché und Reduktion bedeutet nicht, auf eine Untersuchung der wirklichen Welt zu verzichten, um sich stattdessen Bewusstseinsinhalten […] zuzuwenden", s. ebenda. Dem stimme ich nicht zu, indem ich die Phänomenologie als Bewusstseinswissenschaft verstehe. Dabei leugne ich jedoch nicht, dass auf der Ebene der Phänomene Erkenntnis auch der physischen Wirklichkeit zu gewinnen ist. Dies zu begründen, würde hier jedoch zu weit führen.

[2] Für eine Vertiefung der verschiedenen Schritte der phänomenologischen Methodik und einen Abgleich mit der Introspektion vgl. Gutland, Husserlian Phenomenology as a Kind of Introspection, a.a.O.

zeigen schon: Bewusstseinserlebnisse können sowohl aufgefasst werden *als der äußeren Wirklichkeit angehörig* wie auch *als unserem eigenen Seelenleben zugehörig*. Um Zusammenhänge wie diese zu beschreiben, übernahm Husserl von Brentano den Ausdruck ‚Intentionalität'. Bei Husserl bezeichnet er, dass im Bewusstsein meist *etwas als etwas aufgefasst wird*.

Ein Kriterium, um von Bewusstsein – allemal wie wir es selbst kennen – zu sprechen, ist somit, dass es *über bloß physische Vorgänge hinaus* eine *eigene Ebene von Erlebnissen* gibt. Zur Illustration: Ich kann andere Menschen sehen, aber nicht ihre Bewusstseinserlebnisse. Ich kann mir mit einem anderen Menschen einig sein, dass die Lilie blau ist, aber deshalb erlebe ich nicht dieselbe Farbempfindung, die der andere hat. Die *physische Existenz* der Lilie und das *Bewusstsein von* ihr sind also zweierlei. Das Bewusstsein scheint damit etwas Privates, nur einem selbst Zugängliches zu sein. Daher legt die Phänomenologie Wert auf die Analyse wesentlicher Strukturen, die bei allen gleich sind. Man kann diese Strukturen in Analogie zu den Naturgesetzen der physischen Welt verstehen. Denn obwohl das Bewusstsein zunächst nur einem selbst zugänglich zu sein scheint, enthält es doch wesentliche Strukturen, die für menschliches Bewusstsein *allgemein* charakteristisch sind. Ähnlich ist Ausdehnung nicht nur für einzelne physische Festkörper, sondern für sie allgemein charakteristisch. So gesehen sucht auch die Physik, empirisch zufälliges Sosein von Wesensgesetzlichkeit zu sondern, und nur die letztere zu beschreiben. Im analogen Sondern von zufällig und wesentlich innerhalb des Bewusstseins, zu dem freilich noch vieles zu sagen wäre, liegt das Selbstverständnis der Phänomenologie als Wissenschaft begründet. Ähnliches wie für die Kultur oben gesagt wurde, gilt dabei auch für die Erlebnisse: Zwar erlebe ich anscheinend nur meine eigenen Erlebnisse und erst auf Ebene der Auffassungen komme ich mit anderen überein. Doch auch wenn die Erlebnisse privat zu sein scheinen, gehört die Schicht der Erlebnisse *wesentlich* zum Bewusstsein dazu. Denn die Erlebnisse bilden die Anknüpfungspunkte für Auffassungen.

(3) Die Problematik der Wissenschaftsfähigkeit von Bewusstseinserlebnissen

Der bisherige Umgang der Wissenschaft mit den Erlebnissen ist bezeichnend dafür, wie weit man noch von einer Wissenschaft des Bewusstseins entfernt ist. Berühmte Vertreter der Naturwissenschaft wie

Galilei[1] und Newton[2] leugneten zunächst jedwede direkte objektive Geltung von Erlebnissen wie Farben und Tönen. Laut Husserl liegt dies vor allem an einer methodischen Bequemlichkeit.[3]

Über diese Ablehnung der *objektiven Realität* von Erlebnissen wie Farben hinaus begann später ein Trend, auch das *subjektive Erlebnis* als nichts in sich bzw. als einseitig Erwirktes (ein sogenanntes ‚Epiphänomen‘) zu deuten. Oft wird angenommen, ein qualitatives Erlebnis wie das einer Farbe lasse sich *restlos* durch die parallelen neurophysiologischen Vorgänge erklären. Auch in der Philosophie wurde die Frage behandelt, ob qualitative Erlebnisse wie Farben überhaupt etwas in sich sind oder nicht vielmehr völlig identisch mit den einhergehenden Hirnvorgängen. In Form des *Mary's-room*-Gedankenexperiments wurde diese lange geführte Debatte besonders anschaulich und virulent:

> Mary is a brilliant scientist who is, for whatever reason, forced to investigate the world from a black and white room *via* a black and white television monitor. She specializes in the neurophysiology of vision and acquires, let us suppose, all the physical information there is to obtain about what goes on when we see ripe tomatoes, or the sky, and use terms like 'red', 'blue', and so on. She discovers, for example, just which wavelength combinations from the sky stimulate the retina, and exactly how this produces *via* the central nervous system the contraction of the vocal cords and expulsion of air from the lungs that results in the uttering of the sentence 'The sky is blue'. [...] What will happen when Mary is released from her black and white room or is given a color television monitor? Will she *learn* anything or not?[4]

Diese Frage, also ob das bewusste Erlebnis über die unbewussten physischen Hirnvorgänge hinaus überhaupt etwas in sich ist, zeigt bereits, wie schwer sich die Wissenschaft mit den Bewusstseinserlebnissen tut.

Verhängnisvoll ist dabei auch die Analogisierung des Bewusstseins mit

---

[1] Vgl. Galileo Galilei, The Assayer, in: Stillman Drake (Hg.), Discoveries and Opinions of Galileo. New York, Doubleday & Co. 1957, S. 231-280, hier S. 274.

[2] Vgl. Isaac Newton, Opticks. Hg. von G. Bell. New York Dover, 1952, S. 124-125.

[3] Statt die stark quantifizierende Methode in Anbetracht der sich ihr nicht direkt fügenden Erlebnisse zu verändern, warf man die Erlebnisqualitäten aus dem Bereich der Wissenschaft heraus, vgl. Husserl, Hua VI, S. 20-60.

[4] Frank Jackson, Epiphenomenal Qualia, in: The Philosophical Quarterly 32 (1982), H. 127, S. 127-136, hier S. 130.

Computern, oft anhand der Analogie mit Hardware und Software. Vorgänge im Gehirn werden dann mit der Hardware verglichen und solche im Bewusstsein mit der Software. Doch für einen Computer werden die Vorgänge in ‚seiner' Hardware genauso wenig *bewusstes Erlebnis* wie die ‚seiner' Software. Wir dürfen hier freilich das, was *wir* beispielsweise auf dem Monitor *erleben*, nicht mit einem Erlebnis des Computers verwechseln. Wir erleben auf dem Monitor etwa ein rotes Pixel. Im Computer entspricht diesem sowohl in der Hardware wie in der Software ein unbewusst bleibender Zahlenstring. Bei Computern fallen sämtliche ‚internen' Rechenschritte, hardware- wie softwareseitige, mit ‚äußerlich' physikalischen Vorgängen völlig zusammen. Jedes ‚interne' Datum, etwa eine Grafik, ist im Arbeitsspeicher, Cache und/oder auf der Festplatte eindeutig als Binärstring lokalisiert. Dagegen ist ein Roterlebnis *als solches* im Gehirn *gar nicht zu finden*. Deshalb entsteht das sogenannte *Hard Problem of Consciousness*[1], also das Problem, wie es zum Bewusstsein als einer Ebene von Erlebnissen kommen kann, die *neben* der physikalischen Welt *parallel besteht* und *in dieser* scheinbar gar *keinen Ort hat*.

Bei den genannten Analogisierungen mit Computerprozessen wird daher *vom Bewusstsein abstrahiert*. Bis heute sind keine Computer, auch nicht mit Deep-Learning-Datenbanken versehene oder sogenannte intuitive, also zur Umschreibung ihrer Programmroutinen befähigte, dahingehend entworfen, *bewusste Erlebnisse zu erfahren*. Stets wird ein physikalischer Stimulus *ohne bewusstes Erleben* physikalisch verarbeitet. Daher ist auch die Rede von ‚künstlicher Intelligenz' sehr problematisch. Schon Husserl betonte, dass bei Rechenmaschinen von Denken keine Rede sein kann, weil die mit dem Denken verbundene *begriffliche Einsicht*, also das *intellektive Erlebnis* fehlt.[2]

Das bis hier Gesagte konnte hoffentlich ein wenig verdeutlichen, was Phänomenologie als Wissenschaft der wesentlichen Strukturen des Bewusstseins erstrebt. Aus dem Gesagten ergibt sich auch, warum die folgenden Abschnitte nirgendwo auf Ergebnisse der Hirnforschung eingehen

---

[1] Vgl. David J. Chalmers, Facing up to the problem of consciousness, in: Journal of Consciousness Studies 2 (1995), H. 3, S. 200-219; Jonathan Shear (Hg.), Explaining Consciousness. The Hard Problem. Cambridge, Bradford 1999.

[2] Vgl. Edmund Husserl, Logische Untersuchungen. Erster Band. Prolegomena zur reinen Logik. Hg. von Elmar Holenstein. Den Haag, Martinus Nijhoff 1975, S. 79 (= Hua Bd. XVIII).

oder etwa versuchen, das Bilderfahren zu algorithmisieren, sodass man es auf einem Computer simulieren könnte. Die teilweise krude Ablehnung der Hirnforschung in der Phänomenologie ist freilich deplatziert. Eine Kooperation zwischen Hirnforschung, Phänomenologie und auch Psychologie ist mehr als wünschenswert. Solange jedoch Bestrebungen bestehen, das Bewusstsein auf Hirnprozesse zu reduzieren oder es auf Computern zu simulieren, sind solche Kooperationen kaum aussichtsreich.

Obwohl noch ein weiter Weg zu einer wissenschaftlichen Erforschung des Bewusstseins zu bahnen ist, sei nun vertieft, was sich laut Husserl im Bewusstsein abspielt, während wir ein Bild betrachten. Dabei sei – im Einklang mit dem hier soeben entwickelten Aufweis der Problematik des Bewusstseinsbegriffs – stets vom bewussten Erlebnis, an das das bewusste Auffassen jeweils anknüpft, ausgegangen.

II. Wahrnehmen und Fantasieren

Um das Bildbewusstsein als eine besondere Art von Bewusstseinsakt zu begreifen, ist es hilfreich, zunächst zwei grundlegendere Aktarten zu betrachten, mit denen es Parallelen aufweist. Die eine ist das Wahrnehmen, die andere das Fantasieren. Da das Fantasieren in Abhängigkeit zum Wahrnehmen steht, während das Wahrnehmen laut Husserl der „Urmodus der Anschauung"[1] ist, sei mit dem Wahrnehmen begonnen.

(1) Der Akt des Wahrnehmens und die Wahrnehmung

Neben ,Urmodus der Anschauung' nennt Husserl die Wahrnehmung auch „Urmodus der Selbstgebung"[2]. Denn laut Husserl gilt von der Wahrnehmung: Sie „stellt in Uroriginalität, das ist im Modus der Selbstgegenwart dar."[3] Es ist zunächst zu klären: Welches ,Selbst' ist hier gemeint? Das Selbst der oder des Wahrnehmenden? – Die oder der Wahrnehmende ist freilich auch selbst da, wo immer sie bzw. er etwas wahrnimmt. Doch dies hat Husserl hier nicht im Sinn, sondern vielmehr *die*

---

[1] Husserl, Hua VI, S. 107 [Sperrdruck des Originals entfernt: C.G.].

[2] Edmund Husserl, Formale und transzendentale Logik. Versuch einer Kritik der logischen Vernunft. Hg. von Paul Janssen. Den Haag, Martinus Nijhoff 1974, S. 166 (= Hua Bd. XVII) [Sperrdruck des Originals entfernt: C.G.].

[3] Husserl, Hua VI, S. 107.

Sache selbst[1], die wir wahrnehmen. Wenn wir etwas wahrnehmen, ist die wahrgenommene Sache selbst anwesend.

Im Wahrnehmen ist die vermeinte Sache jedoch nicht nur selbst gegenwärtig, sondern im Wahrnehmen *gibt* sie zudem *sich selbst*. Im Wahrnehmungsakt muss man näher das Erlebnis, als Ausgangspunkt, und das Resultat, die Wahrnehmung, unterscheiden. ‚Resultat' meint hier jedoch nicht einen zeitlichen Prozess, weil Erleben und Auffassen stets parallel laufen. Gewöhnlicherweise bemerken wir zudem das Erlebnis im Wahrnehmen nicht, weil wir ganz dem Resultat des Auffassens, der Wahrnehmung, hingegeben sind. Aus diesem Grund bedarf es der genannten Epoché, um das Erlebnis und den Auffassungsprozess bemerken zu lernen.

① Die Empfindung als das Erlebnis im Wahrnehmen

Das zugrundeliegende Erlebnis beim Wahrnehmen nennt Husserl ‚Empfindung'.[2] Das Wort ‚Wahrnehmung' bezeichnet bei Husserl hingegen zumeist eine schon *als etwas* aufgefasste Empfindung, also etwa ein Erlebnis, das schon *als* Stuhl, Tisch, Pferd usw. aufgefasst wird. Beim Auffassen sind Täuschungen möglich. Es steht einem außerdem frei, andere Auffassungen zu probieren. So etwa, wenn ich eine Empfindung im Gesichtsfeld sogleich als Katze auffasse, mir dann jedoch vergegenwärtige: Es könnte auch ein Kater sein. Das Auffassen kann daher wahr oder falsch sein.

Indem ich somit selbst intervenieren und mich irren kann beim Auffassen, kann sich die Selbstgebung, von der Husserl spricht, nicht auf die Auffassung beziehen. Sie bezieht sich auf die Empfindung. Zu Empfindungen betont Wilhelm Dilthey: „Seit Descartes haben ja die meisten Erklärer das Merkmal der Empfindungen, daß der Wille sie weder zu verdrängen, noch hervorzubringen, oder festzuhalten vermag, als Grund der Überzeugung über ihre Unabhängigkeit von diesem Willen anerkannt und

---

[1] Ein Satz, in dem einige das Kernanliegen von Husserls Phänomenologie ausgedrückt finden, lautet: „Wir wollen auf die »Sachen selbst« zurückgehen.", s. Edmund Husserl, Logische Untersuchungen. Zweiter Band. I. Teil. Untersuchungen zur Phänomenologie und Theorie der Erkenntnis. Hg. von Ursula Panzer. Den Haag, Martinus Nijhoff 1984, S. 10 (= Hua Bd. XIX/1).

[2] Der Begriff ‚Empfindung' ist durchaus nicht unproblematisch – für einen Versuch seiner phänomenologischen Rechtfertigung vgl. Christopher Gutland, Denk-Erfahrung. Eine phänomenologisch orientierte Untersuchung der Erfahrbarkeit des Denkens und der Gedanken. Freiburg, Alber 2018, S. 49-139.

benutzt."[1] Gegenüber Empfindungen besteht also eine Ohnmacht unseres Willens.[2] Was bei uns eine Ohnmacht unseres Willens ist, ist von der anderen Seite her gesehen just die Selbstgebung der Sache. Denn die Sache gibt sich in den Empfindungen, wie sie ist, ob wir dies wollen oder nicht. Dilthey leitet daher aus dieser Ohnmacht unseres Willens unseren Glauben an die Realität her.[3] Indem wir merken, da gibt sich eine Sache, wie sie ist, und ich kann mit allem Willen nicht gegen diese Selbstgebung ankommen, glauben wir schließlich an eine von uns unabhängige Sache.[4]

Doch so sehr sich die Sache in der Empfindung selbst gibt, so unvollständig gibt sie sich auch darin. Beim bloßen Empfinden können wir daher nicht stehen bleiben, wenn wir wissen wollen, *was es ist*, das wir da empfinden. Um zur Sache selbst zu gelangen, müssen wir vielmehr über die Empfindung hinausgehen.

② Das Auffassen oder die Apperzeption

Neben dem Wort ‚Auffassung' benutzt Husserl entsprechend auch das Wort ‚Apperzeption'. Es setzt sich zusammen aus lateinisch ‚ad' im Sinne von ‚hinzu' und ‚perceptio' im Sinne von ‚Empfindung'. Es wird also über die Empfindung hinausgegangen. Husserl schreibt:

> Apperzeption ist uns der Überschuß, der im Erlebnis selbst, in seinem deskriptiven Inhalt gegenüber dem rohen Dasein der Empfindung besteht; es ist der Aktcharakter, der die Empfindung gleichsam beseelt und es seinem Wesen nach macht, daß wir dieses oder jenes Gegenständliche wahrnehmen, z. B. diesen Baum sehen,

---

[1] Wilhelm Dilthey, Beiträge zur Lösung der Frage vom Ursprung unseres Glaubens an die Realität der Außenwelt und seinem Recht, in: Karlfried Gründer (Hg.), Die geistige Welt. Einleitung in die Philosophie des Lebens. Erste Hälfte. Abhandlung zur Grundlegung der Geisteswissenschaften. Band V. Stuttgart, Vandenhoeck & Ruprecht 1990, S. 90-138, hier S. 95.

[2] Vgl. Christopher Shields, On Behalf of Cognitive Qualia, in: Tim Bayne, Michelle Montague (Hg.), Cognitive Phenomenology. Oxford & New York, Oxford University Press 2011, S. 215-235, hier S. 232.

[3] Vgl. Dilthey, Beiträge zur Lösung der Frage vom Ursprung unseres Glaubens an die Realität der Außenwelt und seinem Recht, a.a.O., S. 102-105. Vgl. zu diesem Problemkomplex auch Jiaxin Wang (王嘉新), Husserls Begriff der ‚Hyle' aus der Perspektive der Lebensphänomenologie, Baden-Baden, Ergon 2019, S. 97-124.

[4] Hätte Husserl dies stärker betont, hätte er dem Solipsismusvorwurf weniger umständlich begegnen können.

jenes Klingeln hören, den Blütenduft riechen usw.[1]

Erst durch Apperzeption erfahren wir also überhaupt Gegenständliches. Die Empfindung gibt zwar Kunde von einem Gegenstand, teilt jedoch nicht mit, um *was für einen Gegenstand* es sich handelt. Dies erreichen wir erst durch die Auffassung bzw. Apperzeption.

Ohne über die Empfindung hinauszugehen, können wir einerseits die Sache niemals als das verstehen, was sie ist. Andererseits liegt aber in diesem Hinausgehen auch die Gefahr, die Sache zu verkennen. Wie kommt es hierzu? – Husserl schreibt:

> Die äußere Wahrnehmung ist eine beständige Prätention, etwas zu leisten, was sie ihrem eigenen Wesen nach zu leisten außerstande ist. [...] Wir mögen ein Ding noch so vollkommen wahrnehmen, es fällt nie in der Allseitigkeit der ihm zukommenden und es sinnendinglich ausmachenden Eigenheiten in die Wahrnehmung. Die Rede von diesen und jenen Seiten des Gegenstandes, die zu wirklicher Wahrnehmung kommen, ist unvermeidlich.[2]

Mit ‚wirkliche Wahrnehmung' am Ende meint Husserl die Empfindung. Sehen wir ein äußeres Ding, etwa einen Schulbus, so sehen wir ihn niemals mit allen sinnlichen Eindrücken, die man von allen Seiten von ihm haben kann. Aber wir *meinen* – Husserl sagt hierfür ‚*intendieren*' – trotzdem einen ganzen Schulbus, wenn wir eine Empfindung *als Schulbus* auffassen. Das bedeutet jedoch näher: Wir intendieren ihn mit Aspekten, die wir nicht empfinden, etwa Beschaffenheiten der Rückseite, der Farbe seines Unterbodens usw.

Näher besehen tritt im Zuge des Auffassens also die Dimension des Raums überhaupt erst auf. Die Empfindung, also das Erlebnis im Wahrnehmen, ist hingegen „nicht als Räumliches"[3] möglich. Die Empfindung hat also z.B. keine Rückseite – man kann nicht um eine Empfindung herumgehen. Wer um einen Schulbus herumgeht, der erlebt dabei *verschiedene Empfindungen* desselben Gegenstandes, *nicht aber die gleiche Empfindung von verschiedenen Seiten*. Nur am Rande sei hier

---

[1] Husserl, Hua XIX/1, S. 399 [Sperrdruck des Originals entfernt: C.G.].

[2] Edmund Husserl, Analysen zur passiven Synthesis. Aus Vorlesungs- und Forschungsmanuskripten (1918 – 1926). Hg. von Margot Fleischer. Den Haag, Martinus Nijhoff 1966, S. 3 (= Hua Bd. XI).

[3] Husserl, Hua III/1, S. 86.

erwähnt, dass nicht alle Empfindungen räumlich aufgefasst werden.[1]

In diesem räumlichen Vermeinen können wir uns irren. Es kann zum Beispiel sein, wenn wir einen Bus nur von hinten sehen, dass die Sitze, die wir darin vermeinen, fehlen. Empfindungen sind hier *prinzipiell möglich*, anhand derer Auskunft zu gewinnen *wäre*, ob Sitze im Bus sind – und sogar, wie gefärbt, wie weich usw. Doch diese *möglichen* Empfindungen haben wir aktuell *nicht wirklich*. Obwohl äußere Dinge sich in der Empfindung selbst geben, sind uns daher niemals alle mit einem Ding zu machenden Empfindungen zeitgleich gegeben.

Man kann hier berechtigt kritisch rückfragen, ob das, was eine Sache selbst ist, wirklich mit der Totalität ihrer Empfindungen restlos gegeben wäre. Der Phänomenologe Merleau-Ponty fragt daher kritisch, ob ‚von überall gesehen' nicht letztlich dasselbe wie ‚von nirgendwoher gesehen' wäre – und damit letztlich so viel wie ‚unsichtbar' bedeutet.[2] Auch ist problematisch, dass die Apperzeption über die Empfindung hinausgehen sollte, nun aber näher besehen nur – mithilfe der Idee des Raums – auf andere mögliche Empfindungen verweist. Husserl unterliegt hier einem empiristischen Vorurteil, das ihn die eigentliche Rolle des Denkens im Bewusstsein übersehen und unterschätzen ließ.[3] Dies zu belegen würde hier jedoch zu weit führen, daher bleibe Husserls Auslegung des Auffassungsprozesses zunächst unhinterfragt. Es wird sich am Ende beim Bildbewusstsein zeigen, in welche Schwierigkeiten diese stark am Wahrnehmungsraum orientierte Auslegung gerät.

Zusammengefasst knüpft das Wahrnehmen an die Erlebnisart der Empfindungen an. Die Empfindungen selbst bleiben dabei normalerweise unbemerkt, denn unsere Aufmerksamkeit ist auf die Sache gerichtet, *als die* wir sie *auffassen*. Die Sache gibt sich in der Empfindung zwar selbst, aber

---

[1] Bei einem Gefühl etwa kann man auch das Erlebnis unterscheiden von der Auffassung. Irrtum gibt es auch hier – wir können lange glauben, wütend zu sein, bemerken dann jedoch, dass wir vielmehr Trauer fühlen.

[2] Vgl. Maurice Merleau-Ponty, Phänomenologie der Wahrnehmung. Übers. von Rudolf Boehm. München, De Gruyter 1974, S. 91; 94.

[3] Husserl nennt das beseelende Auffassen ‚Noesis', vgl. Husserl, Hua III/1, S. 200-224. ‚Noesis' oder ‚Noese' leiten sich von griechisch *νοεῖν* (denken) her. Husserl selbst bezieht dabei die Noesis auf den *νοῦς*, also die Vernunft, vgl. ebenda S. 194. Trotz allem sieht er in unerfüllten Intentionen meist nur Platzhalter für aktuell nicht erfahrene Sinnlichkeit, weshalb er das Denken übersieht, vgl. Gutland, Denk-Erfahrung, a.a.O., S. 337-387.

niemals vollständig. Daher intendiert die Auffassung einer (räumlichen) Sache stets mehr, als die Empfindung aktuell von ihr gibt. Die Sache kann daher anders sein, als wir sie vermeinen. In Bezug auf das Bildbewusstsein ist noch wichtig zu bemerken, dass wir das, was wir wahrnehmen, im gleichen Raum und in der gleichen Zeit verorten, in der wir selbst uns mit unserem Leib befinden.

(2) Die Fantasie

Die Fantasie ist eine Aktart, die jederzeit zum Empfinden und Wahrnehmen hinzukommen kann, aber nicht muss. Sie tritt zwar im selben einheitlichen Bewusstsein auf, wird jedoch normalerweise von dem, was wahrgenommen wird, getrennt. Ausnahmen wären, wenn ich etwa fantasiere, wo und wie ich einen neuen Schreibtisch ins Arbeitszimmer stellen könnte. Doch auch hier bin ich mir stets bewusst, dass ich den Schreibtisch nicht wahrnehme. Den Schreibtisch hier oder dort in die Wahrnehmung hineinzufantasieren bedeutet, sich das Arbeitszimmer so vorzustellen, *als ob dort* der Schreibtisch stünde.

① Das Erlebnis beim Fantasieren: das Phantasma

Es gilt nun zunächst, die andere Erlebnisart beim Fantasieren ins Auge zu fassen, um dann von dort ausgehend die abweichende Auffassungsart zu vertiefen. In der Empfindung gibt sich etwas selbst, aber die Auffassung, weil sie darüber hinausgehen muss, kann trotzdem irren. Dagegen gilt in der Fantasie: Über die Freiheit hinaus, hier und jetzt etwas zu fantasieren, etwa einen pinken Elefanten, besteht auch die Freiheit, das fantasierte Erlebnis zu verändern. Mir steht nicht nur frei, ob ich einen Elefanten oder ein Nilpferd fantasiere – also das Wesen des Auffassungsgegenstandes. Mir steht zudem frei, die Erlebnisqualität zu verändern, also etwa, in welcher Farbe, Größe, Härte usw. ich den Elefanten fantasiere. Husserl nennt das Erlebnis beim Fantasieren im Unterschied zur Empfindung ein ,Phantasma'.[1] Er stellt klar: Empfindung „gegenüber Phantasma unterscheidet sich durch den Charakter der Originarität."[2] Originarität ist gleichbedeutend mit Selbstgebung. Anders als bei Empfindungen, gibt sich im Phantasma also nicht etwas so, wie es ist, ob ich es so will oder nicht. Vielmehr gebe *ich mir* ein Phantasma

[1] Vgl. Edmund Husserl, Zur Phänomenologie des inneren Zeitbewusstseins (1893 – 1917). Hg. von Rudolf Boehm. Den Haag, Martinus Nijhoff 1966, S. 89 (= Hua Bd. X); Husserl, Hua XIX/2, S. 560 und 609 f.

[2] Husserl, Zur Phänomenologie des inneren Zeitbewusstseins (1893 – 1917), S. 67.

so, *wie ich will*, was mit der genannten Freiheit zusammenhängt, hier und jetzt dies oder das zu fantasieren – oder auch nicht.

Die Freiheit beim Fantasieren von Erlebnisqualitäten kennt jedoch Grenzen. Schon David Hume beobachtete, dass wir nur solche Qualitäten fantasieren können, die wir schon einmal empfunden haben.[1] Wer dies nicht glaubt, versuche nur einmal, sich Ultraviolett zu fantasieren, eine Qualität, die Bienen vermutlich empfinden und daraufhin entscheiden, welche Blüten sie anfliegen. Zudem bestehen immense Schwierigkeiten, ein Phantasma über längere Zeit stabil zu halten. Dies offenbaren Meditationstechniken, etwa die Samatha-Meditation im Buddhismus, bei der genau dieses Stabil- und Lebhafthalten das Ziel eines jahrelangen Trainings ist.[2] Die Freiheit besteht also eher dahingehend, kurz ein Phantasma aufleben zu lassen, nicht aber, es lange zu halten – allemal nicht ohne viel Übung.

②Das Auffassen beim Fantasieren

Im Fantasieren findet im Gegensatz zum Wahrnehmen „keine Setzung"[3] statt. Um zu verstehen, was damit gemeint ist, hilft es, eine Aktart zu erwähnen, die zwischen Wahrnehmen und Fantasieren liegt: das Erinnern. Wenn ich mich an etwas lebhaft erinnere, so erfahre ich im Hier und Jetzt ein Phantasma als Erlebnis. Doch *fasse* ich dieses Erlebnis *so auf*, dass sich darin nicht etwas (wie im Wahrnehmen) hier und jetzt selbst gibt (präsentiert). Vielmehr fasse ich es so auf, dass ich etwas erneut erlebe (re-präsentiere), das selbst schon vergangen ist.[4] Indem es aber vergangen ist, hat es doch einen Bezug zu meinem Hier und Jetzt, denn es gehört in dieselbe wirkliche Zeitlinie und in denselben wirklichen Raum, in dem ich lebe. *Innerhalb derselben Zeit* gelange ich vom vergangenen, erinnerten Ereignis zum Punkt in der Gegenwart, an dem ich mich erinnere. Mit ‚zu setzen' meint Husserl also: auffassen als in dieselbe Zeit, denselben Raum, dieselbe Wirklichkeit gehörend, in der ich selbst mit meinem Leib mich befinde. Der Akt des Erwartens bedeutet entsprechend: Im Hier und Jetzt

---

[1] Vgl. David Hume, An Enquiry concerning Human Understanding. Hg. von Peter Millican. Oxford, Oxford University Press 2007, S. 13 [2.5.].

[2] Vgl. B. Alan Wallace, The Buddhist tradition of Samatha. Methods for refining and examining consciousness, in: Journal of Consciousness Studies 6 (1999), H. 2-3, S. 175-187.

[3] Husserl, Zur Phänomenologie des inneren Zeitbewusstseins (1893 – 1917), S. 51.

[4] Husserl ist sich freilich klar, dass die Erinnerung falsch sein kann, vgl. ebenda S. 49.

etwas erleben, das man auffasst als in der Zukunft sich ereignend.[1]

Wenn Husserl also über die Fantasie sagt, in ihr finde ‚keine Setzung' statt, so meint er: Das in der Fantasie Aufgefasste wird nicht in dieselbe Wirklichkeit, in der ich lebe, gesetzt, also auch nicht in dieselbe Zeit und denselben Raum. Ich eröffne einen anderen Raum und eine andere Zeit, die mit den wirklichen parallel gehen. Selbst der ins Arbeitszimmer fantasierte Schreibtisch erscheint in der Fantasie nur, *als ob* er jetzt im Arbeitszimmer hier oder dort *stünde*. Habe ich dagegen im Umfantasieren eine geeignete Stelle für den Schreibtisch gefunden, so schlägt die Fantasie um in Erwartung, ja mehr noch: in Vorhabe, umzusetzenden Plan. Das bedeutet, es kommt zur Fantasie eine Setzung hinzu: In Wirklichkeit wird es so sein (Erwartung) bzw. so will ich es machen (Plan, Vorhabe).

Erinnerung kann also in Fantasie umschlagen. Sobald ich aufhöre, mich zu bemühen, den wirklichen Verlauf der Geschehnisse in Zeit und Raum zu repräsentieren, beginnt die Freiheit, aufzufassen und zu erleben, was ich will. Wichtig zu sehen ist: Die Setzung wird nicht etwa negiert. Um zu fantasieren, müssen wir nicht bezweifeln oder gar leugnen, dass es die Wirklichkeit gibt. Vielmehr spricht Husserl davon, die Setzung sei beim Fantasieren ‚neutralisiert'. Laut ihm ist „das Phantasieren überhaupt die Neutralitätsmodifikation der ‚setzenden' Vergegenwärtigung"[2]. Das zugrundeliegende Erlebnis nennt Husserl in beiden Fällen ein Phantasma. Doch in der Erinnerung bin ich gebunden, mit der Gestaltung des Phantasmas möglichst das zu repräsentieren, was ich zuvor erfuhr. Diese Bindung bzw. dieses Ideal hört in der Fantasie auf.

Hiermit sind die Akte des Wahrnehmens und Fantasierens in ausreichender Tiefe besprochen, um zum Bildbewusstsein überzuleiten. Selbstredend wäre über Wahrnehmung wie auch Fantasie phänomenologisch noch vieles Weitere zu sagen.

III. Das Bildbewusstsein

Im Bildbewusstsein findet sich die Erlebnisart des Wahrnehmens – also die Empfindung – mit der neutralitätsmodifizierten Auffassungsart des Fantasierens verbunden. Wie ist das möglich? Nehmen wir an, wir befinden uns im Louvre und möchten die Mona Lisa betrachten. Wir betreten den

---

[1] Zur Aktart des Erwartens vgl. ebenda S. 55-57.
[2] Husserl, Hua III/1, S. 250 [Sperrdruck des Originals entfernt: C.G.].

Raum, in dem sie hängt, und staunen zunächst, wie klein das Bild ist und wie viele Menschen sich davor sammeln. Hier sind wir noch durch und durch am Wahrnehmen – wir nehmen das Bild als klein wahr, zudem die Wand, an der es hängt, den Rahmen des Bildes und die Menschen davor. All dies verorten wir im gleichen Raum, in dem wir selbst uns befinden, und auch zur gleichen Zeit.

Früher oder später bietet sich eine Gelegenheit, das Bild selbst zu betrachten, uns darauf einzulassen. Wir ändern nun – zwar für gewöhnlich unbemerkt, aber trotzdem innerhalb des Bewusstseins – unsere Einstellungsart. Wir öffnen nämlich, ähnlich dem Fantasieren, einen alternativen Raum und eine alternative Zeit. Husserl schreibt: „Wir blicken durch den Rahmen gleichsam wie durch ein Fenster in den Bildraum, in die Bild-Wirklichkeit hinein."[1] Wir sehen dann nicht mehr das Bild und die darauf verteilten Farben, sondern anhand ihrer eine dreidimensionale Figur. Doch diese Frauenfigur ist nicht mit uns im gleichen Raum im Louvre – wir haben eine andere Wirklichkeit betreten, die Bild-Wirklichkeit, wie Husserl sie nennt.

Dabei kommt es auch zum Konflikt der zwei Räumlichkeiten. In den Worten Husserls:

> [D]as ,Bild' hat seinen Bildraum, aber dieser perzeptive Raum stösst irgendwo (der Bildrand etwa des an der Wand hängenden Gemäldes [...]) an den wirklichen Raum mit den Wirklichkeiten der augenblicklichen Wahrnehmung; der unsichtige Teil des zum Bild gehörigen Raums steht im Widerstreit mit Teilen des Erfahrungsraums, und von da aus erhält das Bild selbst seine Bestrittenheit und bei der ,Standfestigkeit' des Erfahrenen seine Nichtigkeit.[2]

,Nichtig' ist die Bildwirklichkeit insofern, als wir sie nicht in unsere Wirklichkeit hineinsetzen, also die Figur, die wir sehen, nicht in die gleiche Wirklichkeit setzen wie uns selbst und die Menschen, die sie gerade im

---

[1] Edmund Husserl, Phantasie, Bildbewusstsein, Erinnerung. Zur Phänomenologie der anschaulichen Vergegenwärtigung. Texte aus dem Nachlass (1898 – 1925). Hg. von Eduard Marbach. Den Haag, Martinus Nijhoff 1980, S. 46 (= Hua Bd. XXIII). Ich danke Maren Holzkamp für den Hinweis, dass Leon Battista Alberti bereits im Jahre 1435 in seinem Theorietraktat De pictura das Gemälde ganz ähnlich als ,fenestra aperta' etablierte.

[2] Ebenda S. 509.

Louvre betrachten.

(1) Abgrenzung von Bildbewusstsein und Illusionsbewusstsein

Man könnte meinen, ein Bild wäre umso perfekter, je weniger der Konflikt mit der Wirklichkeit spürbar ist, also je nahtloser es sich einfügt in die Wirklichkeit. Doch dies wäre ein Irrtum. Dies wäre einer Metapher Kants vergleichbar: „Die leichte Taube, indem sie im freien Fluge die Luft teilt, deren Widerstand sie fühlt, könnte die Vorstellung fassen, daß es ihr im luftleeren Raum noch viel besser gelingen werde."[1] Ähnlich wie eine Taube im Vakuum nicht fliegen könnte, ähnlich ist das Bildbewusstsein unmöglich, wenn die Darstellung – obwohl es eine Darstellung ist – sich nahtlos einfügt in die Wirklichkeit. Darstellungen, die diesen Effekt erzielen, gibt es durchaus. Sie nennen wir jedoch nicht Bilder im eigentlichen Sinne, sondern Illusionen bzw. in der Kunstgeschichte ‚Trompe-l'œil‘.

Wahrnehmungsbewusstsein, Illusionsbewusstsein und Bildbewusstsein haben gemeinsam, an die Erlebnisart der Empfindung anzuknüpfen. Von Illusionsbewusstsein kann man dabei streng genommen nur sprechen, wenn die Illusion als solche schon durchschaut ist. Solange sie dies nicht ist, befinden wir uns der Illusion gegenüber im Wahrnehmungsbewusstsein. Denn bis wir die Illusion als solche durchschaut haben, setzen wir das Dargestellte mit uns in dieselbe Wirklichkeit. Angenommen, wir betreten einen Raum im Museum und meinen, gegenüber durch ein Fenster in einen Innenhof des Museums zu blicken. Solange dies so ist, nehmen wir den Innenhof wahr – und wie bereits betont kann eine derartige Auffassung falsch sein. Wir nähern uns dann dem ‚Fenster‘ und merken, dass die Bäume im Innenhof sich nicht in einer unserer Annäherung entsprechenden Art perspektivisch verändern. Jetzt bemerken wir die Illusion als solche: Wir setzen nicht mehr: Fensterscheibe, Fensterrahmen, dahinter der Innenhof mit Bäumen. Stattdessen setzen wir: Illusion eines Fensters. Gerade weil hier das Dargestellte sich anheischig macht, in dieselbe Wirklichkeit gesetzt zu werden, deshalb nennen wir es nicht Bild, sondern Illusion. Damit das übliche Bild-Bewusstsein entsteht, muss der Bruch zur Wirklichkeit gleichsam offen, transparent sein. Hierbei hilft oft der Rahmen, der eine auffällige Zäsur bildet und dazu beiträgt, die Darstellung für sich abzuheben.

---

[1] Immanuel Kant, Kritik der reinen Vernunft. Hg. von Jens Timmermann. Hamburg, Meiner 1998, S. A5/B8-9.

Für das Bildbewusstsein ist somit das Bewusstsein des Widerspruchs zur Wahrnehmungs-Wirklichkeit wesentlich. Husserl schreibt hierüber:

> Widerstreit des Bildraumes mit dem wirklichen Raum, nämlich der eine verdrängt den anderen aus der Anschauung. Andererseits aber, der Bildraum wird nicht eigentlich gesetzt in den wirklichen Raum, bzw. nicht die wirkliche Gegenwartssetzung des einen durch die des anderen herabgedrückt zur Nichtigkeit. Das Bild ist keine Illusion.[1]

Denn im „illusionären Widerstreit" ist „die beiderseitige Setzung des Gesamterscheinenden [ge]fordert"[2]. Nicht so im Bildbewusstsein, wo stattdessen gefordert ist: „[D]as Bild muss sich klar von der Wirklichkeit scheiden[...]. Wir sollen aus der empirischen Wirklichkeit herausgehoben und in die ebenfalls intuitive Welt der Bildlichkeit emporgehoben werden. Der ästhetische Schein ist nicht Sinnentrug"[3].

(2) Bildding, Bildobjekt und Bildsujet

Trotz des wesentlichen Bruchs mit der Wirklichkeit besteht im Bildbewusstsein dennoch ein gleich zweifacher möglicher Rückbezug in die Wirklichkeit, was zur Dreiteilung von Bildobjekt, Bildding und Bildsujet führt.

① Das Bildding

Der direkteste und verlässlichste Rückbezug vom Bildbewusstsein in die Wirklichkeit ergibt sich über die Empfindung durch eine Veränderung der Aktart. Es besteht nämlich keineswegs ein Zwang, im Auffassen die Neutralitätsmodifikation anzuwenden. Man kann ebenso gut anhand der Empfindung einen Wahrnehmungsakt vollziehen. Tut man dies, so ist das Resultat des Auffassens das Bildding. Mit ‚Ding' versucht Husserl hier die Wirklichkeitssetzung und damit einhergehend die Wirklichkeit des Aufgefassten hervorzuheben. Das Bildding ist somit in dieselbe Wirklichkeit gesetzt, in der wir, die Bildbetrachtenden, uns ebenfalls befinden.

Husserl erläutert anhand von Dürers Kupferstich *Ritter, Tod und Teufel*, was das Bildding ist. Zum Bildding führt die „normale Wahrnehmung", und Husserl stellt klar, dass „deren Korrelat das Ding ‚Kupferstichblatt' ist,

---

[1] Husserl, Hua XXIII, S. 486 [Sperrdruck des Originals entfernt: C.G.].
[2] Ebenda S. 491.
[3] Ebenda S. 41 [Sperrdruck des Originals entfernt: C.G.].

dieses Blatt in der Mappe."[1] Dieses Blatt ist in derselben Wirklichkeit wie wir selbst, wir können es in die Hand nehmen, die schwarze Farbe darauf ihrer Konsistenz nach überprüfen usw. Doch das Bildding kann auch anderer Materialität sein, weshalb Husserl auch spricht vom „physische[n] Bild, das Ding aus Leinwand, aus Marmor usw."[2]

Das Bewusstsein des Bilddings ist somit Wahrnehmungsbewusstsein. Man lässt sich dabei nicht ein auf die Darstellung, sondern betrachtet die Beschaffenheit des Bilddings, insofern es etwas in unserer Wirklichkeit ist. Das Sicheinlassen auf die Darstellung als solche hingegen führt zunächst zum Bewusstsein des Bildobjekts.

② Das Bildobjekt

Sich einzulassen auf die Darstellung bedeutet nach Husserl, eine Neutralitätsmodifikation zu vollziehen. Damit ist gemeint: Das Resultat des Auffassens wird weder in die eigene noch irgendeine andere konkrete Wirklichkeit gesetzt. Husserl schreibt: Das „Bildobjekt steht weder als seiend, noch als nichtseiend [...] vor uns; [...] es ist bewußt [...] als gleichsam-seiend in der Neutralitätsmodifikation des Seins."[3] Während wie gesehen die Neutralitätsmodifikation die Erinnerung in die Fantasie überleitet, leitet sie die Wahrnehmung in das Bildobjektbewusstsein über: „[D]ie Neutralitätsmodifikation der normalen [...] Wahrnehmung [ist] das neutrale Bildobjektbewußtsein"[4].

Um sich einem Verständnis des Bildobjekts zu nähern, ist Folgendes wichtig. Beim Übergang vom Erinnern zum Fantasieren durch die Neutralitätsmodifikation änderte sich scheinbar etwas am zugrundeliegenden Erlebnis. Denn während ich im Erinnern interessiert bin, mich möglichst an früher Erlebtes zu erinnern, hört diese Bindung an die Vergangenheit im Fantasieren auf. Ich daher nun das Erlebnis, also das Phantasma, relativ frei verändern. Derartiges passiert jedoch *nicht* im Übergang vom Wahrnehmen zum Bildbewusstsein. Die Erlebnisqualität der Empfindung bleibt auch hier, wie sie ist, also absolut widerständig gegenüber dem eigenen Willen. Die Widerständigkeit der Empfindung ist es also nicht, die neutralisiert wird. Vielmehr bezieht sich die Neutralisierung allein auf die Setzung des

---

[1] Husserl, Hua III/1, S. 252 Husserl, Hua III/1, 251-252 [Sperrdruck des Originals entfernt: C.G.].

[2] Husserl, Hua XXIII, S. 19.

[3] Husserl, Hua III/1, S. 252 [Sperrdruck des Originals entfernt: C.G.].

[4] Ebenda S. 251-252 [Sperrdruck des Originals entfernt: C.G.].

Aufgefassten, nicht auf die Erlebnisqualität. Das Bewusstsein des Bildobjekts muss aus diesem Grund ebenso unweigerlich von der Empfindung so, wie diese sich gibt, seinen Ausgang nehmen, wie es auch die Wahrnehmung muss.

Die Bildobjekte sind daher die Gegenstände *so, wie ich sie anhand der Empfindungen, aber in der Bildwirklichkeit* (neutralitätsmodifiziert) *auffasse.* Ist das Bild etwa vergilbt, so hat dies einen Niederschlag nicht nur in der Empfindung des Bildes, sondern ebenfalls im Bildobjekt. Husserl gibt ein Beispiel anhand der Betrachtung einer Fotografie seines Kindes:

> Z.B. diese Photographie stellt mein Kind vor. Zunächst entwirft es aber ein Bild, das dem Kinde zwar im ganzen gleicht, aber in Ansehung der erscheinenden Grösse, der Färbung u. dgl. gar sehr merklich von ihm abweicht. Dieses hier erscheinende Miniaturkind in widerwärtig grau-violetter Färbung meine ich nicht, wenn ich ‚in‘ diesem Bilde mir mein Kind vorstelle. Es ist eben nicht das Kind, sondern nur sein Bild. Und wenn ich so vom Bilde spreche, oder auch sage, das Bild sei misslungen, oder gleiche dem Original, so meine ich natürlich nicht das physische Bild, das Ding, das da an der Wand hängt.[1]

Das Bildobjekt ist in diesem Beispiel also das ‚erscheinende Miniaturkind in widerwärtig grau-violetter Färbung‘. Bei Dürers erwähntem Kupferstich sind die Bildobjekte die „farblose[n] Figürchen ‚Ritter auf dem Pferde‘, ‚Tod‘ und ‚Teufel‘"[2]. Die Bildobjekte sind beim Kupferstich farblos, weil das Bildding und dessen Empfindung farblos (bzw. schwarz) ist. Bei der Fotografie sind sie grau-violett, weil das Bildding, das wir empfinden, grau-violett ist.

Im angeführten Zitat zur Fotografie seines Kindes grenzt Husserl gegen Ende das Bildobjekt gegen das Bildding ab. Mit dem Satz: ‚Es ist eben nicht das Kind, sondern nur sein Bild‘, grenzt er hingegen das Bildobjekt vom Bildsujet ab. Denn das Bildsujet der Fotografie ist in diesem Fall Husserls eigenes, wirkliches Kind. Es gilt nun, zu vertiefen, wie über das Bildobjekt der Bezug zum Bildsujet gewonnen wird.

③ Das Bildsujet

Um den Begriff des Bildsujets zu klären, sei hier von zwei Beschreibungen

---

[1] Husserl, Hua XXIII, S. 109 [Sperrdruck des Originals entfernt: C.G.].
[2] Husserl, Hua III/1, S. 252.

ausgegangen, in denen Husserl Bildding, Bildobjekt und Bildsujet kontrastiert. Die erste lautet:

> Drei Objekte haben wir: 1) Das physische Bild, das Ding aus Leinwand, aus Marmor usw. 2) Das repräsentierende oder abbildende Objekt, und 3) das repräsentierte oder abgebildete Objekt. Für das letztere wollen wir am liebsten einfach Bildsujet sagen. Für das erste das physische Bild, für das zweite das repräsentierende Bild oder Bildobjekt.[1]

Um anhand dieses Zitats den Unterschied zwischen Bildobjekt und Bildsujet zu verdeutlichen, ist der Unterschied zwischen ‚repräsentiert‘ und ‚repräsentierend‘ wichtig. Um noch einmal Husserls Kind als Beispiel aufzugreifen: Das Kind selbst ist Bildsujet. Da das Kind in einem Bild *nicht selbst gegeben* sein kann, ist es im Bild *nicht präsentiert*, sondern nur *repräsentiert*. Nur in der Wahrnehmung kann das Kind selbst gegeben (präsentiert) sein. Ist jedoch durch das Bildobjekt hinreichend klar, welches Kind in ihm dargestellt ist, dann *repräsentiert* das Bildobjekt das wirkliche Kind. Dann ist, durch das das Kind nur *repräsentierende Bildobjekt*, das wirkliche Kind als das *Bildsujet repräsentiert*.

Die andere Passage, in der Husserl die drei Objekte kontrastiert, lautet:

> Wir haben zu scheiden Bildding, Bildobjekt, Bildsujet. Das letztere braucht nicht zu erscheinen, und wenn es erscheint, so haben wir eine Phantasie oder Erinnerung. Die Bilddingerscheinung ist, wenn wir ein Wahrnehmungsbild haben [...], eine Dingerscheinung, eine Wahrnehmungserscheinung. Und es ist eine volle Wahrnehmung: Das Ding steht als leibhaft gegenwärtiges da. Aber die Dingerscheinung ist nicht in jeder Hinsicht normal. Sie ist im ‚Widerstreit‘ verflochten mit einer anderen, sie partiell verdrängenden Erscheinung: der Bildobjekterscheinung. Diese Bildobjekterscheinung ist perzeptiv: sofern sie Empfindungssinnlichkeit hat, die Auffassung erfährt. Aber sie ist keine Wahrnehmungserscheinung: Es fehlt der ‚Glaube‘, es fehlt der Wirklichkeitscharakter.[2]

Hier wird der vorher anhand des Kontrasts zur Wirklichkeit demonstrierte Widerstreit in das Verhältnis von Bildding und Bildobjekt

---

[1] Husserl, Hua XXIII, S. 19 [Sperrdruck des Originals entfernt: C.G.].
[2] Ebenda S. 489.

gelegt, denn wir können nicht beides gleichzeitig auffassen, sondern allenfalls abwechselnd. Neu ist hier zudem die Information: Das Bildsujet braucht gar nicht zu erscheinen. Mehr noch: Wenn es erscheint, vollzieht sich dies im Rahmen einer Fantasie oder Erinnerung. Wie ist das zu verstehen?

Betrachte ich eine vergilbte Fotografie eines Menschen, so kann mir aufgehen, dass ich diesen Menschen schon einmal gesehen habe. Ich kann ihn mir dann im Rahmen der Erinnerung vergegenwärtigen (repräsentieren). Im Gegensatz zum Bildobjekt ist diese Erinnerung durch die Vergilbung nicht tingiert. Habe ich den fotografierten Menschen indessen noch nie getroffen, so kann mir die Fotografie, so vergilbt sie auch ist, doch zum Anlass gereichen, ihn mir vorzustellen – also ihn selbst so, wie er aussah, als er fotografiert wurde. Auf eine Erinnerung kann ich hier nicht zurückgreifen, daher handelt es sich um eine Art des Fantasierens. Freilich ist es insofern ein besonderes Fantasieren, als es ein durch das Bildobjekt geleitetes, und damit in seiner Freiheit beschränktes Fantasieren ist. Doch auch hier repräsentiere ich das Bildsujet in einem zusätzlichen Akt.

Diese beiden Fälle sind solche, in welchen das Bildsujet zurück in die eigene Wirklichkeit verweist. Fotografien, aber auch etwa Porträt-Gemälde, Videoaufnahmen, Scherenschnitte etc. stellen wirkliche Menschen dar. Neben den von Husserl erwähnten Aktarten des Erinnerns und Fantasierens kann das Bildsujet daher streng genommen sogar in Form von Erwartungen und Wahrnehmungen auftreten. In Erwartung beispielsweise, wenn ich ein Bild so gestalte, dass ich dabei möglichst authentisch zu antizipieren suche, wie eine jetzt 15-Jährige wohl als 25-Jährige aussieht. Der Fall der Wahrnehmung wäre gegeben, wenn der fotografierte oder porträtierte Mensch selbst neben seinem Bild steht.

Doch das Bildsujet muss keineswegs ein wirklicher Gegenstand oder eine wirkliche Person sein. Es gibt Bilder von Engeln, Zentauren, Schimären, Dämonen, Drachen, vom Göttervater Zeus wie von dem Höllenhund Zerberus, von Aschenputtel ebenso wie von Harry Potter. Es kann sich daher das repräsentierende Bildobjekt auf etwas beziehen, das niemals wahrnehmlich zu präsentieren war, ist oder sein wird. Mit anderen Worten: Das Bildsujet, das das *Bildobjekt repräsentiert*, ist in diesen Fällen über das Bildbewusstsein hinaus seinerseits *nur in repräsentierenden Akten*, nämlich in der Fantasie, erfahrbar. Noch anders ausgedrückt: Das nicht in diese Wirklichkeit gesetzte Bildobjekt kann ein ebenfalls nicht in diese Wirklichkeit gesetztes Bildsujet, wie eine mythische oder fantasierte Entität, repräsentieren.

Der Kontrast zwischen Bildobjekt und Bildsujet ist nach Husserl für die Kunst relevant, denn in diesem Kontrast, so sieht es Husserl, eröffnet sich die Dimension des Ästhetischen. Dies sei als letzter Aspekt des Bildbewusstseins noch weiter vertieft, bevor gerade hinsichtlich Husserls Verständnis des Ästhetischen einige kritische Rückfragen aufzuwerfen sind.

(3) Die ästhetische Betrachtung

Wir fragen angesichts eines Bildes nicht allein, was darin zur Darstellung kommt, also nach dem Bildsujet, und ob dieses wirklich ist oder nicht. Denn wir setzen Darstellung und Dargestelltes auch derart ins Verhältnis, dass wir die Qualität der Darstellung, also wie gut sie das Dargestellte wiedergibt, bewerten. Diese ästhetische Dimension spielt sich nach Husserls Analysen ab zwischen Bildobjekt und Bildsujet.

Dabei ist zunächst der Idealfall zu erwähnen, in dem sich laut Husserl die Darstellung gegenüber dem Dargestellten in keiner Weise selbst als solche geltend macht:

> Wenn wir ein gutes farbiges Bild sehen, so können wir uns so hineinsehen und so im perzeptiv Dargestellten leben, dass wir in gar keinem symbolisierenden Bewusstsein mehr leben, von keinem berührt werden. Es braucht überhaupt nicht dazusein. Wo Bild und Sache bewusstseinsmässig auseinandertreten, wo das Bewusstsein einer Abbildung lebendig sein muss, weil zwischen Bild und Sache Diskrepanz statthat, da scheidet sich Bildobjekt und Bildsujet, und wir können auf das Bildobjekt rein hinsehen, statt im Bildsujet zu leben.[1]

Mit der Abwesenheit des Symbolbewusstseins meint Husserl hier nicht den zuvor abgegrenzten Fall des Illusionsbewusstseins, denn er spricht vom Leben im ‚perzeptiv *Dargestellten‘*. Mit der Abwesenheit des Symbolbewusstseins ist vielmehr gemeint, dass sich der Kontrast zwischen Bildobjekt und Bildsujet nur da zwingend hervortut, wo eine Abweichung bzw. Diskrepanz merklich wird. Mit anderen Worten: Ist die Qualität der Darstellung schlecht, so drängt sich gegenüber dem Bewusstsein des Bildsujets die Minderwertigkeit des Bildobjekts, das es repräsentiert, gleichsam auf und lässt sich nicht ausblenden.

---

[1] Husserl, Hua XXIII, S. 467 [Sperrdruck des Originals entfernt: C.G.].

In dem Kontrast, der so in den Blick tritt, verortet Husserl die Möglichkeit, das Bild ästhetisch zu betrachten.[1] Er schreibt: „Bei der ästhetischen Bildbetrachtung geht das Interesse […] auf das Bildobjekt selbst, so wie es das Bildsujet darstellt."[2] Zu erinnern ist nochmals, dass im „ästhetischen Bewusstsein" gilt: „In ihm sind uns keine Fragen nach Sein und Nichtsein des direkt oder im Bild Erscheinenden gestellt."[3] Anders gesagt: „Existenzsetzung […] fundiert nicht das ästhetische Bewusstsein"[4].

Worauf aber ist dann das ästhetische Bewusstsein gerichtet? – Husserl bestimmt die „Einstellung auf das, was ästhetisch interessiert" als die „Gegenständlichkeit im Wie"[5]. Die ästhetische Einstellung ist also nicht „Interesse an der Sache", sondern „Interesse an der Erscheinung"[6]. Er spricht auch vom „ästhetischen Gefühl, das nicht durch die Erscheinung hindurch, sondern auf sie hin geht und auf den Gegenstand nur ‚um der Erscheinung willen'."[7]

Doch gesteht Husserl Schwierigkeiten ein, der Dimension des Ästhetischen gerecht zu werden. Er schreibt etwa: „Ich habe früher gemeint, dass es zum Wesen der bildenden Kunst gehöre, im Bild darzustellen, und habe dieses Darstellen als Abbilden verstanden. Aber näher besehen ist das nicht richtig."[8] Er unterscheidet, gemäß dieser Einsicht und mit eigenen, kunsthistorisch so nicht verwendeten Worten, Bildkunst von rein fantastischer Kunst bzw. auch realistische von idealistischer Kunst. Doch auch diese Unterscheidungen werden der Dimension des Ästhetischen schwerlich gerecht. Denn er selbst stellt fest:

> [B]ei jedem Kunstwerk gehört ‚Vertiefung' dazu, um die ihm angemessene Apperzeption zu erzeugen. Was wollte der Künstler darstellen, und wie wollte er darstellen? Welche Gefühle wollte er erregen etc.? [….] In sich ist jede ästhetische Apperzeption eine vieldeutige. Welche Deutung ist die angemessene? Welche Stellung zum Bild, welche Stimmung etc.? Das ergibt Verständnis des Bildes.[9]

---

[1] Im Fazit wird noch vertieft, aufgrund welcher Vorurteile Husserl hier die Dimension des Ästhetischen nur ex negativo, nämlich als Abweichung vom Original, zu greifen bekommt.

[2] Husserl, Hua XXIII, S. 161.

[3] Ebenda S. 386-387.

[4] Ebenda S. 391 [Sperrdruck des Originals entfernt: C.G.].

[5] Ebenda S. 591.

[6] Ebenda S. 141.

[7] Ebenda S. 391 [Sperrdruck des Originals entfernt: C.G.].

[8] Ebenda S. 514.

Bildes.[1]

Die Vertiefung und Vieldeutigkeit des Ästhetischen, die Husserl hiermit beschreibt, ist schwerlich einzuholen durch die Unterscheidung zwischen abbildender und rein phantastischer Kunst. Es sollen daher abschließend auch noch einige kritische Anmerkungen gemacht werden, warum Husserls Ansatz den Tiefen der Dimension des Ästhetischen nicht gerecht wird.

IV. Fazit: Stärken und Schwächen von Husserls Bildbewusstsein

Man kann zunächst Positives hervorheben an Husserls Bildbewusstseinstheorie. Dazu gehört zum Beispiel, näher herausgearbeitet zu haben, dass und warum das Bildbewusstsein nicht etwa eine Fantasie ist, sondern dass und wie es an die Erlebnisart des Empfindens anschließt. Ferner kann man, daran anknüpfend, um Husserls klare Unterscheidung des Bildobjekts und Bildsujets dankbar sein, die man bei einem unreflektierten Betrachten eines Bildes leicht übersieht. In der Unterscheidung von Bildding und Bildobjekt kann man zudem bemerken, dass das Wort ‚Darstellung' eine gefährliche Doppeldeutigkeit beinhaltet, denn damit kann die Beschaffenheit des Bilddings wie des Bildobjekts gemeint sein.

Auch dürfte für die meisten Bilder gelten, dass das Eröffnen einer nicht in unsere aktuelle Wirklichkeit gesetzten alternativen Wirklichkeit für das Bildbetrachten wesentlich ist. Dies bleibt vermutlich sogar dann eine valide, allemal erwägenswerte Beobachtung, wenn das Bild gar nicht zwingt, einen alternativen Raum zu eröffnen – wie etwa bei vielen der Farbflächenbilder Rothkos.

Ferner ist die enorme Anwendungsbreite von Husserls Bildbewusstsein bemerkenswert. Nicht allein auf Malerei, sondern auch auf Fotografien, Marmorskulpturen, Gipsplastiken ist es anwendbar. Husserl selbst bespricht sogar Theateraufführungen.[2] In heutiger Zeit kann man zudem an Kinofilme, Virtual-Reality-Brillen usw. denken. Ein solch ausgedehnter Anwendungsbereich erfordert natürlich – erlaubt aber auch – nähere Differenzierungen der genannten Bildbewusstseinsarten.

Doch allen Errungenschaften zum Trotz erheben sich vor allem gegen Husserls Ästhetikverständnis ernstliche Bedenken. Dass er die ästhetische

---

[1] Ebenda S. 159.
[2] Vgl. ebenda S. 490.

Dimension zunächst einseitig über mehr oder weniger große Entsprechung des Abbilds zum Original verstand, ist bereits bezeichnend. Es bekundet sich darin das Wahrnehmungsparadigma seiner Analysen – also die Kür der Wahrnehmung zum Urmodus der Anschauung, an der sich alles von ihr Abgeleitete fortwährend bemessen muss. Doch in mancherlei Hinsicht kann man ästhetische Leistungen darin sehen, das, was die Wahrnehmung gibt, vielmehr zu ‚überbieten‘.

Ein Porträt oder eine Fotografie einer Person etwa kann man deshalb als künstlerisch besonders gelungen betrachten, weil nicht allein die Farben und die äußeren räumlichen Proportionen ihres Körpers, sondern weil ihr Charakter darin besonders gut getroffen ist. Husserl selbst erwähnt dies: „Es mag das Sujet eine Person sein, die über die unmittelbar dargestellten körperlichen Eigenschaften noch andere geistige Charaktereigenschaften weckt“[1]. Doch stellen Husserls Analysen keine Grundlagen bereit, um zu einem derartigen Erscheinen des Charakters positiv oder negativ Stellung zu nehmen. Denn der Charakter *als solcher* erscheint nicht äußerlich sinnlich.

Husserl setzt leere Intentionen, also solche ohne sinnliche Anschauung, mit einem beliebigen, bloßen Denken gleich, das sich nur durch Sinnlichkeit erfüllen kann.[2] Das müsste dann auch für die Intention einer Charaktereigenschaft gelten. Da der Charakter selbst jedoch nicht äußerlich sinnlich gegeben sein kann, kann er sich auch sinnlich nicht erfüllen. Dies illustrieren insbesondere Karikaturen, wo die ‚wahre‘, im Sinne von ‚rein optische Erscheinung‘, wie sie die Wahrnehmung geben würde, *absichtlich verfälscht* wird, *um* gewisse Charaktereigenschaften *überhaupt erst erscheinen* zu lassen. Das Verständnis, wie Aspekte des Wesens einer Sache *gerade dadurch Erfüllung finden* können, dass von der originären Selbstgebung in der Wahrnehmung *abgewichen* wird, bleibt der Phänomenologie in der Gestalt, die ihr Husserl gegeben hat, verborgen.

Dies liegt mitunter an Husserls Handhabe der Dimension des Raums, den er, ähnlich wie Kant, als absolut ansetzt. Kant glaubte, man könne sich nur einen einigen Raum denken.[3] Dies widerlegt Husserl durch das Bilderfahren, wo ein anderer, neuer Raum eröffnet wird, der mit dem wirklichen Raum nicht einfach wieder einen räumlichen Bezug hat. Doch bleibt auch bei Husserl über das Verstehen des Bildbewusstseins einseitig

---

[1] Ebenda S. 586.

[2] Vgl. Husserl, Hua XIX/2, S. 567-568, 648, 717.

[3] Vgl. Kant, Kritik der reinen Vernunft, a.a.O., S. A25/B39.

als Abbildbewusstsein eine zu starke Bindung an den Wahrnehmungsraum bestehen.

Die kongeniale Idee Erwin Panofskys etwa, unserem heutigen Wahrnehmen liege eine gegenüber der Antike *veränderte Raumkonstitution* zugrunde, könnte sich Husserl schwerlich ergeben. Panofsky beschreibt, wie unser heutiges Raumkonstituieren an der Planperspektive als Ideal orientiert ist, ein Effekt, der „durch die Betrachtung von Photographien noch verstärkt"[1] wird. Die Folge: Die für uns heute stets leicht gekrümmt erscheinenden Linien antiker Bauwerke erschienen den Menschen der Antike vermutlich gerade.[2]

Ohne eine solche Relativierung des nur scheinbar absoluten Wahrnehmungsraums lassen sich gewisse Kunstformen, etwa die sogenannte ‚Bedeutungsperspektive' der byzantinischen Buchmalerei, kaum begreifen. In dieser werden kulturell bedeutsame Figuren – etwa Heilige und der Papst – um ein Vielfaches größer dargestellt als vergleichsweise unwichtige, wie etwa Musikanten oder Bauern. Husserl könnte hier nur konstatieren: Die Darstellung des Papstes ist ‚missraten', denn das Bildsujet ist deutlich kleiner im Vergleich mit seiner Umgebung, als es sein Bildobjekt relativ zu den anderen Bildobjekten ist. Dabei wäre aber vorausgesetzt, dass der Wahrnehmungsraum, *so wie wir Heutigen ihn konstituieren*, der absolut richtige, gleichsam das letzte Eichmaß aller wahren Darstellung, ist.

Doch Panofsky zeigt, dass das Raumkonstituieren relativ auf kulturelle Vorstellungen ist. Unser heutiges Ideal im Raumauffassen ist die Planperspektive, die *Camera obscura*. Doch Karikaturen und die Bedeutungsperspektive illustrieren, dass *nicht alle Bedeutungen, die wir erleben, in der Planperspektive überhaupt zur Erscheinung kommen*. Ja mehr noch: Die strenge Bindung an planperspektivisch ‚wahres' Erscheinen der Dinge wird in diesen Kunstformen bewusst *verzerrt*, um *planperspektivisch unsichtbare Bedeutungen überhaupt sichtbar zu machen*. Statt selbst in Form der Planperspektive letztgültiges Eichmaß aller Wahrheit zu sein, wird das räumliche Erscheinen hier frei künstlerisch abgewandelt, um *in dieser veränderten Form* als bloßes Ausdrucks*mittel* der Wahrheit zu fungieren.

---

[1] Erwin Panofsky, Die Perspektive als symbolische Form, in: Hariolf Oberer (Hg.), Aufsätze zu Grundfragen der Kunstwissenschaft. Berlin, Wissenschaftsverlag Spiess 1992, S. 99-126, hier S. 104.

[2] Vgl. ebenda S. 102-105.

Die Bedeutungen, die wir erleben, und denen wir in der Kunst zum Ausdruck verhelfen, lassen sich also keineswegs sämtlich durch die Planperspektive angereichert gedacht mit allen möglichen Empfindungen einholen. Denn einige, ja näher besehen sogar die meisten der für uns relevanten Bedeutungen kommen im planperspektivischen Wahrnehmungsraum nicht zur Erscheinung. Husserls Annahme, im wahrnehmlichen Gegebensein könne jede Bedeutung, so wie sie intendiert ist, gegeben sein, offenbart daher eine Oberflächlichkeit. Diese hier anhand des Bildbewusstseins gewonnene Einsicht kann jedoch Anreiz sein, die Dimension der Bedeutungserfahrung, die Husserl weitgehend verborgen blieb, aufzusuchen und freizulegen.[1] Das würde rückwirkend auch Husserls Theorie des Bildbewusstseins vertiefen und verbessern. Keineswegs muss also, wofür sich auch bereits etliche Belege finden[2], die Dimension des Ästhetischen der Phänomenologie prinzipiell verborgen bleiben.

---

[1] Zur Frage, wie die Bedeutungserfahrung phänomenologisch einzuholen ist, vgl. Gutland, Denk-Erfahrung, a.a.O.

[2] Für eine Anwendung und Vertiefung im Bereich chinesischer Pinselmalerei vgl. z.B. Ziming Huang, Über den Pinselstrich – unter dem Aspekt des Verhältnisses von Gesichts- und Tastsinn. Eine phänomenologische Studie. Prag, 2018. Für einige sehr anregende, teils auch gewagte Überlegungen zur Sinnbildlichkeit im Rahmen der Interdisziplinarität vgl. José Luis Luna Bravo, Phänomenologie der sinnbildlichen Erfahrung. Phänomenologische Auslegung der Eranos-Sichtweise zu den Sinnbildern im Ausgang vom Phantasieleben. Baden-Baden, Ergon 2019.

14. Über das Übersetzen von Bildern:

Dramaturgien der Übersetzung bei George Steiner,

Paul Ricœur, François Jullien und Walter Benjamin

Natalie Chamat

(Freie Universität Berlin, Berlin)

I. Übersetzung und Metapher, Interpretation und Hermeneutik[1]

Sowohl die Metapher wie auch die Übersetzung sind im letzten Drittel des 20. Jahrhunderts zu Katalysatoren interdisziplinärer Dynamiken geworden. Während der kulturwissenschaftliche *Translational Turn* dem Begriff der Übersetzung zwar eine geradezu explosive diskursive Ausweitung ermöglichte, wurde er dabei von begrifflicher Unschärfe eingeholt. Umberto Eco weist darauf hin, dass eine starke, essentielle Identitätsbehauptung von Verstehen und Übersetzen, wie sie bei Heidegger zu finden ist, als Ursprungsorientierung etymologische Mehrdeutigkeiten (ausdrücken, erklären, dolmetschen) des griechischen *hermeneúo* in der „substantiellen Identität von Übersetzung und Interpretation"[2] aktualisiert, während er selbst die Zusammenhänge zwischen Übersetzung und Interpretation

---

[1] Eine abweichende englische Fassung der Abschnitte I und II sowie teilweise III erscheint unter dem Titel *Diverging into the Untranslatable. George Steiner, Paul Ricœur and François Jullien* in: Yearbook for Eastern and Western Philosophy 2021.

[2] Umberto Eco, Quasi dasselbe mit anderen Worten. Über das Übersetzen. München und Wien, dtv 2014 [2006], S. 272.

mit Gadamer nach Intensitätsgraden differenziert und betont: „Das Universum der Interpretation ist größer als das der Übersetzung von Sprache zu Sprache."[1] Jean Greisch stellt in seiner Ideengeschichte zum Verhältnis von Hermeneutik und Metaphysik fest, dass der griechische Ausdruck *hermeneuein*

> seinen Ursprung dem Druck der Erfahrung der Verschiedenheit der Kulturen verdankt, die mit der Verschiedenheit der Sprachen beginnt, [...]. nicht nur Verschiedenheit der Sprachen, sondern auch Verschiedenheit der Sitten und Gebräuche. Daher hat jede Begegnung mit einem Vertreter einer anderen Kultur etwas Beunruhigendes, zum Teil sogar etwas Unheimliches an sich. Die hieraus entspringenden Verständigungs- und Kommunikationsprobleme zeigen, daß gerade auf diesem Gebiet das Missverständnis eher die Regel als die Ausnahme ist, weil das Verstehen hier an fast unüberwindliche Grenzen stößt, um die jeder Übersetzer weiß.[2]

Wenn Greisch mit dieser Randbemerkung das Stichwort für die situative Inszenierung einer polarisierenden kulturellen Differenz zwischen Hermes und Hestia gibt, geht es ihm darum, „die hermeneutische Grunderfahrung als die Verbindung der Zugehörigkeit und der Distanzierung zu verstehen, wie Ricœur sie öfters dargestellt hat"[3]. Eco folgend, findet er in der Auslegungstradition der facettenreichen Hermes-Mythologie „die Metaphysik (und Mystik) der universalen Sympathie", „die Metaphysik des *passe-partout*"[4], als Schatten moderner wissenschaftlicher Rationalität im Übergang von der Hermeneutik zur Hermetik, die sich bei Heinrich Rombach als Antihermeneutik mit philosophischem Anspruch neu aufstellt. Rombach schickt Hermes als Gott der Resonanzen, Verwandlungen und Verzauberungen gegen den Klartext mitteilender Kommunikation ins Feld.[5] Tatsächlich eignet der hermeneutischen Begegnung mit dem Fremden oder dem Unbekannten etwas zutiefst transitorisch-prozessuales: Vor jeder

---

[1] Umberto Eco, Quasi dasselbe mit anderen Worten. Über das Übersetzen. München und Wien, dtv 2014 [2006], S. 277.

[2] Jean Greisch, Hermeneutik und Metaphysik. Eine Problemgeschichte. München, Wilhelm Fink 1993, S. 30.

[3] Ebenda S. 37.

[4] Ebenda S. 41.

[5] Ebenda S. 39. Siehe Heinrich Rombach, Der kommende Gott: Hermetik-eine neue Weltsicht. Freiburg im Breisgau, Rombach 1991.

Interpretation beginnt sie, wie Greisch ausführt, mit dem Verstehen in der Figur des Boten, Hermes, mit der Übermittlung der Botschaft, einer performativen Wegbahnung in Grenz- und Übergangsgebieten, in denen alles beweglich ist und jederzeit Überraschendes geschehen kann.[1] Eco weist darauf hin, dass auch die Übersetzung ihre etymologischen Ursprünge in verschiedenen Bedeutungen des Transportierens hat, die auf die griechische „Metapher" zurückgehen,[2] welche unter entgegengesetzten Vorzeichen in den paradigmatischen Strudel geriet: So hat Nietzsche bekanntermaßen die Sprache als ein Heer von Metaphern und anderen unzuverlässigen Gesellen auf das zwanzigste Jahrhundert losgelassen. Mit der epistemologischen Ordnung werden auch sämtliche funktionalen und konventionalisierten Verflechtungen der Sprache erschüttert.

Blumenberg stößt bei seinem Vorhaben einer Metaphorologie aus der Perspektive der Begriffsgeschichte auf die Notwendigkeit einer Theorie der Unbegrifflichkeit,[3] die Extremformen des Metaphorischen konfrontiert, „die ihre philosophische Pointe darin haben, aufgrund ihrer begriffsadäquaten Funktion transformationsresistent zu sein."[4] Das bedeutet, dass sich diese Metaphern nicht durch Begriffe substituieren lassen. Metaphern werden so als Indikatoren für Kontingenz und Impulsgeber für Kontingenzreflexion lesbar, die einerseits als kontextgebundene sprachliche Phänomene mit Begriffen koexistieren, andererseits aber durch ihre paradoxe Ikonizität oder unsinnliche Anschaulichkeit, die „funktionale Entsprechung einer visualisierten Struktur"[5], den Übergang zum Außersprachlichen markieren. Daher präsentiert das *Wörterbuch der philosophischen Metaphern* „Scintillationen" – ein von Roland Barthes geliehener Begriff – in diesem Fall sind das interpretative, fragmentarische und methodisch diverse Lektüren.[6]

Genau genommen haben wir bis hierher eine Art Pingpong-Spiel griechischer und lateinischer Wortbedeutungen zwischen dem Italienischen, dem Deutschen, dem Französischen und dem Englischen, zwischen Semiotik,

---

[1] Jean Greisch, Hermeneutik und Metaphysik, a.a.O., S. 30.

[2] Umberto Eco, Quasi dasselbe mit anderen Worten, a.a.O., S. 278.

[3] Hans Blumenberg, Paradigmen zu einer Metaphorologie. Frankfurt am Main, Suhrkamp 2015 [1998].

[4] Ralf Konersmann, Vorwort: Figuratives Wissen, in: Ders. (Hg.), Wörterbuch der philosophischen Metaphern. München, WGB 2014 [2011], S. 12.

[5] Ebenda S. 15.

[6] Ebenda S. 19.

literarischer und philosophischer Hermeneutik beobachtet. David Bellos fragt, nachdem er an unterschiedlichen Beispielen, darunter auch dem chinesischen yì („government position dealing with the languages of the north"[1]) oder fanyì, die geographisch-temporale Territorialität der westlichen Transport-Metapher aufgewiesen hat: „Would we ever have asked what it is that a translator 'carries across' the 'language barrier' if he or she were called a 'turner', 'tongue man', or 'exchanger'? Probably not. The common terms of translation studies are metaphorical extensions – elaborations of the metaphor – of the etymological meaning of the term 'translation' itself."[2] Damit wären wir wieder in der babylonischen Situation der Unübersetzbarkeiten angekommen, die, über alle Turns hinweg, im 20. Jahrhundert ihre eigene paradigmatische Wirksamkeit entfaltete.

II. Zyklus der Treue

George Steiner inszeniert in *After Babel* die vier Modi des Verstehens als ethisches und ökonomisches Drama des Embodiment und der Aneignung, auf das sich eine Übersetzerin, eine Interpretin oder Leserin einlässt. Dieses Drama entfaltet sich auf dem Schauplatz der vermeintlich stillgelegten Baustelle des mythischen babylonischen Turms, wo Universalität und Diversität aufeinanderprallen: „No less than that of poetry the understanding of philosophy is a hermeneutic trial, a demand and a provision of trust on unstable linguistic grounds."[3] Während sich jedoch das Gedicht in der Unübersetzbarkeit in seiner Integrität bewährt, steht für die Philosophie in der Verwirrung und Verstreuung der Universalitätsanspruch auf dem Spiel. Wo Unübersetzbarkeit regiert, erweisen sich Übersetzung, Interpretation und Lektüre als gefährliche hermeneutische Aufgabe, die sowohl für das Original wie auch für die (lesende, übersetzende, interpretierende) Rezipientin zur Bedrohung werden kann:

---

[1] David Bellos, Is That a Fish in Your Ear? The Amazing Adventure of Translation. London, Penguin 2012 [2011], S. 29. Bellos zählt mehrere weitere Wortbedeutungen durch die Jahrhunderte auf und schließt: „[...] it occured to no one to gloss 'translation' as 'the transfer of meaning from one language to the other'.", S. 30.
[2] Ebenda S. 30.
[3] George Steiner, After Babel. Aspects of Language and Translation. 3. Auflage, Oxford/New York, Oxford University Press 1998 [1992, 1975], S. 256.

(1) *Vertrauen* (*trust*): Mit der Geste der Gewährung eines Vertrauensvorschusses hinsichtlich des Vorhandenseins einer verständlichen Bedeutung begibt sich die Übersetzerin[1] auf eine Suche, die sie einerseits entsprechend der oben genannten Metaphysik des Passe-partout in das Extrem eines Rausches der totalen Bedeutungsvernetzung führen kann, in das Extrem eines Scheiterns vor einer hermetischen Bedeutungsautonomie, wie sie im Gedicht zu finden ist, oder aber in die Enttäuschung des Unsinns. (2) *Durchdringung* (*penetration*): Mit Heidegger beschreibt Steiner den Erkenntnisakt als aggressive Penetration – in der Art eines archaischen ,hit-and-devour'-Angriffs – die eine Transluzenz kurz vor der Perforation herstellen will. Die Übersetzerin oder Interpretin kann dabei durch vereinnahmendes, zersetzendes oder verfälschendes Verstehen sogar zur Plünderin werden, die den Originaltext vernichtet zurücklässt wie „the open-cast mine left an empty scar in the landscape."[2] (3) *Verleiblichung* (*embodiment*): Aber auch auf die Übersetzerin und die ihr vertraute Semantik lauert eine Gefahr in der Dialektik der Verleiblichung, die der Import in Gang setzt, die Entleiblichung. Dieser Aspekt des Verstehens kann zur Verwandlung, zu Abwehr oder aber zum Verlust des Selbstverständnisses auf einer kollektiven oder gar gesellschaftlichen Ebene und zu einem Verlust der Stimme und Einbildungskraft für die Übersetzerin als Individuum führen. Für Steiner bedeutet die Unverbundenheit der Wörter in der Wort-für-Wort- oder Interlinearübersetzung gegenüber dem Sinn des Originals ein abgründiges, rohes Durcheinander, ein Symptom dafür, dass das anfängliche Vertrauensmoment, die Bewegung auf den Originaltext zu, den gesamten Vorgang im Sinne einer rückhaltlosen Öffnung so dominiert, dass die Übersetzerin Gefahr läuft, sich buchstäblich im psychologischen und sprachlichen Niemandsland zusammenhangsloser Sprach- und Bedeutungspartikel zu verlieren. (4) *Treue* (*fidelity*): Der Schlüssel zum bedeutsamen und bedeutenden Austausch liegt in einer taktvollen, verantwortlichen Antwort, welche „the balance of forces, of integral presence"[3] wiederherstellt. Die Verleiblichung muss als Vollzug und Ausdruck der Reziprozität intendiert sein.[4]

---

[1] In diesem Artikel verwende ich die feminine Form als kognitive Irritation für diejenigen Leserinnen, die anderes gewohnt sind.

[2] Ebenda S. 314.

[3] Ebenda S. 318.

[4] Ebenda S. 416.

Steiners Anliegen ist es, mit diesem Modell von Übersetzung als einer Hemeneutik des Vertrauens die bis dahin dominierende Trias von wörtlicher Übersetzung, Paraphrase und freier Nachdichtung zu überwinden. Er beruft sich dabei auf phänomenologische Konventionen: „[A]ssumptions about the coherence of the world, about the presence of meaning in very different, perhaps formally antithetical semantic systems, about the validity of analogy and parallel.“[1] Der Zyklus, der Vertrauen und Treue im Bedeutungsaustausch ineinander übergehen lässt, erzeugt ein ethisches und poetisches Gleichgewicht durch die Vorstellung der Integrität und die Negation der Entropie.[2] Das bedeutet, indem sie es den Vergrößerungsdynamiken des Transports oder Transfers aussetzt, verleiht die Übersetzung dem Original Würde – Dauerhaftigkeit im Gedächtnis und eine geographisch breiter gestreute, kulturell diversere Leserschaft. Der hermeneutische Zyklus enthüllt die technische Seite der Treue: „It is a bond of adequacy between text and text, taking ‘adequacy’ in its strongest sense.“[3] Wir werden später sehen, wie Ricœur diese Vorstellung dynamisiert.

Hinsichtlich der von durchdringender Erkenntnis und balancierter Verleiblichung hergestellten Transluzenz unterscheidet Steiner zwei Extreme der Übersetzung: (1) Die *Fernübersetzung*, bei der eine enorme Differenz sich als „inert ‘in-difference’ across an all but vacuous space“[4] erweist. Die Übersetzerin „is viewing [her] source, often via an intermediate paraphrase, as a feature, almost non-linguistic, of landscape, reported custom, and simplified history.“[5] Die Übersetzerin vollzieht das Übersetzen als „mimicry and self-metamorphosis“[6] – womöglich, ohne zuvor die Sprache des Originals gelernt zu haben. Diese Art der Übersetzung speist sich aus den Konventionen des Exotismus und trägt zu Imaginationen ferner Länder bei, während zugleich die Ferne des Originals erleichtert „to achieve a summary penetration and a transfer of stylized, codified markers.“[7] Das wirkende Handeln der Übersetzerin ist hier betont. Im Hinblick auf den Bedeutungsaspekt des Transports könnte man diese Übersetzung *Reisen-*

---

[1] George Steiner, After Babel. Aspects of Language and Translation. 3. Auflage, Oxford/New York, Oxford University Press 1998 [1992, 1975], S. 312.

[2] Ebenda S. 319.

[3] Ebenda S. 416.

[4] Ebenda S. 382.

[5] Ebenda S. 380.

[6] Ebenda S. 378.

[7] Ebenda S. 379.

ohne-Aufzubrechen nennen. Wir werden später sehen, wie Ricœurs Ansatz in gewissem Sinne davon buchstäblich Abstand nimmt, indem er auf François Jullien verweist, der ein bedächtiges Vorgehen des Übersetzens vorzieht, bei dem das, was für Steiner eine Leere als Hintergrund für einen Schauspieler-Übersetzer bildet, nach und nach mit Forschung, Studium, gelebter Erfahrung und Überdenken erfüllt wird. (2) Die *Nahübersetzung,* welche von Wahlverwandschaft und widerständiger Differenz bestimmt wird, wo Nähe und „a legacy of mutual contact"[1] die Übersetzerin in die Position „of maximal exposure to embodied difference"[2] befördern. Steiner bevorzugt offensichtlich die Intensität wechselseitiger Differenzierung in Nähe und Vertrautheit, das häufige Hin- und Herreisen über kurze Strecken als Übersetzungspraxis:

> Translation operates in a dual or dialectical or bipolar energy-field (one's preference between these terms being simply a question of meta-language). Resistant difference – the integral and historical impermeability, apartness of the two languages, civilizations, semantic composites – plays against elective affinity – the translator's pre- and recognition of the original, his intuition of legitimate entry, of an at-homeness momentarily dislocated, i.e. located across the frontier. At close quarters, say as between two European languages, the charge is maximal at both poles. The shock of difference is as strong as that of familiarity. The translator is held off as powerfully as he is drawn in. Translucency comes of the unresolved antinomy of the two currents, of the vital swerve into and away from the core of the original. Some such picture seems to obtain in the micron spaces between high-energy particles drawn together by gravity but kept apart by repulsion.[3]

III. Herausforderung der Unübersetzbarkeiten

Paul Ricœur sieht in Steiners Entwurf einen Extremismus der Treue am Werk, der ihn letztlich in eine kategorische Ablehnung des konventionellen Gebrauchs der Sprache zugunsten des Geheimnisvollen, in einen unversöhnlichen Gegensatz von Interpretation und Kommunikation treibt.

---

[1] George Steiner, After Babel. Aspects of Language and Translation. 3. Auflage, Oxford/New York, Oxford University Press 1998 [1992, 1975], S. 380.

[2] Ebenda S. 382.

[3] Ebenda S. 399.

So zumindest fasst Ricœur die Folgen dieses verborgenen Extremismus zusammen. Interpretation wäre dann im Kern das unübersetzbar Hermetische der Selbstverständigung eines interpretierenden Ichs, das vor allem sich selbst treu bleibt. Für Ricœur ist diese Tendenz so problematisch, dass sie ihn ratlos macht, weil sie die Antoine Berman entlehnte „Prüfung des Fremden" – *l'épreuve de l'étranger* – aushebelt, die für ihn im Zentrum eines jeden Übersetzungsverhältnisses steht. Anstatt also die Herausforderung der Begegnung mit dem Fremden zu bestehen, kippt Steiners Vertrauenszyklus, folgt man Ricœur, zurück in das Unübersetzbare.

> For Paul Ricœur, the matter is clear: there is no self-understanding possible without the labour of mediation through signs, symbols, narratives and texts. The idealist romantic self, sovereign master of itself and all it surveys, is replaced by an engaged self which only finds itself after it has traversed the field of foreignness and returned to itself again, this time altered and enlarged, 'othered'. The *moi* gives way to the *soi*, or more precisely to *soimême comme un autre*. The arc of translation epitomizes this journey from self to the other, reminding us of the irreducible finitude and contingency of all language.[1]

Obwohl Ricœur selbst die Übersetzung enger als „Übertragung einer Botschaft von Worten von einer Sprache in die andere"[2] versteht, bei der der Umgang mit Unübersetzbarkeiten der Übersetzungspraxis und -theorie vorbehalten bleibt, stimmt er Steiner darin zu, dass ein nachbabylonisches Verstehen übersetzen bedeutet. Jedoch entwickelt er diesen Gedanken als eine 'Äquivalenz ohne Identität'. Interpretation als Verhältnis zum Anderen als dem nahen Fremden beginnt mit der Explikation, Erklärung, Entfaltung, „dasselbe anders zu sagen"[3], um sich mit dem Nichtverstehen und den Mehrdeutigkeiten einer Sprache auseinanderzusetzen. Die selbstreflexive Wende der Sprache vollzieht sich hier als

---

[1] Richard Kearney, Introduction: Ricœur's philosophy of translation, in: Paul Ricœur, On Translation. Translated by Eileen Brennan. With an introduction by Richard Kearney. London/New York, Routledge 2006. [Digitalausgabe, keine Paginierung, zitiert nach Kapiteltitel]

[2] Paul Ricœur, Vom Übersetzen. Herausforderung und Glück des Übersetzens. Aus dem Französischen von Till Bardoux. Berlin, Matthes & Seitz 2016, S. 19.

[3] Ebenda S. 43.

ursprüngliche Erkundung, die die alltäglichen Verfahren einer lebenden Sprache bloßlegt: Diese bewirken, dass es keiner universalen Sprache gelingen kann, aus ihnen die unbegrenzte Vielfalt zu rekonstruieren. Es handelt sich sehr wohl darum, sich den Arkana der lebendigen Sprache zu nähern und zugleich dem Phänomen des Missverständnisses Rechnung zu tragen, dem des Nichtverstehens, das Schleiermacher zufolge die Interpretation anregt, deren Theorie die Hermeneutik erstellen will.[1]

Auch Ricœur sieht im hermetischen Gedicht die Geste eines Unübersetzbaren, das allerdings sowohl „das Unsagbare, das Unbenennbare im Herzen" der eigenen Sprache wie auch „im Abstand zwischen zwei Sprachen streift".[2]

Bevor wir weiter in Ricœurs Essays *Vom Übersetzen* blättern, müssen wir einem Umweg durch 'das Herz der eigenen Sprache' nehmen, um herauszufinden, wie er von Steiners reziproker Differenzierung in der Nahübersetzung und -interpretation abweicht. („To experience difference, to feel characteristic resistance and materiality of that which differs, is to re-experience identity."[3]) Wie können wir überhaupt über Übersetzung sprechen, wenn sie als Metapher für Ortsveränderung nur ein weiteres Beispiel der Metaphorizität der Sprache ist? Wie kann man das bildliche Moment der Metaphorizität verstehen?

Ricœurs Antwort auf die Frage nach der Metapher und der Einbildungksraft folgt einer Struktur der semantischen Temporalisierung hinsichtlich der Bedeutungskonstitution, wobei er die Metapher als attributive, prädikative und nicht substitutive Redefigur begreift, die einen heuristischen Austausch zwischen Wort und Ausdruck/Prädikation, Wort und Satz herstellt. *Die lebendige Metapher* argumentiert in Richtung einer solchen Interaktionstheorie durch die Reinterpretation der Rolle der Ähnlichkeit im Hinblick auf die Metapher als semantisches Phänomen, „die Assimilierung zweier Bedeutungsfelder durch eine ungewöhnliche

---

[1] Paul Ricœur, Vom Übersetzen. Herausforderung und Glück des Übersetzens. Aus dem Französischen von Till Bardoux. Berlin, Matthes & Seitz 2016, S. 42f.
[2] Ebenda S. 49.
[3] George Steiner, After Babel, a.a.O., S. 381.

Attribution."[1] Als semantischer Prozess lässt sich die Metapher nicht verstehen oder übersetzen, indem man sie im Wörterbuch nachschlägt.

Wenn es jedoch zutrifft, daß man lernt, was man noch nicht weiß, so heißt das Sichtbarmachen des Ähnlichen, die Gattung *in* der Differenz, nicht bereits *über* den Differenzen in der Transzendenz des Begriffes hervorzubringen. Das drückt Aristoteles durch die Idee der „gattungsmäßigen Verwandtschaft" aus. Die Metapher gibt die Möglichkeit, diese vor dem begrifflichen Erfassen liegende Stufe zu erhaschen, weil im metaphorischen Prozeß die Bewegung zur Gattung hin durch den Widerstand der Differenz aufgehalten und durch die rhetorische Figur sozusagen abgefangen wird. Auf diese Weise legt die Metapher die Dynamik bloß, die in der Konstitution der semantischen Felder am Werke ist, jene Dynamik, die Gadamer die fundamentale „Metaphorik" nennt und die mit der Genese des Begriffes durch die Ähnlichkeit zusammenfällt. Bevor die Einzeldinge durch die Regel einer logischen Klasse beherrscht werden, besteht zwischen ihnen eine Familienähnlichkeit. Die Metapher als Redefigur stellt den Prozeß, der *verdeckt* durch Verschmelzung der Differenzen *in* der Identität die semantischen Felder hervorbringt, *offen* durch einen Konflikt *zwischen* Identität und Differenz dar.[2]

Die Ähnlichkeit, um die es hier geht, ist präfigurativ, ein Schema im kantischen Sinne, das innerhalb einer metaphorischen Prädikation die Impertinenzwirkung der wörtlichen Aussage durch die Differenzierung der Elemente nach lexikalischem und bildlichem Sinn einer Lösung zuführt, die „Verbindung zwischen einem logischen und einem sinnlichen Moment, oder wenn man so will, zwischen einem sprachlichen und einem nichtsprachlichen Moment"[3]. Die lebendige Metapher als „das letzte Moment einer semantischen Theorie"[4] aktiviert „ein der Sprache selbst

---

[1] Paul Ricœur, Die lebendige Metapher. Mit einem Vorwort zur deutschen Ausgabe. Aus dem Französischen von Rainer Rochlitz. München, Wilhelm Fink 2004 [1986], S. 190.

[2] Ebenda S. 189.

[3] Ebenda S. 198.

[4] Ebenda S. 197.

immanentes Imaginäres"[1] im verstehenden Lesen, das sich zugleich als intuitive Erfahrung und als Ähnlichkeit konstituierender Akt vollzieht: das Bild als „die Morgenröte des Wortes"[2] oder „an aura surrounding speech."[3] Hier sieht Ricœur im Bereich des immanenten Verstehens den Übergang zu einer Phänomenologie der Imagination. Während jedoch die Semiotik immanent im Bereich eines differentiellen Systems der Zeichen agiert, ist es die Semantik, „die die innere Konstitution des Sinnes mit der transzendierenden Zielrichtung der Referenz in Beziehung setzt."[4] Der Welt- und Gegenstandsbezug der Sprache als Text, als Werk ruft erst die Hermeneutik auf den Plan: „[D]ie Hermeneutik ist nichts anderes als die Theorie, die den Übergang von der Struktur des Werkes zur Welt des Werkes regelt. Ein Werk interpretieren heißt die Welt entfalten, auf die es sich kraft seiner „Disposition", seiner „Gattung" und seines „Stils" bezieht."[5] Hier kommt Ricœurs Korrektur der hermetischen Sackgasse zum Tragen, die in der Annahme besteht, das literarische Werk erzeuge durch die Zerstörung der primären Referenz, durch seine Selbstreferentialität, seinen reflexiven Material- und Mediencharakter eine reine Immanenz, die mit einem naiven, sprachmystischen Wahrheitsanspruch auftreten kann.[6] Die Ikonizität des Gedichts und die Ikonizität der Metapher bilden den zersplitterten Schauplatz der Metaphorisierung zwischen Aussage und textuellem Metaphernnetz, einer Verdoppelung des Sinns und der Referenz: „Denn die frühere Klassifizierung leistet Widerstand und bewirkt eine Art stereoskopischen Sehens, wobei der neue Zustand nur in der Tiefe des durch den Kategoriefehler zerrütteten Zustands wahrnehmbar wird."[7] In der Interpretation konstituiert sich demnach eine Neubeschreibung der Wirklichkeit in der Wechselwirkung einer imaginären Differenzerfahrung

---

[1] Paul Ricœur, Die lebendige Metapher. Mit einem Vorwort zur deutschen Ausgabe. Aus dem Französischen von Rainer Rochlitz. München, Wilhelm Fink 2004 [1986], S. 203.

[2] Ebenda S. 207f.

[3] Paul Ricœur, *The Rule of Metaphor*: *Multi-disciplinary studies of the creation of meaning in language*. Translated by Robert Czerny with Kathleen McLaughlin and John Costello, SJ. Toronto/Buffalo/London, University of Toronto Press 2000 [1977], S. 214.

[4] Paul Ricœur, Die lebendige Metapher, a.a.O., S. 210.

[5] Ebenda S. 214.

[6] Ebenda S. 220.

[7] Ebenda S. 227.

mit der Möglichkeit einer Distanzierungsbewegung von der eigenen Erfahrungswirklichkeit auf Seiten der Leserin: „Die Kontextgebundenheit der Metapher verlangt eine Interpretation, durch die erst die Metapher verlebendigt wird. Die lebendige Metapher ist ein Problem der Hermeneutik, weil sie selbst nur durch eine Interpretation gebildet werden kann."[1]

Kehren wir zur Übersetzung zurück: Nach Ricœurs Dramaturgie der Übersetzung ist es die Katastrophe des Brudermords, der die Geschwisterlichkeit in ein ethisches Projekt der Infragestellung von Wahlverwandtschaft und widerständiger Differenz verwandelt. Dem Übersetzen wird so eine Dringlichkeit verliehen, die nach Wegen zu suchen veranlasst, die Blockaden des Unübersetzbaren aufzulösen. Als Prüfung des Fremden bedeutet Übersetzen den Vollzug von Gastfreundschaft, die das tertium comparationis der gelungenen Übersetzung an die Übersetzerin selbst überantwortet. Ihre Aufgabe ist es, in einer dramatischen Anstrengung durch die Annahmen von Unübersetzbarkeiten hin zu einem erfreulichen, glückbringenden Schema der „Korrespondenz ohne Adäquatheit"[2] zwischen Treuegelöbnis und Verratsverdacht, Prüfung und Bewährung, Erinnerung und Trauer, Verlangen und Widerstand zu balancieren: „Sprachliche Gastfreundschaft also, bei der das Vergnügen die Sprache des anderen zu bewohnen, vergolten wird durch das Vergnügen, bei sich, in seiner eigenen, gern aufnehmenden Bleibe, das Wort des Fremden zu empfangen."[3]

Gastfreundschaft beginnt bei Ricœur mit der Herstellung einer reflektierten Distanz der Sprache zu sich selbst: Erst die Betrachtung der eigenen Sprache – die sich in der Dekonstruktion schon nicht als eine eigene, sondern immer erst anzueignende Zwiesprachigkeit darstellt – als eine Sprache unter vielen ermöglicht Übersetzbarkeit. Dazu gehört die Überwindung der anfänglichen Unübersetzbarkeit in dem lähmenden Widerstand, der sich zunächst aus der selbstgenügsamen Tendenz der sogenannten Muttersprache ergibt. Ricœur bezeichnet diese Tendenz als „la sacralisation de la langue dite maternelle,...sa frilosité identitaire"[4] – „the view that the mother-tongue is sacred, the mother tongue's nervousness

---

[1] Raed Faridzadeh, Metapher, Hermeneutik, Übersetzung: eine kontrastive Studie über den Begriff „Metapher" innerhalb der westlichen und islamisch-persischen Gedankenwelt. Freie Universität Berlin, Diss. 2011, S. 45.

[2] Paul Ricœur, Vom Übersetzen, a.a.O., S. 17.

[3] Ebenda S. 18.

[4] Paul Ricœur, Sur la traduction. Paris, Bayard 2004, S. 10.

around its identity"[1] – „Sakralisierung" bzw. Ausdruck „ihre[r] identitäre[n] Empfindlichkeit"[2]. Diese resultieren in einer sprachlichen „Verweigerungshaltung", sich der Prüfung des Fremden auszusetzen. Auch der Gelingensanspruch, eine ideale Übersetzung ins Werk zu setzen, „the lure of omnipotence", wie Richard Kearney es nennt[3], der jede mögliche Übersetzung zu einer schlechten macht, trägt als „spekulative Sackgasse"[4] zu dieser Lähmung bei. Hier interveniert gelingende Trauerarbeit, die den Wunsch nach Perfektion zu Grabe trägt und den unausweichlichen Verlust akzeptiert. Die Selbstabgeschlossenheit des Hermetischen wird so als Poetik der nahen Distanz lesbar, die das Übersetzen als Arbeit zwischen Texten und Sprachen mit der lebendigen Erfahrung von Unsagbarkeit, Geheimnis und Diskretion dynamisiert.

Hinsichtlich des letzten Unübersetzbaren, das in der Fernübersetzung begegnet – „der Schock des Unvergleichbaren"[5] – führt Ricœur das Beispiel François Julliens an, der auf Französisch über chinesisches Denken schreibe, indem er Konstruktionen des Vergleichbaren erzeuge ausgehend von der These eines absoluten Anderen: „von oben nach unten, von der globalen Intuition im Hinblick auf die Differenz der „Falte" bis über die Werke, die chinesischen Klassiker, bis hinab zu den Wörtern. Die Konstruktion des Vergleichbaren drückt sich schließlich in der Konstruktion eines Glossars aus."[6] Der konstruktive Charakter dieses Unternehmens enthüllt, dass selbst selbst in der Nahübersetzung Äquivalenz ohne Identität immer eine Frage der Herstellung ist. Nach Ricœur ist diese konstruktive Beschreibung des Anderen, die ein Glossar hervorbringt, allein auf dem Sinn gegründet, während die Übersetzung Buchstabe für Buchstabe die Herausforderung des Unübersetzbaren noch weiter treibt, „in gefährliche Regionen, in denen es um Klangfarbe, Würze, Rhythmus, räumliche Verteilung, Stille zwischen den Wörtern, Metrik und Reim gehen sollte."[7]

In *Vom Sein zum Leben. Euro-chinesisches Lexikon des Denkens* lässt Jullien die Philosophie aus einer Genealogie des Abweichens auftauchen,

---

[1] Paul Ricœur, On translation, a.a.O., One. Translation as challenge and source of happiness.

[2] Paul Ricœur, Vom Übersetzen, a.a.O., S. 7.

[3] Richard Kearney, Introduction: Paul Ricœur's philosophy of translation, a.a.O.

[4] Paul Ricœur, Vom Übersetzen, a.a.O., S. 25.

[5] Ebenda S. 61.

[6] Ebenda S. 63.

[7] Ebenda S. 65.

das mit einer Trennung, einem Rückzug als Öffnung ins Unbekannte beginnt. Das mythische Narrativ für diesen Ansatz ist die Odyssee. Zugleich ist 'abweichen', 'Abstand nehmen' „eine Strategie des Geistes, [...] um zu versuchen, endlich von diesem Wohlbekannten-Unbekannten Abstand zu gewinnen"[1]. Julliens 'Unterscheidung' von Unterschied und Abstand stellt einen Ausgangspunkt dafür her, Übersetzungsherausforderungen 'anders zu denken':

> Sagen wir zunächst einmal, wenn dem Abstand und dem Unterschied auch eine Trennung gemein ist, so *markiert* der Unterschied *eine Verschiedenheit*, während der Abstand *eine Distanz herstellt*. Daraus folgt, dass die Unterscheidung klassifikatorisch ist, indem sie nach Ähnlichkeit und Unterschiedenheit sortiert; zugleich ist sie identifizierend: Weil sie von „Unterschied zu Unterschied" und das bis zur letzten Unterscheidung geht, gelangt sie nach Aristoteles zum Wesen (zur Definition) der Sache. Demgegenüber ist der Abstand eine erforschende, ich würde sagen: eine *heuristische* und keine identifizierende Figur: Nicht mehr wird durch Unterscheidung(en) nach der Einzigartigkeit [*singularité*] gefragt („Was ist das?") sondern: Wie groß ist der die Norm übertretende Abstand?[2]

Weiterhin müssen wir Ricœurs Erklärungen zur Fernübersetzung neu überdenken, wenn Jullien explizit sein eigenes Vorgehen als philosophisches von einer anthropologisch-wissenschaftlichen Bestandsaufnahme trennt, die aus dem 'Vergleichen des Unvergleichbaren' resultiert:

> Indem sie [die Anthropologie] das Unvergleichbare vergleicht, wie es programmatisch der schöne Titel von Marcel Detienne ausdrückt, d. h. durch Ähnlichkeit und Unterschied vorgeht, indem sie gleich von Anfang an ihre Kriterien festlegt sowie ihre Typologien konstruiert, definiert sich die Anthropologie hinsichtlich ihrer Aufgabe und Autorität zugleich als Wissenschaft, deren Aufgabe vor allem die Bestimmung ist. Deshalb hält sie sich nur wenig bei der Erfahrung der völligen Mittellosigkeit auf, die das Eintreten in ein

---

[1] François Jullien, Vom Sein zum Leben. Euro-chinesisches Lexikon des Denkens. Aus dem Französischen von Erwin Landrichter. Matthes & Seitz 2018 [digitale Ausgabe], S. 566.
[2] Ebenda S. 568.

anderes Denken bewirkt. Sie befasst sich auch nicht mit der verstörenden Wirkung des Abstands und möchte diesen als einen Unterschied in seiner resultativen Form oder in tabellarischer „Ausbreitung" ansehen, der einen Platz in ihrer Typologie findet, die selbst als eine Gesamtausstattung konstruiert ist. Eine philosophische Annäherung dagegen begnügt sich damit, an der Schwelle zu verharren und dort umherzustreifen, in einer Schwierigkeit, die all ihr Wissen zunichte macht, in diesem genauen Betrachten des Anderen, von dem sie, solange sie nur kann, die Wechselseitigkeit – die Wechselwirkung – sich selbst gegenüber verspürt, quasi in einer *Unruhe*, die die Reflexion offenhält.[1]

Wenn wir durch Julliens Lexikon blättern, entdecken wir viele Figuren, die grundlegende Begriffe der Übersetzung, wie wir sie oben vorgestellt haben, in Frage stellen. Zum Einstieg würde es sich möglicherweise lohnen, die Herausforderungen und Freuden der Übersetzung hinsichtlich der Möglichkeit einer Polarität zwischen Zuverlässigkeit und Aufrichtigkeit neu zu überdenken:

> Die *Zuverlässigkeit* erweist sich erst in der Dauer und kann sich somit des Wortes entschlagen. Ein Verhalten lässt sich keineswegs in der Momentaufnahme einer Aussage beurteilen – noch dazu, wo die Aufrichtigkeit nicht den geringsten Hiatus, vor allem keinen zeitlichen, zwischen dem Auftauchen des Gedankens und seinem Ausdruck gestattet –, sondern nur *im Laufe der Zeit*, durch den Weg, den es nimmt, und durch zunehmende Festigkeit, und sogar, ohne dass man daran denkt, ohne dass man denkt, daran zu denken.[2]

Wir konnten beobachten, wie sich das Verständnis von Distanz zunächst als primär geographischer, d. h. global räumlicher Maßstab darstellt, zur Markierung von Differenzen, die gewohnheitsmäßige Neigungen, Vertrautheiten und das ferne Unbekannte voneinander trennen. Zur Überwindung der Identitätsproblematik, die zugunsten des Universalitätsanspruchs das Gleichförmige bevorzugt – dabei aber tatsächlich vermeintliche Universalität zu ökonomischer Standardisierung

---

[1] François Jullien, Vom Sein zum Leben. Euro-chinesisches Lexikon des Denkens. Aus dem Französischen von Erwin Landrichter. Matthes & Seitz 2018 [digitale Ausgabe], S. 606f.

[2] Ebenda S. 85f.

pervertiert – oder das Gemeinsame auf das Ähnliche oder Gleichartige reduziert und dabei seine Abweichungen unterschlägt, schlägt Jullien dagegen eine „Ökologie des umfassendsten Gemeinsamen"[1] vor, die das Universelle als Auftrag zur unermüdlichen Suche versteht. Wider die Abkapselung und Verarmung der Kulturen setzt er auf die Fruchtbarkeit, die Aktivierung kultureller Ressourcen, die sich im Spannungsfeld eines Zwischen jenseits identitärer Zugehörigkeit und identifikatorischer Subjektkonstitution jeder Besitzlogik und der Funktion der Selbstbestätigung entziehen:

> Die Kultur, verstanden als Ressource, zielt schließlich auf das Gegenteil ab: eine Förderung der *existentiellen* Fähigkeiten des Subjekts, vor allem jener der *Loslösung*, aus der das Bewusstsein/ Gewissen [conscience] erwächst. Diese Förderung des Subjekts besteht gerade darin, dass es durch die Kultur in die Lage versetzt wird, die Begrenzung seines Ichs zu überwinden, die Integration in eine Welt hinter sich zu lassen und sich folglich „aus" (*ex*) einer Unterwerfung herauszuziehen, um zu einer Freiheit zu gelangen – also, wie ich es nennen würde, im eigentlichen Sinne zu „ex-istieren".[2]

Die Übersetzung als „die *logische* Sprache des Dialogs"[3] vollzieht demnach das Abstandnehmen oder Abweichen durch die Verfügbar- und Nutzbarmachung kultureller Ressourcen für das Denken und befördert damit zugusten des Lebens eine gegenseitige Entgrenzung der Kulturen, aus deren Distanz das nicht vorher schon gegebene oder gewusste Gemeinsame erst konstitutiv wird. Die Differenz von Nah- und Fernübersetzung wird damit in gewissem Sinne von einem Durchdringungs- oder Kohärenzverhältnis abgelöst, nicht nur, weil jede Übersetzung mit dem Abstandnehmen beginnt, sondern auch, da diese Relationen im Zwischen intensiv umgestülpt werden, wie man die 'verharrende Annäherung' der philosophischen Reflexion verstehen könnte. Jullien beschreibt seinen Ansatz tentativ als Dekonstruktivismus von außen, d.h. genau genommen geht es darum,

---

[1] François Jullien, Es gibt keine kulturelle Identität. Wir verteidigen die Ressourcen einer Kultur. Aus dem Französischen von Erwin Landrichter. Berlin, Suhrkamp 2017, S. 17.

[2] Ebenda S. 63.

[3] Ebenda S. 92.

Philosophie von der Übersetzung her zu denken. Allerdings positioniert er sein Verfahren strategisch gegen einen monolithisch dargestellten Westblock, in dem Übersetzung – inklusive ihrer köstlichsten Missverständnisse und albernsten Albernheiten – bislang keine erwähnenswert impertinente Rolle gespielt zu haben scheint. Begegnet man jedoch Julliens nicht identisch-äquivalent, sondern abweichend-progressiv entworfenem Chinesischen bei seinem Renvers im Zwischen der Distanzen,[1] wird deutlich, dass dessen Anderes, wenn es denn, wie er sagt, unter dem Aspekt der fruchtbaren „Kohärenz"[2] des Ungedachten erscheint, vielleicht andere Gesichter der Übersetzung ins Licht gehalten haben wird. Um diesen Gedanken weiter zu spinnen, kehren wir zurück zum Gedicht, das doch frei nach Steiner gemeinsam mit der Philosophie in der Übersetzung die Pole des Hermetischen konstituiert: Integrität der Unübersetzbarkeit und Korruption des Universellen. Von Jullien können wir die Ressource der Landschaft hinzuziehen, um, wenn man so will, einer Traversale des Gedichts in der Übersetzung Konsistenz zu verleihen.

Im Chinesischen, wie Jullien es beschreibt, konstituiert das Landschaftliche das Zwischen korrelierender Polaritäten als Ort des intensiven prozessualen Wandels, einer Vitalisierung oder Beförderung des Lebens, in einer „Begegnung mit einer *wieder vertraut gewordenen* Welt"[3] (187). In der Landschaft durchdringen sich das Perzeptive als das generell Wahrnehmbare und das Affektive als Zustand der Sensibilität, als Gefühlsstimmung:

> Es gibt Landschaft, wenn eine innere Aufnahmebereitschaft umso umfassender hervorgerufen wird, je weniger sie mit irgendeinem Gegenstand oder Denken belastet wird. Deshalb ist hier nicht von einem „Affekt" die Rede, vielmehr vom Affektiven als einem ursprünglicheren Vermögen, affiziert zu werden.[4]

Wo im westlich-euopäischen Denken ein autonomes Subjekt auftritt, das die Ansicht einer Landschaft beobachtend kategorisiert, seinem

---

[1] Das Narrativ „Von einer, die auszog…" impliziert eine Rückkehr, und sei es auch nur die einer Botschaft, einer Erinnerung oder einer Imagination.

[2] François Jullien, Vom Sein zum Leben, a.a.O., S. 620f.

[3] François Jullien, Von Landschaft leben oder das Ungedachte der Vernunft. Aus dem Französischen von Erwin Landrichter. Berlin, Matthes & Seitz 2016, S. 187.

[4] Ebenda S. 83.

souveränen Blick unterwirft, vollziehe sich hier eine wechselseitige Individuation von Selbst und Landschaft „durch einen intimen Abprall"[1]: So weckt das *Singuläre* der Landschaft, ihre Eigenartigkeit, die Erinnerung an die Individuation der einzelnen Existenz; führen die *Variationen* in der Landschaft zu einem verwandelnden Bewohnen ihrer Intensität und Diversität; und eröffnet eine kontinuierliche *Ferne*, die sich in eine nicht einfach durch beschreibende Worte zu ergänzende Unbestimmtheit auflöst, gerade so, wie sich ein Gesicht 'strahlend' in seinen Ausdruck hüllt, die Möglichkeit des Abstandnehmens – eine „geistige und auratische Dimension"[2] der Präsenz. In der chinesischen Landschaftsmalerei umfassen *Berge-Gewässer*, 山水, die konstitutiven Polaritäten des Landschaftlichen, während *Wind-Licht*, 风景, „die Landschaft – ihre Bewegungsmomente und Lichtverhältnisse in sich aufnehmend – eher auf der Ebene ihrer sinnlichen Manifestation im Verhältnis zu vergehender Zeit einfangen."[3] Jullien zieht Benjamins Begriff der *Aura* heran und definiert ihn anhand eines Ausdrucks aus der Landschaftsmalerei:

> Sie besagt, dass es Landschaft gibt, wenn ihre Stofflichkeit kein Hindernis mehr bildet, sich ihre Undurchsichtigkeit auflöst, wenn sie sich von einer über sie hinausgehenden Spannung durchdringen lässt und sich diese sinnliche Belebung allüberall ausbreitet. Hier die Übersetzung Wort für Wort: „aktualisierte Form" 形 – „belebende Spannung" 势 – „Dimension des Impulses" (der Energie) 气 – „sinnliche Erscheinung" [manifestation phénoménale] 像.[4]

Die Landschaftlichkeit gelingt im Sinne einer erneuernden Belebung, wenn sie „Verständnissinnigkeit", „stilles Einvernehmen [connivance]"[5] oder chinesisch *mou* 谋, „komplizenhaftes Einvernehmen"[6] im Sinne einer relationalen Zugehörigkeit des „Hier und Jetzt" zur Welt, diesen meinen Ort als Welt herstellt.

---

[1] François Jullien, Von Landschaft leben oder das Ungedachte der Vernunft. Aus dem Französischen von Erwin Landrichter. Berlin, Matthes & Seitz 2016, S. 151.

[2] Ebenda S. 172.

[3] Ebenda S. 87.

[4] Ebenda S. 115.

[5] Ebenda S. 180.

[6] Ebenda S. 195.

IV. Bilder übersetzen

Vom „radikalste[n] Ereignis von Scheußlichkeit in der Geschichte der Lyrik überhaupt"[1] spricht Peter von Matt anlässlich des Gedichts *La Charogne, Das Aas*, aus der 1857 erschienen Gedichtsammlung der *Fleurs du Mal* von Charles Baudelaire. Walter Benjamins Baudelaire-Übersetzungen *Tableaux Parisiens* wurden 2016 in einer maßstabsgetreuen Faksimile-Ausgabe von Roland Reuß herausgegeben.[2] Während die Gedichtübersetzungen in der Rezeptionsgeschichte dieses Werks wenig Begeisterung und wenig Verständnis hervorgerufen haben, entwickelte das Vorwort über *Die Aufgabe des Übersetzers* ein Eigenleben, das von blanken Verrissen über ausufernde philosophische und werkimmanente Auseinandersetzungen bis hin zur literaturhermeneutischen Adaption reicht.[3] Wie Simon Werle festhält, dessen Neuübersetzung der gesamten *Fleurs du Mal* 2017 erschien, steht die Bedeutung des Vorworts in engerem Zusammenhang mit Benjamins „langfristig einflussreichen theoretischen Auseinandersetzung mit dem Werk Baudelaires", während sich zwischen Theorie und Praxis der vorgelegten Gedichtübersetzungen „allenfalls höchst indirekte Bezüge"[4] feststellen ließen. Vor diesem Hintergrund lassen sich fruchtbar einerseits eine rein begriffliche, historisch-genetische Systematik und eine theoretische, rekonstruktiv-kontextuelle Ästhetik ohne Literatur entwerfen;[5] oder aber

---

[1] Peter von Matt, Was ist eine Gedicht? Stuttgart: Reclam 2017 [München, Hanser 1998], S. 12.

[2] Charles Baudelaire, Tableaux Parisiens. Deutsche Übertragung mit einem Vorwort über die Aufgabe des Übersetzers von Walter Benjamin. Heidelberg: Richard Weissbach 1923. Maßstabsgetreues Faksimile hg. und mit einem Nachwort von Roland Reuß. Frankfurt am Main, Basel, Stroemfeld 2016. Zitiert als: Benjamin, TP.

[3] Vgl. z. B. David Bellos, Halting Walter, in: Cambridge Literary Review 3, 07/2010, S. 194-206; Christiaan L. Hart Nibbrig (Hg.), Übersetzen: Walter Benjamin. Frankfurt am Main, Suhrkamp 2001; Peter Utz, Anders gesagt – autrement dit – in other words. Übersetzt gelesen: Hoffmann, Fontane, Kafka, Musil. München, Carl Hanser Verlag 2007.

[4] Charles Baudelaire, Les Fleurs du Mal – Die Blumen des Bösen. Aus dem Französischen von Simon Werle. Reinbek bei Hamburg, Rowohlt 2017. Zitiert als: Werle, FdM. Hier: Simon Werle, Zur Übersetzung, ebenda, S. 499-510, hier S. 502.

[5] Vgl. Julia Abel, Walter Benjamins Übersetzungsästhetik. „Die Aufgabe des Übersetzers" im Kontext von Benjamins Frühwerk und seiner Zeit. Bielefeld, Aisthesis 2014.

andererseits mikrologische Analysen, welche die Differenz zu Stefan Georges 1891 erschienener Übersetzung, die sich der Faszination der Scheußlichkeiten des Originals explizit zu entziehen sucht,[1] den Tod des Dichterfreundes Fritz Heinle oder die Kabbala zum dominierenden Ausgangspunkt[2] oder die späteren Überlegungen im Kontext der Passagenarbeit zum Fluchtpunkt[3] einer Interpretation der Benjaminschen *Tableaux* machen, um das Rätsel des Zusammenhangs von Theorie und Praxis zu lösen. Das Werk als Buch, wie es durch die Faksimile- Reproduktion in Erinnerung gerufen wird, bleibt jedoch weiterhin unberücksichtigt, obwohl Reuss fokussiert dokumentiert, wie Benjamin die Gestaltungsmöglichkeiten des Mediums zu nutzen wusste, und auch der zyklische Formzusammenhang der Gedichte spielt in jenen Analysen keine nennenswerte Rolle.

Eine vergleichende Lektüre der *Tableaux Parisiens* und ihrer deutschen Übersetzungen mit Blick auf mögliche Alternativen bei Werle vermittelt den Eindruck, dass die Differenzen zwischen den Versionen deutlich stärker ins Gewicht fallen als Stellen wörtlicher Annäherung und sich teilweise als massive Eingriffe in das Original erweisen. Abgesehen von Umstellungen und ungewöhnlichen Übersetzungsentscheidungen im Vokabular verändert Benjamin Zeitstrukturen, so dass aus einer zyklisch-schwebenden eine narrative Struktur hervortritt; er tauscht ein Gedicht aus (weist dies aber im Kolophon nach) und aktiviert damit ein latentes Bildernetzwerk von Reflexionen, das er zusätzlich akzentuiert, indem er es ausgehend von der Konstellation „Landschaft mit Sonne und Mond" in den ersten drei Gedichten als ein dichtes Labyrinth von Reflexionsverhältnissen etabliert; er übergeht Namen, Dinge, Satzsubjekte, Prädikate, durch deren anwesende Abwesenheit zwischen Original und Übersetzung zunächst eine Unübersetzbarkeit behauptet wird, die aber, als *Palimpsest* gedacht, ein *Vexierphänomen* zwischen den Texten konstituiert, oder, berücksichtigt man eine Distanz, eine Tiefenwirkung oder *immanente Transzendierung* der

---

[1] Vgl. Eva-Maria Konrad, „Nach dem Gesetz der Treue in der Freiheit". Über Wörtlichkeit und Buchstäblichkeit in Georges und Benjamins Übersetzungen von Baudelaires „A une passante", in: Achim Geisenhanslüke (Hg.), Buchstäblichkeit. Theorie, Geschichte, Übersetzung. Bielefeld, transcript 2020, S. 135-160.

[2] Vgl. Caroline Sauter, Die virtuelle Interlinearversion. Walter Benjamins Übersetzungstheorie und -praxis. Heidelberg, Universitätsverlag Winter 2014.

[3] Vgl. Dies., Dichterisch Denken – Benjamins Baudelaire, in: Jessica Nitsche, Nadine Werner (Hg.), Entwendungen. Walter Benjamin und seine Quellen. Paderborn, Wilhelm Fink 2019, S. 31-52.

Bedeutungsebenen. Die Zweisprachigkeit der Publikation vollendet erst den Begriff der durchscheinenden, formvollen Übersetzung, wie Benjamin sie nennt, indem sie eine fragmentierende Wechsellektüre von Original und Übersetzung ermöglicht. In deren Verlauf gleiten beide Versionen ineinander, durchdringen sich zu einer ergänzenden und auch umkehrenden Lesbarkeit. Der Übersetzer kann auf diese Weise nur wortgetreu übersetzen, auch wenn er es nicht tut, denn jede Abweichung ist erkennbar und öffnet zugleich den Blick auf das Original. Geradezu plakativ vorgeführt wird dies in Benjamins Verschiebung des Akzents vom Vater auf die Mutter des lyrischen Ichs, eines Dichters, den er in den ersten drei Gedichten vornimmt, wo auch die Landschaft hervortritt. Das erste Gedicht, *Paysage, Landschaft*, endet, nachdem es im Blick über die Dächer der Stadt ein „Traumparadies" bzw. von Ewigkeit träumende Himmel („les grands ciels qui font rêver d'éternité") heraufbeschworen hat, mit der Ankündigung eines Innenraums, aus dem sich die zu erwartenden Stadtgedichte, die *Pariser Bilder* des folgenden Zyklus erheben sollen:

> De tirer un soleil de mon cœur, et de faire
> De mes pensers brûlants une tiède atmosphère.

> Und kann mein Herz zu Strahlen werden sehen
> Und meines Denkens Glut zu lindem Wehen.[1]

Im Gedicht *Le soleil, Die Sonne* wird dieser Innenraum dann invers entfaltet: Der Dichter hängt sein Herz an den Himmel über der Stadt. Während bei Baudelaire die Sonne als nährender Vater figuriert, lässt Benjamin ihren Strahl ähnlich einem Märchenkönig, der inkognito seine Untertanen besucht, die dunkelsten Winkel der Stadt adeln. Gleichzeitig leuchtet die Übersetzung in ihrer Abweichung wortwörtlich auf das, was sie im Original zurückgelassen hat:

> Ce père nouricier, enemi des chloroses
> Der Strahl ernährt, die Bleichsucht macht er enden[2]

Und weiter, im dritten Gedicht *La Lune offensée*, das Benjamin mit *Die Kränkung der Luna* übersetzt, so dass er, anders als im vorigen Gedicht, den

---

[1] Benjamin, TP, S. 2f. Vgl. Werle, FdM, S. 235: „Da Sonn ich aus dem Herzen zieh und eine Atmosphäre / Der Wärme mir aus der Gedanken Glut beschere."
[2] Benjamin, TP, S. 4f. Vgl. Werle, FdM, S. 237: „Sie, aller Nahrung Quell und Feindin der Chlorosen,".

grammatischen Geschlechterwechsel im Verhältnis von *Sonne* und *Mond*, *soleil* und *lune* vermeidet, der alle Relationen miteinander chiastisch verschränken würde:

> O Lune qu'adoraient discrètement nos pères
> O Luna deren Dienst nun Tote wahren[1]

Der Vater, die Väter oder Ahnen bleiben unübersetzt im Original zurück und werden doch von der zweisprachigen Ausgabe wie ein Totengedenken im Sinne des *ad plures ire* in das Zwischen mitgenommen. Gleichzeitig bringt das Gedicht *La Lune offensée* an die Stelle im Zyklus, wo in Baudelaires Original *la mendiante rousse*, *die rothaarige Bettlerin*, wie Werle übersetzt[2], in jugendlicher, zwar von Armut und Krankheit, aber nicht von Alterung gezeichneter Nacktheit dem zynischen Blick des lyrischen Ich ausgesetzt ist, dessen gealterte Mutter ans Fenster ins Mondlicht und vor einen Spiegel – *Luna* sieht die Mutter doppelt:

> – «Je vois ta mère, enfant de ce siècle appauvri,
> Qui vers son miroir penche un lourd amas d'années,
> Et plâtre artistement le sein qui t'a nourri!»

> – „Jüngst wies als deine Mutter ich bestrahlte
> Ihr Spiegel wie sie die bejahrte Last
> Des Busens der dich nährte sorgsam malte."[3]

Benjamin nutzt die Gelegenheit, den Eingang in das folgende Reflexionslabyrinth sorgfältig zu modellieren, ein Zusammenhang, der in Baudelaires Gedichten nicht in dieser Deutlichkeit hervortritt und zu einer bildlichen, aber auch narrativen Verdichtung der Gedichtfolge beiträgt, da die Figur der Mutter, mit kaltem Blick, mit toten Augen wie die anderen Gestalten der *Tableaux*, in den späteren Gedichten mehrfach wiederkehrt. Auf diese Weise gibt Benjamin dem Austausch der Gedichte, den er wahrscheinlich von George übernommen hat, seine eigene Signatur.

---

[1] Benjamin, TP, S. 6f. Vgl. Werle, FdM, S. 493: „O Luna, unsern Vätern wert, dich heimlich zu vergotten,".

[2] Werle, FdM, S. 239.

[3] Benjamin, TP, S. 6f. Vgl. Werle, FdM, S. 493: „«Ich sehe deine Mutter, Kind, in dürftiger Zeit gezeugt, / Wie kunstvoll sie, der Jahre Last zum Spiegel neigend, / Sich jenen Busen aufputzt, der dich einst gesäugt!»" Werle gibt nur dem mittleren Vers den fließenden Ton, der bei Benjamin die gesamte Strophe erfasst hat.

Die Temporalisierung der Baudelaireschen *Tableaux* verwandelt sie in einen intensivierten Zyklus einer Schwellenerfahrung, die Kälte der Zwischenkriegszeit[1] sickert zwischen den Zeilen hindurch. Als 'tangentialer Berührungspunkt des Sinns zwischen Original und Übersetzung' lässt sich diese Erfahrung einer Gefühlskälte bestimmen, die aus der Situation 'Dichter in der Großstadt' heraus bei Baudelaire als dauernde Monotonie, bei Benjamin als Zeitenwende oder Schwelle Konsistenz gewinnt.

Wenn wir uns nun dem bilderreichen, viel interpretierten Vorwort über *Die Aufgabe des Übersetzers* zuwenden[2], können wir feststellen, dass etwas von der Sprache der Gedichte, ihre Ikonizität, in die zu erwartende theoretische Prosa dieses Textes eingewandert ist, der erst im Zuge der Vorbereitung der Publikation in kurzer Zeit niedergeschrieben wurde. Dies entspricht der Bestimmung des Prosagedichts als traversierende Form, wie sie Christophe Bailly vorschlägt:

> Il ne faut pas penser le poème en prose comme un genre, mais comme le mouvement d'un genre vers l'autre, d'un mode vers un autre. Le poème traverse la prose, c'est-à-dire aussi qu'il se conserve comme poème dans ce mouvement qui l'élargit.

> Man darf sich das Prosagedicht nicht wie eine Gattung vorstellen, sondern wie die Bewegung der einen Gattung auf die andere zu, des einen Modus auf den anderen zu. Das Gedicht traversiert die Prosa, das heißt auch, dass es sich als Gedicht in dieser Bewegung bewahrt, die es vergrößert.[3]

Ausgehend von der lebendigen Metapher – die Ricœur mit M.C. Beardsley als Miniaturgedicht bezeichnet und somit auch als Doppelphänomen zwischen Redefigur und literarischer Form situiert – und ihrem Netzwerk lässt sich eine, wenn auch provisorische Lektüre der Bildelemente des Textes unabhängig vom Sinnzusammenhang, d.h. als Wortphänomene durchführen. Während Ricœurs Lektüre jedoch sinnorientiert vorgeht, nutzt

---

[1] Vgl. Helmut Lethen, Verhaltenslehren der Kälte. Lebensversuche zwischen den Kriegen. Frankfurt am Main, Suhrkamp 2018 [1994].

[2] Zur Problematik der Übersetzung von Benjamins „Bildern" am Beispiel englischer Übersetzungen vgl. Sigrid Weigel, Walter Benjamin. Die Kreatur, das Heilige, die Bilder. Frankfurt am Main, Fischer 2008, S. 213-227.

[3] Jean-Christophe Bailly, L'Élargissement du Poème. Paris, Christian Bourgois Éditeur 2015, S. 65. [Übersetzung N.C.]

Benjamins Beschreibung der Übersetzungspraxis das Oszillieren der Metapher zwischen Aussage- und Wortphänomen zur Befreiung des Übersetzens aus den Zwängen der metaphorischen Aussage als sinntragendem Satzgebilde im Text und bildet statt dessen eine direkte Polarisierung zwischen einzelnen Worten und der Totalität des Textes als Form. Löst man den Bilderreigen wie eine „Gefühlstonspur"[1] aus dem Argumentationszusammenhang heraus, wird deutlich, dass diese Tonspur der theoretischen Gedankenentwicklung einen Spannungsbogen verleiht, der eine agrarische Kulturlandschaft (Fruchtbarkeit, Keim, Samen, Wachstum, Brot, pain), eine wuchernde Naturlandschaft (Echo, Bergwald der Sprache, Wind, Licht, Abgrund, Wasserscheide) und eine urbanoide Architekturlandschaft (Scherben eines Gefäßes, morsche Schranken, zufallende Tore, Mauer, Arkade, Äolsharfe) aktiviert, zwischen denen die geometrische Abstraktion von Kreis und Tangente als Schwelle in das Reich der Materialität der Schrift auftaucht. Wo es bei Baudelaire in den Gedichten um die dunklen Winkel der Großstadt geht, evoziert Benjamin in seinem Vorwort eine Naturlandschaft oder zumindest naturnahe Landschaft, aus der er seine Sprachphilosophie heraushört, eine Landschaft, die ihn durch sein ganzes Werk begleiten wird und nicht nur werkimmanent, sondern auch mit Blick auf die sprachphilosophische Tradition ein veränderndes Fortschreiben praktiziert: Der *Wind*, der als Lebensluft durchlässige Texte ventiliert und die Verbrennung anfacht, als *Sturm* mal Fortschritt, mal Vergebung, mal Dialektik bedeutet und ein zentrales Element der Aura ist; das *Licht* zwischen scheinen, entzünden und verlöschen; die *Pflanzlichkeit*, die sich in der Jugendstil-Kritik der Passagenarbeit wiederfindet; der *Stein*, den Benjamin als eigene Entdeckung im Melancholiekapitel des Trauerspielbuchs reklamiert und der mit Mauer und Arkade auf die städtische Architektur vorausdeutet; das *Wohnen*, das sich in den Überlegungen zum Interieur entfalten wird; das *Brot* oder *pain*, das dem verschlingenden Lesen zugeführt wird, aber auch der kannibalistischen Kritik vorausläuft, und für die Leserin womöglich „englischen Schmerz" mitklingen lässt; die *Mutter*, die sich ganz fern hinter dem Geburtsvorgang andeutet, der aber auch wieder an den wehenden Wind anschließt; usw. Das Wohnen findet bezeichnenderweise nicht in den Bauwerken statt, die als Orte der Grenze und der Passage auftreten, sondern in den Worten:

> Und was im Werden der Sprachen sich darzustellen, ja herzustellen sucht, das ist jener Kern der reinen Sprache selbst. Wenn

---

[1] Vgl. Walter Benjamin, TP, S. XIV: „Man pflegt dies in der Formel auszudrücken, daß die Worte einen Gefühlston mit sich führen."

aber dieser, ob verborgen und fragmentarisch, dennoch gegenwärtig im Leben als das Symbolisierte selbst ist, so wohnt er symbolisiert nur in den Gebilden.

Hölderlins Übersetzungen sind Urbilder ihrer Form; sie verhalten sich auch zu den vollkommensten Übertragungen ihrer Texte als das Urbild zum Vorbild [...]. Eben darum wohnt in ihnen vor andern die ungeheure und ursprüngliche Gefahr aller Übersetzung: daß die Tore einer so erweiterten und durchwalteten Sprache zufallen und den Übersetzer in Schweigen schließen.[1]

Man kann hieraus schließen, dass das Medium der Sprache in Benjamins Werk eine Gedächtnis-Landschaft bildet.[2] Im Verhältnis zum Gesamtwerk verhalten sich die hier konzentrierten Bilder wie *loci*, an denen Aggregatzustände und Materialeigenschaften, transformative Prozesse und Orientierungsstrategien abgelegt sind, die sich in der Sprache absolut – in ihrer Erlösung von einer Mitteilung – und vertrauenswürdig – in ihrer Intention auf das Gemeinte – manifestieren.

Die Wiederholungsstrukturen des Textes geben uns die Möglichkeit, seine zwölf Abschnitte in drei Teile zu gliedern, von denen jeder eine theologisch inspirierte Denkfigur einführt. Der Bereich des Heiligen ist dabei Vergleichsgröße für die Neuübersetzung berühmter Texte, deren *tertium comparationis* die Aura ist, die Übersetzbarkeit 'großer Schriften'. Die Abschnitte 1-3 fungieren als Exposition, weisen die rein sinnorientierte Leserin ab und kulminieren im „Gedenken Gottes"[3]. Abschnitte 4-9 führen das „messianische Ende" der Geschichte der Sprachen, ihr „heiliges Wachstum" und das „Wachstum der Religionen"[4] ein und behandeln die Aufgabe der Philosophin, die darin bestehe in einer „Ahnung und Beschreibung der wahren Sprache, der Sprache der Wahrheit"[5] „alles natürlich Leben aus dem umfassenderen der Geschichte zu verstehen"[6]. Diese Aufgabe entfaltet sich entlang der Erkenntniskritik, der Sprachphilosophie

---

[1] Vgl. Walter Benjamin, TP, S. XV und XVII.

[2] Zu lyrischem Gedicht und Gedächtnis vgl. Walter Benjamin, Zwei Bücher über Lyrik (WuN 13.1, S. 176f.), Karl Wolfskehl zum sechzigsten Geburtstag. Eine Erinnerung (GS IV, S. 368), Rainer Maria Rilke und Franz Blei (GS IV, S. 454).

[3] Walter Benjamin, TP, S. VIII.

[4] Ebenda S. XIf.

[5] Ebenda S. XIII.

[6] Ebenda S. IX.

bis hin zur romantischen Ironie und verleiht dem „philosophische[n] Ingenium [Ausdruck], dessen eigenstes die Sehnsucht nach jener Sprache ist, welche in der Übersetzung sich bekundet."[1] Im Abschnitt 9 findet schließlich auch die Hinwendung zur Aufgabe der Übersetzerin statt, die darin bestehe, „[j]ene reine Sprache, die in die fremde gebannt ist, in der eigenen zu erlösen, die im Werk gefangene in der Umdichtung zu befreien"[2], indem sie „diejenige Intention auf die Sprache" findet, „von der aus in ihr das Echo des Originals erweckt wird"[3] oder kurz gesagt: „in der Übersetzung den Samen reiner Sprache zur Reife zu bringen"[4]. Die Diskussion der Treue zum Wort und Freiheit vom Sinn führt zum letzten Komplex theologischer Denkfiguren, dem heiligen Text, in dem „die strömende Sprache und die strömende Offenbarung" zusammenfließen und die Interlinearversion als „Urbild oder Ideal aller Übersetzung" ermöglichen.[5] Der Effekt dieser Befreiung vom Sinn und Bindung an das Wort ist die Abweisung methodischer Vorgaben für die Übersetzerin, die freigestellt ist, die semantische Ebene zu überspringen, um einzelne Wörter in der Werkform zum Resonieren zu bringen. Die Forderung der Wörtlichkeit ist dabei jedoch nicht quantitativ zu denken – jedes einzelne Wort muss einer Linearität zwischen den Texten unterworfen werden –, sondern an einem Maßstab der Intensität innerhalb des Resonanzraumes der Form ausgerichtet, der sich aus dem Minimalpunkt einer annähernden Berührung des Sinns ergibt, die wir oben als Kälteerfahrung bestimmt haben. Wo sich bei Eco das Optimum der Übersetzung bei Kunstwerken aus einer flexiblen Auslegung einer graduellen Intensität von Reversibilität ergibt, macht bei Benjamin die Übersetzung die „Probe auf jenes heilige Wachstum der Sprachen [...]: wie weit ihr Verborgenes von der Offenbarung entfernt sei, wie gegenwärtig es im Wissen um diese Entfernung werden mag."[6] Wir sehen hier das Maß einer räumlich formulierten Differenz, d.h. einer Distanz, die reflektiert, 'gewusst' sein will, um im „Hier und Jetzt" ein „heiliges" Wachstum zu vollziehen. Anders gesagt, die gelungene Übersetzung aktualisiert Raumwissen in der Sprache, entwickelt das Bewusstsein für Distanzen, für

---

[1] Walter Benjamin, TP, S. XIII.
[2] Ebenda S. XVI.
[3] Ebenda S. XIII.
[4] Ebenda S. XIV.
[5] Ebenda S. XVII.
[6] Ebenda S. XI.

die „Aura" des Sprachlichen – „Ein sonderbares Gespinst aus Raum und Zeit"[1]. In der Übersetzung als Erprobung der Intensität der Aura wird Versöhnung der Differenzen in der Art des Meinens der Worte zumindest andeutungsweise erahnbar.[2] Andererseits kann die Aura sich aber auch als unheilvoller, ein- oder ausschließender Bann manifestieren. Dem in die Gestaltlosigkeit treibenden Grauen, das die blinde Nachahmung des Grauenvollen im Schrecken der Begegnung zur Folge hat, setzt Benjamin die 'Geistesgegenwart in heiliger Versunkenheit'[3] entgegen, die zu einer Souveränität führt, welche den Bann des Grauens zu brechen vermag. Deshalb lässt sich beispielsweise von der Mutterfigur in Benjamins Version der *Tableaux Parisiens* nicht einfach sagen, dass sie ein „grässlich[es]"[4] Bild abgebe, obwohl der Kontext (womöglich 'schmückt' und 'schminkt' sich sich, um an eben jenem nächtlichen Treiben in den Spelunken von Paris teilzunehmen, das die *Tableaux* zur Darstellung bringen) dies nahelegen würde – die weich fließende Sprache der Luna konterkariert diesen Eindruck gründlich. Die Kälteerfahrung als tangentialer Berührungs- oder Annäherungspunkt wird so in der Übersetzung einer anderen Gestaltung zugänglich, ohne deren Abkunft vom Original zu leugnen. Wie Benjamin betont, ist die Übersetzung als philosophisch-übersetzerische Kooperation eine romantisch-ironische Verpflanzung, „nur eine irgendwie vorläufige Art […], sich mit der Fremdheit der Sprachen auseinanderzusetzen."[5]

---

[1] Walter Benjamin, Das Kunstwerk im Zeitalter seiner technischen Reproduzierbarkeit. Erste Fassung. GS, Bd. I.2, Frankfurt am Main 1974, S. 440.

[2] In der *Aufgabe des Übersetzers* spricht Benjamin von Leben, Nachleben/Ruhm und Heiligkeit. Erst 1929 wird er bei Karl Wolfskehl von der Aura als „Lebensluft" lesen, die er selbst im folgenden Jahr als Ornament beschreibt. Noch später wird die Aura in ein polares Verhältnis zur Spur treten. Vgl. Karl Wolfskehl, Lebensluft oder ein Vormittag bei Hermes. Essais aus den Jahren 1927 – 1936. Hg. von Eckhardt Köhn. Berlin, Arsenal 2011, S. 7-10. Zur Aura als Vorläufer einer Atmosphären- Ästhetik vgl. Gernot Böhme, Atmosphäre. Essays zur neuen Ästhetik. Berlin, Suhrkamp 2014 [2013], S. 25-27.

[3] Walter Benjamin, Über das Grauen I, GS IV, S. 75f.

[4] Caroline Sauter, Die virtuelle Interlinearversion, a.a.O., S. 140.

[5] Walter Benjamin, TP, S. XI; Zum Zusammenhang von romantischer Ironie und poetischer Vernunft zwischen Philosophie und Literatur vgl. Hans Feger, Die poetische Vernunft in der Frühromantik, in: Ders. (Hg.), Handbuch Literatur und Philosophie. Stuttgart, Weimar, Metzler 2012, S. 67-86, insbesondere S. 73.

15. Visuelle Suggestionen:

Fotografie und Reisebeschreibung

in Colin Ross' Chinareportagen

Katrin Hudey

(Universität Heidelberg, Heidelberg)

> Ich habe manches geschaut und erlebt, was mir heute wie ein
> Traum erschiene, hätte ich nicht unwiderlegliche Beweise für seine
> Wirklichkeit. Mit dem Wolkenhimmel Jünnans wird es mir vielleicht
> einmal so gehen; denn ich konnte ihn nur in meine Seele eingraben,
> nicht aber auf den Film bannen. Meine Apparate lagen sämtlich
> verschlossen und versiegelt im Gepäckraum [...]. Doch auch wenn
> ich eine Kamera zur Hand gehabt hätte, hätte ich mich vielleicht
> gescheut, sie zu benützen, um die Andacht der weihevollen Schau
> nicht zu stören.[1]

Mit diesen Worten beschreibt Colin Ross[2] in seinem im Jahr 1940
publizierten Reisebericht *Das Neue Asien* einen Flug von Yunnan nach
Chongqing. Colin Ross, der als „Sucher und Forscher, Seher und Erkenner
[...] die Welt durchreist, Land und Leute, Sitten und Gebräuche

---

[1] Colin Ross, Das Neue Asien. Leipzig 1940, S. 191.

[2] Manchmal auch in der Schreibweise ‚Roß'. Sowohl zeitgenössisch als auch in der
Forschung finden sich beide Schreibweisen, aufgrund des schottischen Ursprungs des
Namens verwende ich die englische Schreibweise.

kennengelernt" hat,[1] so eine zeitgenössische Beurteilung, war ein bereits
seit dem Ersten Weltkrieg ungemein produktiver und ab 1933 wohl der
zeitgenössisch erfolgreichste deutschsprachige Reiseschriftsteller. So
scheu wie in der zitierten Passage zeigte sich Ross den (neuen) Medien
gegenüber allerdings selten, im Gegenteil: Er nahm in der Regel sowohl die
Film- als auch die Fotokamera selbst in die Hand, dokumentierte das
Gesehene und Erlebte und verwertete das eigenhändig gesammelte
Bildmaterial im Anschluss genretypisch in aufwändig getexteten und
bebilderten literarischen Reiseberichten.

Schon in den Reisebeschreibungen des 18. und 19. Jahrhunderts
nutzte man Illustrationen, später Daguerreotypie-Aufnahmen, um den
Leser*innen das Reiseerlebnis über die verbale Ebene hinaus auch
visuell zu vermitteln und das Fremde auf diese Weise anschaulich näher
zu bringen.[2] Mit der Weiterentwicklung sowohl der fotografischen als
auch der reproduktionstechnischen Verfahren[3] wurde spätestens ab der
Jahrhundertwende 1900 eine weit breitere, auch kommerzialisierte
Verwendung von Bildmedien möglich, was sich über die Etablierung neuer

---

[1] Eduard Springer, [Rez.] Das Neue Asien, in: Illustrierte Kronen-Zeitung 41 (1940),
S. 7.

[2] Vgl. Anna de Berg, „Nach Galizien". Entwicklung der Reiseliteratur am Beispiel der
deutschsprachigen Reiseberichte vom 18. bis zum 21. Jahrhundert. Frankfurt am Main
2010, S. 50 sowie Susanne Gramatzki, Traditionslinien? Vom fotografisch illustrierten
Roman des 19. Jahrhunderts zum fotografischen Künstlerbuch des 20. Jahrhunderts, in:
Monika Schmitz-Emans (Hg.), Bücher als Kunstwerke. Von der Literatur zum
Künstlerbuch. Essen 2013, S. 121-151, hier: S. 122.

[3] Die Illustrationen in Reiseberichten vor 1880, also vor Erfindung der Daguerreotypie,
mussten noch einzeln in die Bücher eingeklebt werden (vgl. Susanne Gramatzki,
Traditionslinien?, a.a.O., S. 122). Vgl. zur technischen Entwicklung auch kurz Peter
Sprengel, „Hier die schönsten Bilder aus meinem Kodak": Der Rekurs auf die
Photographie in Reisebeschreibungen des frühen 20. Jahrhunderts, in: Helmut
Pfotenhauer (Hg.), Poetik der Evidenz. Die Herausforderung der Bilder in der
Literatur um 1900. Würzburg 2005, S. 129-140, hier: S. 129f.

literarischer Genres, wie etwa Fotobücher,[1] hinaus natürlich nicht zuletzt auf die Reiseberichterstattung auswirkte: Reiseberichte waren besonders geeignet für eine plurimediale Gestaltung,[2] und so kam kaum eines der nach dem Ersten Weltkrieg publizierten Reisebücher noch ohne Fotografien aus.[3] Doch scheint sich die Verwendung nicht nur quantitativ zu verändern, sondern auch die Intention des Bildeinsatzes und, daran gekoppelt, die Erwartung der Rezipient*innen,[4] und zwar in Korrelation zu einer

---

[1] Vgl. zum literarischen Bildeinsatz und den sich neu entwickelnden Kommunikationsformen z.B. Anne-Kathrin Hillenbach, Literatur und Fotografie. Analysen eines intermedialen Verhältnisses. Bielefeld 2012; Franz Meier, Dichtung und Photographie. Überlegungen zur intermedialen Dimension von Bildlichkeit, in: Renate Stauf (Hg.), Wechselwirkungen. Die Herausforderung der Künste durch die Wissenschaften. Heidelberg 2014, S. 169-184; Claudia Öhlschläger, Das ‚punctum' der Moderne: feuilletonistische und fotografische Städtebilder der späten 1920er und frühen 1930er Jahre: Benjamin, Kracauer, von Bucovich, Moi Ver, in: Zeitschrift für Germanistik 22.3 (2012), S. 540-557; Axel Fliethmann, Fotografie und Literatur. Überlegungen zur Mediendifferenz am Beispiel von Foto-Texten, in: Franz-Josef Deiters (Hg.), Groteske Moderne – moderne Groteske: Festschrift für Philip Thomson. St. Ingbert 2011, S. 389-406; Monika Schmitz-Emans, Eine andere Art zu erzählen. Literarische Text-Photo-Kombinationen und die Frage nach ihrem „Realismus", in: Daniela Gretz (Hg.), Medialer Realismus. Freiburg 2011, S. 271-293; Matthias Uecker, The Face of Weimar Republic. Photography, Physiognomy, and Propaganda in Weimar Germany, in: Monatshefte für deutschsprachige Literatur und Kultur 99.4 (2007), S. 469-484; Erwin Koppen, Literatur und Photographie. Über Geschichte und Thematik einer Medienentdeckung. Stuttgart 1987; Richard Nate, Amerikanische Träume. Die Kultur der Vereinigten Staaten in der Zeit des New Deal. Würzburg 2003, S. 142f. Auf die Fotografie als Metapher konzentriert sich neben anderen v.a. Michael Neumann, Eine Literaturgeschichte der Photographie. Dresden 2006.

[2] Vgl. Peter Sprengel, „Hier die schönsten Bilder aus meinem Kodak", a.a.O.

[3] Vgl. auch Matthias Uecker, The Face of the Weimar Republic, a.a.O., S. 469. Natürlich ist diese Entwicklung auch auf die Etablierung der Fotografie als „Massenmedium des Krieges" zu deuten (vgl. Sandra Oster, Krieg und Frieden im Foto-Text-Buch der Weimarer Republik, in: Christian Meierhofer (Hg.), Materialschlacht. Der erste Weltkrieg im Sachbuch. Hannover 2013, S. 125-145. Allgemein zur Fotografie in der Reiseliteratur der 1920er Jahre siehe: Matthias Uecker, The Face of Weimar Republic, a.a.O.; Anna de Berg, „Nach Galizien", a.a.O., S. 50f. sowie Peter Sprengel, „Hier die schönsten Bilder aus meinem Kodak", a.a.O.

[4] Vgl. dazu Wilhelm Voßkamp, Gattungen als literarisch-soziale Institutionen (Zu Problemen sozial- und funktionsgeschichtlich orientierter Gattungstheorie und -historie), in: Walter Hinck (Hg.), Textsortenlehre – Gattungsgeschichte. Heidelberg 1977, S. 27-42.

generellen Politisierung des Genres: In diesem Sinne nimmt jedenfalls Ross'
Rezensent Gustav Dröscher die eingangs zitierte Funktionszuschreibung an die
Fotografie als „Beweis für die Wirklichkeit" direkt auf: In einem 1940
publizierten Beitrag zu Ross' Büchern lobt er vor allem die Wiedergabe der
„Erlebnisse in buntem Wechsel" sowie die Untermauerung des Gesagten
durch „beweiskräftige Bilder", welche den Büchern eine „suggestive
Kraft" verleihe.[1] Ross' Reiseberichte sind unter anderem deshalb so
erfolgreich – so meine erste, an diese Beobachtung anschließende These –,
weil das von ihm konstruierte Text-Bild-Arrangement die beiden Medien
nicht mehr nur in ein additives und illustratives, sondern in ein
komplementäres und korrelatives Verhältnis setzt. Die visuelle Verstärkung
des Texts und die textuelle Verstärkung des Bildes erlauben ihm, wie ich
zeigen werde, eine gezielte, nicht zuletzt politische Leserlenkung sowie in der
Folge eine deutliche Ausweitung der potentiell angesprochenen Leserkreise.
Ross zielt mit seiner Text-Bild-Gestaltung in der Tat darauf, auf
Rezipient*innen die von Dröscher registrierte „suggestive Kraft" auszuüben,
das heißt eine durch wechselseitige mediale Unterstützung erreichte Wirkung,
die den Leser*innen einen intensiven, kognitiven wie evokativen Nachvollzug
seiner Reisewahrnehmungen und deren Bewertungen ermöglicht.

Zeigen möchte ich dies im Folgenden am Beispiel von Colin Ross'
Asienreportagen. Ross hielt sich unter anderem drei Mal mehrere Monate
gemeinsam mit seiner Frau und seinen beiden Kindern in China auf. Zur
Vermarktung seiner Reiseerlebnisse setzte Ross – ein Meister der
öffentlichen Selbstinszenierung[2] – auf eine multimediale „Strategie der
Streuung",[3] wie Joachim Schätz es genannt hat, indem er verschiedene
Medienformen und -formate bediente:[4] von unzähligen weltanschauungsliterarisch
imprägnierten Aufsätzen über Hörfunkinterviews, Vortragsmanuskripte,

---

[1] Gustav Dröscher, [Rez.] Colin Roß: Das Neue Asien, in: Die Bücherei 7 (1940), S. 321.

[2] Vgl. auch Andy Hahnemann, Texturen des Globalen. Geopolitik und populäre Literatur in der Zwischenkriegszeit 1918 – 1939. Heidelberg 2010, S. 94, der es als „geschickte[n] Marketing-Schachzug" deutet, dass Ross „seine Familie ganz offensiv ins Bild setzte."

[3] Joachim Schätz, Strategie der Streuung. Das multimediale Geschäftsmodell des Reisefilmers Colin Ross in den Protokollen des Brockhaus-Verlags, in: Filmblatt 61/62 (2017), S. 104-109.

[4] Vgl. dazu ferner Katalin Teller, Der Weltreisende Colin Roß vor deutschem und österreichischem Publikum. Massenkulturelle Vermarktung von Kriegserfahrung und Abenteuer (1912 – 1938). Frankfurt am Main 2017, v.a. S. 44f.

Vorlesungen, Fotobücher bis hin zu Kinofilmen.[1] In zwei auflagenstarken Büchern mit den Titeln *Das Meer der Entscheidungen* (1924; überarbeitete Neuauflage 1936) und *Das Neue Asien* (1940) rückte er China ins Zentrum. Diese stehen im Fokus meiner Ausführungen. Obgleich *Das Meer der Entscheidungen* in den 1920er Jahren zweimal bereits wortgleich neu aufgelegt wurde, schien Ross 1936 „auf Grund neuer Reisen nach Amerika und Ostasien" eine Überarbeitung und Aktualisierung des Stoffes notwendig.[2] Die immer wieder erfolgende Auseinandersetzung mit dem Asienthema über politische und biografische Zäsuren hinweg ermöglicht es uns heute, Veränderungen und Entwicklungen sowohl in Ross' politischem und weltanschaulichem Denken als auch im Blick auf die von ihm eingesetzten textuell-visuellen Darstellungstechniken aufzuzeigen. Hierzu werde ich im Folgenden (1) die Gestaltung der Reiseberichte sowie die Auswahl der eingebundenen Bilder kurz skizzieren, bevor ich (2) die Text-Bild-Korrelation analysiere und deute und davon in einer ersten Annäherung Ross' Strategien des Text- und Bildeinsatzes ableite. Abschließend werde ich (3) in einer kurzen Schlussbetrachtung Entwicklungslinien in Ross' Werk nachzeichnen und anvisierte Absichten ausloten.

---

[1] Ein von 2015 bis 2017 gefördertes Projekt am Ludwig-Boltzmann-Institut für Geschichte und Gesellschaft hat das umfangreiche und multimediale Œuvre Colin Ross' in Ansätzen aufgearbeitet und in der zugehörigen Projektwebsite neben zahlreichen Informationen und kleineren Fallstudien zu Ross eine Bibliothek inkl. nahezu vollständiger Bibliografie und Textscans zur Verfügung gestellt: http://www. colinrossproject.net [aufgerufen am 8.Februar 2019].

[2] Colin Ross, Das Meer der Entscheidungen. Leipzig 1936, Titelblatt. Die Veränderungen basieren vorwiegend auf Streichungen und Ergänzungen ganzer Passagen, wobei am übrigen Material, soweit ich sehen kann, nur kleinere stilistische und keine inhaltstragenden Veränderungen vorgenommen wurden. Es entfallen die Kapitel: *Das Quotenrennen über den Atlant, New Yorker Winter, Die Welt, das Fleisch und der Satan, Die Stadt, von der Mann spricht, Die wiedererweckte Landstraße, Kalifornien als Einwanderungsland, Zur Soziologie des Autos* und *Der amerikanische Farmer*. Neu eingefügt bzw. überarbeitet wurde lediglich ein Kapitel mit dem Titel *Amerika von der „Prosperity" zur „Depression"*. Neu eingefügt für den Teil zu China wurden die Kapitel *Wo Ost und West sich treffen, Ein Paradies von Dienerschafts Gnaden, Weiß und Gelb in der Schule, Ein junges Mädchen von heute, Sklavinnen zu verkaufen, Piraten, Das chinesische Hotel, Nächtlich schwimmende Stadt, Verniggerung Chinas?* und *Die breite Straße nach Moskau*. Das Kapitel *Chinas Weg aus den Wirren* wurde mit Veränderungen und Ergänzungen im Kapitel *Die Zukunft des himmlischen Reiches* aktualisiert.

Vorab nur einige wenige Worte zum biographischen Kontext des heute eher unbekannten Autors, der in der Forschung, wenn überhaupt, bislang vor allem hinsichtlich seiner Biographie aus kulturwissenschaftlicher Perspektive,[1] in Bezug auf sein Werk vor allem aus filmwissenschaftlicher Perspektive in den Fokus gerückt ist,[2] während die Literaturwissenschaft sich vor allem auf die punktuelle Darstellung einzelner bereister Orte konzentrierte:[3] 1885 in Wien geboren, studierte Colin Ross in Berlin, München und Heidelberg und verfolgte vor allem journalistische Ambitionen. Nach verschiedenen kürzeren Auslandsaufenthalten trat er 1923 seine erste große Reise an und bereiste in der Folge über 17 Jahre lang, meist in Zusammenarbeit mit dem Auswärtigen Amt, alle Kontinente teils mehrfach. Die institutionelle, staatliche Anbindung wollte er auch nach 1933 weiter aufrechterhalten. Ohne Skrupel gegenüber dem nationalsozialistischen

---

[1] Vgl. vor allem die in Teilen apologetische Magisterarbeit von Bodo-Michael Baumunk, Colin Ross. Ein deutscher Revolutionär und Reisender 1885 – 1945. Berlin 1999 mit Korrekturen 2015.

[2] Tobias Nagl, Die unheimliche Maschine. Rasse und Repräsentation im Weimarer Kino. München 2009, zu Ross: S. 350-369; Bodo-Michael Baumunk, „Eine Reise zu sich selbst". Der Drehbuchautor Colin Ross, in: Wolfgang Jacobson (Hg.), G.W. Pabst. München 1997, S. 169-174; Bodo-Michael Baumunk, Ein Pfadfinder der Geopolitik. Colin Ross und seine Reisefilme, in: Jörg Schöning (Red.), Triviale Tropen. Exotische Reise- und Abenteuerfilme aus Deutschland 1919 – 1939. München 1997, S. 85-94. Vor allem in Hinblick auf Vermarktungsstrategien und dem Einsatz verschiedener Medien vgl. Joachim Schätz, Strategie der Streuung, a.a.O.; Katalin Teller, Der Weltreisende Colin Roß vor deutschem und österreichischem Publikum, a.a.O.; Nico de Klerk, Zum Stillstand kommen. Text und Bild in den Reisebüchern von Colin Ross, in: Fotogeschichte 147 (2018), S. 23-30 sowie Siegfried Mattl, „Space without People". Austro-German Filmmaker, Bestselling Author and Journalist Colin Ross Discovers Australia, in: Journey. Special Issue 2.17 (2016), S. 5-22.

[3] Vgl. David Milde, Lernen von den Eskimos. Der Weltfahrer Colin Roß zwischen Moderne und Nationalsozialismus, in: Wolfgang Emmerich und Carl Wege (Hg.), Der Technik-Diskurs in der Hitler-Stalin-Ära. Stuttgart/Weimar 1995, S. 146-158; Nicole Pissowotzki, Colonial Fantasies, Narrative Borders, and the Canadian North in the Works of Germany's Colin Ross (1885 – 1945), in: Notdlit 24 (2009), S. 81-97. Im Kontext anderer Reiseautor*innen diskutieren auch Ross: Charlotte Heymel, Touristen an der Front. Das Kriegserlebnis 1914 – 1918 als Reiseerfahrung in zeitgenössischen Reiseberichten. Berlin 2007; Adrián Herrera Fuentes, „Dieses merkwürdige Land zwischen den amerikanischen Wendekreisen". Deutsche Reiseliteratur über Mexiko im Nationalsozialismus. Colin Ross (1937) und Josef Maria Frank (1938). Frankfurt am Main 2016 sowie Andy Hahnemann, Texturen des Globalen, a.a.O.

Regime traf er hierfür bereits im Jahr 1934 Adolf Hitler zum ersten Mal persönlich.[1] Rasch entwickelte er sich zum, laut Eigenaussage, „bis in den letzten Nerv überzeugten Nationalsozialisten"[2] und konnte das sog. Dritte Reich als „Ermöglichungsraum"[3] für seine Karriere nutzen. Ross hat auf vielfältige Weise für den NS-Staat gearbeitet und im Gegenzug vom NS-Staat profitiert. Das von ihm anvisierte Publikum ist daher vor allem ein *deutsches* Publikum; Ross adressierte mit seinen Texten keine Exilant*innen und wendete sich auch nicht an Ausländer*innen, etwa an die in seinen Reportagen beschriebenen Chines*innen.[4] Konsequent entschied er sich mit der Kapitulation Deutschlands und der Befreiung durch die Alliierten 1945 gemeinsam mit seiner Frau für den Freitod. Für meine Frage nach der suggestiven Kraft von Ross' Asienreportagen impliziert dieser biographisch-historische Kontext, dass man es bei seinen Büchern nicht mit weltanschauungsneutralen, politikindifferenten Texten und Bildern zu tun hat, sondern dass sich hier Unterhaltungs-, Informations- und Propagandainteressen auf eine spezifische Weise kreuzen.

I. Fotografien in Colin Ross' Asienreportagen

Alle Reisebücher von Colin Ross erschienen im Leipziger Brockhaus-Verlag[5] und weisen die gleiche äußere Aufmachung auf, was

---

[1] Vgl. den zugehörigen Bericht von Colin Ross in der Berliner Morgenpost: Colin Ross, Besuch bei Adolf Hitler, in: Berliner Morgenpost, 20.4.1934.

[2] Colin Ross, Manuskript einer Rede vor der „Anglo-German-Fellowship", 1936, zit. nach: Bodo-Michael Baumunk, Colin Ross, a.a.O., S. 6.

[3] Vgl. dazu Ulrich Herbert, Wer waren die Nationalsozialisten? Typologien des politischen Verhaltens im NS-Staat, in: Gerhard Hirschfeld (Hg.), Karrieren im Nationalsozialismus. Funktionseliten zwischen Mitwirkung und Distanz. Frankfurt am Main 2004, S. 17-44.

[4] Auch gab es keine zeitgenössische asiatische Übersetzung der Texte, wie dies bei anderen Reiseberichten der Fall ist, sondern nur ins Italienische (1942), Norwegische (1944) und Französische (1944). Im Jahr 1990 wurde *Das Neue Asien* allerdings ins Japanische übersetzt.

[5] Der Verlag machte ab 1919 Reiseliteratur zu einem Programmschwerpunkt, adressierte zum einen mit der kommerzialisierten, neugegründeten Reihe *Reisen und Abenteuer* ein breites Lesepublikum, zum anderen forcierte man durch Filmbücher den Einbezug neuer Medien und setzte auf eine multi- und intermediale Vermarktung. Vgl. dazu ausführlicher Roland Gruschka, Programmpolitik und Layout der Reiseliteratur, in: Thomas Keiderling (Hg.), F.A. Brockhaus. Mannheim 2005, S. 107-114 sowie ders., Neue Gattungen der Reiseliteratur: Alpinistika und Filmbücher, in: Thomas Keiderling (Hg.), F.A. Brockhaus, a.a.O., S. 114-117.

den Wiedererkennungswert steigerte bzw. Ross' Werk eine Art Reihencharakter
verlieh: Die Gestaltung des Schutzumschlags der oktavformatigen Bücher
in dezent verziertem Leineneinband wurde durchgängig von Georg Baus
(1889 – 1971) verantwortet. In der Regel konzentrierte sich Baus – in
Absprache mit dem Autor[1] – auf eine künstlerische Umsetzung der von
Ross verhandelten Kernthese des jeweiligen Berichts. So zeigt der
gezeichnete Schutzumschlag von *Das Meer der Entscheidungen*, der in
beiden Auflagen von 1924 und 1936 gleich ist, die Erdkugel so gedreht, dass
der Pazifik den Betrachter*innen frontal in den Blick fällt und die ‚beiden
Seiten des Pazifiks' – Amerika und Asien – sich rechts und links in rotbraun
unterlegter Farbe anschließen (siehe Abb. 1).

Abb. 1　Schutzumschlag von Colin Ross:
Das Meer der Entscheidungen (1924 und 1926)

Eine von oben vertikal ausgerichtete, in Relation zur Erdkugel
überdimensional große rechte Hand mit ausgestreckten Zeigefinger, über
welcher horizontal das Titelwort „Entscheidungen" prangt, zeigt in die Mitte
des Pazifiks und symbolisiert sowohl durch das Arrangement zum Titel als
auch durch das Größenverhältnis die politische Bedeutung, die Ross mit
dem geographischen Ort verknüpft sehen will: Die Erdkugel erscheint dabei
fast als Spielball, über den die annoncierten oder geforderten Entscheidungen
zu treffen sind.

Der Umschlag von *Das Neue Asien* ist ganz anders gestaltet. Anstelle eines
geopolitischen Symbols rückt Baus hier ein architektonisches ins Zentrum:

---

[1]　Vgl. Katalin Teller, Der Weltreisende Colin Roß vor deutschem und österreichischem
Publikum, a.a.O., S. 46, Anm. 87.

Er zeigt ein Pekinger Stadttor, auf welchem über dem Durchgang chinesische Schriftzeichen angebracht sind: „序秩新亞東設建" (wörtlich etwa: Die Neue Ordnung wird in Ostasien errichtet). Dass der am oberen Bildrand in großen blauen Lettern abgedruckte Titel *DAS NEUE ASIEN* die deutsche Übersetzung der auf weiße Rauten gesetzten Schriftzeichen und eine von den Japanern propagandistisch eingesetzte Formel zum Ausdruck ihres politischen Hegemoniestrebens ist, bleibt für die deutschen Leser*innen, die des Chinesischen unkundig sind, opak. Anders als bei *Das Meer der Entscheidungen* versprechen die großen chinesischen Schriftzeichen den Leser*innen vielmehr, ebenso wie die gezeigte typisch chinesische Architektur des konkav-gewölbten Pagodendachs, zunächst vor allem ein fremdes und exotisches Leseerlebnis. Unterstützt wird dies durch die Passant*innen am unteren Bildrand, die durch eine schlichte Kleidung, das Tragen des klassischen asiatischen Kegelhutes und das Führen von Lasttieren wohl als das ‚einfache', arbeitende Volk ausgewiesen werden sollen. Just dies scheint nun von besonderer Aussagekraft, denn die Gestaltung des Umschlags vollzieht sich in Anlehnung an die erste eingebundene Fotografie – Baus weicht, wohl in exotisierender Absicht, in der ansonsten originalgetreuen Nachzeichnung nur bei der Gestaltung der Passant*innen vom Foto ab (siehe Abb. 2).

Abb. 2   Schutzumschlag von Colin Ross: *Das Neue Asien* (1940)

Ein erster Blick in die beiden Bücher zeigt, dass die Berichte zunächst formal alle genretypischen Kennzeichen aufweisen: Ortsmarken, Datierungen, Karten der Reiserouten, ein einhängendes Vorwort, eine (chronologische)[1]

---

[1] Da er Japan zweimal besucht, fasst Ross die Beschreibungen über Japan in einem Kapitel zusammen und weicht an dieser Stelle von der Reisechronologie ab (vgl. Colin Ross, Das Neue Asien, a.a.O., S. 19-81, direkter Hinweis z.B. S. 41).

Gliederung der Schilderungen arrangiert nach bereisten Orten und eben auch Fotografien. Schon paratextuell wird in den Reisebüchern die Anzahl der Fotografien ausgewiesen, die in einem sich dem Inhaltsverzeichnis anschließenden Register einzeln aufgelistet werden. Die eingebundenen Schwarz-Weiß-Fotografien stammen, wie ein Hinweis im Register verrät, von dem Verfasser selbst sowie einige wenige von offiziellen Ämtern.[1] Die Doppelrolle, die Ross als Berichtender und als Fotograf zugleich bekleidet, ist zeitgenössisch eher untypisch und wohl zu großen Teilen auf seine Technikaffinität zurückzuführen. Seine „Zeugenschaft der Kamera"[2] nutzt er vor allem dazu, den behaupteten Objektivitätsanspruch durch seine Bilder zu bekräftigen. Hingegen ist er als Person in den Büchern kaum abgelichtet.[3] Und auch seine ihn begleitende Familie wird nicht abgebildet.[4] Stattdessen zeigen die Fotografien in erster Linie – und dies ist in allen zwei bzw. drei

[1] So heißt es in *Das Meer der Entscheidungen* (1924): „nach Aufnahmen des Verfassers mit Mentor-Spiegel-Reflexkamera mit Zeiß-Tessar" (Colin Ross, Das Meer der Entscheidungen. Leipzig 1924, S. 11) sowie in *Das Neue Asien*: „nach Aufnahmen des Verfassers und seines Sohnes Ralph Colin Ross mit Contax-Kameras sowie nach freundlichst überlassenen Bildunterlagen der Kokusai Bunka Shinkokai, des japanischen Touristenbüros in Tokio und von Herrn Holington Tong von der chinesischen Regierung in Tschung-king." (Colin Ross, Das Neue Asien, a.a.O., S. 5).
[2] Anne-Kathrin Hillenbach, Literatur und Fotografie, a.a.O., S. 40. Auch Kurt Tucholsky deutete die Fotografie als geeignetes Agitationsmittel, da sie authentischer sei und keine Zweideutigkeiten zulasse. So forderte er bereits 1912: „Wir brauchen viel mehr Fotografien. Eine Agitation kann gar nicht schlagfertiger geführt werden. […] Nichts beweist mehr, nichts peitscht mehr auf als diese Bilder." (Kurt Tucholsky, Mehr Fotografien!, in: Vorwärts, 28.06.1912. Vgl. dazu u.a. Ulrich Stadler, Bild und Text und Bild im Text. Photographien bei Tucholsky und Heartfield und die Prosaskizze „Hinter der Benus von Milo", in: Konstanze Fliefl (Hg.), Kunst im Text. Frankfurt am Main 2005, S. 69-87, hier: S. 70). Vgl. zum Objektivitätsanspruch auch Franz Meier, Dichtung und Photographie, a.a.O., S. 171 sowie Matthias Uecker, The Face of Weimar Republic, a.a.O., S. 470. Zur Einbettung in den Realismusdiskurs Monika Schmitz-Emans, Eine andere Art zu erzählen, a.a.O.
[3] Eine Ausnahme bildet in *Das Neue Asien* Ross mit einem „mongolischen Stammeshäuptling" (vgl. Colin Ross, Das Neue Asien, a.a.O., S. 136).
[4] Ausnahme ist hier eine Aufnahme von „Unseren Kindern in China" in *Das Meer der Entscheidungen* (1936) (vgl. Colin Ross, Das Meer der Entscheidungen [1936], a.a.O., S. 288). Anders ist dies in den Kinofilmen, die auffallend häufig die Familienmitglieder in Interaktion mit Ortsansässigen fokussieren. Einzelne Auszüge der Kinofilme sind in der Datenbank *Mapping Colin Ross* enthalten, siehe http://colinrossproject.net/topic/ [zuletzt aufgerufen am 24.3.2019].

Büchern gleich – Sehenswürdigkeiten, Landschafts- und Stadtaufnahmen, Menschen sowie alltägliche Arbeiten. Es seien nur einige Fotomotive exemplarisch genannt: In *Das Meer der Entscheidungen* (1924) finden sich Abbildungen vom Nordaltar des Himmelstempels in Peking,[1] eine Landschaftsaufnahme auf dem Yangtse[2] oder das Bild einer Uferpromenade in ‚Wutschang‘.[3] In *Das Neue Asien* wird die Verbotene Stadt in Peking,[4] eine Stadtaufnahme aus Shanghai[5] oder einen Esel, der Getreide mahlt,[6] gezeigt. Für die veränderte Neuauflage von *Das Meer der Entscheidungen* tilgt Ross einige Amerika-Fotografien, um dafür Abbildungen aus China hinzuzufügen, wie etwa von handwerklichen Arbeiten oder Straßenaufnahmen.[7] Die Auswahl der eingebundenen Fotografien konzentriert sich also *prima facie* auf eine visuelle Vermittlung des kulturellen sowie alltäglichen Lebens in der Fremde, gewürzt mit einer gewissen exotistischen Note. Soweit scheint also die formale äußere und innere Gestaltung der Bücher sowie die Auswahl der den Text begleitenden Fotografien den typischen Erwartungen an populäre Reiseliteratur der Zeit zu entsprechen. Dass es sich bei dem Verfasser um einen nationalsozialistischen Opportunisten handelt, spiegelt sich im Bildprogramm kaum wider.

II. Zur Text-Bild-Korrelationen

Der Text allerdings sorgt für Irritation: Denn die Reisebücher von Colin Ross zeichnen sich alle durch eine bestimmte thematische Akzentuierung aus, die nicht mehr viel mit den Reiseberichten gemein hat, wie sie sich um die Jahrhundertwende etabliert und für die Folgejahre prägend geworden waren.[8] Im Zentrum der Reisebeschreibung steht bei Ross nicht mehr der ‚Flaneur‘, der ‚Weltenbummler‘ und dessen impressionistische Wahrnehmungen der Landschaft, des ‚exotischen Volks‘ und seiner Sitten. Stattdessen nutzt Ross die referierten Reisewahrnehmungen zur politischen Analyse. An die Stelle ausführlicher szenisch-episodischer Beschreibungen des Gesehenen

---

[1] Colin Ross, Das Meer der Entscheidungen (1924), a.a.O., S. 265.

[2] Ebenda S. 281.

[3] Ebenda S. 288.

[4] Colin Ross, Das Neue Asien, a.a.O., S. 152.

[5] Ebenda S. 184.

[6] Ebenda S. 152

[7] Vgl. Colin Ross, Das Meer der Entscheidungen (1936), a.a.O., S. 272 und S. 305.

[8] Vgl. auch Andy Hahnemann, Texturen des Globalen, a.a.O., S. 104.

und Erlebten treten bei Ross von der jeweils beobachteten Situation losgelöste, politische Stellungnahmen, die China und Japan vergleichend ins Verhältnis zur deutschen politischen, sozialen und gesellschaftlichen Gegenwart setzen und daraus politische Konsequenzen ableiten. Das eigentliche Reiseerlebnis dient dabei nur noch als Auslöser für weltanschauliche Vergleichsreflexionen.

Colin Ross stand mit dieser neuen Form des Reiseberichts im ersten Drittel des 20. Jahrhunderts nicht alleine, sondern reagierte damit wie zeitgleich auch Egon Erwin Kisch, Richard Katz oder Arthur Holitscher auf ein verändertes Leserinteresse: Technische Neuerungen und die gesteigerte Mobilität ermöglichten breiten Bevölkerungsschichten zunehmend, *selbst* ferne und fremde Länder zu bereisen.[1] Befördert durch die generelle Politisierung der europäischen und nicht-europäischen Gesellschaften, änderte sich die Funktion der Reisereporter*innen: Sie waren nicht mehr bloß ‚Gewährsperson' für das Fremde, sondern konnten sich nun als kosmopolitische Expert*innen für die Hintergründe und Zusammenhänge des politischen, ökonomischen und kulturellen Weltgeschehens profilieren. Die Reiseerfahrungen authentifizierten und legitimierten demnach die getroffenen kulturellen und politischen Aussagen oder dienten zur Anreicherung, Affirmation und auch Falsifizierung des in verschiedenen Medien bereits zirkulierenden Wissens über das andere Land. Der Reisebericht wurde so von einer informierend-didaktischen und unterhaltenden zu einer wesentlich politischen Textsorte – eine Entwicklung, die sich in den 1920er Jahren bereits deutlich abzeichnete und die nach 1933 einsetzende agitatorische und propagandistische Instrumentalisierung der Gattung ermöglichte.

Welche politische Botschaft aber verfolgt Colin Ross mit seinen Asienberichten? Ross nutzt den Text vor allem zur Propagierung einer geopolitischen Weltdeutung, die er durch die Berichtsform als vermeintlich objektive Gegenwartsanalyse inklusive extrapolierter Zukunftstendenzen ausgeben kann.[2] Dem zugrunde liegt ein geschichtsphilosophisches Modell der globalhistorischen Entwicklung, das Ross in seinen beiden weltanschaulichen Büchern *Die Welt auf der Waage* (1929) und *Der Wille der Welt* (1932)

---

[1] Vgl. dazu zum Beispiel Colin Ross' Ausführung zum Unterschied zwischen seinen und den von Reiseorganisationen installierten Massentourismus in Colin Ross, Hinter der Fassade von Hongkong. Chinesische Eindrücke IV, in: Tempo (1931), S. 7.

[2] Vgl. zur Geopolitik bei Ross ausführlicher v.a. Andy Hahnemann, Texturen des Globalen, a.a.O., S. 92-115, hier v.a. S. 92.

entfaltet hat. Es handelt sich um einen synkretistischen Entwurf, der verschiedene zeitgenössische Ideen – unter anderem von Karl Haushofer, Arthur Dix und Friedrich Ratzel sowie Edward B. Tylor, aber auch Sigmund Freud, Albert Einstein und Oswald Spengler – kompiliert.[1] Ich kann an dieser Stelle darauf nicht ausführlicher eingehen; seine in den Reiseberichten formulierten Aussagen für China lassen sich aber wie folgt summieren: In *Das Meer der Entscheidungen* (1924) prophezeit Ross, dass China eine „neu aufsteigende dritte pazifische Weltmacht"[2] neben Amerika und Europa werde:

> Wahrscheinlich ist, daß die Epoche der Revolutionen, Bürgerkriege und Umstürze in China noch lange nicht zu Ende ist, sondern vielleicht erst richtig einsetzt. Aber ebenso wahrscheinlich ist auch, daß in ihrer letzten Folge kein dauerndes Auseinanderfallen des Reiches der Mitte eintritt, sondern ein neues Zusammenfassen und eine neue wirtschaftliche und politische Blüte.[3]

1924 sieht Ross für den Aufstiegsprozess Chinas noch zwei Bedingungen: Zum einen müsse die internationale Wahrnehmung Chinas im weltpolitischen Zusammenhang sich vom Ansehen eines „auszubeutende[n] Kolonialland[es]" zum weltpolitisch wichtigen Faktor wandeln.[4] Zum anderen müssten auf nationaler Ebene die Verhältnisse geklärt werden; denn das sich seit der Revolution von 1911 in politischen Vormachtkämpfen befindende Reich brauche eine Einigung.[5] Zum Zeitpunkt des Erscheinens

---

[1] Lediglich auf Spenglers *Untergang des Abendlandes* nimmt Ross explizit Bezug; vgl. etwa Colin Ross, Der Wille der Welt. Leipzig ⁶1932, S. 29. Vgl. ferner Ross' Aussagen in einer „Auseinandersetzung mit Spengler", in der er explizit einen „Spenglerschen Einfluss" markiert: Colin Ross, Gedanke und Tat im Weltgeschehen. Eine Auseinandersetzung mit Spengler, in: Zeitschrift für Geopolitik XI.I (1934), S. 126-131. Vgl. dazu auch knapp Kristin Kopp, Weltbilder. Rassismus, Kolonialismus und Geopolitik in den kognitiven Karten des Weltreisenden Colin Ross, in: Zeitschrift für Kulturwissenschaften 12.1 (2018), S. 57-72, hier: S. 62f.

[2] Colin Ross, Das Meer der Entscheidungen (1924), a.a.O., S. 306.

[3] Ebenda S. 310.

[4] Ebenda S. 306.

[5] So schreibt er in dem Kapitel *Weg aus den Wirren*: „Und Peking wird zu neuer Blüte erst kommen, wenn ein neuer, starker Herr, mag er nun Kaiser, Präsident oder Volksbeauftragter heißen, wieder das ganze China zu einem gewaltigen Reiche eint." (Ebenda S. 272).

der aktualisierten Version, im Jahr 1936, sind diese zwei Bedingungen zwar noch immer nicht erfüllt, treten aber zugunsten einer neu aufgestellten Bedingung für den Aufstieg Chinas in den Hintergrund: Ross erwartet nun einen chinesischen „Erneuerungsprozeß auf allen Gebieten", der primär auf den Umgang mit „westlichen Ideen" ziele.[1] Der Konflikt zwischen Japan und China spitzte sich in jenen Jahren immer mehr zu; Ross betont, dass sich die Vormacht Japans aber zurückdrängen ließe und China selbst die Rolle der Weltmacht übernehmen könnte. Bei seinem dritten China-Besuch im Jahr 1940 meint Colin Ross schließlich dieses heraufbeschworene „Neue Asien" zu finden: Zwar behaupte Japan noch immer seine Vormachtstellung, doch diene es gleichsam nur als „dynamische Kernzelle"[2], die die Neuformierung Asiens vorantreibe. Der zweite sino-japanische Krieg – gleiches gelte analog auch für den Ausbruch des Zweiten Weltkriegs in Europa[3] – wird in Ross' Deutung zur unverzichtbaren Übergangsphase, welche letztlich eine Überwindung der schon seit Beginn seiner Ausführungen 1924 bestehenden ‚chinesischen Krise' bewirken werde. China sei auf dem guten Weg sich seiner Prognose gemäß als ranggleiche „dritte pazifische Macht" neben Amerika und Europa zu etablieren.[4]

Man könnte nun meinen, dass sich Ross mit dieser Darstellung für China und gegen Japan ausspreche, also gewissermaßen dem gegen die japanische Übermacht kämpfenden China gleichsam als ‚politischer Unterstützer und Ratgeber' zur Seite springe. Das ist allerdings ein Irrtum: Immerhin adressierte er mit seinen Texten, wie eingangs erwähnt, ein deutsches Publikum. Als überzeugter Nationalsozialist weiß er von den zeitweiligen Plänen Hitlers, mit China zu paktieren. Die Nationalsozialisten hatten mit der Machtübernahme die industrielle und militärische Kooperation mit der Guomindang intensiviert, unter anderem in der Absicht, Chiang Kai-sheks Nationalchina gegen die Sowjetunion und damit gegen den Kommunismus zu mobilisieren. Erst der Antikomintern-Pakt mit dem japanischen Kaiserreich 1936, dem 1937 Italien beitrat, schaffte die Grundlage für die ‚Achse Berlin – Rom – Tokio' und kühlte die Beziehung

---

[1] Colin Ross, Das Meer der Entscheidungen (1936), a.a.O., S. 314.
[2] Colin Ross, Das Neue Asien, a.a.O., S. 12.
[3] Vgl. z.B. ebenda S. 12f.
[4] Colin Ross, Das Meer der Entscheidungen (1924), a.a.O., S. 306.

zwischen China und NS-Deutschland deutlich ab.[1] Colin Ross hatte keine Präferenzen für China gegenüber Japan, sondern er war der geopolitischen Überzeugung, dass NS-Deutschland mit China einen besseren Partner für seine imperialistischen und rassistischen Ziele gewinnen würde als mit Japan. Seine Rede über China speist sich also vor allem aus einem auf NS-Deutschland hin orientierten Machtkalkül; er will nicht den Chines*innen, sondern seinen Landsleuten Unterstützer und Ratgeber sein.

Diese Orientierung bildet sich auch in den Wertungen der Reiseberichte ab. Während in den ersten beiden Berichten zu China Asien im Fokus steht, tritt in *Das neue Asien* NS-Deutschland und dessen – natürlich positiv herausgestrichene – Wahrnehmung durch das Ausland stärker hervor.[2] Ross' Darstellung wirkt nun präziser auf die offizielle Nazipropaganda abgestimmt als noch zu Beginn der 1930er Jahre, indem er den Text mit antibritischen und in Teilen auch antisemitischen Stereotypen und Klischees durchsetzt. Immer wieder kommt er nun explizit auf nationalsozialistische Ideologeme und Feindbilder zu sprechen und nutzt vermehrt ns-propagandistische Rhetorik.[3]

Vergleicht man allerdings die äußere Gestaltung sowie die Fotografien, die diesen Text begleiten, scheint es sich auf den ersten Blick um ein doch eher widersprüchliches Text-Bild-Gefüge zu handeln. Verstärkt wird dieser Eindruck durch die Anordnung der Fotografien, verbildlichen sie doch nicht selten Szenen, auf die im Text an ganz anderen Stellen beschreibend Bezug genommen wird. Dieses vermeintliche Missverhältnis in der Text-Bild-Relation, die ein lineares Lesen zu stören

---

[1] Vgl. dazu ausführlicher etwa Bernd Martin (Hg.), Deutsch-chinesische Beziehungen 1928 – 1937. „Gleiche" Partner unter „ungleichen" Bedingungen. Eine Quellensammlung. Berlin 2003. Ferner ders. (Hg.), Die deutsche Beraterschaft in China 1927 – 1938. Militär, Wirtschaft, Außenpolitik. Düsseldorf 1981; KUO, Heng-yü (Hg.), Von der Kolonialpolitik zur Kooperation: Studien zur Geschichte der deutsch-chinesischen Beziehungen. München 1986; Mechthild Leutner (Hg.), Politik, Wirtschaft, Kultur. Studien zu den deutsch-chinesischen Beziehungen. Münster 1996.

[2] Vgl. z.B. vor allem das Kapitel zu Mandschukuo (vgl. Colin Ross, Das Neue Asien, a.a.O., S. 97-120), dem japanischen Marionettenstaat, der bereits 1938 von Deutschland diplomatisch anerkannt wurde, wo es etwa heißt: „Deutschland hat uns von Anfang an bei dem Aufbau Mandschukuos geholfen, und wir werden ihm seine Hilfe nicht vergessen." (Ebenda S. 111). Und auch in Japan werden sie als Deutsche freundlich begrüßt (Vgl. ebenda S. 62f.).

[3] Vgl. etwa ebenda S. 15.

scheint, ist jedoch nicht dem Autor anzulasten, sondern schlicht auf handwerkliche Gründe des Buchbindens zurückzuführen. So ist dem Oktavformat entsprechend vor bzw. nach jedem vollständigen Papierbogen (also acht Blätter) sowie einmal in der Mitte des Bogens ein einzelnes Blatt – hierfür wurde auch anderes Papier genutzt – mit durchschnittlich zwei bis vier Fotografien eingebunden.

Dem entgegen wirken konkrete Textstellenverweise am Ende der Bildunterschriften, die Text und Bild in ein symbiotisches Verhältnis setzen sollen und die Text-Bild-Relation harmonisieren. Wie die übrigen Formalia sind auch die Bildunterschriften in allen Ross-Büchern strukturell gleich organisiert: Finden sich zwei oder mehr Bilder auf einer Seite, verortet eine Art Hauptunterschrift die Fotografien im Text, gibt also etwa Ortshinweise, während eine Unterüberschrift das Bild genauer beschreibt. In *Das Meer der Entscheidungen* (1924) sind diese jeweils äußerst knapp gehalten und erfüllen in erster Linie eine neutral beschreibende Funktion. Doch lässt sich schon an der Ausgabe von 1936 ein Wandel beobachten: Die Bildunterschriften sind nicht nur auffallend länger, sondern eröffnen zum Teil, über die reine Beschreibungsfunktion hinausgehend, einen klar gesetzten Deutungsrahmen und nehmen explizit Bezug auf die von Ross textuell propagierten Analysen und Prognosen. So heißt es etwa unter einer Straßenaufnahme: „Das zwiespältige China. Halb Europa – und … halb China, so gehen beide Kulturen zugrunde".[1] Ross ruft hier durch den Kommentar seine These zum „chinesischen Erneuerungsprozess" auf: China soll durch die Ausgrenzung vermeintlich unchinesischer, westlicher Kulturelemente genesen – andernfalls drohe die ins Bild gesetzte Spaltung.

Noch weit markanter findet sich das Zusammenspiel von Bild und Text in *Das Neue Asien* von 1940, wie ich an dem oben genannten Beispiel der Fotografie, die einen getreidemahlenden Esel zeigt, exemplarisch veranschaulichen möchte (siehe Abb. 3):

---

[1] Colin Ross, Das Meer der Entscheidungen (1936), a.a.O., S. 272.

Die freudlose Straße. Der Esel trottet sie mit verbundenen Augen vor der Getreidemühle.
Für den chinesischen Kuli ist sein ganzes Leben kaum etwas anderes (S. 149)

Abb. 3   Fotografie eines getreidemahlenden Esels in Colin Ross:
Das Neue Asien

Das Bild allein hätte hier kaum gesellschaftskritisches Potenzial, doch die Bildunterschrift politisiert das Dargestellte: „Die freudlose Straße. Der Esel trottet sie mit verbundenen Augen vor der Getreidemühle. Für den chinesischen Kuli ist sein ganzes Leben kaum etwas anderes."[1] Die im Kommentar gezogene Analogie zwischen Esel und Kuli lässt letzteren als einen unrechtmäßig Unterdrückten erscheinen. Statt eines auf Fortschritt und Entwicklungen zielenden, fortschreitenden (Lebens-)Wegs, ist der Esel wie der Kuli im kreisläufigen, durch die Befestigung nicht zu durchbrechenden Arbeitsalltag gefangen. Das eigentlich unpolitische, auch nicht rassistisch gemeinte Bild wird zur antikapitalistischen Gesellschaftskritik, die – ganz im Sinne der nationalsozialistischen Propaganda – auf die Etablierung einer egalitären Volksgemeinschaft zielt.[2]

Die Bildunterschriften dienen also, wie schon dieses Beispiel zu zeigen vermag, nicht als informative Verständnishilfe für die Betrachter*innen,

---

[1]   Colin Ross, Das Neue Asien, a.a.O., S. 152.

[2]   Die „Volksgemeinschaft" ist ein Zentralbegriff sowohl der nationalsozialistischen deutschen als auch der nationalistischen chinesischen Regierung, der nicht selten als übereinstimmendes Merkmal deutscher und chinesischer ‚Staatsphilosophie' herausgekehrt wurde.

sondern leiten die politische Interpretation des an sich unpolitischen Bildmotivs wesentlich an. Ross bettet durch die Kombination von Bildunterschrift und Bild die Fotografien demnach in ein spezielles, von ihm intendiertes Deutungsraster ein, das sich wiederum im Text der Reisebeschreibung ausführlicher expliziert findet. Im gewählten Beispiel findet sich am Ende der Bildunterschrift ein konkreter Textstellenverweis: An benannter Stelle spricht Ross über die chinesischen Arbeitsbedingungen, vergleicht ebenfalls Tier und Mensch und bewertet – die im Bild intendierte Analogie aufbrechend und zur intuitiven Annahme verkehrend – die Lebens- und Arbeitsbedingungen des Tieres gar relational besser als die des Menschen: „Vieh ist teuer, Menschen sind billig. Menschen sind billiger als Vieh. Darum ziehen auch reiche Grundherren, die das Geld hätten, welches zu kaufen, Zugmenschen den Zugtieren vor."[1] Bildunterschrift, Bild und Text greifen hier also ineinander; dieses in der Forschung sog. *framing* zielt vor allem auf eine bewusste Rezeptionssteuerung, die im Zusammen- und Wechselspiel der einzelnen Komponenten die getroffenen politischen Aussagen legitimieren und evident erscheinen lassen – also als „Beweis für die Wirklichkeit" fungieren.[2]

Diese wechselseitige Belegfunktion von Text, Bildunterschrift und Bild kann auch bewusst kontrastiv arrangiert werden, wie etwa bei dieser Aufnahme der Verbotenen Stadt, die sich gemeinsam mit einem Straßenbild abgedruckt findet. Die begleitende Bildunterschrift stellt den Konnex zwischen den beiden Fotografien her: „Peking: In ärmlichen Straßen haust das gemeine Volk, hinter Wall und Graben der ‚Verbotenen Stadt' thronte der Sohn des Himmels. Heute befindet sich hier das japanische Militär-Oberkommando."[3] (siehe Abb. 4)

---

[1] Colin Ross, Das Neue Asien, a.a.O., S. 144.

[2] Ebenda S. 191. Vgl. dazu auch Matthias Uecker, The Face of Weimar Republic, a.a.O., S. 477.

[3] Colin Ross, Das Neue Asien, a.a.O., S. 153.

Abb. 4   Abdruck zweier Fotografien aus Peking in Colin Ross:
Das Neue Asien

Erst die den Kontrast erzeugende Komposition aus Anordnung der
Fotografien und beiseite gestellten Kommentar, der die vom Motiv gänzlich
unzusammenhängenden Bilder verknüpft, forciert die von Ross intendierte
Deutung: Macht, Abgesondertheit und Volksferne des chinesischen
Kaisertums sind durch die faschistische japanische Besetzung annulliert, so
dass sich nun womöglich eine egalitäre Gemeinschaftsvorstellung
realisieren ließe. Aus bildtheoretischer Perspektive lässt sich festhalten, dass
die Bedeutung der Bilder, wie Matthias Uecker dies treffend am Beispiel der
propagandistischen Nutzung von Fotobüchern gezeigt hat, hier nicht mehr
einer außertextuellen Referenz entspringt, sondern vor allem werkintern
über die Bezugnahme der einzelnen präsentierten Bilder aufeinander sowie
über die zugehörigen Textkommentare konstituiert wird.[1]

    Nicht unerwähnt bleiben sollen auch die vergleichsweise seltenen
Bildbeispiele, die konkrete politische Inhalte abbilden und damit eine
offensive Ideologisierung verfolgen. Während Ross in *Das Meer der
Entscheidungen* noch primär auf China statt Japan gesetzt hatte, wird in *Das
Neue Asien* nun – ganz der deutschen Außen- und Achsenpolitik
entsprechend – Japan als asiatische Leitmacht anerkannt (siehe Abb. 5).

---

[1] Vgl. Matthias Uecker, The Face of Weimar Republic, a.a.O., S. 475.

Uns zu Ehren wird der Eingang vom Schulungslager der koreanischen Freiwilligen mit
der Hakenkreuzfahne geschmückt (S. 36)

Abb. 5   Ganzseitige Fotografie von seinem Aufenthalt
in Japan in Colin Ross: *Das Neue Asien*

In Szene gesetzt findet sich diese Achse dann explizit in dieser
Abbildung, die zwei Koreaner zeigt, die „[u]ns [also den Nationalsozialisten;
K.H.] zu Ehren [...] de[n] Eingang zum Schulungslager der koreanischen
Freiwilligen mit der Hakenkreuzfahne []schmück[en]".[1] Eine weitere
Fotografie thematisiert das Ansehen NS-Deutschlands im asiatischen Raum:
Zu sehen ist eine Masse neugierig dreinblickender junger, männlicher
japanischer Zuschauer neben Ross' Reisegefährt, dem deutschen
Mercedes. Die Neugier richtet sich jedoch laut Ross' Bildkommentar
nicht auf das Auto, wie man auf Anhieb vermutet, sondern auf den in Relation
kleinen, in der Bildszene gerade angesteckten oder zurechtgerückten
„Hakenkreuzwimpel",[2] den sie am Auto führten. Ross lenkt so auch die
Aufmerksamkeit der Betrachter*innen vom motivfüllenden Auto auf den nur
klein mittig links zu sehenden Wimpel, der ihm und seinen Begleiter*innen
als Erkennungszeichen bei der Reise dienen sollte. Und, wie er in der
ebenfalls in der Bildunterschrift verwiesenen Textstelle expliziter
herausstrich, habe dies – ganz seiner oben angedeuteten Propagierung eines
positiven Ansehens NS-Deutschlands im Ausland entsprechend – positive

---

[1]   Colin Ross, Das Neue Asien, a.a.O., S. 104.

[2]   „Wir führten den Hakenkreuzwimpel am Auto" heißt es in der zugehörigen
      Bildunterschrift (ebenda S. 65).

Reaktionen entfacht: „Wir führten den Hakenkreuzwimpel am Auto", heißt es da, „und wohin wir kamen, wurden wir als Deutsche erkannt und vielfach begrüßt. Immer wieder hörten wir ein halb erstauntes, halb bewunderndes ‚Deutsu!', ‚Deutsche!', wenn wir durch ein Dorf fuhren. Manche Begegnenden hoben die Hand zum Hitlergruß."[1]

III. Fazit: Strategien des Text- und Bildeinsatzes

Es lässt sich also zusammenfassend festhalten: Legt man einen weiten Medienbegriff[2] an und begreift den Reisebericht nach Werner Wolfs Klassifikation der Intermedialität als ‚werkinterne Medienkombination',[3] ist zwar der Text gegenüber dem Medium Bild dominant, doch dienen die Fotografien in meinen Beispielen nicht nur der Illustration, Erhellung, Dokumentation oder Kommentierung, sondern der visuellen Verstärkung der intendierten politischen Botschaft.[4] Durch die Verwendung der beiden Medien als Kombinationen statt als Mischung, ist den eingesetzten Medien weiterhin eine eigenständige Kommunikationsform erlaubt,[5] sie können aber zugleich auch in ein reziprokes Verhältnis gesetzt werden. Ross gelingt es durch diese Strategie, die jeweils intendierte Botschaft zu verstärken und auf unterschiedlichen medialen Wegen zu transportieren.[6] Durch das

---

[1] Colin Ross, Das Neue Asien, a.a.O., S. 62f.

[2] So setzt Werner Wolf einen weiten Begriff des Mediums an, der es erlaubt sowohl traditionelle Künste als auch neue Medien einzubeziehen (vgl. Werner Wolf, Intermedialität: Ein weites Feld und eine Herausforderung für die Literaturwissenschaft, in: Herbert Foltinek und Christoph Leitgeb (Hg.), Literaturwissenschaft: intermedial – interdisziplinär. Wien 2002, S. 163-192, hier: S. 165).

[3] Vgl. ebenda S. 178.

[4] Festhalten lässt sich dies wohl vor allem für die Reiseberichterstattung. Wie Anne-Kathrin Hillenbach nachzeichnet, können Text und Bild in unterschiedlichen Genres durch die Eigenständigkeit der Medien in ganz unterschiedliche Verhältnisse zueinander treten; vgl. Anne-Kathrin Hillenbach, Literatur und Fotografie, a.a.O., v.a. S. 11.

[5] Siehe zur Fotografie als Kommunikationsmedium auch Matthias Uecker, The Face of Weimar Republic, a.a.O., v.a. S. 470.

[6] Ähnliches stellte Peter Sprengel für die Berichte Arthur Holitschers fest: Es ließe sich eine Funktion des Bildeinsatzes also als „Mittel zur Unterstützung seiner Argumentation" und damit einem „konstruktivistischen" Einsatz der Fotografie festlegen (Peter Sprengel, „Hier die schönsten Bilder aus meinem Kodak", a.a.O., S. 139).

bewusst gesetzte Arrangement erscheint die Text-Bild-Kombination als eine Art Mosaik, dessen einzelnen Bestandteile sich im Auge der durch Ross textuell und visuell geführten Leser*innen und Betrachter*innen zu einem großen Gesamtbild zusammenfügen.[1] Unterstützt wird dies durch die eingebundenen ‚suggestiven Karten', wie sie zeitgenössisch ein gängiges Verfahren geopolitischer Analysen bildeten und von Ross geschickt auf sein Darstellungsinteresse zugeschnitten werden.

Zudem zeigte sich, dass sich durchaus eine Entwicklung in Ross' Präsentation seiner politischen Thesen ausmachen lässt: Seine in den Büchern textuell dargebotenen Analysen stellt er, seiner politischen Überzeugung entsprechend, mehr und mehr in den Dienst der nationalsozialistischen Propaganda. Während die Art der Bildinhalte zwar gleich – oder zumindest sehr ähnlich – bleibt, erhalten diese durch einen sich ändernden Einsatz der Bildunterschrift mit den Jahren ein zunehmend politisches, propagandistisch intendiertes Framing. Gegenläufig zu dieser Politisierung ist die äußere Gestaltung: Während der Umschlag von *Das Meer der Entscheidungen* gänzlich auf exotisierende Elemente verzichtet und von der rein optischen Aufmachung nicht auf einen Reisebericht schließen lässt, evoziert der Umschlag von *Das Neue Asien* gezielt exotistische Vorstellungen. Man könnte daraus schließen, dass die explizite Politisierung mit einer Steigerung der unpolitisch wirkenden Unterhaltungselemente flankiert, wenn nicht verdeckt wird. Das Cover wie auch die Mehrzahl der Fotos von *Das Neue Asien* geben sich bei isolierter Betrachtung jedenfalls als eher unpolitisch und ermöglichen so trotz der propagandistischen Intention eine Verortung des Buchs im Genre der Unterhaltungsliteratur. Die Aufmachung weckt Leseerwartungen eines vom fernen und fremden Asien berichtenden Buches, fernab des nationalsozialistischen Alltags, popularisiert auf diesem Weg also die politischen Überzeugungsversuche durch eine Verschiebung in den Bereich der Unterhaltung und spricht so auch an Politik weniger interessierte Leser*innenkreise an. Wie Thymian Bussemer zeigen konnte, stellte „die Verquickung von politischen Indoktrinierungsversuchen mit populären Unterhaltungs- und Erlebnisangeboten ein zentrales Muster der

---

[1] Vgl. dazu auch Matthias Uecker, The Face of Weimar Republic, a.a.O., S. 475.

NS-Propaganda" dar. [1] Zwar war man sich in den unterschiedlichen Parteiämtern des NS-Apparates uneinig über den Bedarf, die Funktion und den Stellenwert von Unterhaltungsliteratur, doch spielte sie eine maßgebliche Rolle bei der Stabilisierung des Systems. [2] Colin Ross wusste diese Verbindung gekonnt und gefährlich zu nutzen, die Text-Bildarrangements seiner Reisebücher jedenfalls erweisen sich als kommerziell erfolgreiche Propagandaliteratur.

[1] Thymian Bussemer, „Nach einem dreifachen Sieg-Heil auf den Führer ging man zum gemütlichen Teil über." Propaganda und Unterhaltung im Nationalsozialismus. Zu den historischen Wurzeln eines nur vermeintlich neuen Phänomens, in: Christian Schicha und Carsten Brosda (Hg.), Politikvermittlung in Unterhaltungsformaten. Medieninszenierung zwischen Popularität und Populismus. Münster 2002, S. 73-87, hier: S. 84.

[2] Vgl. z.B. Thymian Bussemer, „Nach einem dreifachen Sieg-Heil auf den Führer ging man zum gemütlichen Teil über.", a.a.O.; Carsten Würrmann und Ansgar Warner (Hg.), Im Pausenraum des ‚Dritten Reiches'. Zur Populärkultur im nationalsozialistischen Deutschland. Bern 2008; Erhard Schütz, Seher, Sinnende, Sachliche und Seichte. Aspekte der Literatur im NS-Staat, in: Wolfgang Benz, Peter Eckel und Andrea Nachama (Hg.), Kunst im NS-Staat. Ideologie, Ästhetik, Protagonisten. Berlin 2015, S. 91-116; Carsten Würmann, Entspannung für die Massen – Die Unterhaltungsliteratur im Dritten Reich, in: Uta Beiküfner und Hania Siebenpfeiffer (Hg.), Zwischen den Zeiten – Junge Literatur in Deutschland von 1933 bis 1945. Berlin 2000, S. 9-35.

16. Portrait und Schrift in Kombination oder Wettstreit

Yang Jin

(Sun Yat-sen Universität, Guangzhou)

Das 20. Jahrhundert beginnt mit dem Kassandraruf vom Verschwinden der Kunstgattung Portrait, das von den technischen Erfindungen Photographie und Film induziert wird, und schließt mit dem vom Ende der Gutenberg-Galaxis durch die Bedrohung der allgegenwärtigen Bilderflut. Tatsächlich durchlaufen die ikonographischen und schriftlichen Zeichensysteme eine tiefe Krise, ausgelöst durch permanente Medienumbrüche, und einen radikalen Wandel, der mit Erweiterungen und Umbesetzungen von Darstellungskonventionen einhergeht und sich in der Gegenwart zuspitzt. Die Auflösung traditioneller Paradigmen mit Verschiebungen semantischer Register forciert indes ein Erproben und Entwickeln künstlerischer Ausdrucksmittel mit Innovationsschüben in einer nie dagewesenen Vielfalt und Dynamik. Öffnet sich die Literatur dem Bildlichen durch Medienfusionierungen oder intermediale Bezüge, zeigt sich eine wichtige Tendenz des Portraits im 20. Jahrhundert darin, biographische und narrative Textstrukturen in die Bildgestalt bzw. das Kunstgebilde einzubeziehen. D.h. während sich die Literatur Visualisierungsstrategien der Bildenden Kunst aneignet, verabschiedet sich das Portrait vom Sichtbarkeitspostulat mit Zeichen-im-Leib und Zeichen-am-Leib, verlagert das semantische Gewicht auf Darstellungen von Schriftelementen. Die verschiedenen Spielarten der Hybridisierung in der Portrait- und Biographien-Darstellung, die Formen der Verschränkung von Text und Bild, die „Art visuellen Schwankens" nach Roland Barthes am Relais der Medien rücken hier in den Mittelpunkt. Welche experimentellen Operationen der (De-)Figuration von Portraits und Biographien bei der

Interaktion von Bild und Schrift erzeugt werden und wie sich die beiden Kommunikationsmedien im Einzelfall verhalten, ist auszuloten.

Der vorliegende Text besteht aus zwei Teilen. Der erste Teil thematisiert drei Werke, die jeweils ein Renaissance-Portraitbild zum Betrachtungsgegenstand haben. Es sind nämlich der autobiographische Roman *Geständnis einer Maske* (1949) vom japanischen Schriftsteller Yukio Mishima, die Kunstaktion *La filature* (1981) der französischen Künstlerin Sophie Calle und der Roman *Alte Meister. Komödie* (1986) vom österreichischen Autor Thomas Bernhard. Die Untersuchung setzt sich mit den verschachtelten komplexen Blicklagen im Kontrast zu den Renaissance-Portraits auseinander und geht dem Status der Subjektivität von den Figuren nach. Im zweiten Teil geht es um drei deutschsprachige Erzählwerke, die um die Jahrtausendwende publiziert wurden, als Fotoromane die Bild-Text-Kombination im dialogischen Wechselspiel durchexerzieren, die Suche nach Identität und Individualität im Fokus der Erinnerungsarbeit darstellen, und zwar der Roman *Pawels Briefe* (1999) von Monika Maron, die Erzählung *Max Aurach* (1992) und der Roman *Austerlitz* (2001) von W. G. Sebald. Die Produktion oder Rezeption der Gesichtsbilder bzw. Portraitgemälde ist mit der jeweiligen (Auto)Biographie unauflöslich verknüpft.

I

Der autobiographische Roman *Geständnis einer Maske* von Yukio Mishima bezieht sich an entscheidender Stelle auf ein Renaissance-Portrait, nämlich *St. Sebastian* (1616) von Guido Reni. In der Pubertät stößt Mishima in einem Kunstbuch auf dieses Ölgemälde, erlebt dabei eine sexuelle Ekstase und erotische Initiation, wird sich der eigenen homosexuellen Neigung bewusst. Mit dieser textuellen Enthüllung legt er seine Maske, die mit den sozialen Konventionen konform geht, ab und entblößt sein wahres Gesicht, wie der Romantitel explizit macht. An der oben genannten Stelle versinkt Mishima ins Betrachten der gedruckten Kopie von Renis Körperdarstellungen, wie die Ekphrasis darin nahelegt:

> Dieses Märtyrerbild strahlt einen starken heidnischen Duft aus. An seinem Körper [...] ist nur Jugend, nur Glanz, nur Schönheit, nur Wollust. An der hervorgehobenen Brust, dem zusammengezogenen Bauch, der winzig gedrehten Taille schwingt kein Schmerz, sondern die Wollust, die von der musikalischen Melancholie angehaucht ist.

[...] Die Pfeile sind geschossen in seinen gesunden, schönen und jugendlichen Körper, als ob sie mit der heftigen Flamme der unendlichen Schmerzen und Freude von innen her seinen Körper brennen würden.[1]

Obwohl nicht ausdrücklich erwähnt, ist die Wollust der Sebastianfigur offensichtlich auch dessen Miene zu entnehmen, die nicht vom Schmerz verzerrt und entstellt ist, sondern unversehrt schön bleibt und mit den gegen den Himmel gerichteten Augen Zuversicht, Erlösung und Transzendenz signalisiert bzw. verheißt. Renis Ölbild ist in der christlichen Ikonographie verankert und stellt die Märtyrerfigur im ersten Jahrhundert des römischen Reiches bei der Todesstrafe dar. Dass Sebastians an einen Pfahl gefesselter Körper von vielen Pfeilen durchgebohrt wird, regt seit dem Mittelalter zahlreiche Maler zum schöpferischen Gestalten an. Hegel zufolge besteht die Hauptaufgabe der Malerei, die die Frömmigkeit des Märtyrers zum Gegenstand mache, darin:

> die Seligkeit der Marter, den widerwärtigen Zerfleischungen des Fleisches gegenüber, einfach in den Zügen des Gesichts, dem Blick usf. als Ergebung, Überwindung des Schmerzes, Befriedigung im Erreichen und Lebendigwerden des göttlichen Geistes im Inneren des Subjekts auszudrücken.[2]

Genau in diesem Konnex von Tradition und Innovation, stofflicher Gleichheit und ikonographischem Anderssein ist Renis künstlerischer Versuch anzusiedeln, dieselbe religiöse Person neu zu visualisieren, der historischen Figur ein zeitgemässes Antlitz der Spätrenaissance zu verleihen, ein „Umbild", das eine hedonistische Lebenshymne auf Jugend und Schönheit ist, dabei das Asketische im Todesschatten der religiösen Vorlage unterläuft.

Die Kunstaktion *La filature* von Sophie Calle setzt Tizians Bild *Der Mann mit dem Handschuh* (1520 – 1523) als visuellen Fluchtpunkt in der Endlosschleife von Bewegungen und Beoachtungen eines Tagesablaufs ein. Ein Privatdetektiv wird indirekt durch die Mutter Sophie Calles bestellt,

---

[1] Yukio Mishima, Geständnis einer Maske (Jiamian de Zibai). Shanghai Yiwen Verlag, Shanghai 2014, S.12. Übersetzt aus der chinesischen Version von J. Y.

[2] Georg Wilhelm Friedrich Hegel, Vorlesungen über die Ästhetik. Erster und zweiter Teil. Mit einer Einführung und herausgegeben von Rüdiger Burner, Stuttgart 1971, S. 601.

Calle mehrere Tage zu verfolgen und einen Bericht darüber mit Fotobelegen abzuliefern. Ein Teil dieser detaillierten Reportage über einen Tag wird ins Kunstbuch Calles genommen und folgt ihrem Selbstprotokoll über dasselbe Tagesprogramm.

Diese auf die Minute präzisierten Berichte in Text-Bild-Kombination werden dem vergleichenden Blick des Lesers dargeboten. Dem Tagebuch Calles ist zu entnehmen, dass sich das Wissen von den beiden um die Beobachtungskonstellation in einer Schräglage befindet. Während der Detektiv nicht in die Kunstaktion eingeweiht ist und sich neutral verhält, ist Calle jederzeit das Beobachtetsein bewusst. Das hat Konsequenzen in mehrfacher Hinsicht, dass sie ihre Laufroute wegen ihm (dem anonymen Mann) gestaltet, um ihm etwas zu zeigen, dass sie ihn zu identifizieren und sein Gesicht zu photographieren und beschreiben versucht, dass sie Angst davor hat, ihn zu verlieren, und sich immer wieder seiner Anwesenheit vergewissern muss. So beschäftigt sie der Detektiv bei jedem Schritt in der Stadt.

Calles Selbstbericht leitet ihren Stadtrundgang wie einen Bühnenauftritt ein. Mit dem Wissen ums Blickspiel gewappnet, ist sie hinter den Kulissen schon aufs Theatralische eingestellt: „I am getting ready to go out. Outside, in the street, a man is waiting for me. He is a private detective. He is paid to follow me, but he does not know that."[1] Oberhalb dieser Zeilen ist das erste Foto in diesem Kunstbuch plaziert, das als Einzelbild in der Mitte des Blattes die Funktion eines Schlüsselbildes bekommt. Darin wird Calle als nach links Weglaufende photographisch portraitiert, wobei ihr Körper dem Bildbetrachter abgewandt in Laufbewegung eine Seitenansicht hinterlässt und ihr Gesicht von der Frisur bedeckt nur wenig im Profil sichtbar ist. Dieses kunstvolle Photo mit dem abstrakten Hintergrund ohne reale Bezüge im Umfeld impliziert, wie sie beobachtet werden will. Anders gesagt, sie beobachtet, wie sie beobachtet wird, bekommt durch die intensive Blickverfolgung des Detektivs das Gefühl von Aufmerksamkeit und anschließend bei der Lektüre von dessen Reportage den Verfremdungseffekt:

> It was a completely artificial exercise, and yet Maria found it thrilling that anyone should take such an active interest in her. Microscopic actions became fraught with new meaning, the driest

---

[1] Paul Auster (Hg.), Sophie Calle. Double Game. London 1999, S. 89.

routines were charged with uncommon emotion. After several hours, she grew so attached to the detective that she almost forgot she war paying him. When he handed in his report at the end of week and she studied the photographs of herself and read the exhaustive chronologies of her movements, she felt as if she had become a stranger, as if she had been turned into an imaginary being.[1]

Zu Calles Tagesprogramm gehören ein Gang ins Louvre und das Betrachten des Kanonstückes von Tizian. Der Rekurs auf das Renaissance-Portrait fungiert wie der Fluchtpunkt für die verschachtelten, potenzierten Beobachtungspositionen, Fluchtpunkt in dem Sinne, dass in der Hochburg der Portraitkunst nach Gottfried Boehm „die sinnlich-geistige Einheit der Person als individuelle Substanz, die von einer inneren Energie bewegt ist", sich offenbare. Und diese dem Portraitgemälde innewohnende Kohärenz und Essenz eines Individuums steht im mehrfachen Sinne der autobiographischen Figur in Calles Kunstaktion gegenüber. Zuerst befindet sich in ikonographischer Hinsicht der Portraitierte im Gemälde Tizians in frontaler Stellung zum Bildbetrachter, mit dem zugewandten Gesicht, wohingegen bei Calle ein Gesichtsanblick durch die Verfolgungssituation von vorn herein konterkarriert wird. Der vorgeschriebene voyeuristische Blick des Detektivs präfiguriert vage Momentaufnahmen mit der Kamera in gesicherter Entfernung, meistens mit Rücken- oder Seitenansicht, damit der heimliche Beobachter nicht ins Blickfeld der Beobachteten gerät.

Während Calle den Mann mit dem Handschuh im Gemälde Tizians in allen Details und aller Ruhe betrachten und beobachten kann, wird sie selbst als Beobachtete auf den Akt des Bildbetrachtens verkürzt, wobei ihr Inneres (Gesichtsausdruck und Gemütszustand) ausgeblendet ist. Dazu ihr Selbstbericht: „At 2:20 P.M., after walking quickly through the museum, I find myself in front of Tizians's *Man with a Glove*. I have always liked this painting. The sad vacant eyes. The pouting mouth. The face as if beheaded resting on a lace collar. But above all, this hint of a mustache."[2] Und die Zeilen dazu in der Reportage mit einem Foto, das Calles Rückansicht vorm Gemälde Tizians zeigt: „At 2:15 the subject enters the Louvre museum and walks to the Salle des Etats, stopping before the painting by Tizian, *Man with a Glove*. She takes notes and also a photograph. She stays in front of

---

[1] Paul Auster (Hg.), Sophie Calle. Double Game. London 1999, S. 88.
[2] Ebenda S. 91.

the painting for about half an hour."[1] In den Fotos ist Calle wie im Schattenriss unscharf belichtet, mehr durch Bekleidung, Frisur und Handtasche als Silhouetten-Gestalt identifizierbar als durch ihr Gesicht, so dass ihre Identität auf dieser Fahndungstour eher verschwommen wird und gewissermassen verloren geht, wie mit Stefanie Rentsch festzustellen ist: Sie verschwinde und zerfließe „immer mehr hinter der Masse der ‚Beweise‘"[2].

Damit hat die Kunstaktion noch nicht das Bewenden. Calle beauftragt noch eine Bekannte, sie und vor allem auch den bezahlten Beobachter eine halbe Nachmittagsstunde zu verfolgen und in Text und Bild dem Geschehen eine weitere Perspektive hinzuzufügen. Dieser kürzere Bericht tritt als Supplement der doppelten Berichte hinzu. So wird der Rezipient der Kunstaktion hineingezogen als Voyeur des Voyeurs des Voyeurs, um zuletzt einzusehen, wie lückenhaft oder sogar lügenhaft solche gezielt betriebene Tagesbiographie ist.

Ist dem Tagesablauf der Modellwert einer Biographie beizumessen, erweisen sich die Differenzen und Diskrepanzen zwischen der von außen (Biographie) und der von innen (Selbstbiographie) als unüberbrückbar und -hinterfragbar, so dass die Spuren der per Bild und Wort beobachteten Person dazwischen changieren bzw. in die Kluft versinken, zu einem Schatten (*La filature*) schrumpfen, was signifikant ist für den poststrukturalistischen Umbruch der Auffassungen von Subjektivität in den achtziger Jahren, wo das Portrait immer mehr in den Verdacht von Mimikry und Fiktion, Zitat und Simulakrum gerät. Calle, die anscheinend passive Verfolgte und Beobachtete, zugleich die heimlich aktive Spurenlegerin und Drahtzieherin, wirkt in der Aktion omnipräsent sowohl im Vorder- als auch Hintergrund, ist Regisseurin, Agentin, Schauspielerin, Tagebuchschreiberin und Redakteurin, wobei die Vereinigung multipler Rollen in einer Person deren Zersplitterung, Spaltung impliziert.

Ebenfalls ein italienisches Portraitgemälde der Renaissance wird im Roman *Alte Meister. Komödie* von Thomas Bernhard zum Gegenstand des Anschauens genommen, nämlich *Der weißbärtige Mann* (um 1570) von Tintoretto. Während im Tagesablauf Calles das Bildbetrachten in Louvre ein kurzes Inne- und Stillhalten auf der Laufroute herbeiführt, sitzt die fiktive

---

[1] Paul Auster (Hg.), Sophie Calle. Double Game. London 1999, S. 96.

[2] Stefanie Rensch, Hybrides Erzählen. Text-Bild-Kombinationen bei Jean Le Gac und Sophie Calle. München 2010, S. 155.

Figur namens Reger bei Bernhard seit 36 Jahren jeden anderen Vormittag
auf der Couch vor dem oben genannten Ölbild im Kunsthistorischen
Museum Wien und starrt es an. So schreibt sich der ritualisierte
Museumsbesuch in die Biographie Regers, mitunter auch in die von dessen
Frau, die er auf derselben Couch kennenlernt und seitdem immer mit zum
Museumbesuch nimmt, und die zuletzt an einem Sturz vorm Museum stirbt.
So verläuft die Ehe zum Teil Seite an Seite stumm vorm Portrait Tintorettos.
Gleich zum Beginn des Romans wird Reger vom erzählenden Freund
Atzbacher an der Tür des Museumsraums als sitzender Bildbetrachter in
Seitenansicht lange beobachtet und textuell eingeführt:

> Erst für halb zwölf Uhr mit Reger im *Kunsthistorischen Museum*
> verabredet, war ich schon um halb elf dort, um ihn, wie ich mir schon
> längere Zeit vorgenommen gehabt hatte, einmal von einem möglichst
> idealen Winkel aus ungestört beobachten zu können, schreibt
> Atzbacher. [...] Da Reger (im Wintermantel) auf den zwischen seine
> Knien geklemmten Stock gestützt, wie mir schien, vollkommen auf
> den Anblick des Weißbärtigen Mannes konzentriert gewesen war,
> brauchte ich keinerlei Angst zu haben, in meiner Betrachtung Regers,
> von diesem entdeckt zu werden.[1]

Zeitlich genau berechnet wird Reger von Atzbacher eine Stunde lang
von der Seite beobachtet, wie er Tintorettos Gemälde anstarrt. Dabei sitzt er
bewegungslos mit stillgelegten Gesichtszügen wie im eingefrorenen
Lebensmoment, was ihm beim Rezeptionsakt Züge einer Skulptur verleiht,
die etwa als der schwarzhütige Mann zu betiteln wäre. Da ihm durch den
Museumswärter das Privileg gewährt ist, Hut und Mantel im Museumsraum
weiter tragen zu dürfen, ist sein literarisch gezeichnetes Portrait mit der
Abweichung von den Vorschriften des Museums eine Karikatur des
Museumsbesuchers, die dessen Fixierungsobjekt mit Komikeffekten
parodiert. Die Blickkonstellation zum Werkbeginn ist verschachtelt im
luhmannschen Sinne von zweiter Beobachtung, dass Atzbacher beobachtet,
dass Reger Tintorettos Bild beobachtet, insofern eine Außenperspektive zum
Beschreiben der Figur Regers gibt, die wiederum mit der Narrativstimme
einhergeht, dass Regers Aussagen durch und am Medium Atzbacher
weitergegeben werden, immer mit „sagt Reger" am Satzende ohne
Anführungszeichen.

---

[1] Thomas Bernhard, Alte Meister. Komödie. Frankfurt am Main 1999, S. 7.

Die Blicklage hier wird wie die in Calles Kunstaktion noch komplexer, indem eine dritte Figur, und zwar der Museumswächter Irrsigler immer wieder an der anderen Tür desselben Raumes erscheint und dabei beide Beobachter (Reger und Atzbacher) im Blick hat: „[...] wenn Irrsigler auftauchte, mit der Regelmäßigkeit eines Uhrwerks, tat er so, als wäre ich gar nicht da, wie er auch so tat, als wäre Reger gar nicht da, während er, Irrsigler, seinen Auftrag erfüllend, die Galeriebesucher [...] in seinen gewohnten, für jeden, der ihn nicht kannte, unangenehmen Augenschein nahm."[1] Damit garantiert der Türhüter als „Blickhüter" eine exklusive Beobachtungsposition sowohl bei Reger als auch bei Atzbacher, was stark kontrastiert mit der unsicheren zentrifigualen Blicklage in der urbanen Anonymität bei Calles Kunstaktion, wo die voyeuristischen Blicke die Subjekte (Beobachtungsobjekte) immer wieder identifizieren müssen.

Ähnlich wie bei Calle ist dem beobachteten Reger die Rolle des Spurenlegers zu unterstellen, weil er Atzbacher diesen Saal als Treffpunkt vorgeschrieben hat. So wird aus Atzbacher der uneingeweihte Voyeur wie der Detektiv bei Calle und verfasst das Beobachtete in Worten. Diese Beobachtungssituation ist, anders als das habituelle Bildbetrachten Regers, erstmalig, impliziert indes das Neue in dessen Museumsbesuchen, eröffnet das Narrativ und erschließt zum Romanende einen Theaterbesuch von den beiden an demselben Abend zu Kleists Komödie „Der zerbrochene Krug". Insofern geht die Komödie – gemäß dem Untertitel des Erzählwerkes – im „Narrenkabinett" des Museumsraums ins Anschauen eines Komödie-Klassikers über. Setzt Regers Kurzkommentar zu dieser Theaterinszenierung „ganz schlecht" dem Roman den Schlusspunkt, wirkt diese Bewertung analog zur Personalunion vom Richter und Angeklagter in Kleists Komödie wie ein Selbstkommentar zu den bisherigen Buchseiten, erzielt ironische und komische Effekte.

Im Kunstbuch *La filature* sind alle Fotoportraits mit Rück- oder Seitenansicht schemenhaft und es geht im Roman *Alte Meister* um die diffamierende und diskreditierende Rezeption des Renaissance-Portraits. Die Meisterwerke von den Renaissance-Portraits werden immer wieder einbezogen, bilden eher die Folie gegen die innerlich unkonsistenten und unbehausten Subjekte im 20. Jahrhundert auf der Suche nach sich selbst.

---

[1] Thomas Bernhard, Alte Meister. Komödie. Frankfurt am Main 1999, S.9.

II

Im folgenden Teil wird von der Fotoquelle und den Fototypen in den drei Erzählwerken *Pawels Briefen*, *Max Aurach* und *Austerlitz* ausgehend versucht, die Beziehung zwischen der/dem Icherzähler/in und der Titelfigur, die mediale Differenz und Konkurrenz der Photographie zur Schrift zu erhellen. Anschließend ist das mehrfache Zitieren der Augenausschnitte als fragmentarischer Form eines Fotoportraits einem Vergleich zu unterziehen, aufzuschlüsseln das fehlende Fotoportrait der Mutter und das traumatisierende der eigenen Kindheit zu erhellen, um so auf die Funktion der Portraitfotos sowohl in der Werktextur als auch im Erinnerungsprozess der Protagonisten mit den Bemühungen ums Eingedenken und Andenken einzugehen, um zu konstatieren, wie das Einmontieren der Portraitfotos ins Narrativ die Problematik von Authentizität und Fiktionalität weiter zuspitzt.

Was die Fotoquelle anbetrifft, bietet Marons Familienroman offensichtlich ein realitätssichereres Terrain als Sebalds Werke. Während in *Pawels Briefen* die Fotos entweder aus dem Familienalbum stammen oder unterwegs auf der Heimattour vom Sohn der Autorin aufgenommen werden, so dass der Referenzcharakter der Bilder außer Zweifel steht, ist die Herkunft der Fotos bei Sebald viel diverser und dubioser. Textuell ist nur der redaktionellen Notiz zu entnehmen, dass die Fotos vom Autor herkommen, aber ob die Bilder eins zu eins an die naheliegenden Textzeilen zu koppeln sind, wird vom Leser vielmehr in Frage gestellt. Dies hat mehrere Gründe. Erstens wird den Relationen zwischen Wort und Bild ein großer Spielraum von Ungewissheit und Ambiguität gewährt, so dass die Zuordnung immer wieder von der losen Relation konterkarriert wird. In *Pawels Briefen* dominieren die Fotoportraits, wohingegen in Sebalds Werken eine große Vielfalt an Fotos von Bauten, Stadtansichten usw. vorhanden ist, wobei die Portraits eine eher marginale Rolle spielen.

Die Ich-Erzählerin in *Pawels Briefen*, die mit der Autorin identisch ist, wird durch den Generationskonflikt mit der Mutter veranlasst, die genealogische Kette überspringend, im Sinne einer geistigen Fluchtbewegung nach dem Großvater zu suchen. Daher korrespondiert die Erinnerungsarbeit an die Toten mit dem Ringen um die eigene Identität, die wiederum die poetische Genese in Gang setzt. Die Trennung vom Diesseits und Jenseits macht einen Dialog unmöglich und verurteilt die Enkelin zum dichten Lesen der materiellen Hinterlassenschaft von Fotos und Briefen.

Anhand dieser Indizien wird sie Spurenleserin im Wettstreit von Wort und Bild. Den Fotos gegenüber verhält sie sich ambivalent. Im Bewusstsein vom Zeugniswert der Fotos, die die Existenz der Verstorbenen explizit und evident machen, weist sie trotzdem auf deren Defizit hin. Das Schwarzweiße lässt sie das farbige Dasein der Großeltern vergessen, die ernste Miene der Fotographierten verfestigt bei ihr den Eindruck von nie lachenden oder lächelnden Charakteren. Das offenbart den Mangel der Fotos in der Wiedergabe eines gefrorenen Moments, der nicht gegen die Einseitigkeit gefeit ist. Dass ein gestelltes Foto sogar verstellend wirken kann, zeigt sich am Beispiel des Atelierfotos des Urgroßvaters, der, ein Analphabet, mit einem aufgeschlagenen Buch als Requisit sich als Gelehrter in Szene setzt. Dabei ist dem Authentischen das Fiktive, die Retusche beigemischt, ein Bild konzipiert für die Nachwelt, obwohl sie doch auf die Schliche kommt.

Generell geht Monika Maron spärlich mit den Fotos um, viele erwähnte Dokumente werden nicht fotographisch illustriert, manche Fotos nur als Ekphrasis geschildert. Eine solche Fahr- und Nachlässigkeit ist auf ein konventionelles Bildverständnis und die Akzentuierung der inneren Verarbeitung zurückzuführen, gepaart mit der grundsätzlichen Skepsis gegenüber dem Bildmedium. Dieser Zweifel meldet sich am Stärksten beim Besuch des Grabs von der Großmutter, wobei das einzige Foto in diesem Werk ohne Personen zustandekommt: „[S]ogar als wir vor ihrem Grab standen, fragte ich mich, ob mich all diese Bilder nicht eher störten, ob die Festlegungen mir meinen Weg der Annäherung nicht verstellten."[1]

Dienen die Fotos der Verstorbenen als Ausgangspunkt und Begleitphänomen der Erinnerungsarbeit, wird Pawels Briefen viel Wert beigemessen, darunter vor allem der Vermächtnisbrief, obgleich nach der Ansicht der Mutter Pawel im Brief eine andere Sprache als die gewöhnliche verwendet, die Diskrepanz zwischen den Briefzeilen und den Erinnerungen der Mutter weiter besteht, manche Briefe zum bestimmten Anlass verfasst die Unwahrheiten erzählen.

Der Ich-Erzähler in *Austerlitz* und *Max Aurach* ist hingegen als fiktiv aufzufassen, selbst wenn manche Koinzidenzen zwischen dessen Biographie und der des Autors bestehen. Bei beiden Figuren fällt auf, dass sie ein gewisses Sensorium für die Umgebung haben, wo die Begegnung mit der Titelfigur stattfindet, konkret gesagt den Antwerpener Bahnhof oder die Manchester-Stadt, das die Stimmungslage von Melancholie und Verfall

---

[1] Monika Maron, Pawels Briefe. Eine Familiengeschichte. Frankfurt am Main 2001, S. 94.

facettenreich erfasst. Das legt die Schlussfolgerung über die Funktion des Ich-Erzählers im Narrativen nahe, dass er, anders als Silke Horstkotte meint, der sich erinnernden Person eine Außenperspektive aufoktroyiert, sondern trotz diametraler Ausgangssituation im Lebenslauf als Leidgenosse eine ähnliche seelische Disposition und Wahrnehmungsanlage einbringt. Genau diese Übereinstimmung in der psychischen Abbreviatur öffnet den Weg zum Kennenlernen, ermöglicht allmählich das interne Von-sich-Erzählen der Titelfigur und deren Erinnerungsprozess.

Der Ich-Erzähler wird indes zum Hörer und potenziellen Protokollist auserwählt, was wiederum zweifache Implikationen hat. So findet eine mediale Reflexion im Modus des mehrfachen Nacherzählens statt, z.B. der Ich-Erzähler erzählt, was Austerlitz davon erzählt, was ihm seine Amme erzählt. Dieses ausdrückliche Nennen des medial gebrochenen Nacherzählens akzentuiert keine vergangenheitsgetreue Wahrhaftigkeit der Erinnerung, verdeutlicht stattdessen, wie Erinnern und Erzählen immer miteinander verwoben, so dass eine unhintergehbare Wahrheit über das Vergangene unterlaufen wird. Diese mediale Reflexion vollzieht sich zudem in der narrativen Performativität und rückt das Erzählte in die Nähe der Fiktionalität und Fragmentarität. Es heißt: Sind bei Aurach „bruchstückhafte Erinnerungsbilder" zu diagnostizieren, sei beim erneuten Treffen mit ihm „viel mehr gesagt worden, als ich hier werde aufschreiben können."[1] Insofern wird das Unvollständige des Erzählten und Erinnerten noch potenziert.

Die lange Pause des Vergessens beim Ich-Erzähler wird unterbrochen durch den zufälligen Anblick der Augenausschnitte des inzwischen bekannt gewordenen Malers Max Aurach in einer Illustrierten bei einer Flugreise, wobei in diesem einzigen Fotoporträt der Titelfigur das Ineinander vom Dokumentarischen und Fiktionalen der Bilder in dieser Erzählung zu beleuchten ist, deren Sujet die Biographie des englischen Malers Frank Auerbach zur Vorlage hat. Der Blick im Foto des Malers scheint dem Ich-Erzähler weiterhin Geheimnisse zu verbergen und im Erzählen vielversprechend zu sein.

Wochenlang trug ich das Magazin mit mir herum, überlas den Artikel, der in mir, wie ich spürte, ein Verlies aufgetan hatte, immer wieder von neuem, studierte das dunkle Auge Aurachs, das aus einer

[1] W. G. Sebald, Die Ausgewanderten. Vier lange Erzählungen. Köln 1992, S. 269.

der dem Text beigegebenen Fotografien ins Abseits blickte, und versuchte wenigstens im nachhinein zu begreifen, aufgrund welcher Hemmungen und Scheu wir es seierzeit vermieden hatten, das Gespräch auf die Herkunft Aurachs zu bringen [...].[1]

Der Verlies im Innern des Ich-Erzählers ist ähnlich strukturiert wie die dunkle Schacht der Erinnerungen an die Autobiographie bei Max Aurach. Das Desiderat im Gespräch erweist sich als das am tiefsten Verdrängte in der Erinnerungsarbeit der betroffenen Figur. Das Erzählen wird hier nicht in einem Zug bis zum Ende aufgerollt, sondern findet immer in Schüben statt, Schicht um Schicht im analogen Kampf des Erinnernden mit sich selbst. Das narrative Stocken, verbunden mit zeitlichen Verschüben und emotionalen Hemmungen, zeitigt indes, wie schwierig und sperrig die Erinnerungsarbeit ausfällt, wie voraussetzungsreich und singulär das interne und intime Erzählen um den traumatischen Kern ist, so dass das erzählende Erinnern und erinnernde Erzählen im Werk eine absolute Ausnahmesituation in der Existenz der Titelfigur bildet.

Die Seelenlage des Ich-Erzählers wird noch weiter exponiert, indem er als zusätzlicher Ausgewanderter auftritt. Im Alter von 22 Jahren verlässt er zum ersten Mal im Leben die Heimat und fliegt für einen längeren Aufenthalt nach England. Obwohl dieser Aufbruch in die Fremde freiwillig erfolgt und durch die Jobsuche motiviert ist, ganz im Gegensatz zum erzwungenen Exil von Max Aurach, ist beiden Figuren das Diaspora-Lebensgefühl von Verzweiflung und Orientierungslosigkeit gemein, die sich beim Ich-Erzähler in den ziel- und zahllosen Spaziergängen durch die Stadt niederschlägt. Bemerkenswert ist außerdem, dass dieser suizidnahe liminale Zustand narrativ durchs Schildern des Rettungsankers, des englischen Teegeräts indirekt dargestellt wird, dessen Bebilderung das erste Foto dieses Werkes ist. Die Diskrepanz zwischen Bild und Wort, zwischen der kalt-mechanischen Konstruktion eines Edelstahl-Apparates und der magischen Wirkung des warmen Heimatgefühls verdeutlicht die Kontingenz des Gerettetseins. So ist es nachzuvollziehen, dass sich das Geschick der Ausgewanderten in der Nachkriegszeit fortsetzt, im Sinne der Diaspora, trotz ganz anderer historischer Hintergründe und Dignität.

Steht das einzelne Auge Aurachs als kopiertes Einzelbild isoliert da und setzt dessen Studium durch den Ich-Erzähler die Handlung weiter in Gang,

---

[1] W. G. Sebald, Die Ausgewanderten. Vier lange Erzählungen. Köln 1992, S. 265.

besteht im knapp ein Jahrzehn später erschienenen Roman *Austerlitz* das erste Doppelfoto aus vier Augenausschnitten, und zwar in kurioser Zusammensetzung der von den Eulen im Antwerpener Zoo und der vom Maler und vom Philosoph, wobei Letztere ebenfalls Photozitate, obwohl nicht angegeben, doch als die vom Maler Jan Peter Tripp und Philosoph Ludwig Wittgenstein zu identifizieren sind. Während das Auge Aurachs vom Dunkeln gekennzeichnet ist und das durchlebte Trauma als zu Tage zu fördernden Erzählstoff suggeriert, verbindet die doppelten Augenpaare die Gemeinsamkeit, dass sie das Dunkel nicht durchdringen können:

> Von den in dem Nocturama behausten Tieren ist mir sonst nur in Erinnerung geblieben, daß etliche von ihnen auffallend große Augen hatten und jenen unverwandt forschenden Blick, wie man ihn findet bei bestimmten Malern und Philosophen, die vermittels der einen Anschauung und des reinen Denkens versuchen, das Dunkel zu durchdringen, das uns umgibt.[1]

Sowohl Künstler als auch Philosoph sind von Blindheit geschlagen; weder die künstlerischen Darstellungen per Imagination noch das abstrahierende Nachdenken gelangen zum Erkenntnisgewinn bzw. der geistigen Erleuchtung. Diese pessimistische Feststellung gleich am Anfang des Erzählwerks, überhaupt vor der Begegnung des Ich-Erzählers mit der Titelfigur, impliziert vielleicht die Chance für die historische Studie, die Austerlitz unternimmt, und die Poetologie, wofür das Erzählwerk selbst den Beweis liefert, das Dunkeln doch zu durchdringen? In *Pawels Briefen* wird hingegen zweimal der Augenausschnitt rechts unten von der Buchseite herausgestrichen, als Teil vom Foto links oben, was eine diagonale Plazierung kombiniert.

Während bei Aurach der Prozeß des Malens vom Selbstportrait mit dem Maltrainieren der Gesichtszüge verknüpft ist, wirkt die Konfrontation von Austerlitz mit dem eigenen Kindheitsfoto traumatisch aus. „Auch wenn ich später an den fünfjährigen Pagen dachte, erfüllte mich nur eine blinde Panik. Ich bin nicht etwa bewegt oder erschüttert gewesen, sagte Austerlitz, sondern nur sprach- und begriffslos und zu keiner Denkbewegung imstande."[2] Die Schockerfahrung resultiert aus der Kluft zwischen früher und jetzt, dass er sich selbst darin nicht wiedererkennen kann. Aus der

---

[1] W. G. Sebald, Austerlitz. Frankfurt am Main 2002, S. 11.
[2] Ebenda S. 134.

verheißungsvollen Vision eines kleinen Prinzen wird ein existenzieller Absturz, ein Bruch vom Verlust, ein identitätsloses Niemand. Die unüberbrückbare Kluft und die evidente Gewissheit der Referenz – im Sinne eines „so bin ich da gewesen" – prallen aufeinander, bewirken die rezeptive Wuchtwirkung, so dass der erwachsene Bildbetrachter vom Schuldgefühl heimgesucht wird, das eigene Leben verwirkt und darin versagt zu haben.

Beim Verlustgefühl der eigenen Identität insistiert Austerlitz auf der Suche nach dem wahren Mutterfoto. Diese Fahndung geht mit einem aufwendigen medialen Transformieren einher. Er entdeckt ein Detail in einer Filmaufnahme von KZ, spielt diese paar Sekunden von der Videokasette immer wieder durch, lässt dieses Sekundenszenraium ins Fotokopien vergrößern. Der Bilderfluss einer Videoaufnahme wird an- und stillgehalten, in Intervalle zerhackt. Indem die Videoaufnahme zum Fotoportrait mutiert, wird das Gesicht der vermuteten Mutter jedoch verschwommen und von Unschärfe behaftet, dazu noch markiert oder stigmatisiert von der mediatisierten Zeitberechnung.

Insgesamt haben in den beiden Erzähltexten Sebalds die Portraits trotz der enormen Bedeutung eine eher geringe Anzahl, wobei eine Vielfalt an Fotos von Bauten, Stadtansichten usw. vorhanden ist. Fungieren bei Sebald die Architekturfotos als Stimmungserreger, werden die Fotoportraits indes oft in Kryptoform oder durch Ersatzbild gezeigt, so dass ein Verwirrspiel von Identität der Portraitierten inszeniert wird, die Referenz somit dem Verweis weicht und ins Mehrdeutige abgleitet. Der Verweischarakter der Portraitfotos verleiht dem Einzelnen eine Stellvertreterfunktion, d.h. dessen Schicksalsmatrix ist als Grundmuster ins Kollektive oder sogar Allgemeine zu überführen. Den einzelnen Text-Bild-Verbindungen wird ein großer Spielraum von Ungewissheit und Ambiguität gewährt, so dass die Zuordnung immer wieder von der losen Relation konterkarriert wird. Das korrespondiert mit der diversen und dubiosen Herkunft der Fotos bei Sebald. Zwar informiert die redaktionelle Notiz der beiden Erzählwerke darüber, dass die Bilder aus dem Besitz des Autors stammen, aber die Grenze zwischen Fiktionalität und Authentizität wird vom Autor und Herausgeber der Fotos in Personalunion bewusst verwischt. Einerseits ist Sebald davon überzeugt: „Die Photographie ist das wahre Dokument par exellence." Andererseits nutzt er den dokumentarischen Aussagenwert der Fotos bei der Buchrezeption, lässt „fiktionale und dokumentarische Diskurse

[sich] überkreuzen"[1].

Als Fotoquelle gebraucht Sebald gerne „herrenlose Fotos" aus den Trödelmärkten, „weil sie eine Menge Erinnerungen erhalten"[2]. Aus diesem Fundus läßt er sich zu manchen Geschichten inspirieren, insofern bilden die Fotos einen konstitutiven Teil zum semiosen Produktionsverfahren der Erzählwerke. Er sagt selbst dazu: „Beim Schreiben erkennt man Möglichkeiten, von den Bildern erzählend auszugehen, in diese Bilder erzählend hineinzugehen, diese Bilder statt einer Passage zu subplantieren und so fort."[3] So nutzt Sebald die Fotos als Inspirationsquelle in der Werkgenese, plaziert sie textuell zwischen die Schriftzeilen ein als Medium der Beglaubigung, setzt sie aber gleichzeitig in ein spannungsvolles Verhältnis mit der Semantik der Schriftzeichen, so dass ein schriftbildliches Changieren ständig vonstattgeht und dem Leser zuletzt ein neues Verständnis zur Photographie als Bildmedium jenseits von wahr und fiktiv erschlossen wird.

---

[1] Silke Horstkotte, Nachbilder. Fotografie und Gedächtnis in der deutschen Gegenwartsliteratur. Wien/Köln/Weimar 2009, S. 176.

[2] „Weil sie eine Menge Erinnerungen enthalten", in: W.G. Sebald, Recovered Memories. The Guardian. 22.9.2001, 7.

[3] W. G. Sebald, „Auch das Geschriebene ist ja kein wahres Dokument." Ein Gespräch mit dem Schriftsteller W.G.Sebald über Literatur und Photographie. Neue Züricher Zeitung, 26.-27.2.2000, 51.

17. 3D vs. Breitwand[1]:

Archäologie einer medialen Konkurrenz

Joon-Suh Lee

(Ewha Womans University, Seoul)

Wenn man über das Bild spricht, sollte man über das Bild sprechen. Wenn der Weise auf den Mond zeigt, sollte man auf den Mond schauen, nicht auf den Finger. Das tun nur die Dummen. Sogar mein Hund, bestimmt buddhistisch orientiert, tut dies auch, wenn ich Lampenlicht auf den Boden werfe. Die Medienwissenschaftler sind die geborenen Dummen. Statt auf das Bild zu schauen, suchend nach dem Sinn, den das Bild uns wiederum zeigt, gucken sie auf den Rahmen in dem festen Glauben, dass dort alles anfangen würde. Ich stelle mich heute auch gerne mal dumm. Mein Finger heißt Format, d.h. das Format der Bilder. Besonders bei den sogenannten Neuen Medien spielt das Bildformat eine entscheidende Rolle. Man kann dies sofort in eine Alltagsfrage verwandeln. Ihr Fernseher ist kaputt, und Sie haben die Wahl zwischen einem mit 3D-Funktion und einem mit curved widescreen. Was für einen Fernseher würden Sie kaufen? Damit Ihre Wahl leichter fällt, könnten wir uns im Internet ansehen, wie die jeweilige Technik beworben wird.[2]

---

[1] Dem Vorhaben der Herausgeber, die Tagung zu dokumentieren, entgegenkommend, biete ich hier die leicht erweiterte Vortragsfassung an. Die Schriftfassung ist erschienen auf Koreanisch: Die neun Leben des 3D-Formats. Archäologie einer Medienkonkurrenz zwischen 3D und Breitwand, in: Brecht und das moderne Theater, H. 42. 2020, S, 139-158.

[2] Vgl. Werbung für den 3D-TV von Samsung: https://www.youtube.com/watch?v=wZQ7TIkKO8s, sowie Werbung für den curved wide TV: https://www.youtube.com/watch?v=0q-G7QkFagk-.

Auch wenn Sie gerne einen hätten, die Hauptersteller haben sich schon längst entschieden, kein 3D-Fernsehgerät mehr auf den Markt zu bringen. Der 3D-Boom ist schon wieder vorbei. Ich wusste es. Schon, als der 3D-Fernseher angekündigt wurde, ahnte ich, dass das neue Format im Angebot ein gebogenes Breitwandfernsehgerät sein würde. Ich verpasste bloß die Chance, diese große Prognose schriftlich niederzulegen. Auf eine Voraussage kommt es allerdings nicht an. Es geht eher um den Rückblick, genauer gesagt um Archäologie.

I. Neue Medien und Medienarchäologie

Die mit dem Aufkommen der ‚Neuen Medien' hervorgetretene Medienforschung tendiert dazu, ihren Schwerpunkt meist darauf zu legen, das Novum eines Mediums oder einer medialen Erscheinung aufzuspüren. So bewerten Erkki Huhtamo und Jussi Parikka in ihrer Einleitung von *Media Archaeology*:

> As different as these approaches may be, studies of new media often share a disregard for the past. The challenges posed by contemporary media culture are complex, but the past has been considered to have little to contribute toward their untangling. The new media have been treated as an all-encompassing and "timeless" realm that can be explained from within.[1]

Demgegenüber steht die Medienarchäologie. Mit der Entwicklung der Medien haben sich nämlich ebenfalls Texte und Kontexte der Medienkultur angehäuft, die nicht nur als Fakten daliegen, sondern einer aktiven Interpretation bedürfen. „Media archaeology rummages textual, visual, and auditory archives as well as collections of artifacts, emphasizing both the discursive and the material manifestations of culture."[2] Wir stöbern also durch die Zeit nach den Schlüsseln, die uns ein neues Verständnis bzw. neue Interpretationsmöglichkeiten für 3D, Breitwand und ihre Konkurrenz-geschichte eröffnen.

Um aber zu vermeiden, dass aus diesem hochinterdisziplinären Ansatz

---

[1] Erkki Huhtamo und Jussi Parikka, Introduction. An Archaeology of Media Archaeology, in: ders u. dies. (Hg.), Media Archaeology. Approaches, Applications and Implications. Berkeley; LA; London, University of California Press 2011, S. 1.

[2] Ebenda S. 3.

ein riesiger wissenschaftlicher Kartoffelsalat wird, muss die Medienarchäologie sich zunächst definieren und ihre Methode herausstellen. Als einen Beitrag dafür schlägt Huhtamo vor, die Medienarchäologie als Topos-Forschung zu konzipieren. Tatsächlich damit gemeint ist, wie die Germanisten unter uns sich sicherlich gleich erinnern werden, Ernst Robert Curtius und sein gigantisches Projekt, *Europäische Literatur und lateinisches Mittelalter* (1948).[1] Die Erkundung des Topos hilft uns, im Dickicht des Zeit-Raum-Kontinuums den Ort zu finden, der unter den diversen Forschungsansätzen als Gemeinplatz fungiert, an dem man interdisziplinär über ein Thema diskutieren kann. Um weiter in dem topografischen Bild zu bleiben: man bekommt somit eine topografische Karte, in der die Schlüsselstellungen markiert sind, die wiederum mögliche Pfade zur Operation aufzeigen und aus denen sich die tiefen Schichten der Topografie herauslesen lassen.

Das Problem ist jedoch, dass in der Praxis die Gefahr besteht, aus alles einen Topos zu machen. Eine Figur, ein Stoff, ein Thema, eine Fabel, eine Idee – sobald der Begriff Topos eingeführt wird, werden die Differenzierungen der begrifflichen Hilfsmittel zu einem überflüssigen Unterfangen. Vielleicht sollte man daher eher umgekehrt vorgehen. Man braucht vor allem neue Terminologien bzw. Kategorien, um mit den Neuen Medien übergreifend zurechtzukommen.

II. Format

3D und Breitwand sind in mehreren Hinsichten keine hierarchisch korrespondierenden Begriffe. Der Gegenpart des 3D wäre z.B. 2D, egal, ob breit oder schmal. Man braucht also eine Begrifflichkeit, die es ermöglicht, beide auf einer Ebene zu diskutieren. Die Einführung des Begriffs Format ist ein Lösungsversuch dieser Problematik. Sowohl 3D als auch Breitwand bestimmen den visuellen Wahrnehmungsgegenstand, d.h. die Form des Bildes. Daraus ergeben sich allerdings auch einige Schwierigkeiten. Zum einen gehört 3D zur subjektiven Betrachtungsweise, d.h. der Effekt entsteht erst im Wahrnehmungsprozess eines Betrachters. Daher ist es schwierig, ihn mit der herkömmlichen Vorstellung von Format zu begreifen. Darüber hinaus besteht die Gewohnheit, mit dem Begriff Format sowohl Filmformat als auch Bildformat zu bezeichnen. Auch der Begriff Breitwand kann

---

[1] Erkki Huhtamo, Dismantling the Fairy Engine. Media Archaeology as Topos Study, in: ders u. J. Parikka (Hg.), Media Archaeology, S. 29ff.

irreführend wirken, weil hier damit nicht das Objekt Leinwand gemeint ist, sondern das Bild, das auf die Leinwand projiziert wird.

Dessen ungeachtet ist es eine offenkundige Tatsache, dass in der historischen Wirklichkeit der Medien 3D und Breitwand im Kontext der Form des Bildes bzw. dessen Dispositive konkurriert haben. Die Auffassung von 3D als Format eröffnet nicht nur die Möglichkeit, 3D und Breitwand auf einer Ebene zu diskutieren, sondern auch neue Interpretationsmöglichkeiten, die den Spielraum für eine neue Ästhetik entstehen lassen.

III. Von Symbiose zur Konkurrenz

Das fast gleichzeitige Aufkommen von 3D und der Breitwand in unserer visuellen Kultur hat seine Vorgeschichte. Es geschah vorher zumindest zweimal, damals nicht im Wohnzimmer, sondern im Kinosaal: Ende der 20er Jahre und Anfang der 50er Jahre des 20. Jahrhunderts. Sie haben sich Hand in Hand als Innovation der Kino-Dispositive herausgebildet, so eng, dass je nach Standpunkt das eine dem anderen angehörend erscheint. Es ist daher kein Zufall, dass viele Wissenschaftler 3D-Bilder als ein Teil der Breitwandkino-Dispositive erfassen.[1] Es ist jedoch auch nicht falsch, wenn Belton behauptet, dass das Breitwand-Format zum 3D-System dazugehört.[2] Beide standen in einer gewissen symbiotischen Beziehung. Einerseits dient die Breitwand neben Farbfilm und stereophonischem Sound dazu, die stereoskopische Wirkung zu verstärken, andererseits stellt 3D bloß eine Zutat des Breitwandkinos dar, die ihm dem Status der technischen Neuheit verleiht.

Trotzdem treten die beiden Formate in Konkurrenz, indem sich die Breitwand-Formate als Alternative zum 3D-Format präsentieren. Die erste Runde des Wettstreits in den 20er Jahren blieb allerdings unentschieden, weil keines von beiden sich durchsetzen konnte. Die Vergrößerung des Filmformats von 35mm zu 65/75mm und die damit verbundene Erweiterung

---

[1] Vgl. Oliver Grau, Kunst als Inspiration medialer Evolution. Überwindungsvision der Kinoleinwand vom Stereopticon zur Telepräsenz, in: Thomas Hensel, Klaus Krüger, Tanja Michalsky (Hg.), Das bewegte Bild. München, Wilhelm Fink 2006, S. 424ff.; Christine Hanke, Ereignis IMAX. Im Reich des Kinosaurus Rex, in: Frauen und Film, H. 64: Das Alte und das Neue. 2004, S. 136ff.

[2] Vgl. John Belton, Widescreen Cinema. Cambridge/London, Harvard University Press 1992, S. 114.

des Leinwandformats zur Breitwand waren zwar technisch schon damals reif für die Standardisierung, die Begleitumstände jedoch noch nicht.[1]

Erst die veränderte Medienlandschaft der 50er Jahre, die vor allem von der medialen Konkurrenz zwischen Kino und Fernsehgerät geprägt ist, bietet den beiden technischen Innovationen eine zweite Chance an. Angesichts der drastischen Abnahme der Besucherzahlen sah sich die Filmindustrie gezwungen, neue technische Möglichkeiten aktiv anzuwenden. Den Anstoß zu dieser Wendung gab den Studios insbesondere der enorme Kassenerfolg von *Bwana Devil* (Regie: Arch Oboler, 1952), denn direkt danach wurden die 3D-Filme von mehreren Großstudios regelrecht in Masse produziert. Es gelang dem 3D-Film, das Interesse auch derjenigen Zuschauer zu wecken, die sonst lediglich zu Hause vor dem Fernseher sitzen.

Der Boom hielt jedoch nur noch zwei Jahre an. Diese Kurzlebigkeit lässt sich nicht nur auf eine einzelne Ursache zurückführen. Gegen die verbreitete Behauptung, die mangelnde Qualität der Filme sei das Hauptproblem gewesen, nennt Hayes die „Gier" der Filmindustrie als den ausschlaggebenden Grund. Da die Kostenbelastung den weiteren Instanzen der Industrie zugeschoben wurde, nahm der Gewinn im Vergleich zur Kostensteigerung in allen Instanzen der Industrie kaum zu, und der Endeffekt war: „Thousands of dollars for new equipment was many times impossible to swallow by lesser cinemas, and this, coupled with often tremendous new rental rates and fees, caused many doors to close forever."[2]

Somit ging die Breitwand bei der zweiten Runde des Wettstreits als Sieger hervor. Umso erstaunlicher ist es, dass in der Geschichte der visuellen Kultur diese Zeit als ‚3D Craze' verzeichnet ist. Während das langsam standardisierte Bildformat von 35mm Film ca. 1,33:1 betrug, weist das von Cinerama mit drei synchron

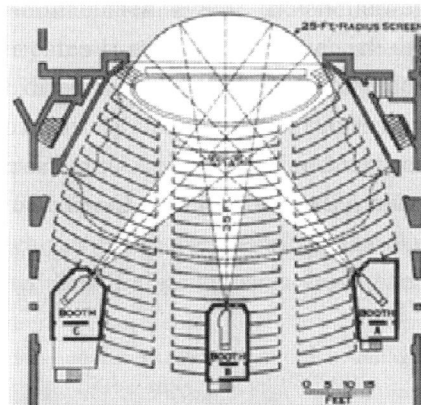

Abb. 1 Bauplan der Cinerama

---

[1] Vgl. John Belton, Widescreen Cinema. Cambridge/London, Harvard University Press 1992, S. 52ff.

[2] R. M. Hayes, 3-D Movies. A History and Filmography of Stereoscopic Cinema. Londres, McFarland 1989, S. 52.

laufenden Projektoren 2,685:1, das von CinemaScope mit anamorphotischem Verfahren 2,55:1 auf. Bei Cinerama hat das gigantische Laufbild die Größe von 20 auf 8 bis zu 30 auf 10 Metern.

> By the time CinemaScope was making an impressive showing in many theatres and was simply beginning to overshadow 3-D. It was wider, brighter, and cheaper all down the line. Studios and exhibitors obviously felt it was the more practical format to continue with. So came the demise of 3-D.[1]

Die Wendung zur Breitwand ist insofern signifikant, als sich die Filmindustrie angesichts der Abwanderung der Kinobesucher zum Fernsehen bei der Frage zwischen einer Vertiefung der Leinwand durch das 3D-Format oder einer Vergrößerung der Leinwand am Ende doch für letzteres entschieden und diese Tendenz sich bis zum IMAX durchgezogen hat.

IV. Kampf um die dreidimensionale Raumerfahrung

Von Interesse ist dabei die Parole, die die Breitwand für ihren Feldzug ausgegeben hatte: '3D ohne Brille'.[2] Damit wird nicht nur die Schwäche des Gegners entlarvt, sondern auch proklamiert bzw. versprochen, dass die Breitwand-Dispositive ebenfalls ein dreidimensionales Erlebnis gewährleisten. Dieses Argument wurde bereits in den späten 20er Jahren gegen das 3D-Kino ins Feld geführt. "Studio publicists misleadingly attempted to market several wide-film systems as three-dimensional, suggesting that the expanded field of view, when projected on a large screen, produced a 3-D effect."[3] Diese Strategie führte allerdings zum Eigentor. In seinem Buch *Widescreen Cinema* führt Belton fort:

> This marketing strategy backfired, however, when independent engineers who had seen demonstrations of these processes acknowledged that they produced little, if any, sensation of three dimensions and suggested that any wholesale conversion to wide-film production be delayed until a sufficient convincing sensation of depth

---

[1] R. M. Hayes, 3-D Movies. A History and Filmography of Stereoscopic Cinema. Londres, McFarland 1989, S. 54.
[2] Ebenda S. 55.
[3] John Belton, Widescreen Cinema, a.a.O., S. 50.

could be produced.[1]

Dieses fehlgeschlagene Manöver wird erstaunlicherweise auch in den 50er Jahre wieder aufgegriffen. Der Kopf eines Schauspielers auf dem

Abb. 2   Werbung von CinemaScope

Werbeposter von CinemaScope, der über den oberen Rahmen der Leinwand herausragt, stellt einen augenfälligen Beweis dafür dar. Wie das denn? Hinter dieser Irreführung steckt zwar selbstverständlich die geschäftsmännische Kalkulation, möglichst kostengünstig die Krise zu meistern, andererseits aber wurzelt hier noch fundamentaler ein epistemologischer Irrtum. Bereits das angeführte Zitat demonstriert diesen Irrtum: Selbst der Spezialist verweist nur auf die temporäre Unzulänglichkeit der Technik, aber nicht auf die prinzipielle Unmöglichkeit, bloß mit der Änderung der Bilderbreite 3D-Bilder zu erzeugen. Genau in diesem Punkt gilt es also, die epistemologisch-begriffliche Konfusion in den Diskursen um 3D zu korrigieren:

> Sowohl in den USA, als auch in Europa ist 3D zu Beginn der 1950er Jahre ein Oberbegriff für diverse Produktions- und Präsentationspraktiken, unter dem dann in einem zweiten Schritt zwischen stereoskopischen und nicht stereoskopischen Verfahren

---

[1] John Belton, Widescreen Cinema, a.a.O., S. 51.

unterschieden werden kann."[1]

Das Phänomen, das uns in der heutigen Sicht als Konkurrenz zwischen 3D und Breitwand erscheint, war historisch gesehen ein Kampf zwischen stereoskopischen Verfahren und nichtstereoskopischen Verfahren um den Thron des ‚3D', und der Sieg des CinemaScopes bedeutet nicht den Fall der ‚3D'-Dynastie, sondern einen Thronwechsel.

Ein Grund für diese Verwicklung bei der medialen Konkurrenz wohnt dem stereoskopischen Bild inne. Das zweidimensionale Fotobild enthält durch Perspektive, Licht und Schatten, Erfahrungswerte usw. bereits reichere Rauminformationen, und das Bewegungsbild des Films ist zudem durch das sich bewegende Objekt noch leichter imstande, die Illusion der Raumerfahrung zu wecken. Stimmt man Stephen Heaths These zu, „[t]he classical economy of film is its organization thus as organic unity and the form of that economy is narrative, the narrativisation of film"[2], besitzt der Film noch ein weiteres Mittel, auch ohne die Dreidimensionalität des Bildes ein eigenes Raumempfinden zu konstituieren.[3] So ist das stereoskopische Bild auf dem Gebiet der Unterhaltung, in der die dreidimensionale Raumerfahrung eine von mehreren Auswahlmöglichkeiten bleibt, in Gefahr, leicht überflüssig zu werden. Während der 3D-Film mit seinem auftauchenden Effekt, seinem Scheinfenster und seiner Brille unfähig bleibt, unsichtbar zu werden, besitzt das den Zuschauerraum einhüllende Bild von CinemaScope tatsächlich die visuellen Vorteile, die das hervorspringende 3D-Bild in gewissem Maße obsolet macht: Die große Leinwand von CinemaScope, die nahezu das gesamte Blickfeld des menschlichen Auges abdeckt, und ihre Randlosigkeit sowie ihre einhüllende Kurve lassen den störenden Rahmen aus dem Blickfeld des Zuschauers verschwinden und erleichtert ihm, in die Film-Wirklichkeit einzutauchen.[4] Es ist also keine Übertreibung, zu sagen, dass sich daraus eine neue Ästhetik und Norm entwickelt hat.

---

[1] Jan Distelmeyer, Bedecke deine Augen: 3D als Maß der Dinge, in: ders., Lisa Andergassen. Nora Johanna Werdich (Hg.), Raumdeutung: Zur Wiederkehr des 3D-Films. Bielefeld, transcript 2012, S. 30.

[2] Stephen Heath, Narrative Space, in: Screen, Vol. 17, issue 3. 1976, S. 90.

[3] Umgekehrt liefert die Kombination mit dem Narrativ ebenfalls dem 3D-Film eine Chance, von seinen technischen Unzulänglichkeiten abzulenken.

[4] Vgl. William Paul, The Aesthetics of Emergence, in: Film History, Vol. 5, Nr. 3. 1993, S. 335ff.

Auch beim Wettstreit im Bereich des Fernsehgeräts verharrt die Breitwand bei der alten Werbestrategie. Vergleicht man die weiter oben erwähnte Werbung für den 3D-Fernseher mit der des gebogenen Fernsehers, appellieren die beiden eigentlich an das Gleiche: Immersion. Anders gesagt, mitten drin zu sein im Geschehen. Genau dies ist der Schlüssel, zu verstehen, warum Stereoskopie überhaupt mit der gebogenen Breitwand in Konkurrenz treten musste, und warum die Breitwand eigentlich die Wölbung zu brauchen glaubte, welche sich im Nachhinein aber immer als überflüssig oder zumindest als übertrieben entpuppt.

V. Hypermedialität der stereoskopischen Bilder

Überblickt man die Geschichte der stereoskopischen Bilder, haben die sogenannten Booms, wie Tryon mit der Terminologie von Bolter und Grusin treffend beschreibt, tatsächlich ohne Ausnahme von dem Bonus der „dialectic between immediacy and hypermediacy" profitiert:

> The development of new media technologies is invariably caught up in the desire for greater immediacy, for the illusion of presence, and yet this desire to produce a sense of immersion is often confronted by our awareness of the constructedness of the artifice, an experience that Bolter and Grusin refer to as "hypermediacy." While I am skeptical of Bolter and Grusin's suggestion that the primary goal of art is to achieve this sense of immersion, I share their sense that new technologies such as digital 3-D and the different variants of IMAX can often appear hypermediated, reminding us that we are, in fact, watching a technology involved in the production of realism rather than something approximating an unmediated experience.[1]

Sobald diese Hypermedialität kein Novum mehr darstellt, schlägt die Freude darüber sofort ins Unbehagen um. Bei der Frage, ob das stereoskopische Bild in Zukunft ohne diese Hypermedialität auskommen kann, bin ich leider ziemlich pessimistisch, nicht weil ich das Potenzial und die technische Weiterentwicklung des 3D-Formats bezweifle, sondern weil ich eine gewisse Wirrnis bezüglich dieses Begriffes wahrnehme. Beim stereoskopischen 3D, so meine These, werden viele ihrer Eigentümlichkeiten

---

[1] Chuck Tryon, Video form the Void. Video Spectatorship, Domestic Film Cultures, and Contemporary Horror Film, in: Journal of Film and Video, Vol. 61, Nr. 3. 2009, S. 71.

allzu leicht als Hypermedialität wahrgenommen. Um darauf näher einzugehen, brauchen wir eine kurze Einführung in die Geschichte der Stereoskopie einschließlich des 3D-Kinos.

Der erste Auftritt der stereoskopischen Bilder in unserer visuellen Kultur um die zweite Hälfte des 19. Jh. herum wird etikettiert als „Stereoskopomanie".[1] Aus der heutigen Sicht ist ihr explosiver Aufstieg genauso unvorstellbar wie ihr plötzlicher Abgang, so dass die folgende Feststellung nahezu unglaublich erscheint: „Als erste ‚Sehmaschine' für den Hausgebrauch, die zum Massenmedium avancierte, nahm das Stereoskop die Rolle vorweg, die später das Fernsehen als ein stets verfügbares ‚virtuelles Fenster' spielen sollte."[2] Allerdings ist die visuelle Kultur der Stereoskopie entgegen der Behauptung von Jonathan Crary nicht vollkommen verschwunden. Die Symbiose von Stereoskopie und Fotografie wird weitergeführt, wie es ihre prominentesten Beispiele wie das Kaiserpanorama um die Jahrhundertwende oder der View-Master[3] der 1950er Jahre beweisen.

Eine andere Kombination erweist sich jedoch als weitaus überlebensfähiger: Stereoskopie plus Kino, also gerade die Medien, welche zum Verschwinden des Stereoskops stark beigetragen hatten. Die Versuche, stereoskopische Bilder in Bewegung zu bringen, setzt fast gleichzeitig mit den Experimenten der Brüder Lumiére ein, wobei deren Frühphase nicht unbedingt als Vorformen des heutigen 3D-Kino bezeichnet werden sollten.[4] Vom Stereoskop zum 3D-Kino war ein entscheidender Schritt nötig. Die

---

[1] Siehe hierzu Joon-Suh Lee, „Stereoskopomanie" revisited oder die Zukunft des 3D-Kinos, in: Franciszek Grucza (Hg.), Vielheit und Einheit der Germanistik weltweit, Akten des XII. Internationalen Germanistenkongresses Warschau 2010, Bd. 10. Frankfurt am Main u.a. 2012, S. 57ff.

[2] Erkki Huhtamo, Unterwegs in der Kapsel. Simulatoren und das Bedürfnis nach totaler Immersion, in: Montage AV. Zeitschrift für Theorie und Geschichte audiovisueller Kommunikation, H. 17: Immersion. 2008, S. 44.

[3] Gegen 1939 entstandenes Betrachtungsgerät für die auf eine Scheibe aufgebrachten stereoskopischen Diabilder, das besonders in den 50er Jahren einen großen Boom erlebt hat.

[4] Als Beispiel sei Wheatstone genannt, der um 1848 seinem belgischen Kollegen Joseph Plateau vorschlägt, das Prinzip der Stereoskopie mit dem der Phenakistoskopie zu vereinen, um bewegte Bilder zu erzeugen, und diese Idee wird 1852 durch Louis Jules Duboscq als ‚stereoscopefantascope' oder ‚Bioscope' realisiert. Vgl. Laurent Mannoni, The 'Feeling of Life': The Birth of Stereoscopic Film, in: Francoise Reynaud, Catherine Tambrun, Kim Timby (Hg.), Paris in 3D. From Stereoscopy to Virtual Reality, 1850 – 2000. London: Booth-Clibborn; Paris, Paris-Musées 2000, S. 137.

Augen des Betrachters mussten endlich von einem Gerät, das nur einer einzelnen Person das Betrachten ermöglicht, befreit werden, so dass eine kollektive Seherfahrung, etwa im Kinosaal, stattfinden kann. Dies bedeutet, es geht nicht nur um die Herstellung der stereoskopischen Bewegungsbilder, sondern auch um deren Projektion auf die Leinwand.

Während der Übergang vom Stereoskop zum 3D-Kino dennoch technische Kontinuität beibehält, gehen die Rezeptionsweise und der Erwartungshorizont beider Dispositive weit auseinander. Kurz gesagt werden aus Betrachtern Zuschauer. Wir tauchen als Betrachter durch die Löcher des Stereoskops in eine Welt ein: „our eyes follow a choppy and erratic path into its depth: it is an assemblage of local zones of three-dimensionality, zones imbued with a hallucinatory clarity, but which when taken together never coalesce into a homogeneous field."[1] Bereits David Brewster, der Erfinder von Kaleidoskop und Stereoskop, stellte fest, „there never really is a stereoscopic image, that it is a conjuration, an effect of the observer's experience of the differential between two other images"[2] Beim Wühlen in den Diskursen um das Stereoskop heben sich trotzdem zwei epistemologisch anders orientierte Argumentationslinien heraus. Die eine nimmt auf das zweidimensionale Bild Bezug und hebt den Mehrwert der Stereoskopie hervor: Die stereoskopischen Bilder sind realistischer, gar realer. Die andere vergleicht das stereoskopische Bild mit der Wirklichkeit bzw. dem menschlichen Wahrnehmungsbild der Wirklichkeit: Die stereo-skopischen Bilder sind anders, gar irrealer.

Beim 3D-Kino, d.h. der Stereoskopie der Bewegungsbilder, mindert sich die aktive tastende Rolle des Subjekts und somit der Spielraum für die Emergenz in der neuen Welt. Anstelle dessen tritt die erste Argumentationslinie in den Vordergrund, die in den Diskursen der Kino-Dispositive ebenfalls eine mächtige Tradition hat. Verantwortlich dafür waren nicht nur die Werbeaktivitäten, auch die Erfinder, Ingenieure und Filmmacher bemühten sich, ‚ein reales Leben' ins Kino zu holen.[3] Dem Kino-Besucher wird das Eindringen ins Reale bzw. Eindringen des Realen versprochen, wobei die sogenannten stereoskopischen Effekte weiterwirken.

---

[1] Jonathan Crary, Techniques of the Observer. On Vision and Modernity in the Nineteenth Century. London, MIT Press 1990, S. 126.

[2] Ebenda S. 122.

[3] Vgl. Ray Zone, Stereoscopic Cinema and the Origins of 3-D Film. 1838 – 1952. University Press of Kentucky 2007, S. 61ff.

Dies bedeutet, dass die Eigenschaften der Stereoskopie, die einer neuartigen Sensation der Sinne dienen könnten, zusätzlich auf das Konto der Hypermedialität ging. Der rasch abebbende Boom des 3D-Kinos erklärt sich im Grunde aus der Enttäuschung des Zuschauers über die gebrochenen Versprechen, die von Anfang an nicht gehalten werden konnten. Binokularität macht lediglich einen kleinen Teil unseres natürlichen Sehvermögens aus. Wenn schon ein 3D-Film realer wirkt, dann dank mehrerer Verfahren der Postproduktion. Solange die Eigenschaften der Stereoskopie als Hypermedialität wahrgenommen werden, bleibt die Kurzlebigkeit des 3D-Booms unvermeidbar.[1]

VI. Zur Ästhetik des 3D

Um die zweite These betreffs Hypermedialität zu formulieren, dürften wir nun den Standpunkt wechseln und rückfragen: Gibt es überhaupt ein Medium, das vollkommen unsichtbar geworden ist? 3D kann, so meine zweite These, einen anderen Weg zur Immedialität einschlagen als perfekte Transparenz: eine Immedialität, die durch Hypermedialität kommt.[2] Die angebliche Unsichtbarkeit eines Mediums hängt sehr eng mit der Gewöhnung zusammen.[3] Und besonders bei den Kunstmedien spielt die den Medien eigene Ästhetik eine entscheidende Rolle dafür. In der ganzen Geschichte der Stereoskopie wurde ihr ästhetisches Potential wenig ausgearbeitet und kaum ausgenutzt. Das 3D-Kino in den 50er Jahren ging durch die billige Pappbrille, dürftige Projektionen und vor allem durch schlechte Filme zu schnell wieder zu Ende, als dass man an einer eigenen Ästhetik experimentieren oder eine solche gar hätte herausbilden können.[4] Die 3D-Filme des 21. Jh. haben aus der Vergangenheit gelernt, sich technisch weiterentwickelt und daraus eine neue Ästhetik der Raumerfahrung herauszubilden begonnen, die sich vielleicht mit dem Stichwort ‚Entdeckung der tiefen Räume‘ und ‚environmental

---

[1] Trotz/dank dieser Hypermedialität hat die Stereoskopomanie zumindest ein halbes Jahrhundert angedauert.

[2] Vgl. Jay David Bolter u. Richard Grusin, Remediation: Understanding new media. MIT Press 2000, S. 81.

[3] Ebenda S. 71.

[4] Vgl. Rick Mitchell, The Tragedy of 3-D Cinema, in: Film History, Vol. 16, Nr. 3. 2004, S. 208f.; John Belton, CinemaScope and Historical Methodology, in: Cinema Journal, Vol. 28, Nr. 1. 1988, S. 33f.

immersion' zusammenfassen lässt: „Although none of the digital 3D films released so far is averse to the occasional in-your-face moment, there is also a conspicuous general attempt to immerse the viewer in the filmic space rather than simply impose virtual objects into the audience's environment. [/] Some of these films have taken depth as their main subject"[1]. *Avatar* (2009) von James Cameron und *Pina* (2011) von Wim Wenders sind vielleicht die prominentesten Beispiele.

Der Siegeszug der großen Breitwand entpuppte sich als ein halber Sieg. Beim heutigen Multiplex-Kino ist nicht nur die Größe der Leinwand geschrumpft, sondern auch das standardmäßige Bildformat auf ca. 1,85:1, wobei mehrere Formate als stilistische Auswahlmöglichkeit fungieren. Die den Zuschauerraum umhüllende tiefe Kurve hat sich ebenfalls auffällig verflacht. Zurzeit werden diverse Bildformate angewendet. Es war kein Kampf auf Leben und Tod, sondern eine Anreicherung der Auswahlmöglichkeiten bzw. eine Bereicherung der Stilmittel. Genau diese Interpretation sollte auch für die 3D-Technik gelten. Wenn ein Verfechter der Breitwand wie Belton beteuert, „3D – always a bridesmaid but never a bride – has [...] never become a norm"[2], wird somit suggeriert, dass der Maßstab für einen Erfolg ein Paradigmenwechsel sein soll. So, wie der Wechsel von Stummfilm zu Tonfilm, von Schwarzweiß zu Farbfilm, von Akademie Ratio zur Breitwand, so sollte es auch mit 3D gehen. Belton übersieht, dass die in seinen Augen überholten Formate immer noch als Stilmittel verwendet werden, und diese sogar innnerhalb eines einzigen Films mehrmals zu wechseln ist keine Seltenheit. Ein Film wie *Budapest Hotel* verwendet diverse Bildformate, um die epochalen Stimmungen zu evozieren.

Hier möchte ich meinen Vortrag wieder mit einer alten Weisheit abschießen: Es ist nichts vorbei, bevor es vorüber ist. Die technischen und künstlerischen Erfinder sind immer noch am Werk. Wie die lange Geschichte der bildenden Kunst sich beweist, der Lust auf die plastische Wahrnehmung verlöscht nicht. Insofern wird man die Stereoskopie und das 3D-Format ebenfalls nicht aufgeben.

---

[1] Ben Walters, The Great Leap Forward, in: Sight & Sound, Vol. 19, Nr. 3. 2009, S. 41.

[2] John Belton, Digital 3D Cinema. Digital Cinema's Missing Novelty Phase, in: Film History, Vol. 24, Nr. 2. 2012, S. 194.

18. Recursions across the Body:

Large-scale Image Datasets and Indexicality Work

Christoph Engemann

(Bauhaus Universität Weimar, Weimar)

The encounter between computers and bodies is precarious. Where it can be experienced or thematized it is at the interfaces – the command lines and graphical user interfaces, the acoustical input and output devices, the accelerometer-based positioning systems, where mouses, keyboards, trackpads, likewise VR glasses and AR viewports meet hands and faces. These systems negotiate the thresholds between bodies and computers and facilitate the translations and transformations that both determine and bear upon the boundaries of computer technologies, the effects of normalization and standardization processes, as well as the difficulties, qualities and stable properties of bodies. Here, too, is where, in the user's experience occurs, both the fascination and the frustration of dealing with computers. Where humans interact with computers – be they desktop or handheld devices, or the wearables or smart environments that are no longer discernible as such – dispositions are involved, enabling reactions to and with bodies. These dispositions are products of on device and off-device capturing, processing and curation of latencies and thresholds of optical, acoustic, haptic and inertial responsiveness of users. They are compiled into normal distributions of the mean and median values of receptiveness in user populations. In reaction to these dispositions certain groups of users are seeking to populate their margins: gamers, audiophiles and photo enthusiasts – they all call into question the standardized latencies and thresholds of perception and seek to surpass or undercut them.

The fact that the first generation of what later would come to be called German Media Studies had little but contempt for these accommodations which they dubbed armatures of the senses[1] was due to their posthuman furor, which appraised the human being a lugubrious entity vis-à-vis computers, limited in its bandwidth and sensual capacities. Thus, famously, it was the command line alone that found favour with Friedrich Kittler, while he denounced graphical user interfaces as dissimulating phenomena.[2] As media technologies advanced – such was the ardent expectation – this chain linking computer with human would at some point dissolve, allowing computers to leave human beings behind, perhaps even forget them entirely.[3] In what follows, the aim is to show that so called artificial intelligence and here machine learning to be more precise is not in keeping with any such dissolution. On the contrary, we have to start from the premise that there is a subtle, because temporally and processually protracted, form of entanglement between humans and computers happening here – or, to be more precise: a concatenation with human bodies that are integrated into the infrastructure of machine learning, as indexical gatekeepers. It is large scale image processing and object recognition where this is most apparent.

I. Machine Learning: Training and Inference

Machine learning is the technical term for what currently is called Artificial Intelligence. The notion of learning indicates algorithms which learn, by way of observing data, to execute tasks. Learning in this case means that patterns and relations in the data observed are exploited and extracted as rules. The transferability of these rules to new data is the primary achievement of machine learning. If a system has learned to identify certain patterns in pictures as cats it then can sort pictures into those containing cats and those which not.

In contrast to other, historically antecedent systems of so-called

---

[1] Jochen Hörisch, Michael Wenzel (Hg.), Armaturen der Sinne: Literarische und technische Medien 1870 bis 1920. München, Fink Verlag 1990.

[2] Friedrich A. Kittler, Es gibt keine Software, in: Draculas Vermächtnis. Technische Schriften, Leipzig, Reclam 1993, S. 225-242, hier S. 233.

[3] Friedrich Kittler, Jeder Kennt Den CIA, Was Aber Ist NSA?, in: Die Tageszeitung, October 11, 1986, http://www.taz.de/taz-Artikel-von-1986-ueber-NSA/!131154/.

artificial intelligence, concepts and relations do not get programmed *in* but are extrapolated and learned *from* data. To machine learning scientist Pedro Domingos as he describes in his book *The Master Algorithm*,[1] the large scale applicability of this technology marks a fundamental break in the history of computing, identified by him as a passage from programming to learning. The task of the programmer is no longer to bring knowledge to the computer but to create algorithms and systems that enable computers to learn on their own. Without ascribing to such epoch-defining diagnoses, we can note that, since around 2012, deep neural networks have acquired tremendous commercial significance and unleashed a new boom in artificial intelligence.[2] The dominant public discourse surrounding artificial intelligence or AI has meanwhile subsumed deep learning under catchy buzz words that are viewed rather sceptically by actors in the field of these new technologies. "Intelligence" connotes an autonomy that machine- and deep-learning processes simply do not possess. On the contrary: In the first place, the field of application for machine learning-based systems remains application- and domain-specific and turns out to be rather fragile vis-à-vis changing circumstances. In machine learning this is often referred to as brittleness: a change in environmental parameters like light conditions lets machine learning models fail. In the second place, the majority of commercially successful machine or deep learning processes are instructed, in their fabrication by human beings, in specific forms of interaction that only after the fact creates the impression of a kind of autonomy. The way these forms of interaction are designed, and the position of the human body within that design, is the topic to be developed in the line of argumentation that follows and, toward this end, the following section will provide a recap of some of the fundamentals of machine learning.

The technical foundations of deep learning-based machine learning are artificial neural networks that, as the concept "deep" implies, feature deeply layered artificial neurons between the input and output layers. When data are delivered to the input layer – for instance, in the acoustic waveform of a human voice – they proceed to traverse the underlying layers of the neural

---

[1] Pedro Domingos, The Master Algorithm: How the Quest for the Ultimate Learning Machine Will Remake Our World. New York, Basic Books 2015.

[2] Yann LeCun, Yoshua Bengio, Geoffrey Hinton, Deep Learning, in: Nature, Bd. 521, 2015, pp. 436-444.

network, until the point at which, at the output layer, a response is generated: say, an acoustically modulated output to a speech input, intoned via a loudspeaker. Within the layers of the deep learning network, correlations are being formed between the data and target values. For the majority of commercially relevant variants of deep learning, what lies at the root of correlation-building in the neural network is the training of the network, which takes place in production prior to any actual input, on the basis of selected and meticously labelled data. This approach is called *supervised learning*, whereas methods that can independently obtain correlations from data, without prior training in specially curated training datasets, are called *unsupervised learning*. Since the curation and maintenance of training datasets is labor- and cost-intensive,[1] and supervised learning remains limited when it comes to generalizing beyond a given problem domain, there has arisen considerable economic and conceptual interest in the development of unsupervised learning[2]. As proponents of machine learning stress, the horizon of machine learning is no less than "the world":

> Progress in machine learning has been driven, to a large degree, by the benefit of training on massive data sets with millions of labelled examples, whose interpretation has been tagged by humans. Such an approach doesn't scale: we can't realistically label everything in the world [...] we need to make more progress in unsupervised learning.[3]

To this day unsupervised learning, in which the artificial neural

---

[1] A state of affairs that even the French government emphasized in its 2018 report on the political challenges of artificial intelligence. See: Cederic Villani, For a Meaningful Artificial Intelligence. Towards a French and European Strategy. Paris 2018, p. 22.

[2] Yann LeCun, Yoshua Bengio, Geoffrey Hinton, Deep Learning, in: *Nature*, Bd. 521, 2015, 436-444, P 442.; Pedro Domingos, The Master Algorithm: How the Quest for the Ultimate Learning Machine Will Remake Our World. New York, Basic Books, 2015, p. 203f; Sun, Chen, Abhinav Shrivastava, Saurabh Singh, and Abhinav Gupta, Revisiting Unreasonable Effectiveness of Data in Deep Learning Era, in: 2017 IEEE International Conference on Computer Vision (ICCV), 843-852, 2017. https://doi.org/10. 1109/ ICCV.2017.97, p. 2f.

[3] Yoshua Bengio, interviewed by David Beyer, Machines That Dream: An Interview with Yoshua Bengio, Amplify Partners, 2016, online unter https://amplifypartners. com/industry-trends/machines-that-dream-an-interview-with-yoshua-bengio/.

networks received data without pre-ascribed target values and are expected
to autonomously recognize structured patterns in the input data, lagged
considerably behind supervised models in their success rates. Combinations
of supervised and unsupervised learning are increasingly being applied in
practice, [1] in which unsupervised methods are used to generate a
preselection of relevant data suitable to accelerate the subsequent learning
process of the supervised model under.[2]

When it comes to machine learning methods, we can distinguish
categorically between two phases: the training phase and the inference phase.
Specific to supervised learning, a model is built in the training phase, on the
basis of curated and annotated data, over the course of one or more training
runs.[3] This model can then be transferred to the users device or the
application environment in data centres for the inference phase. For speech-
and image-recognition applications, pre-trained models are small enough
that they can be loaded onto smartphones and allowed to run in the
background.[4] An example of such background processing is the facial
recognition model used on iPhones which is running overnight while the
phone is being charged. When confronted with new photos, the facial
recognition model, based on patterns learned in the training dataset, infers
relations and labels faces with names. Similar voice-recognition systems
like Alexa and Siri, where the models running on them have learned to relate
acoustic waveforms with words and sentence structures. When a user speaks
into a microphone, the waveforms are first translated into text by means of a
machine learning method, before a second artificial neural network typically
determines a statistical inference for possible response sentences. The
response with the highest assigned percentage value is then delivered to a
third network for speech synthesis, and the loudspeaker intones the response

---

[1] Jürgen Schmidhuber, Deep Learning in Neural Networks: An Overview, in: *Neural Networks*, Bd. 61, 2015, pp. 85-117, p. 7; Chun Sun, Abhinav Shrivastava, Saurabh Singh, Abhinav Gupta, Revisiting Unreasonable Effectiveness of Data in Deep Learning Era, 2017.

[2] Schmidhuber ibid.

[3] The number of training runs can vary widely, depending on the task to be learned; with more complex challenges, often as many as millions of epochs are needed.

[4] Apple supplies a data format within the iOS environment by the name of MLModel, which is considered standard for the transfer of models. Formats for the portability of training datasets don't exist yet, although they are conceptually feasible, given the standardization of models implicit in, inter alia, the MLModel.

sentence. Accordingly, users engaging with their smartphones, smart speakers and other devices are dealing with machine learning primarily in the second, or inference phase.

Machine learning, in its contemporary forms, is thus mechanized statistical inference,[1] whereby relational probabilities are generated via large quantities of data in artificial neural networks. Learning proper takes place exclusively in the training phase; whereas during the inference phase the model is static and merely sorts the incoming data into the categories already stabilized in the training phase. Companies like Apple, Amazon, Alibaba, Tencent and Google always have several models in production at the same time and are thus able to compare the recognition rates of their inferences on the basis of user behaviour. Meanwhile, in the background infrastructure, teams are already curating new models that eventually replace the running inference models on a regular basis. On the user devices like smartphones, this replacement takes place when the operating system is updated. In cloud infrastructures run by large scale companies the models are changed during operation on redundant hard- and software stacks.

The comparatively minimal storage and calculation-time requirements of pre-trained models stand in contrast with the incomparably higher requirements in the training phase. The achievements made in machine learning since 2012 are a direct result of both the escalation in processor capacities, brought about by graphic processing units, or GPUs and the simultaneous availability of newer, training datasets being a magnitude larger than their predecessors. Images stand at the center of these developments as these were specifically image datasets. As mentioned above, the availability of the latter is directly correlated with the advent of smartphones, wearables and other devices, the data from which flow to the platform providers. But before such data can be used for training in the context of supervised machine learning, they have to be curated and prepared in particular ways. Every learning-relevant datum in a given training dataset must be assigned one or more label, called annotations. For instance, images of signs that present a red octagon bearing the white letters S-T-O-P will be furnished with the corresponding label "stop sign." When a supervised machine learning model is shown an image of a stop sign, it should, at the end of the training phrase, output the corresponding label

---

[1] Adrian Mackenzie, Machine Learners, Archaeology of a Data Practice. Cambridge, Massachusetts 2017, p. 115f.

"stop sign" and not "stopping prohibited" or similar. In the training phase,
labels created by the model are compared with input data in iterative rounds.
In beginning during the first training runs, such a model will furnish very
few images with the correct labels. In the next step humans sort correctly
and incorrectly labelled images. Correct labels will be marked by hand by
human supervisors. In each consecutive round of training based on this
humanly evaluated data, the machine learning model will then apply the
internally learned identifying attribute of the correctly labelled image to the
entire corpus. This way, the functionality of a model is evinced by an
increase in the recognition rate over rounds of training as well as by a
decreased need for manual corrections. Part of this process also involves the
tuning of algorithmic parameters, which represents one of the essential
forms whereby the tacit knowledge of machine learning practioners gets
inculcated into the process.[1] On the basis of economic as well as liability
and political-ethical interests, this particular dimension of machine learning
is heavily criticized. What the often scandalized notion of the "black box" of
machine learning refers is not just a lack of transparency when it comes to
algorithmic micro-decision dynamics[2] but also a lack of reproducibility
when it comes to the tuning and parameterizing of datasets and models.[3]
Recognition rates in the 99.5 percentile[4] are sufficient for applications in

[1] "Training by grad student" in the relevant academic jargon. See: Alex Hern,
Cambridge Analytica: How Did It Turn Clicks into Votes? 6.5.2018, online unter
http://www.theguardian.com/news/2018/may/06/cambridge-analytica-how-turn-clicks
-into-votes-christopher-wylie.

[2] Florian Sprenger, The Politics of Micro-Decisions. Lüneburg 2015.

[3] There exist similar problems in climate change discourse, which have become a key arena
for research in the epistemology of computer simulation, though above all these problems
have taken on a central role in the critique of climate research. When the predictions of
climate models do come about by way of parameterizations – so goes the established
argument – then far-reaching political decisions concerning the model's outputs cannot be
reached. See: Gabriele Gramelsberger, Computerexperimente. Zum Wandel der
Wissenschaft im Zeitalter des Computers. Bielefeld, Transcript 2010, p. 157f; Paul N.
Edwards, A Vast Machine. Computer Models, Climate Data, and the Politics of Global
Warming. Cambridge (Mass.) and London, MIT Press 2010, p. 337f; Naomi Oreskes,
Kristin Shrader-Frechette, and Kenneth Belitz, Verification, Validation, and Confirmation
of Numerical Models in the Earth Sciences. In: Science 263/5147 (1994), pp. 641-646.

[4] With a rate of about 0.5 percent erroneous output, machine learning processes outperform
human test subjects in optical recognition tests, the latter's rate of error being approximately
Jürgen Schmidhuber, Deep Learning in Neural Networks: An Overview", p. 23f.

the consumer domain, since consequences here, in terms of liability, are trivial or negligible. It is relatively inconsequential if a machine learning model erroneously identifies a cat as a frog; but if a pedestrian is mistaken for the shadow of a tree, this can have considerable impact when it comes to the application of machine learning in autonomous vehicles.

The history and design of training datasets for machine learning remains underinvestigated,[1] though their media-theoretical relevance is fairly obvious. They are essential to the machine learning methods that dominate supervised and semi-supervised learning at present. The term supervision in this case refers to the manual pairing of data with concepts – i.e., labelling. Since machine learning models keep showing significantly better results with larger quantities of data, correspondingly extensive training sets of higher quality are needed. This means, in the context of an image recognition training dataset, that several thousand, and in many cases several million, images will have to be provided with corresponding labels. This process is undertaken in part automatically and in part manually, by human actors. Automated methods, however, often yield high rates of mislabelling such that these label assignments have to be validated manually, on a random basis at the very least. The supervision in supervised learning thus refers back to human beings as superior instances of pattern recognition. For every problem domain – image recognition, voice recognition, etc. – initial training datasets are necessary so that the models can be trained. The quality of training datasets rests in essence on the clean labelling of the data in the datasets. This includes, in the case of image datasets, the insertion of boundary boxes, the framing of the features sought-for inside an image.

[*Fig. 1: Example image with boundary boxes and labels from the Google Open Images dataset V4*[2]]

The paper *ImageNet Classification with Deep Convolutional Neural*

---

[1] Alex Krizhevsky, Ilya Sutskever and Geoffrey Hinton, ImageNet Classification with Deep Convolutional Neural Networks. Proceedings of Advances in Neural Information Processing Systems 25 (2012), S. 1090-1098, See also Andreas Sudmann, Szenarien des Postdigitalen, Deep Learning als MedienRevolution, in: Christoph Engemann, Andreas Sudmann: Maschine Learning – Medien, Infrastrukturen und Technologien der Künstlichen Intelligenz, Bielefeld 2018, pp. 55-74, and LeCun/Bengio/Hinton, Deep learning, p. 442.

[2] See https://storage.googleapis.com/openimages/web/visualizer/index.html.

Networks[1] published in 2012 and now considered a milestone in contemporary deep learning development, already states in the third sentence of the introduction: "Until recently, datasets of labelled images were relatively small – on the order of thousands of images." Then, following a brief outline of the accomplishments enabled by deep convolutional networks: "But it has only recently become possible to collect labeled datasets with millions of images." The term "recently" refers, on the one hand, to the above-mentioned introduction of smartphones and the establishment of social networks in the five years preceding the paper's publication; on the other hand, it refers to the construction of large training datasets that emerged in the same period, enabled by the appearance of the former. The ImageNet dataset of the title, which the authors used for their machine learning system, was initiated in 2007 by Fei-Fei Li, who was then working as a computer scientist at Stanford and has since moved into a leadership position at Google. ImageNet has been built out by means of crowd sourcing and Amazon's Mechanical Turk, to become the largest publicly accessible training dataset for image recognition in the early 2010s. Each of the over 14 million images in ImageNet is furnished with labels from more than 20,000 categories and partially outfitted with boundary boxes. On the ImageNet website, it's declared with pride: "Images of each concept are quality-controlled and human-annotated. In its completion, we hope ImageNet will offer tens of millions of cleanly sorted images [...]."[2] That means that the label and the boundary boxes are manually assigned. In 2012, the *New York Times* reported the following, concerning the accruing dimensions of human labor and its organization:

> Using available university research funds, the ImageNet visual database project has now become the world's largest academic user of Mechanical Turk workers, who are known as 'Turkers.' Each year, ImageNet employs 20,000 to 30,000 people who are automatically presented with images to label, receiving a tiny payment for each one.[3]

---

[1] Alex Krizhevsky, Ilya Sutskever, Geoffrey Hinton, ImageNet Classification with Deep Convolutional Neural Networks, in: Proceedings of Advances in Neural Information Processing Systems, Bd. 25, 2012, pp. 1090-1098.

[2] http://image-net.org/about-overview.

[3] John Markoff, For Web Images, Creating New Technology to Seek and Find. The New York Times, 19.11.2012, https://www.nytimes.com/2012/11/20/science/for-web-images-creating-new-technology-to-seek-and-find.html.

Ambiguity in the interpretation and annotation of images, insofar as quality control measures in the above-mentioned sense were concerned, was met with a statistically organized distrust vis-à-vis those employed as click-workers:

> Maybe two people could determine that a cat was a cat, but an image of a miniature husky might require 10 rounds of validation. What if some Turkers tried to game or cheat the system? Li's team ended up creating a batch of statistical models for Turkers' behaviors to help ensure the dataset only included correct images.[1]

Beyond anecdotal reports like these, information about the exact scope of the labor that flows into the curation and annotation of training datasets is difficult to find. These procedures cannot be realized without considerable resource expenditure and thus remain the privilege of the institutions and companies in question.[2] The relation of this enclosure (Er- und Ein-schliessung in German) by means of training datasets and the graph-appropriations (Graphennahmen in German) described elsewhere[3] require closer analysis. What's remarkable is that both of the largest companies whose business

---

[1] Ibid., see also Dave Gershgorn, The data that transformed AI research – and possibly the world, 2017, https://qz.com/1034972/the-data-that-changed-the-direction-of-ai-research-and-possibly-the-world/.

[2] To what extent curation and labelling of and in training datasets represent an exception in "data labour" [Datenarbeit] in the sense articulated by Heilmann should be more closely determined. See: Till A. Heilmann, Datenarbeit im»Capture«- Kapitalismus. Zur Ausweitung der Verwertungszone im Zeitalter informatischer Überwachung. In: ZfM – Zeitschrift für Medienwissenschaft, Vol. 2, Nr. 13 2015, https://mediarep.org/handle/doc/2550.

[3] Graphappropritations is derived from Carl Schmitts Term "Landnahme" and describes the contemporary dynamic of appropriating social graphs for economic and political purposes. For a close discussion see: Christoph Engemann, Pandemic Media: On the Governmediality of Corona Apps, in: Laliv Melamed, Philipp Dominik Keidl, Vinzenz Hediger, Antonio Somaini (Hg.), Pandemic Media: Preliminary Notes Towards an Inventory, Lüneburg 2020, online under https://pandemicmedia.meson.press/chapters/technologies-materialities/pandemic-media-on-the-governmediality-of-corona-apps/; Christoph Engemann, Digitale Identität nach Snowden. Grundordnungen zwischen deklarativer und relationaler Identität", in: Gerrit Hornung und Christoph Engemann (Hg.), Der digitale Bürger und seine Identität, Der elektronische Rechtsverkehr 36, Baden-Baden: Nomos Verlag 2016, S. 23-64; Christoph Engemann, Human Terrain System: Soziale Netzwerke und die Medien militärischer Anthropologie, in: Inge Baxmann, Timon Beyes und Claus Pias (Hg.), Soziale Massen – Neue Medien, Berlin – Zürich: Diaphanes 2014, S. 205-230. Also see Michael Seemann: Die Macht der Plattformen – Politik in Zeiten der Internetgiganten, Berlin 2021.

models are fundamentally built on graphs also invested quite early on and quite intensively in machine learning. Of the publicly accessible training datasets for image recognition, ImageNet remains the largest, closely followed by YouTube and Open Image datasets[1] courtesy of Google. The *Machine Learning Repository*[2] maintained by the University of California, Irvine since 1987 (!), has collected around 400 training datasets, the majority of which include data and labels in the three to four digit range. Curation and annotation in this case have mostly been done under the auspices of academic research, by doctoral students and early career researchers.

While publicly accessible training datasets like ImageNet, or the MINST dataset, which is key in the development of machine learning algorithms, are consulted primarily in order to demonstrate the performance capacity of new algorithms and methods, platform providers also maintain internal training datasets on an enormous scale. Google, for instance, reports on the development of its internal JFT dataset for image recognition[3] that in 2017, this training dataset contained 300 million images, for which 18,291 labelling categories were provided. In total, Google admits to having assigned over a billion labels in the JFT-300M, with many images having multiple labels. Thus, the JFT training dataset is at least 20 times larger than ImageNet. But the authors emphasize in a blog post to a publication about the JFT:

> [...] building a dataset of 300M images should not be a final goal – as a community, we should explore if models continue to improve in a meaningful way in the regime of even large (1 billion+ image) datasets.[4]

---

[1] In April 2018, Google announced the following numbers for its Open Image dataset: "15.4M bounding-boxes for 600 categories on 1.9M images, making it the *largest existing dataset* with object location annotations. The boxes have been largely manually drawn by professional annotators to ensure accuracy and consistency. The images are very diverse and often contain complex scenes with several objects (8 per image on average)," and: "In addition to the above, Open Images V4 also contains 30.1M human-verified image-level labels for 19,794 categories" https://ai.googleblog.com/2018/04/announcing-open-images-v4-and-eccv-2018.html (emphasis in the original).

[2] http://archive.ics.uci.edu/ml/index.php, cf. also the list of training datasets at https://en.wikipedia.org/wiki/List_of_datasets_for_machine_learning_research, or kaggle.com (see below).

[3] Geoffrey Hinton, Oriol Vinyals and Jeff Dean, Distilling the Knowledge in a Neural Network. arXiv:1503.02531v1 (2015), S. 5f; Sun et al., Revisiting Unreasonable Effectiveness of Data in Deep Learning Era.

[4] Ibid.

Regarding labelling the JFT training dataset, the authors write: "The images are labelled using an algorithm that uses a complex mixture of raw web signals, connections between web pages and user feedback" (ibid.), but are silent when it comes to the precise details. Whereas a culture of one-upmanship has grown up around the algorithmic methods of the deep learning networks, which also entails a relatively precise description as well as evidence of the performance capacity of a given method or known training dataset, this is hardly the case for the methods applied in dataset construction and in labelling. The demarcation between proprietary and public in the context of machine learning gets negotiated along exactly this boundary. In comparison with other sectors, such as network technologies, databases or graph analysis, the machine learning departments of platform providers are unusually strong and active in the arena of publication. On this topic, in 2016, a brief debate flared concerning the compatibility of Apple's "culture of secrecy"[1] and the culture of machine learning. Apple responded with a rather out-of-character move, by putting out its own journal[2] and allowing its employees to publish their research and their approach.[3] The use of open publication servers like ArXiv, rather than publishing in established journals, is an essential component of the publication regime among the machine learning workforce. How far this culture of open access extends was made clear at the start of 2018, when the Nature Publishing Group announced it would be establishing a closed-access journal by the name of Nature Machine Intelligence. Renowned machine learning scientist Tom Diettrich of Oregon State University called on his colleagues in an open letter not to publish any papers in this medium. Within hours, leaders in the field of machine learning like Yoshua Bengio, Yann LeCun and Jeff Dean, as well as 700 others, had already signed on.[4] It remains an open question to what extent this sort of vindication of open access is part and parcel of the field's specific reputational economy, or whether it's actually an expression of a larger structural moment which is affected by a particular

---

[1] Jack Clark, Apple's Deep Learning Curve. 2015, http://www.bloomberg.com/news/articles/2015-10-29/apple-s-secrecy-hurts-its-ai-software-development.

[2] Aaron Tilley, Apple Publishes Its First Artificial Intelligence Paper. 2016, http://www.forbes.com/sites/aarontilley/2016/12/26/apple-publishes-its-first-artificial-intelligence-paper/.

[3] Available at: http://machinelearning.apple.com/.

[4] Tom Diettrich, Statement on Nature Machine Intelligence. 25.04.2018, openaccess.engineering.oregonstate.edu/home.

economic dynamic. At least three different aspects have to be taken into consideration at this point. First, there is the signalling of their market value by the researchers and engineers who are publishing,[1] who, given the tempo of the field, may view intermediaries like journals as potential obstacles. Second, there is the institutional motivation on the part of companies like Google and Facebook, to iterate their methods as quickly as possible and stay at the forefront of the debate, while at the same time remaining attractive to the pool of qualified potential personnel. Both of these points were brought up in the context of the above-mentioned reporting on Apple's machine learning situation.[2] Third, and less present in the public debates, there is the intensification of communication that is characteristic of platform providers via a paradoxical conjunction of openness to and enclosure of data circulation.[3] Machine learning discourse needs to be read, from this perspective, as itself part of what stimulates circulation. The openness aimed at by the publication regime when it comes to machine learning algorithms and methods should thus be reckoned as an element of strategic public relations undertaken by platform providers who wish to influence both directly and indirectly the market value of their employees as well as that of their own company. Yet, labelling methods remain largely excluded from these strategic communications. They are part of the proprietary enclosure of data and methods, by means of which competitive advantages are created and secured (ibid.). From this, we can assume that

---

[1] Cf. also Adrian Mackenzie's observations on the importance of the Kaggle data science competitions: "Kaggle.com is effectively a recruitment agency for machine learners. Some competitions have recruitment opportunities as the prize. For instance, several competitions sponsored by Facebook have positions as data scientist at Facebook as the prize." See: Adrian Mackenzie, Machine Learners: Archaeology of a Data Practice. Cambridge, Massachusetts 2017, p. 229.

[2] Jack Clark, Apple's Deep Learning Curve. 2015, http://www.bloomberg.com/news/articles/2015-10-29/apple-s-secrecy-hurts-its-ai-software-development.

[3] See: Nick Srnicek, Platform Capitalism. Cambridge: Polity Press 2017, S. 71; Tarleton Gillespie, The Politics of Platforms. New Media & Society 12/3 (2010), pp. 347-364; Tarleton Gillespie, Regulation of and by platforms. SAGE Handbook of Social Media, Sage Publications 2017; Till A. Heilmann, Datenarbeit im»Capture«-Kapitalismus. Zur Ausweitung der Verwertungszone im Zeitalter informatischer Überwachung. in: ZfM – Zeitschrift für Medienwissenschaft, Vol. 2, Nr. 13 2015, https://mediarep.org/handle/doc/2550; Sebastian Gießmann, Internet- und Digitalisierungsforschung nach der Desillusionierung, in: Navigationen. Zeitschrift für Medien- und Kulturwissenschaften, Bd. I, 2015, 117-135.

labelling benefits from the network effects of having large quantities of data and users at one's disposal.

The two most economically important actors, Google and Facebook, each have their own specific ways of making users into click-workers for the labelling of training datasets. Facebook calls on users to provide names for people in photos and thus generates labels which can then be used to train face recognition networks. Moreover, Facebook profits from the possibility of comparing the data with profiles. Selfies can, for instance, be compared with the images recorded in a user profile and the labels associated with those. Google supports a whole series of products that are able to directly generate labels for mechanized seeing. This is most evident with Google's reCaptcha service,[1] which presents users with images from, inter alia, its Street View and asks them to click on certain corresponding labels. On the related website, it reads:

> ReCaptcha makes positive use of this human effort by channeling the time spent solving Captchas into digitizing text, annotating images, and building machine learning datasets. This in turn helps preserve books, improve maps, and solve hard AI problems.[2]

If, for a long time, it was primarily house numbers that were displayed but then had to be typed in, Google has meanwhile moved onto matching objects in traffic with their corresponding labels: traffic signs, buses, building entrances, bridges, etc. The exact mechanism for assigning labels to images by means of the Google Captcha method is not public, but it is likely that a statistical value for the assignment of label to image is generated via statistical averaging of a host of user clicks. In the event that a particular image accumulates a large number of divergent clicks, the system can forward the image in question for manual validation by specially trained groups. In addition to its Captcha service, Google also uses the data accrued in its Google Photo service and the denominations provided by users to generate image-label pairings. And not least, in the context of Google Image search, evaluable correlations between words and images accrue automatically, whereby the user's selections from the results of the search, as well as their click rates, provide information as to the fit of label with image. Finally, Google and Facebook, the latter to a lesser extent, regularly

---

[1] https://www.google.com/recaptcha.

[2] Ibid., cf. also the tasks under crowdsource.google.com.

hold competitions for the annotation of large datasets. In 2017, for instance, Google offered prize money in the amount of $2,500 in the context of its Landmark Recognition Challenge. Competitors were challenged to develop methods for labelling significant landmarks and to evaluate a dataset already provided by Google.[1] It is a method like these – which Google terms "websignals" and which, in combination with "connections between web pages", i.e. graph analyses, as well as manual validation – that permit the upscaling of labelling to tremendously large datasets. It can be assumed that other platform providers, like Microsoft, Facebook, Amazon and Apple, curate and annotate large training datasets using similar methods.

Aside from this acquisition and maintenance of large, labelled datasets, methods for transferring successfully trained models to untrained models are being aggressively researched. Training timeframes, however, in spite of the consistently improving performance capacities of GPUs and the increasing application of specialized hardware, still are long and may take anywhere from days to weeks to months.[2] Methods for the transfer and compression of knowledge enriched by way of successful models would shorten these timeframes and minimize infrastructural expenditures. Discussed under rubrics such as Transfer Learning[3] or Knowledge Distillation,[4] these methods aim either to transfer parameters from one trained model to another, untrained one, or to distil down from many models, each trained in various problem domains, a single model with applicability spanning multiple domains. But the starting point for these methods still remains labelled training datasets and thus the accumulated efforts at assigning correlations between things, data and words.

II. Recursions through Bodies: Training Datasets as Indexicality Work

Whether, for digital data, there can be something like an indexicality, or whether its radical relationality as binary coding already exceeds its

---

[1] https://www.kaggle.com/c/landmark-recognition-challenge.

[2] Hinton et al. reported in 2015 six-month training runs for the JFT dataset. Hinton/ Vinyals/Dean 2015 ibdi.

[3] Yoshua Bengio, Deep Learning of Representations for Unsupervised and Transfer Learning. ICML Unsupervised and Transfer Learning 27 2012, pp. 17-36.

[4] Geoffrey Hinton, Oriol Vinyals, Jeff Dean, Distilling the Knowledge in a Neural Network, ibid.

analog carrier media, remains a divisive question within German Media Theory.[1] What is indisputable, however, is that the linking of data that are meant to obtain as addresses for objects, processes or persons is a precarious endeavour. Methods such as metadata, cryptographic signatures or relational analyses, of contexts and relations of similarity, help come to terms with digital media's characteristic weak indexicality and attempt to draw secure lines between data and its referents. But the regime of supervised machine learning veers onto a different path at this point. It constellates words – primarily nouns – with data that are ascribed a certain indexicality – photos, videos, sounds; but this indexicality is left to the hands of masses of human actors, who, in constructing training datasets, confirm this indexicality through the very act of manually assigning or confirming labels. Into the unbridgeable gap between words and things, these acts are thrust, to serve a kind of conjunctive purpose. To complicate the arbitrary relationship between sign and referent, enter the arbitrariness of data in relation to both. But what remains unequivocal and identifiable as an index effect is the label-assigning activity of human actors, who perform the recognition of "a piece of reality" here[2] and in this way in effect function as this piece of reality themselves. In the enmity between computers and reality, to paraphrase Hans Blumenberg[3], machine learning places the labelling human being as relay. It is thus the human's bodily having-been-present that, in this act of assignation, is taken as a guarantee for the fitting of datum, label and reality. And so it's possible to say that machine learning methods are targeting bodies in addition to having recourse to bodies. Human bodies are immanently inscribed in these methods, and this accounts for their successes

---

[1] Yuk Hui, On the Existence of Digital Objects. Minneapolis, Minnesota University Press 2016; Jens Schröter, Analog/Digital – Opposition oder Kontinuum, in: Schröter, Jens und Alexander Böhnke (Hg.), Analog, Digital: Opposition oder Kontinuum? Zur Theorie und Geschichte einer Unterscheidung, Bielefeld, Transcript 2004, pp. 7-24; Jörg Pflüger, Wo die Quantität in Qualiät umschlägt. Notizen zum Verhältnis von Analogem und Digitalem. In: Warnke, Martin, Wolfgang Coy und Georg Christoph Tholen (Hg.), HyperKult II. Zur Ortsbestimmung analoger und digitaler Medien. Bielefeld, Transcript 2005, S. 27-94; Till A. Heilmann, Reciprocal Materiality and the Body of Code. Digital Culture & Society 1 (2015), pp. 39-52.

[2] Diedrich Diederichsen, Körpertreffer. Zur Ästehtik der nachpopulären Künste. Berlin, Suhrkamp 2017, S. 9.

[3] Hans Blumenberg, Die Lesbarkeit der Welt. Frankfurt am Main, Suhrkamp Verlag 1983, p. 18.

on and with bodies, that far exceed the affordances of classical human-computer interfaces. In this way, a certain asynchronicity of the massed bodily presence appertains to supervised machine learning and its derivatives, such as transfer learning. The labelling of data in training datasets functions as distributed embodiment[1] – as a set of acts, of typing and confirmation via clicking, that ultimately refer back to massive populations of human bodies involved; this labelling is moreover tied to infrastructures and capacities that are in fact decentralizable but hardly distributable. Machine learning is in this respect a genuine social resource, since it refers to the acquisition and concentration of knowledge calibrated on the basis of populations.

Hence we can say that the algorithms of supervised machine learning are algorithms that demand bodies. Their effects and effectiveness stem from their power to bring about indexicality effects, which however are preceded by an indexicalization organized on an enormous, planetary scale, whereby signs are referred to referents via mass clickwork. The statistical coupling of sign and referent that takes place in these processes – the, practically speaking, industrially organized entanglement of words with data that refer to things and processes – is a dynamic endemic to machine learning yet rarely examined in its semiotic dimension. It is nowhere more observable as in the labeling-pipelines for image that co-opt user on Facebook, Instagram, in WeChat and Alibaba on a daily basis to confirm the proper conjunction of words and images. The label in machine learning itself thus is a sign that induces bodies as referents. In the ineluctable role it plays for supervised machine learning, the label thus necessarily couples the body into the algorithmic recursion, which can then go on iterating itself whenever the label-data pairing bring about a bodily-impact (Körpertreffer in German),[2] i.e. a successful follow-up interaction by a body. A shadowy corporeality is thus immanent in the very machine learning interfaces that aim at bodily interaction. In any situation in which humans have commerce with computers and interact by way of interfaces that employ voice command or gestural control, the pliability of which is based on machine

---

[1] Christoph Engemann, Paul Feigelfeld, Distributed Embodiement, in: Mateo Kries, Christoph Thun-Hohenstein, Amelie Klein (Hg.), Hello Robot. Design zwischen Mensch und Maschine. Weil am Rhein, Vitra Desing Museum 2017, pp. 252-259.

[2] Diedrich Diederichsen, Körpertreffer. Zur Ästehtik der nachpopulären Künste. Berlin, Suhrkamp 2017.

learning, these humans are interacting with a set of distilled and deposited bodily-impacts (Körpertreffern, plural of Körpertreffer in German). But this relation between bodies and computers is no longer one of adaptation and accommodation, in the form of interfaces that store anthropometric knowledge and seek to translate computers into some sort of humane trapping. Nor is it an immersion, in which virtual bodies paradoxically refer to real bodies.[1] What we are actually dealing with here is a recursive relation between bodies and computers that learn. For the algorithms of supervised machine learning must always keep on retrieving the bodily-impacts stored within them in order to successfully bring about new bodily-impacts and thus continue running. Should an algorithm prove incapable, it will be replaced by other algorithms whose metrics more successfully remit bodily-impacts. At the same time, these recursions through bodies appertain to an absence of the body that needs to be more closely interrogated. Derrida's insistence on the structural significance of absence and repetition as characteristics of writing is relevant here.[2] Since, even if the activity that may be associated with machine learning interaction takes place in a graphic or acoustic register without writing, or even in the form of the control commands of a self-driving vehicle, acts of writing are still present in the background, in the form of labelling. When a machine learning-enabled computer becomes what seems at first glance an oral medium and begins to speak, this has been preceded by human acts of writing; it is their labels that have given the algorithmically generated vectors their direction. But the scale of iterability of these communications lies in other registers than the acts of writing that Derrida has in mind, because they are statistical inference events. Their quick and constant repeatability is a precondition of their functioning and of their success in yielding statistically satisfactory fits. But what are users iterating on the new types of interfaces when they carry out acts of interaction with machine

---

[1] Dawid Kasprowicz, Lebenstreue Medien, Von immersierten Körpern zu digitalen Menschmodelle. Jahrbuch für immersive Medien, Kiel: Schüren 2016, pp. 29-41; Dawid Kasprowicz, Fluide Säcke: Raumanzüge als Operationalisierungstechniken des Körpers, in: Ute Seiderer, Michael Fischer (Hg.), Haut und Hülle. Umschlag und Verpackung. Berlin, Rotbuch 2014, pp. 257-272.

[2] Jacques Derrida, Signatur, Ereignis, Kontext, Randgänge der Philosophie. Wien, Passagen Verlag 1988, pp. 291-314, here p. 297f; see also: Anna Tuschling, Klatsch im Chat. Freuds Theorie des Dritten im Zeitalter elektronischer Kommunikation. Bielefeld, Transcript Verlag 2009, p. 231f.

learning-based systems, interactions that are, in the end, based on labels? They are iterating not the presence of writing, not an act of reading, not the option of writing-on (Fortschreiben in German), but the having-been-present of a body that, in expectation of encountering new bodies, has undertaken to link data with words by means of a label.

Wherever bodies are to be expected, commerce will take place, or politics. The bodily-impacts that computers achieve are based on work on the indexicality – work that takes place for the most part indiscernibly and sometimes, depending on the training dataset involved, already decades in the past; work that, beside the algorithms and their opaque decision-making processes, is political in nature. Two possible lines of conflict are conceivable in this scenario that machine learning has opened up. The first question we have to ask is: Who is in command of the ability to assign addresses to bodies? And the second, closely tied to the first, is: Who claims to speak for these bodies and attempts to keep the effects that affect them correspondingly auditable? Both lines take into account the availability of masses of bodies; they have recourse to populations.[1] In both, platform providers have developed methods on immense scales; at the same time, both describe functions historically occupied by the state power, which here sees its own sovereign tasks affected. The black box discourse, which has been advanced primarily from the side of the state and civil society, has to date thematized only the algorithms and not the training datasets and the indexicalizing dynamic these express through populations of bodies. It is not single images in which the contemporary orders of representation are evidenced, they rather are incorporated in the complex infrastructures of image data sets. They may appear inconspicuous and fleeting but training data sets are imminently political.

(Translation by Lauren K. Wolff)

---

[1] Orit Halpern, Robert Mitchell, Bernard D. Goeghegan, The Smartness Mandate: Notes toward a Critique, in: Grey Room, Bd. 68, 2017, pp. 106-129.

19. Emojis, Instagram, Messenger-Apps:
Zur Oberflächenästhetik von *Allegro Pastell* und *Demonji*

Ronald Röttel

(Universität zu Köln, Köln)

Unter dem japanischen Lehnwort *Emoji* (絵文字, dt. Bildschriftzeichen) versammelt sich eine Vielzahl von Piktogrammen und anderen elektronischen Zeichenbildern, die in besonderer Weise die gegenwärtige Form gesellschaftlicher Kommunikation bestimmen. Gerade die Nachrichtenübermittlung über digitale Kommunikations- und Unterhaltungsmedien (*WhatsApp, WeChat, Instagram, Telegram, Snapchat* ect.) bewegt sich dabei der Tendenz nach weg von der Schrift hin zum Bild. Der gesellschaftliche Blick auf *Emojis* reicht hierbei von kulturpessimistischen Perspektiven bis hin zu solchen, die in ihnen die erste Sprache der digitalen Welt, eine moderne *Lingua Franca* sehen.[1] *Emojis* sind in jüngster Zeit mehrfach Gegenstand kommunikationswissenschaftlicher Untersuchungen geworden, die jedoch zumeist bloß ihre kommunikative Funktion in den Blick nehmen.[2]

---

[1] Vgl. hierzu und zur Geschichte von *Emojis* den Artikel von Arielle Pardes in *The Wired*: https://www.wired.com/story/guide-emoji/ (zuletzt aufgerufen am 27.03.2020).

[2] So kompensieren *Emojis* Defizite digitaler Fernkommunikation; sie substituieren Gestik und Mimik und vermögen daher nicht bloß den Inhalt einer Nachricht zu kommunizieren, sondern auch den Modus. Dabei soll diese Funktion keinesfalls bestritten werden, jedoch scheint es ebenso naiv, *Emojis* ausschließlich auf diese Übersetzungsfunktion von akustischer Sphäre in die Schriftwelt zu reduzieren. Vgl. in diesem Zusammenhang Anita Rösch, Sprechen Sie Emoji? Möglichkeiten und Grenzen des Gefühlsausdrucks mit *Emojis,* in: *Ethik und Unterricht* 1/2018: Netzwerke; ebenso

Im Folgenden möchte ich dagegen eine zeichentheoretisch informierte und zuvorderst auf die Ästhetik bzw. die Oberfläche hin ausgerichtete Beobachtung von *Emojis* vorschlagen, um daran anschließend verschiedene Verwendungen, Adaptionen und Reflexionen von *Emoji*s samt ihres medialen Umfelds, *Social Media* und *Messenger-Apps,* in der gegenwärtigen deutschen Pop- und Literaturlandschaft in den Blick nehmen zu können.[1] Bei *Emojis* handelt es sich weder um ein geschichtlich neuartiges noch strukturell singuläres Phänomen, sondern um die historische Verlängerung und Emphase eines grundsätzlichen Doppelcharakters der (Druck-)Schrift. Schon das typographische Bild des Buchstabens bewegt sich innerhalb einer zweipoligen Ordnung aus Semiose und Physiognomie, Sinn und Gestalt respektive Bedeutung und Oberfläche.[2] Die Schriftzeichen sind nicht bloß Supplement der gesprochenen Sprache, sondern, wie etwa Roland Barthes es einmal in *Der Geist des Buchstabens (1970)* formulierte, ebenso „Ausgangspunkt für eine Bilderwelt".[3] Gemeint sind damit die typographische Gestalt, das Layout und die assoziierte Bildlichkeit der

---

Philip Sergeant, The Emoji Revolution: How Technology is Shaping the Future of Communication, Cambridge, Cambridge University Press 2019; und Elena Giannoulis/ Lukas R.A. Wilde (Hg.), Emoticons, Kaomoji, and Emoji. The Transformation of Communication in the Digital Age, New York, Routledge 2019.

[1] Wolfgang Ullrich untersucht dagegen den umgekehrten Fall, nämlich die Geschichte des *Face Screaming in Fear*-Emojis als popkulturelle Adaption von Edward Munchs *Der Schrei*, vgl. Ders. 😨, einsehbar auf: https://pop-zeitschrift.de/2020/03/16/screamautorvon-wolfgang-ullrich-autordatum16-3-2020-datum/#_ftn5 (zuletzt aufgerufen am 25.03.20).

[2] Auf die Anschlussmöglichkeit des Textes für weitere mediengeschichtliche Überlegungen insbesondere zu *Icons* und *Smileys* hat bereits Sigrid Weigl in ihrer Einführung zu Theodor W. Adornos Text hingewiesen. Vgl. Sigrid Weigl, Theodor W. Adorno: Satzzeichen, in: Bernhard W. Dotzler (Hg.), Grundlagen der Literaturwissenschaft: Exemplarische Texte. Köln u.a., Böhlau 1999, S. 381-383, hier: S. 383.

[3] Roland Barthes, Der Geist des Buchstabens, in: ders., Der stumpfe und der entgegenkommende Sinn, Frankfurt am main: Suhrkamp 1990, S. 105. Auch Yoko Tawada hat in diesem Zusammenhang auf die Besonderheit phonetischer Schriften hingewiesen. Da phonetische Schriften, entgegen der Funktionsweise ideogrammatischer Schriftsysteme, über den Umweg des Lauts gehen müssen und nicht direkt über das Bild, wird deren Bildlichkeit, da ohne semantische Funktion, frei für Assoziationen. Vgl. Yoko Tawada, Verwandlungen. Tübinger-Poetikvorlesungen. Tübingen, Konkursbuchverlag 1998.

Buchstaben.[1] Auch Theodor W. Adorno hob bereits Ende der 1950er Jahre in *Satzzeichen* (1956) diese nicht signifizierende Seite der Schrift hervor. Er ging dabei sogar noch stärker auf die Bildlichkeit der Schrift- und Satzzeichen ein und schuf so kurzerhand den Ausgangspunkt für eine Ästhetik des Zeichenbilds:

> Je weniger die Satzzeichen, isoliert genommen, Bedeutung oder Ausdruck tragen, je mehr sie in der Sprache den Gegenpol zu den Namen ausmachen, desto entschiedener gewinnt ein jegliches unter ihnen seinen physiognomischen Stellenwert, seinen eigenen Ausdruck, der zwar nicht zu trennen ist von der syntaktischen Funktion, aber doch keineswegs in ihr sich erschöpft. [...] Sind nicht Fragezeichen wie Blinklichter oder ein Augenaufschlag? [...] Das Semikolon erinnert optisch an einen herunterhängenden Schnauzbart [...].[2]

Aber auch die typographische Gestalt der Schrift wurde von Adorno als paratextuelles Randphänomen miteinbezogen, ohne bloße Zierde zu sein.[3] Vielmehr attestierte er dieser, auch fernab ihres Inhalts wirksam zu sein. Gestalterische Entscheidungen über das Schriftbild werden dabei rückgebunden an gesellschaftliche Transformationsprozesse. Beispielhaft

---

[1] Dabei entwirft Barthes eine Theorie des Zeichens, die dieses nicht bloß von seiner semiotischen Funktion her begreift. Vielmehr zeichnet es sich ebenso durch seine typographische Oberfläche aus: „Diese beindruckende Überfülle von Buchstaben-Figuren besagt, dass das Wort nicht der einzige Umkreis, das einzige Resultat, die einzige Transzendenz des Buchstabens ist. [...] Es ist ein Objekt, das sich nicht durch seine Funktion, seinen technischen Ort, erschöpft: eine signifikante Kette, ein Syntagma außerhalb des Sinns aber nicht außerhalb des Zeichens." Barthes, Geist des Buchstabens, S. 106.

[2] Theodor W. Adorno, Satzzeichen, in: ders., Noten zur Literatur. I, Gesammelte Schriften 11, Frankfurt am Main, Suhrkamp 1996, S. 106-113, hier S. 106. Auch wenn manche Formulierungen zum Teil recht kryptisch anmuten. Die Buchstaben, so Adorno weiter, dienen „nicht bloß beflissen dem Verkehr der Sprache mit dem Leser [...], sondern ebenfalls hieroglyphisch einem der im Sprachinneren sich abspielt." Ebenda.

[3] Vgl. zum Begriff des Paratextes: Gérard Genette: Paratexte. Das Buch vom Beiwerk des Buchs [frz. 1987], Frankfurt am Main, Suhrkamp 1989, S. 10. Und zur Typographie als paratextuelles Element: Georg Stanitzek, „Buch: Medium und Form – in paratexttheoretischer Perspektive", in: Ursula Rautenberg (Hg.), Buchwissenschaft in Deutschland. Ein Handbuch. Berlin/Boston, De Gruyter 2010, S. 167-200, hier S. 162.

wäre etwa die Dialektik der Aufklärung: In Folge des Widerstreits zwischen Logos und Mythos verstecke sich letzterer während des „19. Jahrhundert[s] [...] in der Typographie."[1] Formulierungen wie diese und auch der daran anschließende Versuch einer Literaturgeschichte, die sich an der Verwendung von Satzzeichen in literarischen Texten orientiert, bleiben jedoch fragmentarisch.[2] Dennoch scheinen Adornos Überlegungen zu einer Poetik der Satzzeichen in besonderer Weise anschlussfähig für die Verwendung von Smileys, *Icons* und *Emojis* in Gegenwartskunst- und Literatur.[3] Elektronische Bildzeichen sind nämlich für die kontemporäre Pop-Kultur und Literatur ebenso zentral wie für gegenwärtige Kommunikationspraktiken in Messenger-Apps und *social media*.

Popkultur und -musik sowie Literatur teilen sich eine lange Geschichte gegenseitiger Bezugnahmen und Überschneidungen. Das Label Pop-Literatur wird in Deutschland – nach erstmaligem Aufkommen rund um die von Leslie Fiedler angestoßene Diskussion um Pop und Postmoderne in den 1960er Jahren[4] – noch einmal Ende der 1990er Jahre zu einem prominenten Mittel im Literaturbetrieb zur Klassifizierung von Texten einer neuen literarischen Generation. Zentrale Texte sind in diesem Kontext Christian Krachts Romandebut *Faserland* (1995), Benjamin von Stuckrad-Barres *Soloalbum* (1998) und der von Joachim Bessing herausgegebene Band *Tristesse Royale* (1999). Vor allem letzterer spielt auch im engeren Sinn eine Rolle für das Thema des vorliegenden Textes: Nachdem das Erscheinen von Bessings letztem Roman *Untitled* (2013) bereits einige Jahre zurückliegt, war für 2019 ein Buch mit dem Titel *Emojis* bei *Wagenbach* in der Reihe ‚Digitale Bildkulturen' in Planung, in welchem Bessing, laut Ankündigungstext auf *amazon.de*, „der

---

[1] Daran anschließend formuliert Adorno ein kultur-kritisches Argument, das in erster Linie typographische Entwicklungen in den Blick nimmt: „Wenig fehlt darum, und man möchte für die wahren Satzzeichen nur die der deutschen Fraktur halten, deren graphisches Bild allegorische Züge bewahrt, und die der Antiqua für bloße säkularisierte Nachbilder." Adorno, Satzzeichen, S. 107.

[2] Vgl. ebenda.

[3] Adorno selbst hätte diese, so viel sei noch angemerkt, wohl als Produkte der Kulturindustrie abgetan: Vgl. Theodor W. Adorno, Résumé über Kulturindustrie (1963), in: Charis Goer/Stefan Greif/Christoph Jacke (Hg.), Texte zur Theorie des Pop, Leipzig, Reclam 2013.

[4] Vgl. Thomas Wegmann, Postmoderne und Pop-Literatur: Die Fiedler Debatte, in: Moritz Baßler/Eckhard Schumacher (Hg.), Handbuch Literatur & Pop, Berlin/Boston, De Gruyter 2019, S. 31-41.

Bedeutung und dem Gebrauch von Emojis" als einer „universale[n] Bildsprache"[1] im Kontext von *Social Media* nachgehen sollte.

An diese Überlegungen zu *Emojis* als piktorale *Lingua Franca* anknüpfend, wäre gerade im Kontext von Pop auch eine Untersuchung von Interesse, die auf das rein bildliche, ästhetische Potenzial bzw. die Oberfläche der Bildzeichen abhebt. Denn Pop wurde seit jeher mit einer Aufwertung der Oberfläche gegenüber der Tiefe bzw. Bedeutung in Verbindung gebracht, dies gilt auch für Bessings frühe Veröffentlichungen und die sogenannte Popliteratur der 1990er Jahre.[2]

Ein verstärktes Interesse an *Emojis* und der Oberflächenästhetik kontemporärer Kommunikationsmittel zeigt sich aber vor allem bei aktuellen deutschsprachigen Autor:innen und Popmusiker:innen sowie in Pop-Zeitschriften, die sich in Form von Rezensionen und Interviews zu eben jener Popkultur und -musik verhalten. Dabei handelt es sich bei diesem Interesse an der Ästhetik von *Emojis* und dem Benutzeroberflächen-Design digitaler Plattformen um die Verwirklichung dieser Oberflächenästhetik in ihrer konkretesten Form: digitale Bildoberflächen dienen kurzerhand als Materiallager der eigenen Kunstproduktion. Gerade *Emojis* sind als ‚oberflächliche' Zeichen zentral für eine solche sich auf die Formatbedingungen der Literatur kaprizierende Ästhetik der Oberfläche.

Beispielhaft für die Literatur sind Leif Randt und Jakob Nolte.[3]

---

[1] Joachim Bessing, Emojis, Berlin, Wagenbach 2019 [zurückgezogen]. (=Digitale Bildkulturen) Die für 2019 angesetzte Veröffentlichung wurde bis auf Weiteres wieder zurückgezogen. Ankündigungstext einzusehen auf: https://www.amazon.de/Emojis-Digitale-Bildkulturen-Allgemeines-Programm/dp/3803136849 (zuletzt aufgerufen am 11.03.2020)

[2] Zur Oberflächenästhetik von Pop und der sogenannten Pop-Literatur der 1990er Jahre in Deutschland vgl. Olaf Grabienski/Till Huber/Jan-Noël Thon (Hg.), Poetik der Oberfläche. Die deutschsprachige Popliteratur der 1990er Jahre, Berlin/Bosten, De Gruyter 2011.

[3] Vor allem Randts Romane sind jüngst Gegenstand einer literaturwissenschaftlichen Bobachtung geworden: Klaus Birnstiel: Leif Randt. Schimmernder Dunst über Coby County (2011), in: Moritz Baßler/Eckhard Schumacher (Hg.), Handbuch Literatur & Pop, Berlin/ Boston, De Gruyter 2019, S. 623-634, und: ders./Michael Multhammer: Transzendierter Pop: Leif Randt, Schimmernder Dunst über Coby County, in: Thomas Düllo/Holger Schulze/Florian Hadler (Hg.), Was erzählt Pop? Münster, Lit 2018, S. 156-168. (=Populäre Kultur und Medien, 13); ebenso: Moritz Baßler/Heinz Drügh, Schimmernder Dunst. Konsumrealismus und die paralogischen Pop-Potenziale, in: *POP. Kultur und Kritik*, Heft 1, Herbst 2012, S. 60-65, Immanuel Nover, Postpolitische Stagnation: Leif Randts „Planet Magnon", in: *Wirkendes Wort: Deutsche Sprache und Literatur in Forschung und Lehre*, H 3/2016, S. 447-459 und Dirk Frank, Postadoleszenz im Poproman, in: *Der Deutschunterricht*, H. 2/2016, S. 64-77.

Ersterer debütierte 2010 mit dem Roman *Leuchtspielhaus* und gelangte ein Jahr später mit *Schimmernder Dunst über Coby County* (2011) zu größerer Bekanntheit. Beide Romane erscheinen im *Berlin Verlag*. Der Folgeroman *Planet Magnon* (2015) und sein aktueller Roman *Allegro Pastell* (2020) – auf diesen wird im Folgenden noch genauer eingegangen – erscheinen bei *Kiepenheuer & Witsch*, der als Verlag selbst wiederum keine unwesentliche Rolle in der Geschichte deutschsprachiger (Pop-)Literatur einnimmt.[1] Außerdem kuratiert er seit 2017 zusammen mit Jakob Nolte, Autor von *Alff* (2015)[2] und *Schreckliche Gewalten* (2017), ein sogenanntes „PDF- und Video-Label"[3] unter dem Namen *Tegel Media*, auf dem sie eigene und Texte anderer Autor:innen veröffentlichen, aber auch Merchandise vertreiben, unter anderem ein *Tegel Media*-Sticker Set für den *Messenger*-Dienst *Telegram*[4]: „‚Tegel Media' ist ein Label für Content. Seit Frühjahr 2017 erscheinen vorwiegend PDFs und manchmal Videos – Tagebücher, Talks, Cartoons und Anekdoten. Mit einem Update ist an jedem ersten Samstag im Monat zu rechnen."[5] Dabei sind die verwendeten Formate der Publikationen ebenso zentral wie die Texte. Neben der offiziellen *Tegel Media*-Internetseite wird von Leif Randt ebenfalls ein *Tegel Media*-Instagram Profil

---

[1] Vgl. Martin Hielscher, Pop-Literatur in den Verlagen, in: Moritz Baßler/Eckhard Schumacher (Hg.), Handbuch Literatur & Pop, Berlin/Boston, De Gruyter 2019, S. 142-151.

[2] Zuerst digital erschienen bei *Fiktion*: http://fiktion.cc/books/alff-de/ (9.03.2020). Ebenso bei *Fiktion* veröffentlicht finden sich unter anderem Romane von *Momus*, mit bürgerlichem Namen Nicholas Currie, und Ingo Niermann. Beide sind wiederum auf unterschiedliche Weise mit Christian Kracht verbunden. Mit Niermann verfasste dieser zusammen den auf Verschwörungs-Fiktionen basierenden Doku-Roman *Metan*. Momus widmete er dagegen den von ihm herausgegeben Band *Mesopotamia*. Christian Kracht (Hg.), Mesopotamia. Ernste Geschichten am Ende des Jahrtausends, Stuttgart, Deutsche Verlags-Anstalt 1999.

[3] Leif Randt, Allegro Pastell, Köln, Kiepenheuer & Witsch 2020, S. 1. Wobei durch die Wahl der Selbstzuschreibung (‚Label') auch nochmals der Bezug zu Pop stark gemacht wird.

[4] Leif Randt/Jakob Nolte, *Tegel Media*, einzusehen auf: https://tegelmedia.net/merchandise/ telegram-sticker-set/ (zuletzt aufgerufen am 31.03.2020).

[5] Einzusehen auf: https://tegelmedia.net (zuletzt aufgerufen am 6.03.2020). Das Design der Seite stammt von Rasso Hilber und Manuel Bürger. Letzterer gestaltete ebenfalls die Sonnensystem-Karten in Randts Roman *Planet Magnon*. Leif Randt, Planet Magnon, Köln, Kiepenheuer & Witsch 2015, S. 4. Zu Bürgers Ästhetik vgl. auch: https://manuelbuerger.com/welcome (zuletzt aufgerufen am 31.03.2020).

betrieben.[1] Auch dort wird mehr mit den Genre- und Formatbedingungen des Mediums experimentiert, als dass ernsthaft ‚Content' für die Vermarktung des ‚Labels' produziert werden würde.[2] Vielmehr handelt es sich um ironische Schleifen, die auf die Bedingungen des Mediums selbst reflektieren. *Emojis* sind dabei ebenfalls Teil des Repertoires. Diese kommen – dem verwendeten Medium entsprechend – in inflationärer Weise zur Verwendung, lassen dabei aber auch eine ironische Distanz erkennen. Diese wird umso deutlicher, wenn der Rahmen vom ursprünglichen Medium, nämlich Instagram, hin zum Format der Literatur, dem Buch verschoben wird.[3]

Gerade in Randts neustem Roman *Allegro Pastell* nehmen *Emojis* in mehrfacher Hinsicht eine zentrale Rolle ein. Der Roman schließt dabei an ein prominentes Genre deutschsprachiger Literaturgeschichte an, nämlich den Briefroman – man denke etwa an Goethes *Werther* – und übersetzt diesen in die gegenwärtige Medienlandschaft. Zugleich reflektiert er das Verhältnis von Literatur und (ihren) Oberflächen. So handelt es sich um eine in großen Teilen über Email, *WhatsApp*, *iMessage*, *Telegram* sowie

---

[1] Dabei wird der Account von Randt nicht ohne Ironie als *fanpage* bezeichnet: https://www.instagram.com/tegelmedia.fanpage/?hl=de (zuletzt aufgerufen am 6.03. 2020).

[2] Hieran anschließend ließe sich fragen, ob es sich bei *Social-Media*-Kanälen um bloße Medien zur Selbstvermarktung im Literaturbetrieb handelt oder ob diese nicht ebenso als ein Teil des Werks anzusehen sind, gerade im Hinblick auf Autor: innen, die *Social-Media* in emphatischer Weise affirmieren und bespielen. Ebenso stellt sich die Frage, wie man aus philologischer Sicht mit *Posts* im Allgemeinen – gerade in Abgrenzung zu Druckerzeugnissen – umgeht. Vgl. entfernt hierzu: Elisabeth Sporer, (Selbst-) Inszenierungen von Autorinnen und Autoren im Internet am Beispiel Autorenhomepages und Facebook-Fanseiten, Marburg 2019. An dieser Stelle sei ebenso auf das proto-philologische Projekt *Emoji*-Tracker verwiesen, das in Echtzeit die Häufigkeit der Verwendung von *Emojis* auf *Twitter* dokumentiert: https://emojitracker. com (zuletzt aufgerufen am 6.03.2020).

[3] Vgl. hierzu und insgesamt zu einer Ästhetik des Formats Carlos Spoerhase, Das Format der Literatur. Praktiken materieller Textualität zwischen 1740 und 1830. Göttingen, Wallstein 2018; vgl. auch ders. zur Ästhetik des Buchs im Fall von moderner und gegenwärtiger Literatur: Linie, Fläche, Raum. Die drei Dimensionen des Buches in der Diskussion der Gegenwart und der Moderne, Göttingen, Wallstein 2018.

füreinander erstellte *Spotify*-Playlisten[1] ausgetragene Fernbeziehung zwischen Tanja, der Autorin des in kürzester Zeit zu Kultstatus gelangten Romans *PanoptikumNeu,* und Jerome, einem erfolgreichen Webdesigner, der unter anderem über die Handlung des Romans hinweg an einer Webpage für seine Partnerin arbeitet. *Emojis,* die für die beiden in ihrer Kommunikation untereinander eine zentrale Rolle einnehmen, kommen in *Allegro Pastell* in zweifacher Weise zur Darstellung: einerseits ausgeschrieben als „Emoji mit Sonnenbrille"[2], „Feuer-Emoji"[3] oder „jubelndes-Gespenst-Emoji"[4], andererseits auch in ihrer ursprünglichen, piktoralen Darstellungsform,[5] und zwar sowohl im Text selbst („Miss U 😎 Miss U 😎 Miss U 👻..."[6], „übertrieben Nice 👯👯"[7]) als auch auf der Rückseite des Einbandes. Statt der üblichen Pressezitate, sogenannten *Blurbs*, findet sich dort ein Zitat aus dem fiktiven Roman der weiblichen Hauptfigur Tanja Arnheim: „Vorauseilende Wehmut – 👻👯🌴– bester Zustand!"[8]

Der dadurch entstehende Kontrast zwischen dem in simulierter Leinen-Optik gebundenen Hardcover-Format samt der golden eingefärbten Serifen-Drucktype, in der Autorname, Titel, Genrezuweisung und Verlag gesetzt sind, und den auf der Rückseite des Buchumschlags abgebildeten *Emojis*, verstärkt sich sogar noch, bezieht man Motiv und Gestaltung des Covers mit ein. Bei beiden, dem Cover-Foto und dem typografischen Design des Covers, d.h. der Anordnung von Schrift und Bildelementen, handelt es sich nicht um individuell angefertigte Arbeiten, sondern um *Stock*-Material.[9] Sowohl die

---

[1] Außerdem wird der Roman selbst von einer ihm zugehörigen *Spotify*-Playlist begleitet, die alle im Text vorkommenden Interpreten und Titel versammelt: https://open.spotify.com/playlist/ 18Y7EB3Jyd2294S8giujMM?si=XLG65te7Sre5hk5n431G9w (zuletzt aufgerufen am 24.03.20).

[2] Ebenda S. 36.

[3] Ebenda S. 203.

[4] Ebenda S. 128.

[5] In ihrer gewohnten, digitalen Farbdarstellung nur im E-Book-Format zu sehen: https://books. google.de/books?id=QKK7DwAAQBAJ&pg=PT66&lpg=PT66&dq=tanja-arnheim.spac e&source=bl&ots=NZs13iwb6b&sig=ACfU3U11HJZ47KC9s__mO435b2ha2y9YhA&h l=de&sa=X&ved=2ahahUKEwiQj70p7oAhWlmFwKHcHQBkUQ6AEwAHoECAkQA Q#v=onepage&q=tanja-arnheim.space&f=false (zuletzt aufgerufen am 24.03.20).

[6] Ebenda S. 38.

[7] Ebenda S. 227.

[8] Ebenda Buchumschlagsrückseite. Selbiges Zitat befindet sich auch auf den ersten Seiten des Buchs, dem Romantext vorangestellt, ebenda S. 7.

[9] Wie bereits aus dem Impressum hervorgeht: Ebenda S. 283.

zum Titel passende milchig-pastellige Fotografie einer beleuchteten Straße im Dämmerlicht als auch die Idee des wabenförmigen Zuschnittes des Bildes sind lizenzfrei über Mikrostock-Agenturen im Netz erwerbbare Massenware für die private und gewerbliche Nutzung. Die Quelle von ersterem ist das Bildmotiv *Road and City Streetlight* des Anbieters *Blue Collectors* von *stocksy.com*,[1] letzteres ist ein vorgefertigtes Vector-Template Vector-Template des Providers *Plasteed* auf *shutterstock.com*, betitelt mit *Dark Brochure*.[2] Auch bei den im Roman verwendeten *Emojis* handelt es sich laut Impressum um eine – in diesem Fall jedoch über *Google* lizensierte – frei verfügbare Font des Filehosting-Onlinedienstes *GitHub*.[3] Was sich hierbei vor allem bemerkbar macht, ist die Kontrastierung einer Internet- bzw. Digital-Ästhetik in Motivik und Oberflächendesign bei gleichzeitiger Betonung des analogen Buchformats.

Eine ähnliche Mixtur aus Gegenwartsemphase und medial anachronistischer Geste lässt sich auch im Fall eines Beispiels aus der Popmusik beobachten. Gemeint ist das *Black Metal*-Projekt *Obstler* von Max Rieger, Sänger und Gitarrist der deutschen Band *Die Nerven*, umtriebiger Musikproduzent für kontemporären deutschen Pop abseits des Mainstreams und Produzent von Filmmusik, kürzlich ausgezeichnet für die Mitarbeit an der auf der Berlinale 2020 prämierten *Berlin Alexanderplatz*-Verfilmung von Burhan Qurbani.

Das veröffentlichte Album des Projekts heißt *Demonji*, wobei es sich um ein *Emoji* handelt, dass entfernt an eine Dämonenmaske des japanischen

---

[1] Blue Collectors, *Road and City Streetlight*. Erhältlich in verschieden Größen: „Small $15, Medium $30, Large $75, X-Large $125", und für verschiedene Zwecke: "Unlimited Print $300, Products for Resale $500, Multi-Seat (Unlimited) $100", beide Zitate einzusehen auf: https://www.stocksy.com/2318212/road-and-city-streetlight (zuletzt aufgerufen am 24.03.20).

[2] Dabei besteht die Entwurfsvorlage aus zwei Designs, wobei das zweite mit ähnlichem Aufbau – statt des wabenförmigen befindet sich in dessen Zentrum ein kreisförmiger Ausschnitt –, mit ziemlicher Wahrscheinlichkeit dem Cover von Randts drittem Roman *Planet Magnon* zur Vorlage diente (hier jedoch nicht eigens im Impressum angegeben): Plasteed, Dark Brochure, https://www.shutterstock.com/de/image-vector/ dark-brochure-cover-design-vector-template-389734354 (zuletzt aufgerufen am 24.03.20).

[3] Siehe hierzu im Impressum des Romans: „*Emojis* unverändert von googlefonts/ noto-emoji (https://github.com/googlefonts/noto-emoji/), © 2019, Google Inc. Licensed under the Apache License, Version 2.0 (http://www.apache.org/license/ LICENSE-2.0)" Randt, Allegro Pastell, S. 283.

Kyogen-Theaters erinnert und eben jenes ziert auch das Cover des *Releases*.[1] Hierbei ist Max Rieger, was nicht unbedingt üblich ist, selbst Gestalter des *artworks*; so die *credits* auf *maxrieger.com*: „obstler – demonji (2019, album, martin hossbach) songwriting, performance, recording, production, mix, master, artwork".[2] Herausgebracht wurde das Album – neben der digitalen Veröffentlichung über die gängigen Distributionskanäle (*Spotify, Apple-Music, Deezer* ect.) – auf Kassette, wodurch sich auch hier eine Spannung zwischen analogem Medium und digitalem Motiv ergibt: Ein veraltetes Medienformat wird zitiert, aber gezielt mit kontemporären Motiven durchmischt.[3]

Das Interesse an den ästhetischen Oberflächen kontemporärer Kommunikationsmedien zeigt sich bei Rieger vermehrt auch an anderer Stelle. Etwa werden Tour-Plakate von *Die Nerven* gerne im Oberflächendesign von *WhatsApp* bzw. *iMessege* gestaltet.[4] An anderer Stelle findet sich ein Interview im Printmagazin (!) *Das Wetter*, das nicht nur über *Twitter* geführt,

---

[1] Vgl. die *Posts* vom 3.7.2019 und 4.07.2019, einzusehen auf: https://www.instagram. com/ maxrieger/?hl=de (zuletzt aufgerufen am 6.03.2019). Vgl. auch: Max Rieger im Interview mit dem *Diffus* Magazin: https://www.facebook.com/watch/?v=1047933568671660 (zuletzt aufgerufen am 6.03.2020). Vgl. ebenso den *Post* vom 1.3.2017, auf dem Rieger ein *Patch* (motivische Stoff-Aufnäher aus der Punk- und Rockmusik-Szene) in die Kamera hält. Motiv des Aufnähers ist jedoch nicht der Name seiner Band oder ähnliches, sondern der sogenannte *Face with Tears of Joy*-Emoji (zuletzt aufgerufen am 3.3.2019).

[2] Siehe die *Credits* zu Obstlers *Demonji*. Einzusehen auf: http://maxrieger.com (zuletzt aufgerufen am 03.03.2020).

[3] Aber auch auf textlicher Ebene sind *Emojis* bereits Sujet von Popmusik geworden. Siehe etwa den Song *Sex Emojis* der britischen Band *Metronomy*: "Love Honey / Sex Money / Text Emojis / Say You love Me". Metronomy: *Sex Emojis*, auf: Metronomy Forever. Paris, Because Music 2019.

[4] Vgl. Die Nerven, Fake, Tourplakat, Post vom 27.11.2019, vgl. auch die *Posts* vom 5.8.2019, 4.4.2019 und 15.2.2019, einzusehen auf: https://www.instagram.com/p/B0yEvC6ogem/ (zuletzt aufgerufen am 6.03.2020); dabei handelt es sich um eine Tendenz, die sich auch bei anderen Künstler:innen bemerkbar macht, so etwa bei dem Projekt *infinite bisous* von Rory McCarthy, der Tour-Plakate in der Oberflächenästhetik von Browser- und Programmoberflächen gestaltet. Vgl. die *Posts* vom 16.03.2019 und 04.05.2019. Einzusehen auf: https://www.instagram. com/p/Bu_cc HQBqIy(zuletzt aufgerufen am 6.03.2019). Darüber hinaus zeigt sich dieser auf Pressefotografien nicht in cooler Pose, sondern ironisiert sich selbst und den gegenwärtigen Umgang mit Medien. So sieht man ihn im Bett liegend, mit angezogen Beinen und einem Notebook auf den Oberschenkeln, welches sein Gesicht in bläulichem Bildschirm – Licht ausleuchtet: https://open. spotify.com/artist/7w5cbnOLouZ5bGFvwIF5Ff (zuletzt aufgerufen am 30.03.2020).

sondern auch in Form des Twitter-Layouts im Heft abgedruckt wird.[1] Auch in diesen Fällen wird immer wieder kontemporäres Oberflächendesign mit anachronistischen Gestaltungsmitteln kontrastiert. Etwa wird das Musikvideo zur *Demonji*-Singleauskopplung *Hell Awaits*, das aus digitalen Bildoberflächen in Animations-Optik besteht, in Riegers *youtube*-Kanal wiederum in Frakturschrift untertitelt: „𝔒𝔟𝔰𝔱𝔩𝔢𝔯 – 𝔥𝔢𝔩𝔩 𝔄𝔴𝔞𝔦𝔱𝔰 [𝔒𝔣𝔣𝔦𝔠𝔦𝔞𝔩 𝔙𝔦𝔡𝔢𝔬]".[2]

In allen genannten Fällen ist dabei stets eine Affirmation der Oberflächenästhetik populärer Designs und Formate, wie etwa *Emojis* oder auch die Gestaltung der Benutzeroberflächen von *Instagram*, *WhatsApp* und anderen *Social Media* Plattformen und Messenger-Diensten beobachtbar. Diese werden gezielt zitiert und remontiert bei gleichzeitiger Aufwertung der eigenen Oberflächen und Formate, wie etwa Buch, Homepage, *Instagram*-Account oder Kassette. Die am Fall von *Emojis* beobachtete Hervorhebung von (Zeichen-)Bild und (Zeichen-)Oberfläche entspricht dem grundsätzlichen Doppelcharakter der Schrift, zugleich Bezeichnendes und Oberflächenphänomen, Bedeutungsträger und typographische Gestalt bzw. Zeichen und Bild zu sein. Dabei sind in besonderer Weise Anachronismen beobachtbar, die zu ironischen Kopplungen von Format und Motiv sowie Medium und Gestaltung führen und so die Autoreflexivität der vorgestellten Beispiele sichtbar werden lassen.

---

[1] Johann Voigt, Interview mit Max Rieger, in: *Das Wetter*, Heft. 18, Facebook-*Post* vom 7.06.2019, einzusehen auf: https://www.facebook.com/wetteristimmer/photos/ a.52351 7461063765/2215232448558916/?type=1&theater (zuletzt aufgerufen am 31.03.2020). *Das Wetter* ist darüber hinaus derjenige Ort, an dem sich die verschiedenen hier angeführten Stränge insgesamt treffen. Neben Beiträgen zur gegenwärtigen Popmusik und -kultur, wird dort etwa auch Leif Randt zu seinem aktuellen Roman *Allegro Pastell* interviewt. Vgl. Max Kersting, Interview mit Leif Randt: *Das Wetter*, Heft 20. Darüber hinaus werden auch immer wieder Bezüge zur 1990er Jahre Popliteratur-Generation hergestellt. Siehe hierzu die Interviews mit Christian Kracht und Eckhart Nickel. Vgl. Max Kersting, Interview mit Christian Kracht, in: *Das Wetter,* Heft 10; und: Jahn Wehn: Interview mit Eckhart Nickel, in: *Das Wetter,* H. 16.

[2] Siehe: https://www.youtube.com/watch?v=6_FuivGqcv4 (zuletzt aufgerufen am 24.03.20).

20. Der Chor als Bild: Zur Ulrich Rasches Räuber-Inszenierung am Münchner Residenztheater[1]

An Taeeun

(Ewha Womans Universität, Seoul)

I. Bild und Chor

Achtzehn schwarz kostümierte Männer marschieren im Gleichschritt auf riesigen Laufbändern. Sie schreien und wiederholen Sätze, die sich um „Revolution", „Untergang einer Zivilisation", „soziale Bewegung", „Katastrophe" drehen. Zunehmend schnellere Trommelschläge verstärken ihre Stimmen und beschleunigen ihre Schritte. Es scheint als würden sich die 18 Männer zu einem einzigen, gemeinsamen Körper zusammenschließen. Es ist eine Szene aus *Die Räuber*, eine Inszenierung von Ulrich Rasche, die 2016 am Münchner Residenztheater aufgeführt wurde. Die Gestalt der Räuberbande, die den Zuschauer visuell und akustisch beherrscht, weist ein historisches Gedächtnis auf. Zugleich wirft sich die Frage auf: Warum wird die Räuberbande nicht wie ein anarchistisches, freiwilliges und radikales Kollektiv, sondern wie eine geschlossene und starke Einheit dargestellt? Durch die imposante Sinnlichkeit eröffnet die Inszenierung eine neue Ebene der Fragestellung, die aus dem Dramentext selbst nicht hervorgeht.

---

[1] Ich möchte darauf hinweisen, dass mir diese Inszenierung lediglich in Form von Videoaufzeichnungen bekannt ist. Verwendete DVD: Die Räuber. Eine Inszenierung des Residenztheaters München. Aufgezeichnet im Rahmen des 54. Berliner Theatertreffens 2017 von ZDF/3sat, Belvedere Edition 2018. Im Folgenden mit „DVD Räuber" abgekürzt.

Im Zuge des "Iconic Turn" widmet sich das postdramatische Theater wie in oben beschriebener Szene häufig der lebendigen Sinnlichkeit und konkreten Materialität theatralischer Ausdrucksmittel. Es ist ein Versuch, Mehrdeutigkeit durch die visuell-auditiven Komponenten des Theaters zu betonen, da es bei dieser postdramatischen Tendenz unmöglich ist, den ‚wahren Sinn' der Sprache oder des Dramas zu vermitteln. Zugleich werden die sogenannten Subkategorien des Theaters (wie Inszenierung, Szenographie und Choreografie), wichtiger und rücken ins Zentrum des Theaters. Diese ‚Nebenelemente', welche einst nur im Dienst der Handlung gestanden hatten, werden nun selbst zu theatralischen Ausdrucksmitteln, deren Materialität aktiv genutzt wird. Damit bieten sie verschiedene Theaterbilder, die aus der bloßen Realisierung kommen und deren Deutungen folglich konstruiert werden müssen. Der Chor ist ein theatralisches Kunstorgan, das mit seiner visuellen sowie auditiven Wirkungskraft sehr gut mit diesen sinnlichkeits-orientierten Tendenzen des postdramatischen Theaters korrespondiert.[1] Der Chor spricht und bewegt sich als ein immer anwesender kollektiver Körper und setzt seit dem Anfang des abendländischen Theaters seine sinnliche Wirkungskraft als Waffe ein. Auch wenn er als ‚ideale[r] Zuschauer' (A. W. Schlegel) oder ‚allgemeiner Begriff' (F. Schiller) eingeschätzt wurde und damit die Rolle der moralischen Instanz oder des allwissenden Weisen spielt, setzt diese Rolle immer eine starke Sinnlichkeit voraus. Auf der Bühne ist der Chor also als eine ‚sinnlich mächtige Masse' (F. Schiller) anwesend.

Zurück zur oben beschriebenen Szene des Räuberchors. Im Vergleich zu Schiller, der das Bühnenbild in jeder Szene des Dramas detailliert dargestellt hat, reduziert der Regisseur Ulrich Rasche die Kulisse und Bühnenausstattung. Damit regt er die Zuschauer dazu an, die großen Maschinen und die Körper der Darsteller mehr zu beachten. Indem Rasche die Figuren auf den Maschinen paramilitärisch marschieren lässt, tritt er mit seiner Inszenierung von *Die Räuber* auf direkte Weise dem Faschismus-

---

[1] Die enge Verbindung zwischen postdramatischem Theater und dem neuen Chor wird in der Theaterwissenschaft oft beachtet. Zum Beispiel versteht Hajo Kurzenberger, der die möglichen Formen des Chors an der Universität Hildesheim in Praxis und Theorie untersucht, " [d]as innovative Theater der neunziger Jahre ist nicht nur, aber wesentlich [als] chorisches Theater." Hajo Kurzenberger, Der Kollektive Prozess des Theaters. Bielefeld, transcript 2009, S. 90.

Vorwurf entgegen.[1]

Wie gehen wir mit Ästhetiken und Zeichen, mit formalen Mitteln, die besonders in Deutschland stark mit dem Faschismus konnotiert sind, heute um? Mein Weg ist es, mit der Darstellung Kritik zu üben. Ihre ästhetische Kraft und die damit verbundenen Gefahren nicht zu negieren, sondern sie abzubilden und zu verstehen, um sie dadurch zu beherrschen.[2]

Rasche zeigt mit dem Chor, den er nicht nur sprachlich, sondern auch körperlich stark diszipliniert, ein faschistisches Kollektivbild. Dieses provokative Kollektiv vermag nach Rasche eine kritische Rolle zu spielen, indem es die Mechanismen des zeitgenössischen und weltweiten Problems des Rechtspopulismus und des Neonationalismus enthüllt. Wie aber kann der Chor diesen Zweck erfüllen? Auf welche Weise zeigt er die Spannung zwischen dem Einzelnen und dem Kollektiv, welches ein Grundproblem des Chortheaters ist, während er weiter der Struktur des Dramas folgt?

Vor einer konkreten szenischen Analyse soll zunächst der theaterbezogene Diskurs über den Bildbegriff untersucht werden, besonders in Hinblick auf Alexander Jackob und Kati Röttgers, die das von Hans Belting in seiner Bild-Anthropologie etablierte Dreiecksmodell von Medium-Bild-Körper in die Theaterwissenschaft einführen.[3] Im Zentrum von Beltings Bild-

---

[1] Einar Schleef ist der innovativste Gegner des Faschismus-Vorwurfs in Bezug auf den Massenchor im Theater. In einigen Theaterformen der NS-Regierungszeit (z. B. Thingspiel) wurden Massenchöre verwendet, um die Idee der nationalistischen Totalität zu propagieren. Deswegen ließen das kollektive Sprechen und die kollektive Bewegung des Chors in Deutschland nach dem Krieg sehr stark an die faschistischen Bilder der NS-Zeit erinnern. So waren Massenchöre bis in die 1970er Jahre im deutschen Theater kaum zu sehen. Dieses fragwürdige Kollektiv belebte Einar Schleef wieder als eine Art der Provokation auf der Bühne. Als er große Chöre trainierte und wieder auf die Bühne brachte, wurde das Nachkriegstrauma affiziert, woraufhin ihm viele Kritiker Rücksichtslosigkeit vorwarfen. Vgl. Detlev Baur, Der Chor im Theater des 20. Jahrhunderts. Tübingen, Max Niemeyer 1999, S. 90ff.; Evelyn Annuss, Zur Historizität postdramatischer Chorfiguren. Einar Schleef und das Thingspiel, in: Stefan Tigges (Hg.), Dramatische Transformationen – zu gegenwärtigen Schreib- und Aufführungsstrategien im deutschsprachigen Theater. Bielefeld, transcript 2008, S. 361-374.

[2] Corinne Orlowski, Interview mit Ulrich Rasche, in: Corinne Orlowski (Hg.), Vor dem Palast – Gespräch über Einar Schleef. Berlin, Suhrkamp 2019, S. 324.

[3] Alexander Jackob und Kati Röttger, Ab der Schwelle zum Sichtbaren. Zu einer neuen Theorie des Bildes im Medium Theater, in: Christoph Ernst, Petra Gropp, Karl Anton Sprengard (Hg.), Perspektiven Interdisziplinärer Medienphilosophie. Bielefeld, transcript 2003. S. 234-257.

Anthropologie steht der menschliche Körper. Ihm zufolge ist der menschliche Körper ein Medium, der die äußeren Bilder verkörpern kann. Zugleich ist der Körper ein Ort, an dem innere Bilder im Gedächnis gespeichert und erinnert werden können. Jackob und Röttger weisen insbesondere darauf hin, dass für diesen Bildbegriff ein sozial-kultureller Raum vorausgesetzt werden muss, weil innere Bilder „als Resultat einer persönlichen und kollektiven Symbolisierung"[1] entstehen. „Soziale mentale Bilder, die allen Mitgliedern einer Gruppe bekannt sind"[2], sind also eine Art von inneren Bildern. Der ganze Bildbezug vollzieht sich als „Überlagerung und Überschneidung von äußeren (wahrgenommenen) und inneren (er-innerten) Bildern"[3] und – so Jackob und Röttger – das Theater bietet für diesen Bildbezug einen besonderen sozialen Raum an.

Wenn in Beltings Dreiecksmodell der Körper das Subjekt und zugleich das Objekt der Bildwahrnehmung ist, muss er nicht der Körper eines Individuums sein, sondern kann auch zu einem kollektiven Körper erweitert werden. Hier zeigt der Chor uns einen neuen Zugang zur Analyse, wenn man ihn nämlich als Bild versteht. Statt der traditionellen Rolle des Chors als Beobachter, Berichter, Kommentator, Vermittler und bewertende Instanz der dramatischen Handlung, konstituiert der Chor in diesem Sinne durch seine kollektive Anwesenheit und Choreografie neben einer gemeinsamen Sprache ein vieldeutiges Bild. Das äußere Chorbild veranlasst die Zuschauer, sich an ihre eigenen oder die sozial-kulturellen gemeinsamen Bilder zu erinnern und diese zu reflektieren. Auf der Grundlage seiner konkreten Sinnlichkeit stellt der Chor „tradierte Körper- und Gesellschaftsbilder in ein neues, fremdes Licht".[4]

---

[1] Hans Belting, Bild-Anthropologie. Entwürfe für eine Bildwissenschaft. München, Wilhelm Fink 2001. S. 11.

[2] Alexander Jackob und Kati Röttger, Ab der Schwelle zum Sichtbaren. Zu einer neuen Theorie des Bildes im Medium Theater, a.a.O., S. 248.

[3] Ebenda S. 249.

[4] Der vollständige Absatz untermauert diese These noch stärker: „Der heutige, der Prä- oder postdramatische Chor [...] ist nicht nur die Attacke auf traditionelle und vertraute Darstellungsnormen eines psychologischen Protagonistentheaters. Er stellt auch tradierte Körper- und Gesellschaftsbilder in ein neues, fremdes Licht. Die überkommenen Vorstellungen zum Beispiel von der Einheit und Ganzheit des einzelnen Körpers, seine Abgeschlossenheit und Konsistenz, die der Ideologie vom autonomen Individuum korrespondiert, haben in den letzten Jahren vor allem bildende Künstler/innen in Frage gestellt." Hajo Kurzenberger, Die Kraft der Gruppe, in: Theater heute (07. 2009). Berlin, Der Theater Verlag 2009, S. 23.

Unter der Voraussetzung dieses Bildbegriff wird nun in einer spezifischen Szenenanalyse untersucht, welche Bilder der Chor in Rasches *Räuber*-Inszenierung darstellt und wie er damit eine kritische Rolle spielt.

II. Ulrich Rasches Chorinszenierungen und seine *Räuber*-Aufführung

Ulrich Rasche, von Einar Schleef und Pina Bausch beeinflusst, nutzt den Chor seit seiner ersten Chorinszenierung im Jahr 2004. In seinem Chorprojekt wird der authentische Originaltext zum bloßen Textmaterial aufgelöst und mit dem Zusammenschluss von Sprache und der Symbolisierung der Körperbewegungen experimentiert.[1] Daher sind die Schlüsselausdrücke seines Chorprojekts der Rhythmus der Sprache und die Sinnlichkeit der Chorpräsenz.

Rasches chorischen Neuinterpretationen der Literatur der Aufklärung sind besonders bezeichnend. In einigen seiner Inszenierungen, wie zum Beispiel *Michael Kohlhaas* (2011) von Heinrich von Kleist, *Dantons Tod* (2015) von Georg Büchner und *Die Räuber* (2016) von Friedrich Schiller, hebt Rasche den Chor als zentrales Thema der Aufführung hervor, obwohl es in den originalen Texten offenbar keinen Chor gibt. Der im Original auf einzelne Figuren verteilte Text wird hier für das Kollektiv rekonstruiert. In der Aufführung bewegen sich alle Darsteller zusammen, dem Rhythmus und den Pausen des rekonstruierten Textes folgend. So wird der Chor durch die kollektive Sprache und die Choreographie verwirklicht.

Rasches *Räuber*-Inszenierung wurde im Jahr 2016 am Münchner Residenztheater aufgeführt. Wegen ihrem Bezug zu aktuellen Themen und

---

[1] Wie seine Inszenierung Sprache und Körper der Darsteller verbindet, erklärt Rasche so: "Das ist eine Technik, die mit der inhaltlichen Analyse des Textes beginnt. Im weiteren Verlauf versuchen wir, den Rhythmus und die Musikalität der Sprache herauszufinden. Dann kommt der Komponist dazu, und wir legen gemeinsam bestimmte Parameter der Musik fest, die den einzelnen Textpassagen zugeordnet sind. Die Spieler lernen in einem intensiven Probenprozess, auf welchem Wort oder auf welcher Silbe der Schritt liegt, denn jeder Schritt des Chores ist mit einem Wort oder einer definierten Pause verbunden. Die Verbindung der Sprache mit der Bewegung des Körpers ist das zentrale Element unserer Arbeit. Das hat auch etwas Tänzerisches: Die Schauspielerinnen und Schauspieler zählen in den Textpausen wie beim Tanz, fast den ganzen Abend hindurch." Corinne Orlowski, Interview mit Ulrich Rasche, a.a.O., S. 316.

der ästhetischen Merkmale wurde die Inszenierung im Jahr 2017 zum Berliner Theatertreffen eingeladen und noch im selben Jahr von *Theater heute* für das beste Bühnenbild des Jahres ausgezeichnet. Die Inszenierung basiert hauptsächlich auf dem Originaltext von Friedrich Schiller. Um der Räuberbande Aktualität zu verleihen, übernimmt Rasche außerdem noch einige Sätze aus *Der kommende Aufstand* (2007) und *An unsere Freunde* (2015) von der anonymen französischen Autorengruppe Comité invisible, die in ihrem anspruchsvollen Essay anarchistische und revolutionäre Provokation propagiert. Diese Textmaterialien wurden für den Rhythmus der chorischen Sprache in Versform adaptiert.

Das Bühnenbild besteht aus zwei riesigen Laufbändern, welche die Figuren darauf ständig in Bewegung halten. Da alle Darsteller in den für sie relevanten Szenen immer auf diesen Laufbändern nach dem Tempo der Maschinen laufen, erinnern diese sich immer drehenden Maschinen einerseits an das politische, soziale und ökonomische Fundament der Figuren und andererseits an das Schicksal der antiken Tragödie.

Als Musik verwendet Rasche vor allem eine Komposition von Ari Benjamin Meyers, die von vier Musikern (Violine, Viola, E-Bass und Trommel) und drei Chorsängern (einem Tenor und zwei Bassbaritonen) begleitet wird. Die Chorsänger tragen die gleichen schwarzen Kostüme wie die Räuberdarsteller und vermischen sich oftmals mit dem Chor der Räuberbande. Während der originale Dramentext strikt trennt zwischen dem äußeren Raum der Räuber (Böhmische Wälder) und dem inneren Raum der Familie (Graf von Moors Schloss), können sich die Chorsänger in dieser Inszenierung innerhalb beider Ebenen als Zwischenwesen bewegen. Ganz am Ende der Aufführung können sie sogar die Laufbänder verlassen und mit den anderen vier Musikern auf der Bühne agieren. Nach Meyers muss die Musik mit allen Geschehnissen auf der Bühne eng verbunden werden und die Verhältnisse zwischen allen Figuren reflektieren. Deshalb fungiert die Musik „dabei nicht als illustrierender Soundtrack, sondern eher als akustisches Bühnenbild, das, genauso wie die Laufbänder, den Schauspielern Tempo und Energie vorgibt".[1] Im Gegensatz zu der natürlichen Sprache, die in repräsentativen Dramen verwendet wird, hat die Sprache des Chors zu dieser Musik einen künstlichen Ton und Rhythmus.

---

[1] Aus einem Gespräch mit Ari Benjamin Meyers, Die Musik – Ein Akustisches Bühnenbild, in: Booklet von *Die Räuber*. Eine Inszenierung des Residenztheaters München, a.a.O., S. 16.

Neben der Musik wirken zudem auch Ton, Rhythmus und Pausen des Chorsprechens als akustisches Bild. Dem Signal des Chorleiters folgend schreien die Chormitglieder gleichzeitig auf und ihre synchronisierten Schritte sind mit den Pausen dieser gemeinsamen Schreie verbunden. Die Körper der Chormitglieder müssen dem Ton und Rhythmus folgen, um organisiert als eine Gruppe wahrgenommen zu werden. Demzufolge zeigt sich, dass die Chorbilder nicht nur visuelle, sondern auch auditive Komponenten enthalten. Mit Hilfe der Laufbänder, der Beleuchtung, der Musik und der Sprache verdichten sich die Darsteller zu einem kollektiven Körper, nämlich dem Chor.

Unter den bisher ausgeführten Voraussetzungen wird das Chorbild in der Inszenierung nach folgenden Kategorien in drei verschiedene Formen gegliedert: Anzahl der Chormitglieder und deren Anordnung – Art der Bewegungen, der Töne und Rhythmen vom Chor – Beleuchtung.

1) Die erste Chorform besteht aus elf Männern, den acht Hauptmitgliedern der Räuberbande (hierzu gehört auch ihr Hauptmann Karl) und drei Sängern. Sie erscheinen in der ersten Chorszene, in der von der Gründung der Räuberbande erzählt wird, welche einerseits auf Spiegelbergs Provokation, andererseits auf Karls persönlicher Frustration beruht. Da der Chor hier noch kein festes geschlossenes Kollektiv ist, können die Figuren als Individuen sprechen. In dieser Szene treten die Hauptmitglieder der Räuberbande und die drei Sänger am vorderen Rand der Laufbänder auf. Die Laufbänder sind nach vorn zum Zuschauerraum gerichtet und neigen sich während dieser Szene nach oben. Die Räuberbande muss hier immer wieder aufsteigen.

2) Die zweite Chorform besteht aus fünfzehn Räubern (inklusive Karl) und drei Sängern. Bei dieser Chorform kreuzen sich die zwei Laufbänder in verschiedenen Variationen, wobei achtzehn junge Männer in schnellem Tempo marschieren. Der Chor scheint in dieser Szene die stärkste und gewalttätigste Energie zu haben. Um ihren Kameraden Roller zu retten, brennen die Räuber ein ganzes Dorf nieder und töten Kinder, Frauen und Alte. Am Ende der Szene bereiten sich die Räuber auf den Kampf gegen die Soldaten vor. Der Chor wiederholt in den meisten Teilen der Szene einige Sätze aus den Texten von Comité invisible, umgeformt und außerhalb ihres eigentlichen Kontextes. Daher drücken die Sätze nur allgemeine Ablehnung gegen die Gesellschaft aus, ohne konkrete Methoden oder klare revolutionäre Ziele. Durch den dramatischen Verlauf bewirkt die Szene einen großen Wendepunkt Karls.

3) Die dritte Chorform besteht aus vierzehn Räubern, ohne Karl. Dieser Räuberchor ist während der gesamten Katastrophenszene anwesend, die sich um den Selbstmord von Franz und den Tod Amalias dreht. Damit öffnet sich ein öffentlicher Raum, in dem sich die Figuren in Monologen und Dialogen selbst verteidigen. Alle Chordarsteller erscheinen mit entblößten Oberkörpern. Die schon im Verlauf der Handlung gestorbenen Figuren (Spiegelberg und Schweizer) tauchen auch hier wieder als Chormitglieder auf. Mit dem Räuberchor koexistieren in dieser Szene Karl, Franz, Amalia und Graf von Moor als einzelne Figuren, ohne am Chor teilzunehmen.[1]

Im Folgenden soll der Schwerpunkt auf der dritten Chorform liegen, da das Grundthema des Chors – Dialektik zwischen den Einzelpersonen und dem Kollektiv – in dieser Katastrophenszene mit klarem Kontrast deutlich sichtbar ist.

III. Opfer für den geschlossenen Chor

Wie Sebastian Huber, der Dramaturg von Rasches *Räuber*-Inszenierung, aufzeigt, ist der „eigentliche Gegenspieler"[2] des radikalen Rationalisten Franz nicht sein Bruder Karl, sondern Spiegelberg. Die beiden versuchen sich von den gesellschaftlichen Zuständen zu emanzipieren, die ihre Freiheiten unterdrücken, doch ihre Methoden stellen sich als gegensätzlich heraus. Franz, der ein Sohn der aufklärerischen Moderne ist, versucht seine Emanzipation „mit Vereinzelung und Verabsolutierung des autonomen Subjekts"[3] zu erreichen, während Spiegelberg mit dem anarchistischen

---

[1] Diese vier Figuren laufen mit dem Räuberchor auf der Maschine, sprechen aber nicht gleichzeitig die gleichen Texte. Im Gegensatz zu den Räubern, die ihre Oberkörper frei lassen, tragen Franz, Amalia und Graf von Moor jeweils ihre eigenen Kostüme. Der Fall Karls ist etwas Besonderes. Er ist ein Mitglied der Räuberbande und sogar ihr Hauptmann, dennoch möchte er die Gruppe verlassen. Er trägt bis kurz vor der Katastrophenszene die gleichen schwarzen Hosen wie die Räuber und eine schwarze Jacke wie Spiegelberg. Er unterscheidet sich jedoch von den anderen durch sein weißes Hemd. In der dritten Chorform zieht er wie die anderen Räuber das Hemd aus. Damit wird die persönliche Stellung Karls betont: Er gehört zu einem Kollektiv, gleichzeitig bleibt er aber auch ein Individuum.

[2] Sebastian Huber, Unregierbarkeit, in: Georg Diez (Hg.), Die Erde ist gewaltig schön, doch sicher ist sie nicht – Die Intendanz Martin Kušej am Residenztheater München. München, Hanser 2018. S. 98.

[3] Ebenda S. 98.

Aufruf von Comité invisible ein Kollektiv bildet. Die szenische Darstellung beider Figuren verdeutlicht diesen Kontrast. Im Unterschied zu Spiegelberg, welcher den eigenen Text durch den Chor als gemeinsame Sprache erweitert, gehören zu Franz nur seine Monologe und Dialoge mit Graf von Moor, Amalia oder Daniel, ohne den Chor als seine Lautsprecher. In den relevanten Szenen mit Franz treten meistens nur zwei weitere Figuren auf und im Hintergrund stehen manchmal die drei Sänger.

Nur ein einziges Mal in seinem langen Monolog und anschließenden Selbstmord erscheint er, anders als in den meisten seiner Szenen, zusammen mit dem ganzen Räuberchor. Während seines etwa achtminütigen heftigen Geständnisses bedrängen ihn die Chormitglieder, die schweigend mit nackten Oberkörpern laufen. Die Beleuchtung, die anfangs die Körper des Räuberchors klar gezeigt hat, wird im weiteren Verlauf des Monologs gedimmt. Schließlich bleiben nur die blendenden Strahler hinter der Guckkastenbühne eingeschaltet. Aufgrund dieser Beleuchtung von hinten sind alle Darsteller außer Franz im Schatten. So verschwindet die Individualität jedes einzelnen Chormitgliedes vollständig, und um Franz herum sind nur schwarze, miteinander verschmelzende Silhouetten zu sehen. Die Zuschauer können nur den im Scheinwerferlicht stehenden Franz als Einzelperson erkennen.

Abb. 1 *Die Räuber*, R.: Ulrich Rasche, München 2016 (Still aus dem Trailer von Ines Hase. https://vimeo.com/218427160, letzter Zugriff: 11. 02. 2020.)

Inhaltlich verfolgen die sich bewegenden Räuber in dieser Szene nur das Ziel, Franz für ihren Hauptmann Karl lebendig einzufangen. Die Begründung der Räuberbande, die sich dem Text zufolge gegen die Unterdrückung auflehnen und sich für die Freiheit einsetzen wollen, geht in diesem Moment verloren. Nur Karls Wut auf Franz versetzt die Räuberbande in Bewegung.

Erst als Franz im Monolog zu Gott spricht und mit den Worten „Ich bin kein gemeiner Mörder"[1] sich zu rechtfertigen versucht, wiederholt der bisher schweigende Chor einen kurzen Ruf und erhöht zunehmend das Tempo der Schritte. Als Franz sich selbst tötet, wiederholt der Räuberchor den Text, welchen Karl schon zu Beginn der Szene gesprochen hatte: „Ganz muss ich ihn haben, und wenn du ihn ganz und lebendig bringst, so sollst du frei ausgehen, wie die weite Luft."[2] Der Chor spielt hier die Rolle des Resonanzkörpers, der mit seiner kollektiven militärischen Stimme Karls Wut auf Franz verstärkt.

In dem Moment, in dem Karl den Räubern die Freiheit verspricht, zeigt das Chorbild ironischerweise die in der Gruppe schwindende Individualität. Durch die Beleuchtung, die militärischen Stimmen, den militärischen Rhythmus und Ton der Sprache werden die Räuber zu einem kollektiven Körper gemacht. Zudem spielen in diesem Moment auch die Kabel, mit denen die Körper der Darsteller verbunden sind, eine wichtige Rolle. Grundsätzlich werden die Kabel wiederholt verwendet, um die Chorszenen vorzubereiten. Bei der Vorbereitung aller großen Chorszenen knüpfen alle Darsteller die an ihren Gurten angeschlossenen Kabel ans Laufband. Natürlich kann diese Handlung als praktische Sicherheitsvorkehrung, um die Schauspieler vor Unfällen auf den hochgeneigten Laufbändern zu schützen, verstanden werden, zugleich wird damit aber auch die ausweglose Lage der Räuber visuell betont. Durch die Kabel sind alle Mitglieder des Chores in eine große Gruppe eingeschlossen, also sozusagen miteinander verschmolzen. Der Chor nutzt ein Bild, welches dem Text widerspricht und macht damit auf die Situation der Gruppe aufmerksam, die durch den Text allein nicht vollständig dargestellt werden kann. Durch dieses Chorbild, das mit dem Text kollidiert, wird die Ironie der Gruppenkonstitution effektiv auf die Bühne gebracht.

Um ihre eigene Ironie zu verbergen, stärken die Räuber ihren

---

[1] DVD Räuber. 2:38:34-2:38:34.
[2] Ebenda 2:39:43-2:39:58.

Gruppenzusammenhalt, indem sie die Feinde außerhalb der Gruppe aufstellen. Nach dem Prinzip der Gruppenbildung von Räubern ist der allein dastehende Franz ein Feind, welcher von der Räuberbande beseitigt werden muss. Der Chor zeigt hier also ein zweideutiges Bild, einerseits der sinnlosen Gewalt mit gefesselten Körpern ohne konkreten Zweck, andererseits einer anonyme Gruppe, in der jegliche Individualität verloren gegangen ist. Eines ist auf das Äußere der Gruppe gerichtet, das andere auf das Innere der Gruppe. Der Außenseiter Franz wurde für den Fortbestand des Kollektivs geopfert. Mit dem Suizid von Franz wurde die Individualität aller Mitglieder des Räuberchors aufgehoben, allein Karl steht immer noch an der Grenze zwischen Individuum und Gruppenzugehörigkeit. Um Karl vollständig in das Kollektiv aufzunehmen, fordern die Räuber Amalia als Opfer. Karl träumte von Anfang an davon, zu seiner idyllischen Familie zurückzukehren und seine Geliebte Amalia heiraten. Da Karls Frustration die direkte Ursache dafür ist, dass er die Rolle des Hauptmanns der Räuberbande übernimmt, spiegelt Amalia Karls Gewissen wider. Amalia ist eine Erinnerung an Karls Individualität, die für den Bestand der Gruppe abgelegt werden muss. Neben Franz, der als äußerer Feind außerhalb der Räuberbande getötet wird, soll nun auch Amalia als Bedrohung im Inneren geopfert werden.

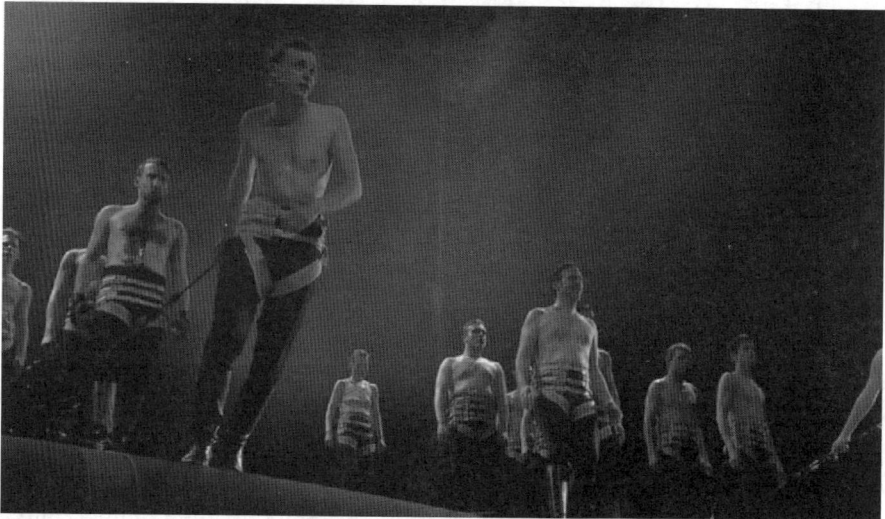

Abb. 2 *Die Räuber*, R.: Ulrich Rasche, München 2016 (Still aus dem Trailer von Ines Hase. https://vimeo.com/218427160, letzter Zugriff: 11. 02. 2020.)

Anders als die Beleuchtung in der Selbstmordszene von Franz, welche
die Räubermitglieder zu einer Masse werden lässt und sie von Franz als
Individuum trennt, werden bei Amalias Tod alle Darsteller auf der Bühne rot
beleuchtet. Diese roten Lichter bescheinen die nackten Oberkörper der
Räuber. Das weiße Hemd, das einst Karls Individualität symbolisierte, ist
schon seit der zweiten Chorszene verschwunden. Karl zieht sich wie die
anderen Mitglieder der Räuberbande aus. Sie gehen mit sehr langsamen und
schweren Schritten im Einklang mit dem Rhythmus und den Pausen des
Chortextes, einheitlich und ohne erkenntliche spezifische Charaktermerkmale.
Die bereits erwähnten Kabel werden bezeichnenderweise in dieser Szene
noch einmal verwendet. Anders als die Chormitglieder, welche jegliche
Individualität verloren haben, neigt sich der Hauptmann Karl vor, um dem
Laufband zu entkommen, welches die gemeinsame Lage der Räuber
symbolisch darstellt. Dennoch hält das Kabel, ebenso wie die Räuberbande,
seinen Körper fest, um ihn an der Flucht vom Laufband zu hindern.

> Denk an die böhmischen Wälder! Hörst du? Zagst du? [...]
> Treuloser, wo sind deine Schwüre? [...] Schau her, schau! Kennst du
> diese Narben? Du bist unser! Mit unserem Herzblut haben wir dich
> zum Leibeigenen angekauft, unser bist du. Marsch mit uns. Opfer um
> Opfer! Amalia für die Bande![1]

Während Amalia Karl bittet, sie zu töten und Karl es ablehnt, murmelt
der Räuberchor die oben zitierte Zeile in einem langsamen Tempo. Der Chor
nennt hier Karl noch Hauptmann und verlangt von ihm, Verantwortung als
Hauptmann zu zeigen. Diese Forderung wird weder so wütend ausgedrückt
wie in der Gründungsszene der Räuberbande (Chorszene 1), noch sind die
Räuber so berauscht von ihrer gewaltsamen Kraft wie beim Brandschatzen
des Dorfes (Chorszene 2). Der Räuberchor bildet durch sein Murmeln in der
Gruppe nur den Hintergrund zum Dialog zwischen Karl und Amalia. Karl
antwortet auf die Forderung der Räuber mit folgenden Zeilen: „Ich wollte
umkehren und zu meinem Vater gehen, aber der im Himmel sprach, es soll
nicht sein."[2]

Man sollte bedenken, dass zu den Chormitgliedern in dieser Szene auch
diejenigen gehören, die schon im Verlauf des Dramas gestorben sind.
Obwohl Spiegelberg und Schweizer bereits tot sind, erscheinen sie auf den

---

[1] DVD Räuber. 2:45:57-2:48:14.
[2] Ebenda 2:46:28-2:46:37.

Laufbändern mit den anderen Mitgliedern und sprechen den gemeinsamen Chortext. Sie verbergen nicht die Tatsache, dass sie bereits tot sind und stehen direkt hinter Karl mit blutigem Hals und blutiger Brust. Die demonstrative Beteiligung der toten Figuren führt dazu, dass dem Chor mehrere Dimensionen gegeben werden: In Bezug auf die Treue zum Dramentext fungiert der Chor wesentlich als die Räuberbande, die Karl aus der Gruppe nicht entkommen lässt. Ferner symbolisiert der Chor die zerrissene Stimme von Karl selbst, der die Gruppenzugehörigkeit schon tief verinnerlicht hat. Des Weiteren symbolisiert der Chor auch das Gewissen, das „im Himmel sprach", welches ihn auch nicht entkommen lässt. Karl darf diesem Marsch als vollkommenes Individuum nicht mehr entkommen, also entscheidet er sich für die Unterwerfung gegenüber dem Kollektiv, das Amalia als Opfer braucht, um selbst zu überleben.

IV. Der Untergang eines Kollektivs

Nachdem Amalia auf Verlangen der Räuber getötet wurde und Karl alles, was er getan hat, bedauert, neigen sich die Laufbänder vor, um einen endlosen Untergang darzustellen. Dies steht im Gegensatz zu dem endlosen Aufstieg der Räuber, als sie sich am Anfang als Kollektiv organisierten. Mit dem letzten Schrei von Karl „Ich habe euch einen Engel geschlachtet"[1], ändern die Laufbänder ihre Laufrichtung. Damit zeigen die Maschinen den Zuschauern ihre Flanke, nämlich den ausdrücklichen Untergang. Der geschlossene Chor der Räuber, welcher sich ohne „klare Idee oder Vorstellungen davon, wie sie ihre soziale Lage verbessern könnten"[2], empört, ist zum unweigerlichen Untergang verdammt.

Der Chor zeigt mit seinen intensiven visuellen und auditiven Komponenten, welche vom kollektiven Körper der Mitglieder erzeugt werden, dem Publikum ein direktes und implizites Bild, bevor die Sprache ihren Sinn vermittelt. Rasche folgt dem Prozess der Gründung, der Entwicklung, der inneren Zementierung und des Untergangs der Räuberbande, als wäre es die klassische Struktur eines Dramas mit fünf Akten. An jedem wichtigen Punkt dieses Prozesses ändern sich auch die Chorbilder. Dadurch wird der Chor sowohl zum Experimentierfeld als auch

---

[1] DVD Räuber. 2:49:30-2:49:37.
[2] Ulrich Rasche im Gespräch mit Sebastian Huber, in: Booklet von *Die Räuber*. Eine Inszenierung des Residenztheaters München, a.a.O., S. 8.

zum Beobachtungsobjekt: Er bildet den Prozess und die Gründe ab, warum ein Individuum mit anderen Individuen ein Kollektiv bildet, die Spannungen zwischen Individualität und Gruppenzugehörigkeit und die Macht und Gewalttätigkeit eines geschlossenen Kollektivs, welches die Persönlichkeiten innerer Mitglieder und äußerer Feinde negieren, ja bekämpfen muss. Da jedes Kollektiv aus Individuen besteht, gibt es im Chor zwei voneinander abhängige und sich widersprechende Wesen: den individuellen Körper aller Darsteller und den aus diesen Individuen erschaffenen kollektiven Körper. Rasches besonderer Gebrauch des Chors ist eine Strategie, diese Ambivalenz zu enthüllen.

Obwohl ich hier nur eine Form des Chors analysiert habe, die eng mit der faschistischen Ästhetik und dem Rechtpopulismus verbunden ist, können natürlich noch weitere verschiedene Formen im Theater auftreten, etwa in Form von Rausch, sozialem Engagement, Vertretern der Demokratie oder der sozialistischen Arbeiterbewegung. Der Chor im Theater, so Hajo Kurzenberger, umfasst „ein breites Spektrum zwischen ‚demokratisch‘ und ‚faschistisch‘ "[1] und zeigt dem Zuschauer durch seine konkrete Sinnlichkeit eine Gruppendynamik und mögliche Formen des Kollektivs. Daher kann mit verschiedenen Formen von gesellschaftlichen Gruppen im Chorspektrum experimentiert werden. Das Publikum kann den Verlauf und die Ergebnisse des Experiments kritisch beobachten. Der Chor, der durch kollektive Anwesenheit die Sinnlichkeit der theatralischen Ausdrucksmittel maximiert, komponiert ein intensives Bild und ermöglicht das theatralische Experiment gesellschaftlicher Netzwerke.

---

[1] Hajo Kurzenberger, Der Kollektive Prozess des Theaters, a.a.O., S. 19.

21. Mediale Bilder von Flüchtlingen: eine Toposanalyse am Beispiel des Nachrichtenmagazins *Der Spiegel*[1]

Tang Meng

(Sichuan International Studies Universität, Chongqing)

Im Zeitalter der Mediengesellschaft sind Medien nicht nur die wichtigste Informationsquelle des Publikums, sondern sie üben auch nachhaltigen Einfluss auf die Wahrnehmung und Konstruktion der Wirklichkeit des Publikums aus. Besonders in Bezug auf Fremde mit anderem kulturellen und sprachlichen Hintergrund werden die Erfahrungen des Publikums meistens durch Medien vermittelt und sind somit indirekt. Das gilt auch für die Flüchtlinge, die seit der Flüchtlingskrise 2015 häufig die Schlagzeilen Deutschlands beherrschen. Was und wie die deutschen Medien über sie berichten und was für ein Flüchtlingsbild die Medien konstruieren, hat große Auswirkung auf die inneren Flüchtlingsbilder des Publikums, die sich möglicherweise in Stereotypen und Vorurteile verwandeln können.

Der vorliegende Beitrag versucht auf der Basis der Toposanalyse, die Bilder der Flüchtlinge in dem Leitmedium *Der Spiegel* herauszuarbeiten. Mittels einer Toposanalyse lassen sich nicht nur Argumentationsmuster freilegen, sondern auch die historische Dynamik und Brüche im Diskurs erkennen.[2] Die Argumentationsmuster schreiben Flüchtlingen bestimmte

[1] Die vorliegende Untersuchung wird finanziert durch Sichuan International Studies University (No. SISU 2018056).

[2] Jürgen Spitzmüller, Ingo H. Warnke, Diskurslinguistik. Eine Einführung in Theorien und Methoden der transtextuellen Sprachanalyse. Berlin, De Gruyter 2011, S. 191.

Attribute zu und legitimieren diese gleichzeitig, wodurch die Plausibilität eines bestimmten Bildes über Flüchtlinge verstärkt wird. In diesem Beitrag kann allerdings nur ein Überblick über die Topoi in der Berichterstattung über Flüchtlinge und deren phasenweise Entwicklung geliefert werden, ohne dass jeder Topos und dessen konkrete Veränderungen in jeder Phase ausführlich dargestellt werden können.

I. Methodisches Vorgehen

Als erster Schritt der Untersuchung soll ein Textkorpus erstellt werden. Die Texte im Korpus sollten sich mit dem Forschungsgegenstand befassen und auf bestimmte Zeiträume, Textsorten oder Kommunikationsbereiche eingegrenzt werden. [1] In der vorliegenden Untersuchung wurde der Untersuchungszeitraum auf 1978 bis 2015 festgelegt. Dies orientiert sich an der Entwicklung der Asylanträge in Deutschland, vor 1978 gab es wenige Asylanträge, sodass dieser Zeitraum ausgespart werden kann.

Die Texte im Ausgangskorpus wurden durch eine Recherche in Online-Archiven des *Spiegels* mithilfe der Suchbegriffe *Flüchtling*, Asyl* Deutschland*[2] gesammelt, manuell gelesen und überprüft. Nur die Texte, die keinen Bezug zu dem Forschungsthema „Flüchtling" haben, werden aus dem Korpus herausgenommen (z. B. Texte über Steuerflüchtlinge). Der Ausgangskorpus besteht aus 36 Jahreskorpora und umfasst 2368 Texte im zeitlichen Intervall von 1978 bis 2015. Hier ist zu betonen, dass sich der Begriff „Flüchtling" in diesem Beitrag auf ausländische Flüchtlinge bezieht. Flüchtlinge, die vor der Wiedervereinigung aus der DDR in die BRD geflohen sind, und auch die Vertriebenen, die nach dem Zweiten Weltkrieg dazu gezwungen waren, die Ostgebiete des Deutschen Reiches zu verlassen, werden in diesem Beitrag nicht behandelt.

Für die Toposanalyse wurden nicht alle Texte im Ausgangskorpus analysiert, sondern nur ein Teil der Texte, in denen „Flüchtling" als Hauptthema auftritt. Dafür wurde ein Subkorpus für die Toposanalyse

---

[1] Siehe Dietrich Busse, Fritz Herrmanns, Wolfgang Teubert (Hg.), Begriffsgeschichte und Diskursgeschichte: Methodenfragen und Forschungsergebnisse der historischen Semantik. Opladen, Westdeutscher Verlag 1994, S. 14.

[2] Nach der Suchregel des *Spiegels* steht das Leerzeichen für eine und-Verknüpfung und ein Komma für eine oder-Verknüpfung. Nach dieser Regel sollten Texte im Ausgangskorpus die Suchbegriffe *Deutschland und Flüchtling* / Asyl** enthalten.

erstellt. Vor dem Aufbau des Subkorpus wurde zunächst eine Pilotstudie durchgeführt, um festzustellen, wie viele Texte für die Toposanalyse ausreichend sein sollten. In der Pilotstudie wurden Texte aus den Jahreskorpora von 2008 bis 2015 analysiert. Daraus ergibt sich, dass kein neuer Topos vorkommt, wenn etwa 30% der Texte des Jahreskorpus analysiert wurden. Im Anschluss daran wurden mithilfe des Tools *Subkorpus*[1] diejenigen Texte, die eine hohe Frequenz der Suchbegriffe *[Ff]lüchtling/[Aa]syl* aufweisen, aus jedem Jahreskorpus in den Subkorpus aufgenommen. Dadurch wird annähernde Repräsentativität gewährleistet. Der Subkorpus umfasst 737 Texte und macht 31% des Ausgangskorpus aus.

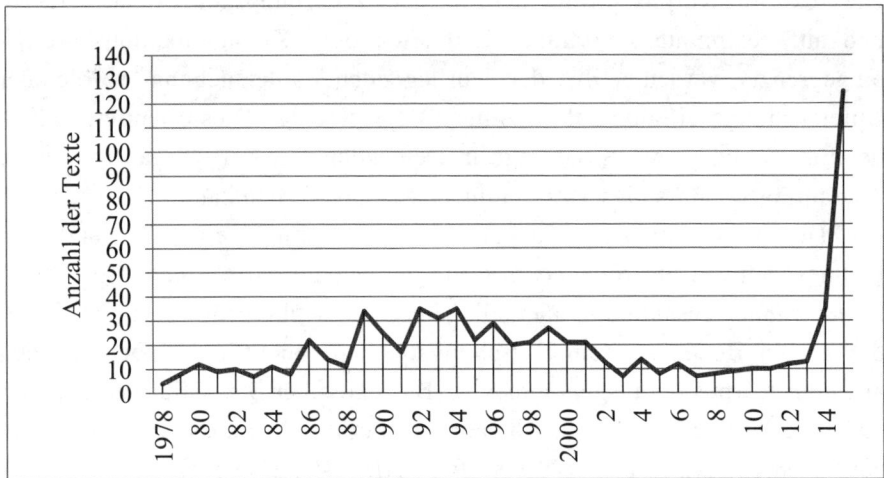

Abb. 1　Der Subkorpus für die Toposanalyse (eigene Darstellung)

Die Topoi werden in allgemeine und besondere Topoi eingeteilt. Die allgemeinen Topoi sind kontextabstrakte Schlussmuster und können in allen Redegattungen und bei jedem zu erörterndem Gegenstand vorkommen.[2] Dazu gehören z. B. der Topos der Autorität und der Topos des Mehr oder Minder. Die besonderen Topoi sind dagegen kontextspezifische Schlussmuster, die nur in einem bestimmten inhaltlichen Bereich verwendbar sind.[3] Erst durch die Analyse der besonderen Topoi lassen sich dominante Denkfiguren im Flüchtlingsdiskurs und ihre Kontinuität sowie Veränderungen erschließen.

---

[1]　https://diskurslinguistik.net/forschung/software/tool-pool/.

[2]　Martin Wengeler, Topos und Diskurs. Tübingen, Max Niemeyer Verlag 2003, S. 182.

[3]　Ebenda S. 183.

Das Analyseverfahren von kontextspezifischen Topoi schließt sich den methodischen Ansätzen der linguistischen Toposanalyse an.[1] Nach der ersten Lektüre eines Teils der Texte wurden kontextspezifische Topoi definiert, nach denen die Texte der weiteren Lektüre durchsucht werden. Im Verlauf der Lektüre und Analyse wurden Topoi, die bei der ersten Lektüre herausgearbeitet wurden, modifiziert, neue Topoi kamen hinzu, einzelne zunächst zu allgemein gefasste Topoi wurden ausdifferenziert, einzelne Topoi wurden einem allgemeineren Topos zugeordnet, andere zunächst erfasste Topoi wurden bei der Auswertung nicht mehr berücksichtigt, weil sie keine quantitative oder qualitative bedeutsame Rolle spielen.[2] Zuletzt wurde die Häufigkeit der Topoi im Subkorpus ausgezählt. Die Quantifizierung der Topoi soll keine statistisch abgesicherten Ergebnisse bezüglich der Fragestellung liefern, sondern dient lediglich dazu, die Dominanz, Tendenzen des Vorhandenseins bestimmter Denkfiguren in der Öffentlichkeit und ihre relative Relevanz aufzuzeigen.[3] Da der *Spiegel* als Medium keine bestimmte Einstellung zu einem bestimmten Topos hat und verschiedene Autoren verschiedene Meinungen vertreten können, sollten die Tendenzen der Topoi nicht ganz mit der Einstellung des *Spiegels* gegenüber Flüchtlingen gleichgesetzt werden. Die Einstellung und Kommentare des Autors des jeweiligen Artikels zur Thematik „Flüchtling" wurden zwar bei der Analyse berücksichtigt, stellten aber keinen Schwerpunkt dar.

II. Unterteilung des Untersuchungszeitraums

Die Unterteilung des Untersuchungszeitraums orientiert sich an der Entwicklung der Asylanträge und relevanter Literatur bezüglich der Asylmigration sowie an relevanten politischen Ereignissen. Er wird in vier Zeitabschnitte unterteilt: 1978 – 1987, 1988 – 1994, 1995 – 2007 und 2008 – 2015.

In den Jahren von 1978 bis 1980 stieg die Anzahl der Asylanträge ständig an und erreichte 1980 aufgrund des Militärputsches in der Türkei eine Rekordzahl (107.818).[4] Danach nahm die Asylbewerberzahl wieder ab.

---

[1] Siehe ebenda S. 294-300.

[2] Ebenda S. 297.

[3] Ebenda S. 297-298.

[4] https://www.bundesregierung.de/resource/blob/973812/426410/d3f3ba51efff48fa3a1bc1
2b3ae3b019/2016-06-22-bamf-data.pdf?download=1, S.3.

Ab 1984 wuchs die Zahl der Asylanträge bis 1986 wieder und sank im Jahr 1987 auf 57.379.[1] Anders als die Zeit vor dem letzten Drittel der 1970er Jahre, in der ein Großteil der Flüchtlinge aus Ostblockstaaten stammte, kamen die Flüchtlinge im Zeitraum von 1978 bis 1986 zunehmend aus Asien.

Der Zeitraum von 1988 bis 1994 ist durch einen starken Anstieg der Asylanträge geprägt. Aufgrund der rasanten Entwicklung der Asylbewerberzahlen einigten sich CDU, CSU, SPD und FDP Ende 1992 auf eine umfassende Neuregelung des Asylrechts, den sogenannten Asylkompromiss, wobei die Regelung sicherer Drittstaaten, die Regelung sicherer Herkunftsstaaten und die Flughafenregelung eingeführt wurden.[2] Erst nach dem Asylkompromiss nahm die Zahl der Asylbewerber ab. Im Gegensatz zum letzten Zeitabschnitt stammte die Mehrheit der Asylbewerber infolge des Zerfalls des Ostblocks und der ethnischen Konflikte in Südosteuropa aus ost- und südosteuropäischen Ländern. Im Jahr 1992, dem Höhepunkt der Asylzuwanderung, stammten sogar fast zwei Drittel der Asylbewerber aus Osteuropa.[3]

In den Jahren 1995 bis 2007 stammten die Asylbewerber vor 2000 vor allem aus Rumänien, Jugoslawien, Bulgarien und der Türkei, während sie nach 2000 hauptsächlich aus westasiatischen Ländern wie dem Irak, Iran und Afghanistan kamen.[4] Der Zeitabschnitt 1995 – 2007 ist von einer tendenziell eher sinkenden Asylbewerberzahl geprägt. Im Jahr 2008 erreichte die Asylbewerberzahl mit 28.018 ihren Tiefstand.[5] Der Rückgang ist auf die Stabilisierung Südost- und Osteuropas, die Rücknahmeabkommen von Deutschland mit Rumänien, Bulgarien und Jugoslawien, die Reformen in der Türkei und den Sturz der Regime in Afghanistan und dem Irak zurückzuführen.[6]

Seit 2008 stieg die Asylbewerberzahl wieder an. 2015 erreichte die Zahl der Erstanträge mit 441.889 den historischen Höchststand.[7] Die

---

[1] https://www.bundesregierung.de/resource/blob/973812/426410/d3f3ba51efff48fa3a1bc1 2b3ae3b019/2016-06-22-bamf-data.pdf?download=1, S. 3.

[2] Siehe Stefan Luft, Peter Schimany, 20 Jahre Asylkompromiss: Bilanz und Perspektiven. Bielefeld, Transcript Verlag 2014, S. 38-39.

[3] Siehe ebenda S. 47

[4] Siehe ebenda S. 53-55.

[5] Siehe ebenda S. 55.

[6] Siehe ebenda S. 52, S. 54.

[7] https://www.bamf.de/SharedDocs/Anlagen/DE/Forschung/Migrationsberichte/migratio nsbericht-2015.pdf?__blob=publicationFile&v=14, S. 9.

Ursache für den Anstieg könnte einerseits die Aufhebung der Visumpflicht für Bürger aus Mazedonien, Montenegro, Serbien, Albanien sowie Bosnien und Herzegowina sein, andererseits hat die Entwicklung mit dem Arabischen Frühling und dem Bürgerkrieg in Syrien zu tun. In dieser Periode sind Syrien, Afghanistan, der Irak, Kosovo und Albanien die dominanten Herkunftsländer.[1]

III. Darstellung der Analyseergebnisse

(1) Typen der Topoi und ihre quantitative Verteilung

Angelehnt an Wengeler ist die Oberprämisse eines Schlussverfahrens als kontextspezifischer Topos aufzufassen, der mit der kausalen Konjunktion *weil* formuliert werden kann.[2] In den Topos-Definitionen werden der Lesbarkeit und Überschaubarkeit halber keine konkreten Argumente, Erklärungen oder Begründungen genannt. Die Definition des jeweiligen Topos wird in Abbildung 2 angegeben.

Topos	Definition
Der Humanitäts-Topos	Weil eine Handlung dem Humanitätsprinzip entspricht / nicht entspricht oder Menschenrechte schützt / verletzt, sollte sie ausgeführt / nicht ausgeführt werden.
Der Topos von der Sicherheitsbedrohung	Weil eine Handlung die innere Sicherheit Deutschlands oder Europas bedroht oder gefährdet / bewahrt oder schützt , sollte sie nicht ausgeführt / ausgeführt werden.
Der Topos von wirtschaftlichen Nachteilen	Weil eine Handlung der Regierung, dem Unternehmen oder dem Individuum wirtschaftliche Nachteile bringt, sollte sie nicht ausgeführt werden.
Der Gesetzes-Topos	Weil man sich an die Gesetze oder das Rechtsstaatlichkeitsprinzip halten sollte, sollte eine Handlung / Entscheidung befürwortet oder abgelehnt werden.

---

[1] Siehe ebenda S. 91.

[2] Siehe Martin Wengeler, Topos und Diskurs. Tübingen. Max Niemeyer Verlag 2003, S. 301.

Der Herkunftsland-Topos	Weil in dem Herkunftsland Faktoren bestehen, die das Leben, die Freiheit oder ein ordentliches Leben der Flüchtlinge beeinträchtigen, sollte eine bestimmte Handlung zum Schutz der Flüchtlinge ausgeführt werden.
Der Topos von wirtschaftlichen Vorteilen	Weil eine Handlung der Regierung, dem Unternehmen oder dem Individuum wirtschaftliche Vorteile bringt, sollte sie ausgeführt werden.
Der Pull- oder Push-Faktor-Topos	Weil ein bestimmter Pull- oder Push-Faktor den Anstieg der Flüchtlingszahl verursacht, sollten Maßnahmen ergriffen werden, um diesen Pull- oder Push-Faktor zu beseitigen.
Der Missbrauchs-Topos	Weil ein Gesetz oder eine politische Maßnahme missbraucht wird, sollten bestimmte Maßnahmen gegen den Missbrauch ergriffen werden.
Der Topos von historischer Verantwortung	Wegen der Verbrechen der Nationalsozialisten im Zweiten Weltkrieg sollte Deutschland historische Verantwortung übernehmen und den Schaden wiedergutmachen.
Der Topos vom politischen Nutzen	Weil eine Handlung einen oder keinen politischen Nutzen bringt, sollte sie ausgeführt / nicht ausgeführt werden.
Der Europa-Topos	Weil eine Handlung den Werten oder Prinzipien der EWG oder EU entspricht / nicht entspricht , sollte sie ausgeführt / nicht ausgeführt werden.
Der Fremdenfeindlichkeits-Topos	Weil eine Handlung Fremdenfeindlichkeit schwächt oder schürt, sollte sie ausgeführt / nicht ausgeführt werden.
Der Topos vom kulturellen Nutzen	Weil Flüchtlinge einen oder keinen kulturellen Nutzen bringen, sollten sie aufgenommen / nicht aufgenommen werden.
Der Integrations-Topos	Weil eine Handlung die Integration der Flüchtlinge oder MigrantInnen fördert / verhindert, sollte sie ausgeführt / nicht ausgeführt werden.

Der Topos von illegaler Einwanderung	Weil eine Handlung oder eine Entscheidung die illegale Einwanderung bzw. das Geschäft der Schleuser bekämpft / fördert, sollte sie ausgeführt oder befürwortet / nicht ausgeführt oder abgelehnt werden.
Der Topos von historischer Erfahrung	Weil eine Handlung aus historischer Erfahrung zu bestimmten Folgen führt, sollten ähnliche Handlungen ausgeführt oder nicht ausgeführt werden.
Der Topos der Hygiene und Gesundheit	Weil eine bestimmte ethnische Gruppe die hygienische Situation oder Gesundheit der Einheimischen beeinträchtigt, sollte die Anzahl der Gruppe begrenzt werden.
Der Einwanderungsland-Topos	Weil Deutschland ein / kein Einwanderungsland ist, sollte die Ausländerpolitik der Realität des Einwanderungslandes / Nicht-Einwanderungslandes entsprechen.

Abb. 2   Typen der Topoi und deren Definition

Bis auf einige Topoi, die eine offensichtliche Pro- oder Contra-Stellungnahme beinhalten, z. B. der Topos von der Sicherheitsbedrohung, der Topos von wirtschaftlichen Nachteilen und der Topos von historischer Verantwortung, können die meisten Topoi sowohl für als auch gegen die Aufnahme von Flüchtlingen oder andere Handlungen zugunsten oder zuungunsten der Flüchtlinge verwendet werden. In die Analyse sind neben Pro- und Contra-Topoi auch die Neutral-Topoi, die keine Pro- oder Contra-Stellungnahme zeigen, wegen ihrer Relevanz für die Analyse des Flüchtlingsdiskurses in die Analyse einbezogen. Dazu zählen z. B. der Einwanderungsland-Topos, ein Teil des Topos von illegaler Einwanderung, ein Teil des Europa-Topos usw. Hinsichtlich der quantitativen Verteilung überwiegt leicht der Contra-Topos, der 42,75% beträgt, während der Pro-Topos und der Neutral-Topos jeweils 36,55% und 20,70 % ausmachen.

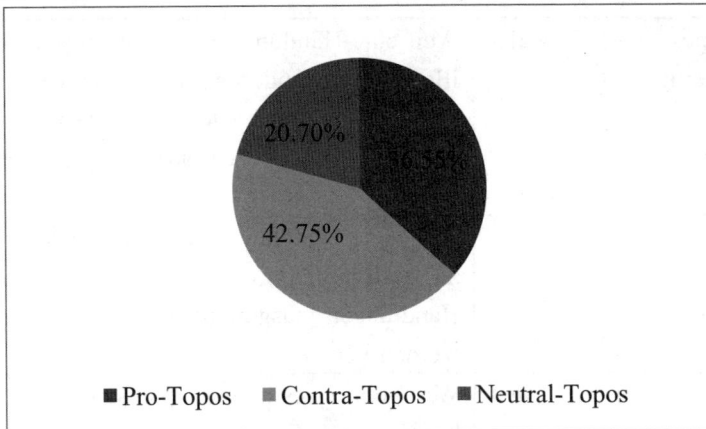

Abb. 3   Quantitative Verteilung des Pro-, Contra- und Neutral-Topos
(eigene Darstellung)

Was die quantitative Verteilung einzelner Topoi angeht, lässt sich in Abbildung 4 erkennen, dass der Humanitäts-Topos, der Topos von der Sicherheitsbedrohung, der Topos von wirtschaftlichen Nachteilen, der Gesetzes-Topos und der Herkunftsland-Topos in der Berichterstattung über Flüchtlinge dominant sind. Wegen der Beschränkung des Textumfangs ist es unmöglich, ausführlich auf jeden Topos einzugehen oder konkrete Textbeispiele dafür zu geben. Im Folgenden werden nur dominante Topoi ausführlich dargestellt.

Topos	Anzahl	Prozentsatz
Der Humanitäts-Topos	163	13,12%
Der Topos von der Sicherheitsbedrohung	149	12,00%
Der Topos von wirtschaftlichen Nachteilen	138	11,11%
Der Gesetzes-Topos	115	9,26%
Der Herkunftsland-Topos	108	8,70%
Der Topos von wirtschaftlichen Vorteilen	84	6,76%
Der Pull- oder Push-Faktor-Topos	76	6,12%
Der Missbrauchs-Topos	76	6,12%
Der Topos von historischer Verantwortung	53	4,26%
Der Topos vom politischen Nutzen	53	4,26%
Der Europa-Topos	51	4,11%
Der Fremdenfeindlichkeits-Topos	45	3,62%
Der Topos vom kulturellen Nutzen	41	3,30%
Der Integrations-Topos	29	2,33%

Der Topos von illegaler Einwanderung	25	2,01%
Der Topos von historischer Erfahrung	15	1,21%
Der Topos der Hygiene und Gesundheit	13	1,05%
Der Einwanderungsland-Topos	8	0,64%
Zusammen	1242	100%

Abb. 4   Quantitative Verteilung einzelner Topoi

Der Humanitäts-Topos ist der bedeutsamste Pro-Topos und beruht auf dem Humanitätsprinzip, aus dem die Anforderungen bezüglich des Schutzes der Flüchtlinge oder Vorwürfe gegen die unmenschliche Asylpolitik Deutschlands, der EU oder anderer Länder abgeleitet werden. Wie die Beispiele unten illustrieren, werden Flüchtlinge im Humanitäts-Topos als schutzbedürftige Personen, deren Menschenrechte oder Menschenwürde verletzt werden, und als Opfer einer asylpolitischen Maßnahme dargestellt:

> Um 50 Mark gekürzt dagegen wird die Sozialhilfe bei all den Asylanten, die sich weigern, beim Kehraus mitzumachen. Aufgebracht reagierten Parteien, Organisationen und Tagespresse, nachdem Senator Finks Arbeitspläne vor ein paar Wochen publik geworden waren. „Zwangsarbeit", die gegen „die Würde des Menschen" verstoße, fand der Berliner SPD-Sprecher...Amnesty International warf Fink vor, er beabsichtigte offenbar, „Asylbewerber als Arbeitssklaven zu mißbrauchen".[1]

> Die Griechen pferchten Tausende Asylbewerber „in unmenschliche Abschiebelager, die man nur mit Gummistiefeln betreten kann", so Kreissl-Dörfler nach einer Inspektion vor Ort. Ob er bleiben dürfe oder nicht, sei „ein unwürdiges Lotteriespiel für den Flüchtling", klagt Cem Özdemir, außenpolitischer Sprecher der Grünen im Europäischen Parlament.[2]

Der Gesetzes-Topos verweist auf asylbezogene Gesetze (z. B. Asylverfahrensgesetz und Dublin-Verordnung) oder Bestimmungen (z. B. Asylrecht im Grundgesetz) oder das Rechtsstaatlichkeitsprinzip, um eine Handlung oder Entscheidung zu legitimieren oder zu delegitimieren. Er

---

[1] Was tun. Der Spiegel 10 (1982).

[2] Dieter Bednarz, Yassin Musharbash, Hans-Jürgen Schlamp, Volkhard Windfuhr, Unwürdiges Lotteriespiel. Der Spiegel 26 (2008).

kann sowohl als Pro-Topos als auch als Contra-Topos angewandt werden. Zum Beispiel legitimiert die Bestimmung des Abschiebungsverbots in der Genfer Flüchtlingskonvention die Position der Menschenrechtsorganisation Pro Asyl gegen die Abschiebung von Flüchtlingen in die Türkei:

> Nach Angaben von Pro Asyl wurden zwischen Oktober 2012 und September 2013 an den Land- und Seegrenzen etwa 2000 Flüchtlinge im Rahmen oft gewaltsamer Push-Back-Einsätze aus Griechenland in die Türkei zurückgewiesen, völkerrechtswidrig.[1]

Im folgenden Beispiel dient der Gesetzes-Topos als Contra-Topos. Ein langes Gerichtsverfahren wird als unvereinbar mit dem Rechtsstaat angesehen, darum wird die Beschränkung des Einspruchsrechts von Asylbewerbern befürwortet:

> Das ist der richtige Weg, weil die verwaltungsgerichtlichen Verfahren generell viel zu lange dauern. Ein Rechtsstaat, der das Recht nicht rechtzeitig gewährleistet, ist nicht mehr der Rechtsstaat, den wir uns vorstellen.[2]

Der Herkunftland-Topos kann als ein Spezialfall des Humanitäts-Topos betrachtet werden. Er hebt die Schutzbedürftigkeit der Flüchtlinge hervor, indem er auf Aussagen einer nichtstaatlichen Institution über die menschenrechtsverletzenden Faktoren im Herkunftsland der Flüchtlinge oder die persönlichen Erlebnisse eines Flüchtlings in seinem Herkunftsland hinweist:

> Die Aussicht, als politisch Verfolgte anerkannt zu werden, liegt für diese Flüchtlinge nahe null – auch wenn Amnesty International wiederholt anprangerte, dass Roma in Serbien und Mazedonien systematisch diskriminiert würden. Erst vorigen Mittwoch berichtete die Menschenrechtsorganisation, dass serbische Behörden eine Siedlung von tausend Roma in Belgrad zwangsräumten. Sie wurden in Containerdörfer außerhalb der Stadt verlegt.[3]

Beim Verteilen der Zeitschrift „Roja Välat" („Sonne der

---

[1] Maximilian Popp, Europas tödliche Grenzen. Der Spiegel 36 (2014).
[2] Hans-Wolfgang Sternsdorff, Wolfgang Bayer, SPIEGEL Gespräch Massenware, bei der nichts herauskommt. Der Spiegel 17 (1982).
[3] Fidelius Schmid, Besser hier. Der Spiegel 43 (2012).

Heimat"), die sich für Autonomiebestrebungen der kurdischen Minderheit stark macht, war Külcan dreimal von türkischer Miliz festgenommen worden. Jeweils zwanzig Minuten lang wurde er der Bastonade unterzogen. Polizisten prügelten ihm Hände, Rücken und Gesicht blutig und übergossen die Wunden anschließend mit Salzwasser. Doch asylrechtlich, entschieden die Richter, sei dieses „eindrucksvolle Beispiel menschenrechtswidriger Behandlung" ohne Belang.[1]

Der Topos von der Sicherheitsbedrohung und der Topos von wirtschaftlichen Nachteilen sind zwei wichtige Contra-Topoi und schreiben Flüchtlingen negative Attribute zu. Der zuerst genannte besitzt drei Varianten. Die erste Variante betrachtet Flüchtlinge allgemein als gefährliche Gruppe für die Sicherheit Deutschlands oder Europas:

> Während das Bundesverwaltungsgericht entschied: „Politisch Verfolgte genießen Asylrecht ohne Rücksicht auf ihre Zahl", sieht er (Randelzhofer) „die Sicherheit Deutschlands durch eine nicht mehr zu bewältigende Masse von Asylbewerbern bedroht.[2]

Die zweite Variante konstruiert Flüchtlinge als (potenzielle) Kriminelle, wobei häufig Zahlen und Beispiele bezüglich der kriminellen Taten von Ausländern angeführt werden:

> „Jeder fünfte Kriminelle ist inzwischen ein Ausländer", verbreitet das CSU-Organ „Bayernkurier", für das Blatt „ein Grund mehr für die Notwendigkeit einer grundlegenden Neugestaltung des Ausländerrechts". In Bayern, stellte letzte Woche der dortige Innenminister Edmund Stoiber „mit Sorge" fest, sei inzwischen sogar „jeder vierte" Tatverdächtige ein Ausländer.[3]

Die dritte Variante stellt Flüchtlinge, besonders muslimische Flüchtlinge, als (verdächtige) Terroristen dar, die unter dem Deckmantel Asyl terroristische Taten planen oder begehen würden:

> Die „Festung Europa" ist kein Tabuwort mehr, seit sich in fast allen europäischen Metropolen undurchsichtige Schatten- und

---

[1] Schroffes Ding. Der Spiegel 14 (1982).
[2] Tips zum Verfassungsbruch. Der Spiegel 46 (1992).
[3] Wenn je ein Problem voraussehbar war. Der Spiegel 10 (1989).

Parallelgesellschaften der Einwanderer herausgebildet haben, seit
bekannt wurde, dass muslimische Extremisten die europäischen
Asylsysteme ausnutzen. „Humanitär schützen, aber gegen Betrüger
dichtmachen", so etwa stellt sich Schily die Festung aus bald 25
Einzelstaaten vor.[1]

Neben den konkreten Argumenten wird die Plausibilität des Topos von
der Sicherheitsbedrohung durch im Flüchtlingsdiskurs verbreitete Wasser-,
Militär- und Container-Metaphern untermauert. Metaphern wie
„Flüchtlingsflut", „Sturmflut", „überschwemmen", „Wohlstandsfestung",
„Europahaus", „Asylfront", „Abwehrkampf" „Aufrüsten der EU" und
„Ansturm und Invasion der Flüchtlinge" konstruieren wie der Topos von
der Sicherheitsbedrohung ein gefährliches Szenario, in dem das
Territorium von „uns" (Deutsche / Europäer) von den gefährlichen
Fremden (Flüchtlingen) belagert und angegriffen wird. Darum seien die
Verteidigung „unseres" Gebiets und auch eine strenge Asylpolitik eine
Selbstverständlichkeit.

Der Topos von wirtschaftlichen Nachteilen zeigt sich ebenfalls in drei
Varianten. Die erste Variante begründet die Begrenzung der Flüchtlingszahl
oder eine Verschärfung der Asylpolitik mit den hohen Kosten, die von
Flüchtlingen verursacht würden:

> Die gegenwärtige Rechtslage führt zu einer jährlichen
> Zuwanderung von rund 100 000 Menschen, verbunden mit äußerst
> kostspieligen und aufwendigen Verwaltungs- und Gerichtsverfahren,
> von den Sozialhilfekosten ganz abgesehen. Und nur zwischen drei
> und vier Prozent werden als Asylberechtigte anerkannt. Ein weiterer
> geringer Prozentsatz erreicht die Anerkennung auf dem Klagewege.[2]

Die zweite Variante betrachtet die Flüchtlinge als Konkurrenten der
Einheimischen um billige Wohnungen und um Arbeitsplätze:

> „Das ist absolut kontraproduktiv", sagt der SPD-
> Oberbürgermeister Hajo Hoffmann; die Mieten steigen, und
> einkommensschwache Einheimische sehen sich in die Konkurrenz zu

---

[1] Sylvia Schreiber, Club der Willigen. Der Spiegel 30 (2003).
[2] Stefan Aust, Georg Mascolo, Horand Knaup , Ich habe lernen müssen. Der Spiegel 46 (1999).

den Ausländern getrieben.[1]

Die dritte Variante führt die wirtschaftliche Motivation der Flüchtlinge an, die lediglich zwecks Sozialhilfe oder Schwarzarbeit in Deutschland einen Asylantrag stellen würden:

> Der sozialdemokratische Düsseldorfer Innenminister Herbert Schnoor forderte letztes Jahr, es müsse verhindert werden, daß jemand „nur aus wirtschaftlichen Gründen hierher kommt, hier Sozialhilfe in Anspruch nimmt, schwarzarbeitet und wieder zurückfährt.[2]

(2) Entwicklung der Topoi im Flüchtlingsdiskurs

Um die dominante Tendenz der Topoi in den vier Zeitabschnitten besser zu erfassen, werden hier nur die Anteile von Pro- und Contra-Topoi aufgezeigt. In Abbildung 5 ist deutlich zu erkennen, dass in den ersten zwei Zeitabschnitten der Anteil der Contra-Topoi überwiegt, während in den letzten zwei Zeitabschnitten der Anteil der Pro-Topoi den Anteil der Contra-Topoi leicht übertrifft. Außerdem ist auffällig, dass es eine große Diskrepanz zwischen Contra- und Pro-Topoi in der Periode von 1988 bis 1994 gibt. Daraus lässt sich schlussfolgern, dass der *Spiegel* in den Jahren von 1988 bis 1994 dazu neigt, Contra-Topoi auszuwählen und ein negatives Flüchtlingsbild darzustellen.

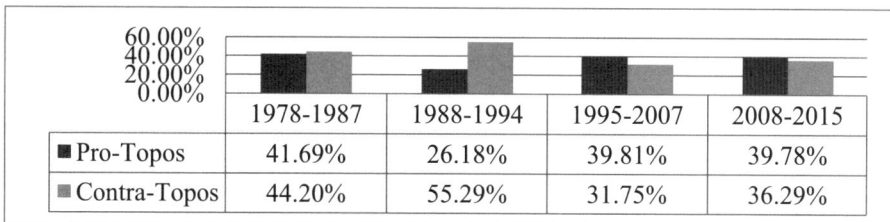

	1978-1987	1988-1994	1995-2007	2008-2015
■ Pro-Topos	41.69%	26.18%	39.81%	39.78%
■ Contra-Topos	44.20%	55.29%	31.75%	36.29%

Abb. 5   Anteile des Pro- und Contra-Topos in vier Zeitabschnitten
(eigene Darstellung)

---

[1] Ernstes Zeichen an der Wand. Der Spiegel 36 (1992).
[2] Die Spreu vom Weizen trennen. Der Spiegel 38 (1986).

Abbildung 6 illustriert die diachronische Entwicklung einiger ausgewählter Topoi. Der Humanitäts-Topos, der Herkunftsland-Topos, der Topos von wirtschaftlichen Vorteilen und der Topos von historischer Verantwortung sind vier dominante Pro-Topoi, während der Topos von wirtschaftlichen Nachteilen, der Topos von der Sicherheitsbedrohung, der Pull- und Push-Faktor-Topos und der Missbrauchs-Topos dominante Contra-Topoi darstellen.

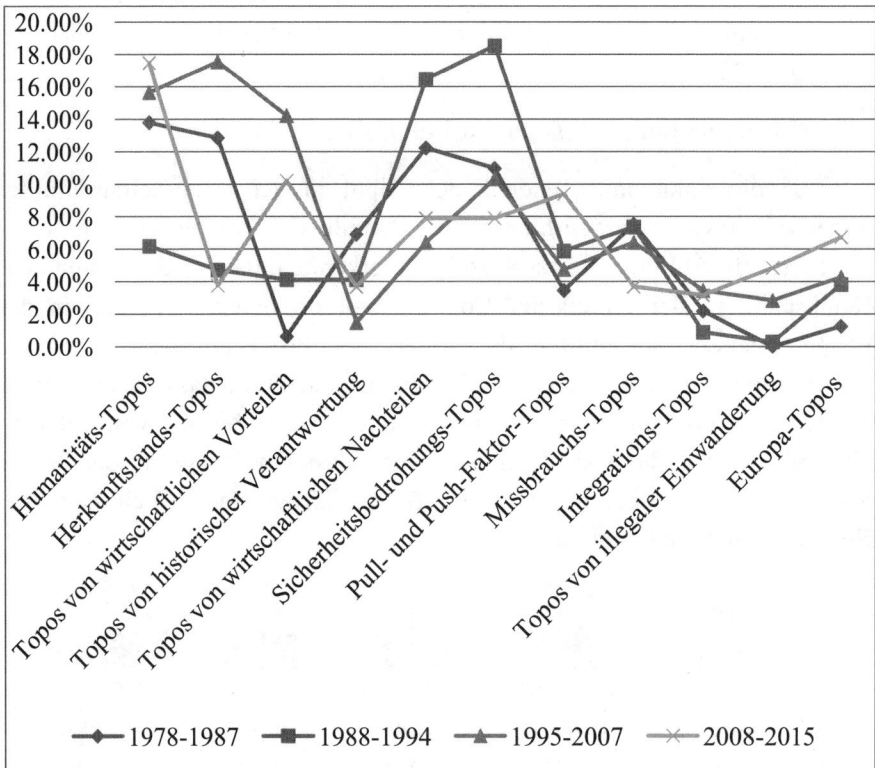

Abb. 6 Anteile einzelner ausgewählter Topoi in vier Zeitabschnitten
(eigene Darstellung)

Bezüglich der dominanten Contra-Topoi ist offensichtlich, dass im Zeitabschnitt von 1988 bis 1994 die wichtigen Contra-Topoi den größten Anteil innerhalb der vier Zeitabschnitte einnehmen, während sie in den letzten zwei Phasen einen relativ geringen Anteil ausmachen. Dies lässt sich nicht nur auf die große Anzahl der Flüchtlinge in dieser Zeit zurückführen, sondern ist auch mit den damaligen sozialen Umständen verbunden. Im Zeitraum von 1988 bis 1994 sind neben Flüchtlingen auch viele deutschstämmige Aussiedler aus den Ostblockländern nach Deutschland eingereist, deren Zahl im Jahr 1990 fast 400.000 erreichte.[1] Es herrschte Wohnungsmangel und der Anstieg der Arbeitslosenquote nach der Wiedervereinigung verschärfte die Situation. Vor diesem Hintergrund wurde die Angst vor dem Belagern der „Wohlstandsfestung" und dem Kippen des überfüllten „Boots" angesichts der stetig zunehmenden Asylbewerberzahl immer stärker. Flüchtlinge werden in dieser Situation in eine antagonistische Position zu den Einheimischen gesetzt und werden als erhebliche finanzielle Last und gierige Fremde, welche die soziale Leistung begehren und von den Steuern der Einheimischen leben, angesehen:

> Ebenso wie der Raumbedarf explodieren die Kosten…Pro Kopf und Monat muß der Staat zwischen 1000 und 1400 Mark (ohne Verwaltungsaufwand) aufbringen. Die Kosten für die Asylbewerber werden allein für dieses Jahr auf mindestens 10 Milliarden Mark geschätzt – eine Summe, die größer ist als das diesjährige Bundesbahn-Defizit (voraussichtlich 9 Milliarden) und doppelt so hoch wie die Asylkosten im letzten Jahr (5,4 Milliarden).[2]

> Da sieht der Staatssekretär „nur einen Weg", wie der Gefahr für das soziale System der Bundesrepublik begegnet werden kann: „Wir müssen die Flut der Asylanten einschränken." Nicht nur er sieht das so: „Schutz der deutschen Steuerzahler und der Sozialhaushalte vor Ausbeutung durch Ausländer" forderte unlängst Waffenschmidts Unionsfreund, der Bundestagsabgeordnete Lorenz Niegel.[3]

Bezüglich des Sicherheitstopos ist eine zurückgehende Tendenz zu beobachten. In dem Zeitabschnitt von 1988 bis 1994 wurde Flüchtlingen im Vergleich zu den anderen Zeitabschnitten eine größere Gefährlichkeit zugeschrieben. Sie wurden nicht nur als Gruppe mit höherer Kriminalität dargestellt, wie dies in den anderen drei Zeitabschnitten auch der Fall ist, sondern auch als eine gefährliche Bedrohung für die Stabilität der Gesellschaft und die demokratische Ordnung. Dies manifestiert sich in der Behauptung des damaligen Kanzlers Kohl, dass „wir vor einer Gefahr einer tiefgehenden Vertrauenskrise gegenüber unserem demokratischen Staat

---

[1] Siehe Stefan Luft, Peter Schimany, 20 Jahre Asylkompromiss: Bilanz und Perspektiven. Bielefeld, Transcript Verlag 2014, S. 48.

[2] Wer will Menschen das antun?. Der Spiegel 46 (1992).

[3] Thomas Darnstädt, Deutsches Blut, fremde Folter. Der Spiegel 45 (1988).

stehen".[1]

Geht man auf die Kontexte des Topos der Sicherheitsbedrohung ein, lassen sich drei Tendenzen feststellen. Die erste Tendenz ist, dass Flüchtlinge in den letzten zwei Zeitabschnitten verstärkt unter den Verdacht gestellt werden, Terroristen zu sein. Die zweite Tendenz ist der Rückgang des Kriminalitäts-Topos. Dessen Überzeugungskraft wird geschwächt, indem die (vermeintliche) Kriminalität von Ausländern oder Flüchtlingen angezweifelt wird und äußere Faktoren als Ursache für die Kriminalität der Flüchtlinge angeführt werden, z. B. das Arbeitsverbot und die Unterbringung der Asylbewerber in Großlagern. Eine weitere Tendenz ist, dass der Zusammenhang zwischen dem Topos der Sicherheitsbedrohung und dem Integrations-Topos stärker geworden ist. Ein nicht gut integrierter Flüchtling wird als gefährlicher angesehen als ein gut integrierter Flüchtling. Der nicht gut integrierte Flüchtling neige eher dazu, in eine Parallelgesellschaft zu geraten:

> Kurzfristig brauchen wir eine vernünftige Asylpolitik. Die Integrationsprobleme sind so groß, daß es zu erheblichen sozialen Spannungen kommt. Ich will jetzt nicht weiter vertiefen, welche Kriminalität wir uns auch durch ein Asylrecht, wie wir es haben, importieren.[2]

> Die Parallelwelten der Ausländer zeigen mehr als alles andere das ganze Elend deutscher Zuwanderungspolitik seit Jahrzehnten: die Unfähigkeit, jene Ausländer nach Deutschland zu locken, die das Land dringend braucht; das Versagen, jene Ausländer einzugliedern, die schon im Land leben; und die Hilflosigkeit, wenn es darum geht, jene Ausländer aus dem Land zu bekommen, die ihr Gastrecht missbrauchen – als Asylschwindler, als Kriminelle, Terroristen oder als Dealer, die in Deutschlands Großstädten Kinder und Jugendliche vergiften, für ein Goldkettchen oder ein paar Nike-Turnschuhe.[3]

Zwei andere wichtige Contra-Topoi sind der Pull- und Push-Faktor-Topos und der Missbrauchs-Topos. Der Pull- und Push-Faktor-Topos betont die große Anziehungskraft Deutschlands für Flüchtlinge, und Personen, die sich auf den Pull- und Push-Faktor-Topos berufen, fordern somit, alle Pull-

[1] Das ist der Staatsstreich. Der Spiegel 45 (1992).
[2] P. Lersch und O. Petersen, Wettrennen in Schäbigkeit. Der Spiegel 45 (1990).
[3] Die Rückseite der Republik. Der Spiegel 10 (2002).

und Push-Faktoren zu beseitigen, um die Flucht der Flüchtlinge zu verhindern. Dazu zählen zum Beispiel mehr Sachleistung statt Geldleistung für Asylbewerber (Schwächen des Pull-Faktors) und mehr Entwicklungshilfe für Länder in Nordafrika (Schwächen des Push-Faktors). Der Missbrauchs-Topos kommt vorwiegend in den ersten zwei Zeitabschnitten vor und weist eine zurückgehende Tendenz auf. Die folgenden Beispiele verdeutlichen, dass Wirtschaftsflüchtlinge als das Gegenteil von „echten" Flüchtlingen, nämlich politisch Verfolgten, betrachtet und somit als Scheinasylanten bezeichnet werden. Unter ihnen seien nicht wenige Kriminelle, die auch das Asylrecht missbrauchten. Mit dem Missbrauchs-Topos wird die Forderung nach der Beschleunigung von Asylverfahren oder der Änderung des Asylrechts im Grundgesetz begründet. In den letzten zwei Zeitabschnitten ist der Missbrauchs-Topos nach wie vor mit den Wirtschaftsflüchtlingen verbunden, kommt aber immer seltener vor.

> Wer das Asylrecht für die wirklich politisch Verfolgten bewahren will, der muß versuchen, den Mißbrauch zu reduzieren. Es kann nicht Sinn des Asylrechts sein, daß jemand an der Grenze das Wort „Asyl" ausspricht und dann viele Jahre auf Staatskosten hier lebt.[1]

> International operierende Täter mißbrauchen das flüchtlingsfreundliche Asylrecht der Bundesrepublik, um ihren schäbigen Geschäften nachgehen zu können – eine Praxis, die nicht gegen die Asylgarantie der Verfassung spricht, sehr wohl aber gegen ihren Mißbrauch.[2]

In Bezug auf die dominierenden Pro-Topoi nimmt der Humanitäts-Topos im Zeitabschnitt 2008 – 2015 den größten Anteil ein. Im Humanitäts-Topos wird die Asylpolitik der EU und Deutschlands als abschottend und unmenschlich kritisiert. Und die EU oder Deutschland seien in der Verantwortung für das Massensterben der Flüchtlinge im Mittelmeer. Flüchtlinge werden in diesem Kontext als Opfer der Asylpolitik der EU oder Deutschlands konstruiert:

> Die EU schottet sich ab, weil sie fürchtet, andernfalls könnten mehr Menschen kommen, gerade aus ärmeren Ländern. Aber richtig

---

[1] A. Jeschke, Ch. Habbe, Gucken Sie sich doch die Leute aus Ghana an. Der Spiegel 12 (1986).

[2] Wenn je ein Problem voraussehbar war. Der Spiegel 10 (1989).

ist auch, dass erst der Ausbau der EU zur Festung die Bedingungen für das Sterben an den Grenzen geschaffen hat. Viele Flüchtlinge entscheiden sich für die lebensgefährliche Route über das Mittelmeer, weil Frontex die Landwege abriegelt.[1]

Zum anderen richtet sich der Humanitäts-Topos gegen das Schleusergeschäft und bezeichnet die Schleuser als herzlose „Seelenverkäufer". Flüchtlinge werden somit als Opfer des unmenschlichen Schleusergeschäfts dargestellt. Ein solches Opferbild manifestiert sich in manchen Fällen auch in dem Topos illegaler Einwanderung, der mit der Verschärfung der Maßnahmen gegen illegale Einwanderung der EU eine ansteigende Tendenz aufweist und auch im letzten Zeitabschnitt den größten Anteil ausmacht. Nur ist der Argumentationszweck des Topos der illegalen Einwanderung sehr verschieden von dem des Humanitäts-Topos. Vertreter dieses Topos befürworten meist strenge Asylmaßnahmen, um den Schleusern das Handwerk zu legen:

> Mit drastischen Worten kritisiert der baden-württembergische Städtetag, dass Asylbewerber, die länger als drei Jahre in Deutschland leben, vom 1. Juni 2000 an rund 20 Prozent mehr Geld bekommen. Dies sei eine „Subvention des organisierten Menschenhandels aus Steuertöpfen" und bringe nur mehr Kapital in das illegale Schleusergeschäft.[2]

> Doch die Rettungsoperation „Mare Nostrum" ist nun beendet – auch weil immer lauter beklagt wurde, Italiens Marine ermutige mit ihrer Präsenz nahe der nahöstlichen Küsten kriminelle Schlepper dazu, Menschenfracht auf immer schäbigere Boote zu verladen.[3]

Zwei andere dominierende Pro-Topoi, nämlich der Herkunftsland-Topos und der Topos von wirtschaftlichen Vorteilen, machen im Zeitabschnitt 1995 – 2007 den größten Anteil aus. Der Herkunftsland-Topos wird in dieser Periode hauptsächlich auf Flüchtlinge aus dem Kosovo bezogen. Der hohe Anteil des Topos von wirtschaftlichen Vorteilen liegt daran, dass in diesem Zeitabschnitt der Flüchtlingsdiskurs oftmals mit dem Zuwanderungsdiskurs verwoben ist und die Diskussion über das

---

[1] Maximilian Popp, Europas tödliche Grenzen. Der Spiegel 36 (2014).
[2] Kurz halten. Der Spiegel 14 (1999).
[3] Walter Mayr, Der Preis der Hoffnung. Der Spiegel 48 (2014).

Zuwanderungsgesetz in manchen Fällen auch im Flüchtlingsdiskurs erscheint. Meistens bezieht sich der Topos von wirtschaftlichen Vorteilen auf Migranten und wird als ein Neutral-Topos klassifiziert. Migranten sollten, wie der Topos von wirtschaftlichen Vorteilen behauptet, geschätzt werden, weil sie einen wirtschaftlichen Beitrag geleistet haben oder leisten werden. Auf Flüchtlinge wird der Topos von wirtschaftlichen Vorteilen selten angewandt. Flüchtlinge werden meistens als kostengünstige und wenig qualifizierte Arbeitskräfte für den niederen Arbeitssektor betrachtet:

> Auch der Deutsche Hotel- und Gaststättenverband forderte eine sofortige Aufhebung des Arbeitsverbots: Das seien „wertvolle Mitarbeiter". Kein Wunder, dass gerade deren Hauptgeschäftsführerin Ingrid Hartges die neue Regelung begrüßte: „Es schreit bei uns nach Hilfs- und Fachkräften." An Betätigungsgebieten fehlt es nicht. Hans-Peter Griesheimer, Direktor des Frankfurter Arbeitsamts, hat tatsächlich genug Stellen für Asylbewerber – Jobs, die die zahlreichen deutschen Arbeitslosen nicht annehmen wollen: Auch in Banken muss jemand die Toilette reinigen.[1]

Erst im letzten Zeitabschnitt wurde der Topos von wirtschaftlichen Vorteilen stärker in Bezug auf Flüchtlinge verwendet, nicht nur von Politikern und Unternehmern, sondern auch von Flüchtlingen selbst. Dabei werden folgende Argumente häufig angeführt: das junge Alter von Flüchtlingen, die Alterung der Gesellschaft, der zukünftige Nutzen der Flüchtlinge für bestimmte Wirtschaftsbereiche, die Abdeckung des Fachkräftemangels und die Sicherung des Wohlstands. Daraus ergibt sich eine Identitätsüberlappung der Flüchtlinge mit Arbeitsmigranten:

> Wir müssen durch Integration eine andere Stimmung in den Orten erzeugen. Arbeitsprogramm meiner Regierung ist es, aus Flüchtlingen Neubürger zu machen. Es geht um Zuwanderungspolitik. Unsere Handwerksbetriebe warten händeringend auf junge Leute, die motiviert sind, die sich ausprobieren.[2]

Dass auch die Union weicher geworden ist, hat zum einen mit

---

[1] Ulrich Deupmann, Horand Knaup, Christoph Mestmacher, Michael Sauga, Arbeit statt Sozialhilfe. Der Spiegel 50 (2000).

[2] Steffen Winter, Campus für Asylbewerber. Der Spiegel 31 (2015).

der demografischen Entwicklung zu tun: Wer nicht weiß, woher er künftig die Azubis und Facharbeiter für den Exportmeister Deutschland herholen soll, kann auf die Flüchtlinge nicht verzichten.[1]

Neben oben genannten Topoi gehört auch der Topos von historischer Verantwortung zu den wichtigen Pro-Topoi. Er weist nur einen relativ kleinen Anteil in allen Zeitabschnitten auf. Im Großen und Ganzen ist er durch eine zurückgehende Tendenz geprägt. Selbst in dem letzten Zeitabschnitt, der die größte Anzahl an Topoi besitzt, macht der Topos von historischer Verantwortung weniger als 4% aus, während sein Anteil in den ersten zwei Abschnitten mehr als 4% beträgt. So erscheint es, dass der Einfluss der Geschichte des Zweiten Weltkriegs auf die Asylpolitik abnimmt. Bei der Debatte um die Änderung des Asylrechts im Grundgesetz wird die Wirkung des Topos von historischer Verantwortung weitgehend geschwächt. Der Asylkompromiss ist das direkte Ergebnis und auch ein Beweis der Minderung von dessen Überzeugungskraft. Wie folgende Beispiele zeigen, wird die Korrektheit der moralischen Wiedergutmachung, die im Asylrecht verkörpert wird, zwar anerkannt, aber als in der Realität unpassend angesehen.

Den Vätern des Grundgesetzes schwebte mit Recht das Schicksal der verfemten, vertriebenen und geflüchteten Gegner der Hitler-Diktatur und besonders der Juden vor... Sie haben deshalb die Gewährung politischen Asyls als Ehrenpflicht und als eine Art moralischer und auch materieller Wiedergutmachung in das Grundgesetz eingeführt. Der Mißbrauch dieses Grundrechtes hat dazu geführt, daß heute rechtlich fünf Milliarden Einwohner der Erde auf das individuelle Grundrecht auf Asyl in der Bundesrepublik Anspruch erheben könnten... Daran haben die Väter des Grundgesetzes nie gedacht. Diesen Mißbrauch des Asylrechts müssen wir beenden, auch im Interesse der wirklich politisch Verfolgten.[2]

Natürlich sehe ich Verpflichtungen, die sich aus unserer Vergangenheit ergeben. Ich sage aber auch in aller Deutlichkeit: Wir können unser Asylrecht nicht auf Dauer aus unserer Schuld in der

---

[1] Jürgen Dahlkamp, Maximilian Popp, Die Menschenfalle. Der Spiegel 42 (2013).

[2] „Der Fortschritt spricht bayrisch". Der Spiegel 41 (1986).

Vergangenheit gestalten und betrachten. Wir müssen nicht auf Jahrzehnte und für immer ein besonders großzügiges Asylrecht haben.[1]

Neben den oben genannten dominierenden Topoi sind zwei weitere Topoi besonders erwähnenswert. Der eine ist der Integrations-Topos, der andere ist der Europa-Topos. Der Integrations-Topos befürwortet zumeist eine offene Asylpolitik zwecks der Integration der Flüchtlinge. Dies zeigt sich dann zum Beispiel in einer Erhöhung der sozialen Leistungen für Asylbewerber oder in einer Verkürzung des Arbeitsverbots für Asylbewerber. Folgendes Beispiel genügt, um den engen Zusammenhang zwischen dem Integrations-Topos und dem Topos von wirtschaftlichen Vorteilen darzulegen:

> Die deutsche Bevölkerung schrumpft, Fachkräfte werden rar. Eine schnellere Integration der Flüchtlinge in den Arbeitsmarkt könnte Abhilfe schaffen, sie würde zudem die Sozialkassen entlasten.[2]

Der Europa-Topos zeigt eine steigende Tendenz und hat im letzten Zeitabschnitt den größten Anteil. Er wird den Pro-Topoi zugeordnet, wenn er auf die Unvereinbarkeit der Asylpolitik der EU mit ihren Werten wie Schutz der Menschenrechte und Humanismus hinweist. Im Kontext des Streits über die Flüchtlingsverteilung wird der Europa-Topos eher als ein Neutral-Topos eingeordnet. Dabei wird der nationale Egoismus kritisiert und ein Staat, der nicht bei der Flüchtlingsverteilung kooperieren will, wird als „Solidaritätssünder" bezeichnet. Der Europa-Topos kann auch als Contra-Topos verwendet werden. Beispielsweise forderte die CDU im Jahr 1985, das Asylrecht Deutschlands zur Harmonisierung der europäischen Asylpolitik zu verändern:

> Wenn sich nichts ändere, prophezeite Karl Miltner, werde Westdeutschland eines Tages „alle Asylanten" aufnehmen müssen, die nach Europa strömen. Damit die Bundesrepublik nicht zu einer Rettungsinsel für Verfolgte aller Kontinente werde, müßten, so schlug

---

[1] A. Jeschke, Ch. Habbe, Gucken Sie sich doch die Leute aus Ghana an. Der Spiegel 12 (1986).

[2] Markus Dettmer, Carolin Katschak, Jasper Ruppert, Zum Nichtstun verdammt. Der Spiegel 35 (2015).

der Christdemokrat vor, das westdeutsche Asylrecht und die (durchweg weniger liberalen) Ausländergesetze der EG-Partner möglichst bald harmonisiert werden – auf dem niedrigsten Niveau, versteht sich.[1]

IV. Fazit

Aufgrund der oben geführten Toposanalyse in Bezug auf Flüchtlinge lässt sich erkennen, dass Topoi bestimmte Flüchtlingsbilder konstruieren und sie gleichzeitig legitimieren. Somit stellt der Topos eine nützliche Analysekategorie für die Untersuchung der Flüchtlingsbilder und auch deren Entwicklung dar. Die im Flüchtlingsdiskurs wiederholt auftretenden Topoi besitzen das große Potenzial, die von ihnen konstruierten Flüchtlingsbilder im Diskurs zu festigen.

Die obige Toposanalyse gibt zu erkennen, dass die Ethik, das Recht, wirtschaftliche Interessen und Sicherheitsansprüche eine wichtige Rolle im Flüchtlingsdiskurs spielen und in manchen Kontexten miteinander kollidieren. Besonders in einer wirtschaftlich unstabilen Krisenzeit oder in einer von einer hohen Flüchtlingszahl geprägten Zeit überwiegt die Forderung nach einer sicheren Gesellschaft und einer „gerechteren" Verteilung gesellschaftlicher Ressourcen.

Bezüglich der Flüchtlingsbilder lässt sich sowohl Kontinuität als auch Diskontinuität nachweisen. Zu den stabilen positiven Flüchtlingsbildern gehören zum Beispiel das Bild der Schutzbedürftigen, der Opfer des Krieges oder der regionalen Konflikte sowie das Bild der Zielgruppe der Wiedergutmachung, während es sich bei wiederkehrenden negativen Bildern um finanzielle Last, (vermeintliche) Sozialbetrüger, (potenzielle) Kriminelle usw. handelt. Die positiven und die negativen Flüchtlingsbilder konkurrieren dabei miteinander im Diskurs. Deren vorherrschende Position hängt von vielfältigen Faktoren ab, einschließlich der gesellschaftlichen Zustände, der Flüchtlingszahl, der Situation in den Herkunftsländern der Flüchtlinge und auch von dem Selbstbild der deutschen Gesellschaft. Dies bedeutet z. B., ob Deutschland als ein Einwanderungsland anerkannt wird und was für eine Gesellschaft anzustreben ist. Nicht alle Flüchtlingsbilder sind in den vier Zeitabschnitten zu finden. Erst seit den 1990er Jahren tritt das Bild von Flüchtlingen als illegale Einwanderer häufig auf und wird immer stärker angewandt. Eine ähnliche Tendenz lässt sich ebenfalls dem Bild des

---

[1] Da kann die ganze Rote Armee kommen. Der Spiegel 36 (1985).

Flüchtlings als (verdächtiger) Terrorist zuschreiben. Der Integrations-Topos tritt zwar in den früheren Zeitabschnitten auf, allerdings wird er vor allem auf Migranten allgemein angewandt und nicht unbedingt auf Flüchtlinge im Speziellen. Erst in den letzten zwei Zeitabschnitten werden Flüchtlinge zunehmend als zu integrierende Gruppe angesehen. Das hängt mit der Anerkennung des wirtschaftlichen Potenzials von Flüchtlingen zusammen, was sich in der Zunahme des Erscheinens des Topos von wirtschaftlichen Vorteilen manifestiert und das wirtschaftlich pragmatische Denkmuster im Flüchtlingsdiskurs darstellt.

Außerdem lässt sich die Intensität einzelner positiver bzw. negativer Flüchtlingsbilder in verschiedenen Phasen unterscheiden. Zum Beispiel ist der Missbrauchs-Topos in den ersten zwei Zeitabschnitten oftmals anzutreffen, jedoch verringert sich dessen Anteil deutlich nach der Asylrechtsänderung. Eine abnehmende Tendenz lässt sich auch beim Kriminalitäts-Topos feststellen. Darüber hinaus werden verschiedenen Flüchtlingsgruppen unterschiedliche Bilder zugeschrieben, wobei auch diese Zuschreibungen eine Veränderung erleben. Flüchtlinge aus Osteuropa werden zum Beispiel vor dem Zusammenbruch der UdSSR vorwiegend als politisch Verfolgte angesehen und danach eher den Wirtschaftsflüchtlingen zugeordnet.

Der Flüchtlingsdiskurs ist voller Selbstreferenz und „wir" (Deutschland oder Deutsche) sind immer der Ausgangspunkt der Konstruktion der anderen (Flüchtlinge), was an den Topoi und auch an vielen Metaphern (Insel, Boot, Festung, Abwehr etc.) zu erkennen ist. So ist das Flüchtlingsbild immer ein Beziehungskonzept, das sich auf Selbstbild und Fremdbild bezieht. Der Zusammenhang von Flüchtlingsbildern und Selbstbildern ist hochinteressant und sollte weiter erforscht werden.

图书在版编目（CIP）数据

中德图像交叉研究：德文 / 范捷平，刘永强主编. —杭
州：浙江大学出版社，2021.10
ISBN 978-7-308-21834-4

Ⅰ. ①中… Ⅱ. ①范… ②刘… Ⅲ. ①语言学－关系－图
像－中国、德国－国际学术会议－文集－德文 Ⅳ. ①H0-05

中国版本图书馆CIP数据核字（2021）第207569号

中德图像交叉研究

范捷平　刘永强　主编

策　　划	包灵灵
责任编辑	诸葛勤
封面设计	周　灵
责任校对	田　慧
出版发行	浙江大学出版社
	（杭州市天目山路 148 号　邮政编码 310007）
	（网址：http://www.zjupress.com）
排　　版	浙江时代出版服务有限公司
印　　刷	杭州高腾印务有限公司
开　　本	710mm×1000mm　1/16
印　　张	25
插　　页	6
字　　数	636 千
版 印 次	2021 年 10 月第 1 版　2021 年 10 月第 1 次印刷
书　　号	ISBN 978-7-308-21834-4
定　　价	98.00 元